RAFAEL MARINANGELO

INDENIZAÇÃO PUNITIVA E O DANO EXTRAPATRIMONIAL NA DISCIPLINA DOS CONTRATOS

2022 © Editora Foco
Autor: Rafael Marinangelo
Diretor Acadêmico: Leonardo Pereira
Editor: Roberta Densa
Assistente Editorial: Paula Morishita
Revisora Sênior: Georgia Renata Dias
Capa Criação: Leonardo Hermano
Diagramação: Ladislau Lima e Aparecida Lima
Impressão miolo e capa: FORMA CERTA

Dados Internacionais de Catalogação na Publicação (CIP) de acordo com ISBD

M337i   Marinangelo, Rafael
Indenização punitiva e o dano extrapatrimonial na disciplina dos contratos / Rafael Marinangelo. - Indaiatuba, SP : Editora Foco, 2022.

256 p. ; 17cm x 24cm.

Inclui bibliografia e índice.
ISBN: 978-65-5515-359-0

1. Direito. 2. Indenização punitiva. 3. Dano extrapatrimonial. 4. Disciplina dos contratos. I. Título.

2021-2950   CDD 340   CDU 34

Elaborado por Vagner Rodolfo da Silva - CRB-8/9410
Índices para Catálogo Sistemático:
1. Direito 340
2. Direito 34

DIREITOS AUTORAIS: É proibida a reprodução parcial ou total desta publicação, por qualquer forma ou meio, sem a prévia autorização da Editora FOCO, com exceção do teor das questões de concursos públicos que, por serem atos oficiais, não são protegidas como Direitos Autorais, na forma do Artigo 8º, IV, da Lei 9.610/1998. Referida vedação se estende às características gráficas da obra e sua editoração. A punição para a violação dos Direitos Autorais é crime previsto no Artigo 184 do Código Penal e as sanções civis às violações dos Direitos Autorais estão previstas nos Artigos 101 a 110 da Lei 9.610/1998. Os comentários das questões são de responsabilidade dos autores.

NOTAS DA EDITORA:

Atualizações e erratas: A presente obra é vendida como está, atualizada até a data do seu fechamento, informação que consta na página II do livro. Havendo a publicação de legislação de suma relevância, a editora, de forma discricionária, se empenhará em disponibilizar atualização futura.

Erratas: A Editora se compromete a disponibilizar no site www.editorafoco.com.br, na seção Atualizações, eventuais erratas por razões de erros técnicos ou de conteúdo. Solicitamos, outrossim, que o leitor faça a gentileza de colaborar com a perfeição da obra, comunicando eventual erro encontrado por meio de mensagem para contato@editorafoco.com.br. O acesso será disponibilizado durante a vigência da edição da obra.

Impresso no Brasil (09.2021) – Data de Fechamento (09.2021)

2022
Todos os direitos reservados à
Editora Foco Jurídico Ltda.
Avenida Itororó, 348 – Sala 05 – Cidade Nova
CEP 13334-050 – Indaiatuba – SP

E-mail: contato@editorafoco.com.br
www.editorafoco.com.br

PREFÁCIO

Com satisfação, recebi o convite de Rafael Marinangelo para escrever o prefácio da obra *Indenização punitiva e o dano extrapatrimonial na disciplina dos contratos*, que consubstancia a versão editorial de sua tese de doutoramento, defendida perante a Pontifícia Universidade Católica de São Paulo (PUC-SP).

A trajetória de Rafael Marinangelo, em alguma extensão, apresenta semelhanças com a minha, encontrando em comum, especialmente, a paternidade acadêmica em Renan Lotufo, professor que, por 40 anos, abrilhantou o rol de docentes da PUC-SP. Embora em épocas diferentes, fomos alunos na graduação, na matéria de Direito Civil. Depois, fomos por ele orientados no curso de mestrado.

Após alguns anos, tendo já concluído o doutorado, participei, como convidado, da banca examinadora de mestrado de Rafael Marinangelo. Tudo indicava que ele encerraria o mesmo ciclo, ou seja, que concluiria o doutorado igualmente orientado pelo Professor Renan Lotufo. No entanto, em função de seu triste desligamento da PUC-SP em 2014, tive a árdua incumbência, dos que optaram por seguir sua recomendação na mensagem de despedida, de – na ausência de melhor vocábulo para designar o evento, haja vista a dificuldade e absoluta infungibilidade – substituí-lo: "Aos meus orientandos, na dúvida de que possa concluir as orientações, ainda continuo à disposição para contatos, peço que busquem a orientação do Professor Giovanni Ettore Nanni, pela afinidade intelectual." Assim foi, por exemplo, no doutorado, com Andrea Cristina Zanetti, Susete Gomes, Rafael Villar Gagliardi, Paulo Sérgio Velten Pereira, além do próprio autor da obra ora prefaciada, no mestrado, com Ana Carolina Del Picchia de Araujo Nogueira e Luiz Octávio Villela de Viana Bandeira.

Renan Lotufo, infelizmente, nos deixou em junho de 2020. Em seguida, várias homenagens foram merecidamente prestadas, sendo a mais recente, o livro coletivo sistematizado por seus ex-alunos[1], que contou com a maciça participação de incontáveis autores, cujos textos apresentam tocantes introitos que relatam testemunhos de tributo ao estimado Professor.

O autor em testilha, assim como eu e tantos outros fomos beneficiados pela afável semeadura de laços acadêmicos e de amizade levada a efeito por Renan Lotufo, de quem haurimos preleções jurídicas enriquecedoras e lições humanas que marcaram nossas vidas, solidificando estreitos contatos de estima e companheirismo, os quais perdurarão. Atividades foram realizadas, obras coletivas foram

---

1. PIRES, Fernanda Ivo (Org.); GUERRA, Alexandre; MORATO, Antonio Carlos; MARTINS, Fernando Rodrigues; ROSENVALD, Nelson (Coord.). *Da estrutura à função da responsabilidade civil*: uma homenagem do Instituto Brasileiro de Estudos de Responsabilidade Civil (IBERC) ao professor Renan Lotufo. Indaiatuba: Editora Foco, 2021.

publicadas, o Instituto de Direito Privado (IDiP) foi criado, tudo na esteira do magnetismo de nosso Mestre.

Consequentemente, por intermédio de várias iniciativas do Professor Renan Lotufo, estive, ao longo dos anos, próximo a Rafael Marinangelo, tendo acompanhado a consolidação de sua carreira profissional e acadêmica. Por exemplo, quando participei de sua banca examinadora de mestrado, ocorrida em 18 de novembro de 2005, ocasião em que defendeu a dissertação *A violação positiva do contrato e o inadimplemento dos deveres laterais impostos pela boa-fé*, a qual, embora não tenha sido publicada, obteve destaque, sendo citada, *verbi gratia*, na excelente obra do Ministro Ruy Rosado de Aguar Júnior[2].

Quanto ao trabalho em epígrafe, é oriundo, repita-se, de tese de doutoramento do autor, defendida em 29 de março de 2016, cuja banca examinadora, na qualidade de orientador, tive o privilégio de presidir, que também contou com a participação dos Professores Doutores Antonio Carlos Morato, Erik Frederico Gramstrup, Gilberto Haddad Jabur e Marcelo Benacchio.

Trata-se de obra séria, dotada de virtudes, em que se analisa o cabimento do ressarcimento do dano extrapatrimonial em caso de inadimplemento contratual. Mais particularmente, Rafael Marinangelo defende o emprego de indenização punitiva na hipótese de descumprimento praticado com dolo ou culpa grave, notadamente em decorrência de práticas reiteradas de desprestígio ao direito alheio, assim como nas situações de obtenção de lucro com o ilícito.

Nesta linha de raciocínio, propugna, no que concerne ao dano extrapatrimonial, a aplicação da indenização punitiva como mecanismo preventivo, repressivo e dissuasor de condutas representativas de inexecução reiterada, eivadas, em suma, de má-fé e de notório menosprezo ao direito da contraparte.

Principia o trabalho com a fixação do preceito da dignidade da pessoa humana como eixo no qual gravita todo o ordenamento jurídico, sendo, por isso, o elemento justificador da reparação do dano extrapatrimonial. Neste contexto, discorre sobre os aspectos conceituais do assunto, relacionando-os com os direitos fundamentais e com os direitos da personalidade, para, em seguida, abordar a proteção dos direitos da personalidade da pessoa jurídica, tendo em consideração o artigo 52 do Código Civil.

Em tal senda, embora bem frise a controvérsia doutrinária a respeito, refuta a aplicação, a partir de tratamento igualitário, dos direitos da personalidade, próprios da pessoa natural, à pessoa jurídica. Destarte, o autor delineia o foco de incidência de suas proposições, alertando que: "[f]eito esse breve panorama, cumpre-nos reafirmar que, por uma questão metodológica, nosso trabalho irá concentrar-se apenas nas situações subjetivas da pessoa natural, cuja lesão aos interesses extrapatrimoniais,

---

2. AGUIAR JÚNIOR, Ruy Rosado de. *Comentários ao novo Código Civil*. Rio de Janeiro: Forense, 2011. v. 6, t. 2: da extinção do contrato, p. 578-579.

ocorrida no seio do contrato, justifica a aplicação de penalidade tão severa quanto a indenização punitiva".

No Capítulo II, disserta acerca da noção de dano extrapatrimonial, questionando, em seguida, se a indenização oriunda do tema consiste em reparação ou em punição. Defende, com amparo em respeitável doutrina, que incorpora função punitiva agregada à reparatória.

Com base nesta premissa, o Capítulo III é voltado à delimitação da indenização punitiva, precisando seus contornos, objeções, finalidades e hipóteses de cabimento.

Apesar da amplitude que a matéria comporta, isto é, âmbito contratual e extracontratual, o livro é destinado a investigar o emprego do dano extrapatrimonial nas situações em que há convenção entre as partes, a qual, por fato atribuível a uma delas, resulta inadimplemento.

Por isso, o Capítulo IV dedica-se ao exame da disciplina contratual, explanando relativamente à sua conceituação, seus elementos característicos, seus princípios básicos e, por fim, os eventos patológicos, isto é, as hipóteses de inexecução da avença, as quais, todavia, propiciam a prática de condutas extremamente graves que, no entendimento do autor, justificam a imposição de penalidades como fator dissuasor de comportamento antijurídico.

À visto disso, o Capítulo V apresenta o fundamento para o abrigo do dano extrapatrimonial contratual, que reside na diferença entre a patrimonialidade da prestação e a extrapatrimonialidade do interesse do credor ou dos bens afetados, de tal sorte que, "violado interesse não patrimonial do credor por força do descumprimento do contrato, a reparação dos danos deve se dar de modo integral, sem qualquer distinção entre a reparação derivada de ilícito extracontratual ou contratual".

Por derradeiro, desfecha o trabalho com a elucidação das situações em que se admite a imposição de indenização punitiva, na esfera de dano extrapatrimonial sofrido pelo lesado, decorrente de descumprimento contratual. Circunscreve aos episódios de dolo ou culpa grave do devedor, assim como de obtenção de lucro com o ilícito, já que se trata de medida extrema, aplicável apenas a casos específicos. Não representa, segundo o autor, instrumento a ser usado em toda e qualquer situação, sendo indissociável da promoção da pessoa humana, na conjuntura de suas feições existenciais.

Aponta, ainda, tipos contratuais em que a figura comporta conduta reiterada e, assim, recepção, citando os contratos de transporte, de aquisição de moradia e de seguro saúde.

O livro traduz respeitável estudo acadêmico, escorado em autores nacionais e estrangeiros de primeiríssima linha, merecedor de elogios pela coerência de seus fundamentos e pertinência do encadeamento de seu raciocínio.

Cuida-se de trabalho apto a receber franca acolhida pela comunidade jurídica, que terá em mãos rico material de pesquisa para situações acadêmicas e casos concretos. Nutro a expectativa de que Rafael Marinangelo, considerando-se seus méritos, prossiga produzindo obras de relevo.

Giovanni Ettore Nanni

Livre-Docente, Doutor e Mestre em Direito Civil pela PUC-SP. Professor de Direito Civil nos Cursos de Graduação e de Pós-Graduação *Stricto Sensu* na PUC-SP. Advogado em São Paulo.

O Direito, repitamos mais uma vez com Max Kumpf, é ciência brotada da vida e destinada a servir e a disciplinar a vida mesma. E se a vida, a cada instante, oferece as suas mutações como o 'movimento imanente' que é, na forma da definição que, dela, nos deu o Doutor Angélico, cabe ao Direito mudar também, melhor dito, adaptar-se a tais evoluções. O que não pode é fechar-se num hermetismo cerebrino. O que não pode é, sob a escusa de um logismo que não lhe quadra bem, tentar sufocar os anseios da vida e a caminhada do progresso."[3]

---

3. SILVA, Wilson Melo. *Responsabilidade sem culpa e socialização do risco*. Belo Horizonte: Editora Bernardo Alvares S.A. 1962. p. 285.

APRESENTAÇÃO

Conheci Rafael Marinangelo em 1994, ainda como um aluno da graduação da Faculdade de Direito da Pontifícia Universidade Católica (PUC-SP), na qual me formei e onde iniciei minha carreira acadêmica como monitor da disciplina de Direito Civil, ministrada pelo saudoso Professor Renan Lotufo, mestre de todos nós.

Rafael se destacava por sua inteligência e bom humor, bem como por sua dedicação aos estudos desde o primeiro ano do curso. Tenho muito apreço por ele e por sua turma (1998) porque – por seu intermédio e de seus colegas – tive a certeza de que seria professor, uma vez que recebi constante e generoso incentivo para a docência naquela época.

Posteriormente, identificando o mesmo interesse pela carreira acadêmica o indiquei (ao lado de uma colega de turma) para lecionar na Faculdade de Direito da Universidade São Marcos em 1999 e, a partir daí, testemunhei a concretização de sua carreira acadêmica, assim como sua bem-sucedida carreira na advocacia.

Nos anos seguintes, Rafael lecionou com o mesmo brilho em diversas instituições e, fiel à sua vocação, cursou o mestrado (2005) e o doutorado (2016) na Faculdade de Direito da Pontifícia Universidade Católica (PUC-SP), inicialmente sob a orientação do Professor Renan Lotufo e depois como orientando do Professor Giovanni Ettore Nanni, estimado jurista e amigo que prefacia esta obra.

Recebendo a segura orientação de dois civilistas de notável brilho intelectual durante o mestrado e o doutorado, soube honrar tal oportunidade e desenvolver esta obra, que apresenta substancial pesquisa e elogiável contribuição para o tema da Responsabilidade Civil destacando que pude examiná-la em sua versão original, uma vez que tive a oportunidade de integrar a banca que o aprovou com todos os méritos.

O escopo de seu trabalho foi o de explorar a possibilidade de aplicação da indenização punitiva na disciplina contratual caso ocorra o inadimplemento derivado de culpa grave ou dolo.

Para tanto, o autor procurou demonstrar que o contrato, além de configurar instrumento de circulação de riquezas, também consubstancia mecanismo destinado à preservação e desenvolvimento da dignidade da pessoa humana.

Em tal contexto, embora o descumprimento constitua risco inerente às relações jurídicas contratuais, o ordenamento jurídico deve preservar as partes, e o próprio instituto jurídico do contrato, contra o emprego de estratagemas destinados a fraudar a confiança alheia ou obter, por meio do inadimplemento, situação mais vantajosa do que aquela derivada do cumprimento da avença.

Sob análise exclusivamente econômica, as penas contratuais e o dever de indenizar os danos patrimoniais decorrentes do inadimplemento, não se mostram, no mais das vezes, suficientes à inibição do descumprimento malicioso.

Como, porém, nosso ordenamento jurídico não autoriza indenizações que suplantem o valor do dano, o autor propõe o uso do instituto do dano extrapatrimonial como veículo hábil ao uso indenização punitiva.

Essa forma diferenciada de indenização tem por objetivo inibir ou evitar o emprego malicioso de manobras para se furtar ao cumprimento do contrato, sobretudo quando estiverem envolvidos valores de natureza extrapatrimonial, relacionados à dignidade da pessoa humana.

Para a defesa de seu ponto de vista, o autor define, após estudo da doutrina nacional e estrangeira, o que entende por dignidade da pessoa humana e por direitos da personalidade, deixando de lado, por inoportuna, a discussão sobre a amplitude e alcance desses direitos em relação à pessoa jurídica.

Na sequência, define os danos extrapatrimoniais, diferenciando-os dos danos patrimoniais, assim como enfrenta o debate sobre a natureza reparatória ou punitiva desse tipo de indenização, face à impossibilidade de valoração, em pecúnia, da dignidade.

Na sequência, a obra dissertou acerca da indenização punitiva, seus pressupostos e a oportunidade de aplicação nos ordenamentos jurídicos de *Civil Law*, estranha, a princípio, da experiência da *Common Law*. Mediante estudos de diversos ordenamentos jurídicos estrangeiros, o autor defende ser compatível o uso da indenização punitiva nos sistemas de *Common Law*, incluindo o Brasil.

Com o objetivo de encerrar os elementos estruturantes da tese defendida, o autor trata da disciplina contratual, os princípios informadores e as funções protetiva e de desenvolvimento da dignidade da pessoa humana, da qual se reveste. Para demonstrar o uso malicioso do contrato, a obra discorre sobre o descumprimento contratual segundo a visão da teoria econômica, a figura do descumprimento eficiente, as consequências do inadimplemento e os mecanismos habitualmente utilizados para correção da patologia contratual, como os juros de mora e a cláusula penal.

Estruturados os alicerces necessários, o autor encontra via bem pavimentada para evidenciar que o descumprimento contratual pode gerar danos de natureza extrapatrimonial e, em casos de culpa grade ou dolo, tais danos podem ser revestidos de função punitiva, não apenas para preservação da dignidade da pessoa humana, mas para o próprio instituto contratual, cujo enfraquecimento, exortou até mesmo a sua substituição pela responsabilidade civil.

Portanto, com o intuito de fortalecer o esgarçado tecido contratual, a obra conclui pela admissibilidade do emprego da indenização punitiva em casos de inadimplemento malicioso do contrato, motivado por dolo ou por culpa grave, sobretudo quando estejam em jogo valores relacionados à dignidade da pessoa humana.

Em conclusão, saliento que a obra representa com perfeição o amadurecimento intelectual do autor, do qual sou testemunha pelo fato de, após a conclusão de seu doutorado, continuar a desenvolver importantes estudos na Universidade de Camerino (Itália) por meio da Professora Maria Cristina De Cicco, expoente da Teoria do Direito Civil Constitucional, bem como concluir seu estágio pós-doutoral em Direito Civil na Faculdade de Direito da Universidade de São Paulo (USP) sob a minha supervisão, sempre com a mesma dedicação aos estudos.

Antonio Carlos Morato
Professor-Associado do Departamento de Direito Civil na Faculdade de Direito da Universidade de São Paulo (USP).

SUMÁRIO

PREFÁCIO	III
APRESENTAÇÃO	IX
INTRODUÇÃO	XIII

CAPÍTULO I – DIGNIDADE DA PESSOA HUMANA NO ORDENAMENTO JURÍDICO 1

1.1	Breve panorama histórico	1
1.2	Substrato jurídico da dignidade da pessoa humana	9
1.3	Dignidade da pessoa humana como fundamento jurídico do ordenamento	12
1.4	Dignidade da pessoa humana como postulado	13
1.5	Dignidade da pessoa humana como norma	15
1.6	Dignidade da pessoa humana e direitos fundamentais	16
1.7	Dignidade da pessoa humana e direitos da personalidade	18
1.8	Proteção dos direitos da personalidade da pessoa jurídica	21

CAPÍTULO II – DANO EXTRAPATRIMONIAL 27

2.1	Definição de dano	27
2.2	Dano patrimonial e dano extrapatrimonial	34
2.3	Dano extrapatrimonial	38
	2.3.1 Dano extrapatrimonial: conceito por exclusão	38
	2.3.2 Dano extrapatrimonial: índole extrapatrimonial do direito lesado	39
	2.3.3 Dano extrapatrimonial: lesão a direitos da personalidade	40
	2.3.4 Dano extrapatrimonial: caráter não patrimonial do interesse lesado	43
	2.3.5 Dano extrapatrimonial: consequência ou resultado do evento danoso	43
2.4	Embate doutrinário atual e nosso posicionamento	44
2.5	Indenização por dano extrapatrimonial: reparação ou punição	48

CAPÍTULO III – REPARAÇÃO DOS DANOS E INDENIZAÇÃO PUNITIVA 55

3.1	Tendência evolutiva do retorno à indenização punitiva	60
3.2	*Punitive damages* na experiência norte-americana	65

3.3	Indenização punitiva no direito português		72
3.4	Indenização punitiva no direito italiano		75
3.5	Funções indenizatória e compensatória da responsabilidade civil		76
3.6	Função preventiva-dissuasória da responsabilidade civil		82
3.7	Função punitiva da responsabilidade civil e indenização punitiva		86
3.8	Hipóteses de cabimento da indenização punitiva		91
	3.8.1	Ocorrência de dano extrapatrimonial	92
	3.8.2	Dolo ou culpa grave do ofensor	94
	3.8.3	Obtenção de lucro com o ilícito	103
3.9	Objeções à indenização punitiva		103
	3.9.1	Excessos das indenizações	104
	3.9.2	Enriquecimento sem causa da vítima	107
	3.9.3	Fomento da indústria do dano extrapatrimonial	112
	3.9.4	Incentivo à vingança	114
	3.9.5	Produção de resultados sociais e econômicos indesejáveis	114
	3.9.6	Ausência de disciplina legal	116
3.10	Finalidades da indenização punitiva		128
	3.10.1	Eliminação do lucro ilícito	128
	3.10.2	Preservação da liberdade contratual	131
	3.10.3	Manutenção do equilíbrio das relações de consumo	135
	3.10.4	Defesa dos contratantes que se encontram em posição de inferioridade	137

CAPÍTULO IV – DISCIPLINA CONTRATUAL 139

4.1	Contrato na disciplina liberal	139
4.2	Modelo solidarista de contrato	143
4.3	Contrato como instrumento de circulação de riquezas	145
4.4	Contrato como instrumento de desenvolvimento e proteção da dignidade da pessoa humana	148
4.5	Contrato e a teoria da confiança	149
4.6	Contrato como promessa	154
4.7	Princípio da boa-fé	156
4.8	Função social do contrato	162
4.9	Risco do descumprimento	167
4.10	Descumprimento contratual segundo a visão da teoria econômica	169
4.11	Descumprimento eficiente	173

4.12	Descumprimento contratual e suas consequências		176
	4.12.1	Juros de mora	178
	4.12.2	Cláusula penal	179
	4.12.3	Arras	181
4.13	Descumprimento do contrato e indenização punitiva		182

CAPÍTULO V – DANO EXTRAPATRIMONIAL NA DISCIPLINA CONTRATUAL 183

5.1	Danos extrapatrimoniais contratuais		184
5.2	Fundamento para o dano extrapatrimonial contratual: extrapatrimonialidade do interesse na execução do contrato		191
5.3	Pressupostos do dano extrapatrimonial contratual		192
	5.3.1	Existência do contrato	192
	5.3.2	Descumprimento do contrato	192

CAPÍTULO VI – DANO EXTRAPATRIMONIAL CONTRATUAL E INDENIZAÇÃO PUNITIVA 203

6.1	Hipóteses de cabimento		208
	6.1.1	Dolo ou culpa grave	209
	6.1.2	Obtenção de lucro com o ilícito	211
6.2	Breves apontamentos sobre a indenização punitiva em algumas modalidades contratuais		212
	6.2.1	Dano extrapatrimonial e indenização punitiva no contrato de transporte	212
	6.2.2	Dano extrapatrimonial e indenização punitiva no contrato de aquisição de moradia	217
	6.2.3	Dano extrapatrimonial e indenização punitiva nos contratos de seguro saúde	219

CONCLUSÃO 223

REFERÊNCIAS 227

INTRODUÇÃO

O período compreendido entre a década de 1980 e a crise financeira de 2008 foi marcado pelo triunfalismo de mercado, quando Margaret Tatcher e Ronald Reagan proclamaram a convicção mútua de que a chave da prosperidade e da verdade estava nas mãos dos mercados e não dos governos.

Como resultado daquela constatação, a lógica e os valores de mercado ganharam tamanho protagonismo que as barreiras éticas, necessárias ao seu desenvolvimento sadio, foram erodidas. Tal movimento ensejou o avanço de vieses utilitaristas em aspectos da vida social dos quais jamais deveriam se imiscuir, redundando num ocaso ético sem precedentes e no total aviltamento da pessoa humana em favor do lucro e da prevalência dos interesses empresariais desmedidos.

A restauração e o reavivamento dos valores mais caros à sociedade exigem a defesa intransigente da pessoa humana, coibindo-se, em especial, os graves danos imateriais frequentemente perpetrados para manutenção do sistema mercadológico desmedido, instaurado em todas as vertentes da vida.

E a responsabilidade civil constitui o instrumento para concretização da defesa da pessoa humana e para restaurar os prumos sociais ao atribuir ao mercado, o que é do mercado, e à pessoa humana, o que é da pessoa humana.

No atual contexto da responsabilidade civil, em que doutrina e jurisprudência titubeiam em reconhecer qualquer outra função que não seja a meramente reparatória, esse importante instrumento do Direito não tem alcançado êxito em evitar o aviltamento da pessoa humana.

As indenizações irrisórias e o apego a conceitos não enquadráveis aos danos à pessoa – tal como a mensuração da indenização à extensão do dano ou o receio do enriquecimento sem causa – têm propiciado a manutenção, quiçá o fortalecimento, de um sistema perverso no qual tudo tem um preço, na quase totalidade dos casos, baixo ou aviltante.

O presente trabalho surgiu de nosso inconformismo com a situação vigente de ultraje da pessoa humana em favor do mercado desonesto. Não é mais possível perpetuar tamanha iniquidade e desprezo à pessoa, tal como se tem visto, há décadas, por práticas negociais cuja voracidade oprime, ofende, marginaliza e neutraliza a dignidade da pessoa humana.

O restabelecimento da normalidade das relações sociais, pautados em imperativos éticos, pode ser obtido mediante o incremento de uma das funções outrora esquecidas da responsabilidade civil: a função punitiva. E o mecanismo a seu serviço é a indenização punitiva, consistente no arbitramento de valor significativo e de caráter punitivo ao agente lesante que age com dolo, culpa grave ou obtém lucro com o ilícito em detrimento dos direitos extrapatrimoniais da pessoa.

Advirta-se, desde logo, não se tratar de crítica ao mercado em si, nem mesmo à sua lógica, quando norteada por valores éticos, mas, sim, de desaprovação àqueles que, ignorando os predicados mais caros ao desenvolvimento de uma sociedade profícua, humana, justa e solidária, coloca interesses mesquinhos acima de tudo e de todos, sem qualquer apreço ou preocupação com o próximo.

Para estruturar nosso trabalho, trataremos, no Capítulo I, da dignidade da pessoa humana no ordenamento jurídico. Nesse tópico, faremos breve escorço histórico para, então, estudar o papel desempenhado pela dignidade e como age e interage para salvaguardar a pessoa humana, bem como todos os seus atributos essenciais (direitos da personalidade).

No capítulo II, trataremos dos danos extrapatrimoniais, demonstrando as vertentes de pensamento que são correlatas a ele, bem como procedendo ao necessário cotejo com a dignidade da pessoa humana e os direitos da personalidade trabalhados no capítulo anterior. Ousaremos, também, traçar nossa definição de danos extrapatrimoniais, a fim de dar sustentação aos raciocínios dos capítulos subsequentes.

Os capítulos III, IV, e V tratarão da indenização punitiva. Para tanto, iremos analisar sua origem, o papel desempenhado no Direito anglo-saxão, a viabilidade de sua aplicação nos sistemas de *civil law*, o tratamento despendido por ordenamentos jurídicos europeus à questão, as objeções à indenização punitiva e os argumentos que as refutam. Por fim, iremos estudar como esse instrumental pode ser aplicado no sistema jurídico brasileiro.

Ao Capítulo VI, dedicaremos nossa atenção aos contratos para demonstrar as complexidades econômica e social das quais são revestidos. Falaremos sobre a sua importância para o desenvolvimento da pessoa humana e da sociedade e trataremos de trabalhar os motivos pelos quais o cumprimento do programa contratual é tão importante para o desenvolvimento de uma sociedade justa e solidária.

Abordaremos a maneira pela qual a violação do contrato pode ensejar danos extrapatrimoniais e como a indenização punitiva pode inibir essa prática, em defesa da dignidade da pessoa humana, da sociedade e porque não dizer, do próprio mercado. Traremos à colação, ainda, alguns exemplos de situações corriqueiras da práxis forense que demonstram a utilidade da indenização punitiva como elemento de dissuasão e punição de condutas altamente reprováveis.

Por fim, teceremos nossas Conclusões, esperando que o trabalho traga elementos suficientes para traçarmos balizas jurídicas destinadas ao resgate da boa-fé e da conduta ética, tão caros à pessoa humana e ao próprio mercado.

Capítulo I
DIGNIDADE DA PESSOA HUMANA NO ORDENAMENTO JURÍDICO

A dignidade da pessoa humana é o eixo no qual gravita todo o ordenamento jurídico. Não foi sem motivo, portanto, sua inserção topográfica no artigo inaugural da Constituição da República de 1988 (artigo 1º, inciso III).

Toda a ideia de reparação do dano não patrimonial, da evolução do contrato como instrumento de satisfação dos interesses materiais e imateriais da pessoa, a concepção de dano social e a justificativa para sugerirmos, por meio do presente trabalho, a aplicabilidade da indenização punitiva passa, portanto, pelo conhecimento e reflexão desse importante valor, norma e pressuposto constitucional.

Por esse motivo, a ele dedicaremos este capítulo o qual se inicia com um breve escorço histórico, para, então, adentrar em seu substrato jurídico; passar pela dignidade no exercício dos papéis de fundamento jurídico do ordenamento, postulado e norma; relacionar a dignidade da pessoa humana com os direitos fundamentais e os direitos da personalidade, e abordar os direitos da personalidade da pessoa jurídica.

Com esse caminho, procuraremos demonstrar a importância, o sentido e o alcance da dignidade como elemento fundante e justificador do dano extrapatrimonial relacionado à pessoa humana.

1.1 BREVE PANORAMA HISTÓRICO

O conceito de dignidade da pessoa humana, tal como o conhecemos hoje, é fruto da construção filosófica e política de reconhecimento do ser humano como pessoa autônoma e responsável, inserida num contexto social ao qual está intima e indissociavelmente atrelada. É, ainda, produto da convicção de que a pessoa humana constitui ser singular, pertencente ao gênero da humanidade, logo, capaz de interagir, dialogar e amar.[1] Enfim, é resultado do reconhecimento da indispensável tutela contra toda e qualquer ameaça, agressão ou violação de sua humanidade.

O processo histórico envolvido na busca e alcance dessa compreensão da dignidade da pessoa humana – ainda inacabada, diga-se – não foi simples e nem sequer

---

1. A esse respeito confira Antônio Junqueira de Azevedo. Caracterização Jurídica da Dignidade da pessoa humana. *RT* 797. ano 91. p. 11-26. Março de 2002.

seguiu caminho de transformação linear, pois seu percurso foi marcado por muitos avanços e retrocessos.[2]

A despeito da ausência de linearidade evolutiva, para fins didáticos, é comum a menção a três momentos evolutivos cruciais para o progresso do arquétipo de dignidade humana: o Cristianismo, o Kantismo e, mais recentemente, a Segunda Guerra Mundial.

Nossa análise começa no pensamento filosófico e político da antiguidade clássica, no qual a sobredita dignidade estava relacionada à posição social ocupada pelo indivíduo e ao seu grau de reconhecimento pela sociedade. Nessa época, a dignidade era considerada como fator de posição hierárquica, ensejando a possibilidade de modulação de grau de acordo com o conceito ou a reputação ostentada pelo sujeito frente a seus pares.[3] Por esse motivo, era comum o indivíduo pertencente à casta mais nobre ser considerado mais digno do que o ocupante de uma casta inferior, bem como a mulher não gozar da mesma dignidade que o homem[4].

Com a vertente de pensamento estoico, aquela concepção ultrajante é mitigada, deixando de ater-se unicamente à condição social do indivíduo para abranger, também, a concepção de atributo inerente ao ser humano. Logo, à figura corrente de dignidade acresce-se uma conotação moral, relacionada ao "direito natural", prescrevendo aos seres humanos o dever de respeitarem-se e de não prejudicarem uns aos outros. É o início de uma nova abordagem do significado da dignidade da pessoa humana, a qual, porém, não conseguiu fecundar e gerar as consequências desejadas.

Foi o Cristianismo, promovido à condição de religião oficial do Império, o responsável por atribuir ao tema os contornos mais próximos com os vigentes na atualidade. Consoante a concepção Cristã, o fato de o ser humano ter sido criado à imagem e semelhança de Deus permite considerar a dignidade como elemento intrínseco de sua própria humanidade, pois, ao contrário do que ocorre com os demais seres vivos, foi agraciado com liberdade e inteligência. Essa noção permaneceu

---

2. Como alerta Michel Villey (*A formação do pensamento jurídico moderno*. Trad. Claudia Berliner, São Paulo: Martins Fontes, 2005, p. 450-451), os eventos não percorrem um caminho evolutivo sem percalços. Confira-se, a respeito, a lição do mestre Francês: "Nosso atual método histórico é escravo demais dos preconceitos que, desde o século XVIII, a opinião moderna alimenta em relação à 'evolução da humanidade' e seu pretenso 'progresso'. Hoje, fazemos história época por época, como se tudo dependesse do tempo. E aplicamos tão bem essa grade à nossa ciência do passado que chegamos a ficar convencidos de que tudo evoluiu. Quando o marxismo, por exemplo, proclama que 'o ser precede a consciência', imaginamos que isso é uma descoberta nova, um 'progresso da mente humana'. Provavelmente, é mais verdadeiro afirmar que todas as grandes teses filosóficas transcendem a cronologia e que existem desde sempre, envolvidas num perpétuo combate ao longo dos séculos."
3. SARLET, Ingo Wolfgang. *Dignidade da pessoa humana e direitos fundamentais na Constituição Federal de 1988*. 8. ed. rev. atual. e ampl. Livraria do Advogado Editora. Porto Alegre: 2010, p. 32.
4. Sobre a compreensão da dignidade como meio de distinção hierárquica da pessoa na sociedade, convém a consulta a: Enciclopédia Filosófica, *Dignità Umana*. Disponível em: www.unipa.it/viola/voce_dignita.pdf. Acesso em: 20.02.2014. Vide, ainda, AZZONI, Gianpaolo, *Dignità umana e diritto privato*. Disponível em: blog.centrodietica.it/wp-content/uploads/2013/4/dignita-umana-seconde-bozze.pdf. Acesso em: 20.02.2014.

latente mesmo no período medieval, época notabilizada pelo pensamento de Tomás de Aquino, aceitando a capacidade de autodeterminação inerente à natureza humana e a vinculação de sua existência à própria vontade.[5]

O Cristianismo teve a virtude, portanto, de inaugurar e conceber o arquétipo da dignidade pessoal e individual, pautando-se, para tanto, em duplo fundamento: a origem divina do ser humano, por ser centro da criação, e a liberdade de escolha da qual é dotado, habilitando-o a decidir contrariamente a seu desejo natural. A partir dessa nova concepção de pessoa, como afirma Maria Celina Bodin de Moraes, "se pôde pensar, como o fez São Tomás, a dignidade humana sob dois prismas diferentes: a dignidade é inerente ao homem, enquanto espécie; e ela existe *in actu* apenas no homem enquanto indivíduo, portanto, passando assim a residir na alma de *cada* ser humano"[6]

Não é demais salientar que a nova perspectiva de dignidade viabilizou-se graças ao fato de o Cristianismo ser uma religião de indivíduos, pautada na relação direta existente entre o Homem e um único Deus. Diversamente das religiões antigas, caracterizadas por relacionar as divindades com as sociedades, a religião Cristã apregoa o relacionamento direto de Deus com os indivíduos de fé, na medida em que o ser humano passa a ser a principal preocupação divina.[7]

A ideia cristã do Homem como criatura de Deus, porém, passa por novo processo de reflexão no século XV, quando Giovanni Pico Della Mirandola lançou as bases do Humanismo (1486), com a *Oratio de hominis dignitate,* discurso que foi considerado o fundador do renascimento humanista e o primeiro horizonte da modernidade.[8] Embora o antropocentrismo contido em sua obra não fosse completamente novo para a época, o texto merece destaque por não estabelecer qualquer relação de subordinação, de dependência, de causa e consequência entre o Criador e a criatura.[9]

A partir do mencionado discurso, a dignidade da pessoa humana inicia processo de desprendimento das ideias Cristãs, como denota o trabalho do espanhol Francisco de Vitória, no século XVI, em defesa do respeito à liberdade e à igualdade de que

---

5. SARLET, op. cit. p. 34.
6. MORAES, Maria Celina Bodin de. *Danos à pessoa humana.* Uma leitura civil-constitucional dos danos morais. Rio de Janeiro – São Paulo: Renovar, 2003, p. 77.
7. MORAES, op. cit. p. 78. Elucida a autora que: "Através do cristianismo, foram introduzidas duas novas concepções éticas: a ideia de que a virtude se concebe pela relação com Deus, e não com a *polis* ou com os outros homens; e a afirmação de que, embora os seres humanos sejam dotados de vontade livre, seu primeiro impulso, proveniente da natureza humana fraca e pecadora, dirige-se para a transgressão. Como a própria vontade humana se encontra, na origem, pervertida pelo pecado (o pecado original), o Cristianismo pressupõe o ser humano, em si e por si, como incapaz de realizar o bem, necessitando do auxílio de Deus para tornar-se virtuoso. Isto será feito mediante a obediência estrita à lei divina, revelada e inscrita no coração de cada um dos homens, através de atos de dever" (p. 78).
8. BODIN DE MORAES, Maria Celina, op. cit. p. 116.
9. BODIN DE MORAES, Maria Celina. O conceito de dignidade humana: substrato axiológico e conteúdo normativo. In: SARLET, Ingo Wolfgang (Org.). *Constituição, direitos fundamentais e direito privado.* 3. ed. rev. e ampl. Livraria do Advogado Editora. Porto Alegre: 2010. p. 116.

eram titulares os povos indígenas, pelo simples fato de sua natureza humana. Esse movimento constituiu o prelúdio do processo de laicização e racionalização da ideia da dignidade da pessoa humana, sempre, porém, lastreada na "noção fundamental de igualdade de todos os homens em dignidade e liberdade".[10]

No século XVIII notabilizaram-se os estudos de Hobbes[11], Locke e Kant, acerca da aludida dignidade. Foi Kant, contudo, quem efetivamente priorizou o ser humano na cultura ocidental moderna. Em sua obra *Crítica da Razão Prática*, de 1788, o filósofo reassentou a questão da moralidade em novas bases, no que ele denominou de "imperativo categórico"[12]. De acordo com essa formulação, o ser humano notabiliza-se pela capacidade de determinar a si mesmo e de agir segundo determinadas leis, contornando, assim, os seus impulsos. Essa capacidade racional de autorregramento da vontade constitui alicerce de sua dignidade e justifica a exigência de que o ser humano aja, sempre, com um mínimo de competência ética[13].

Como explica Maria Celina Bodin De Moraes[14], o imperativo categórico é sintetizado na seguinte sentença: "Age de tal modo que a máxima de tua vontade possa sempre valer simultaneamente como um princípio para uma legislação geral", formulação da qual Kant extraiu três máximas morais, assim enunciadas:

> i) 'Age como se a máxima de tua ação devesse ser erigida por tua vontade em lei universal da natureza', o que corresponde à universalidade da conduta ética, válida em todo tempo e lugar; ii) 'Age de tal maneira que sempre trates a humanidade, tanto na tua pessoa como na pessoa de outrem, como um fim e nunca como um meio', que representa o cerne do imperativo, pois afirma a dignidade do ser humano como pessoas; iii) 'Age como se a máxima de tua ação devesse servir de lei universal para todos os seres racionais', que exprime a separação entre o reino natural das causas e o reino humano dos fins, atribuindo à vontade humana uma vontade legisladora geral.[15]

A partir de tais postulados, a pessoa humana é considerada como um fim em si mesma e não como meio para o alcance de outras finalidades. Além disso, passa-se a reconhecer a sua autonomia para guiar-se de acordo com sua própria consciência,

---

10. SARLET, op. cit. p. 35.
11. Sobre o papel de Hobbes na construção do conceito de pessoa, dando azo à ideia da dignidade, merece destaque o texto de Glaucia Correa Retamozo Barcelos Alves, intitulado "Sobre a dignidade da pessoa". In: MARTINS-COSTA, Judith (Org.). *A reconstrução do direito privado*: reflexos dos princípios, diretrizes e direitos fundamentais constitucionais no direito privado. São Paulo: Ed. RT, 2002, p. 213-229.
12. Sobre o conceito de imperativo categórico, confira-se: BOBBIO, Norberto. *Teoria da norma jurídica*. Trad. Fernando Pavan Baptista e Ariani Bueno Sudatti, Bauru/SP: Edipro 2001, p. 92-95). Merece destaque sobre o tema o seguinte excerto elucidativo: "Imperativos categóricos são aqueles que prescrevem uma ação boa em si mesma, isto é, uma ação boa em sentido absoluto, que deve ser cumprida incondicionalmente, ou com nenhum outro fim a não ser o seu cumprimento enquanto ação devida."
13. Fernando Ferreira dos Santos (*Princípio Constitucional da dignidade da pessoa humana*. Uma análise do art. 1°, inciso III, da Constituição Federal de 1988. Celso Bastos Editor. Fortaleza, 1999), menciona que a liberdade, tida como atributo do homem "kantinano" está relacionada à sua independência em relação à lei da causalidade, motivo pelo qual a compreensão de ser capaz de resistir aos seus impulsos, agindo eticamente.
14. BODIN DE MORAES, Maria Celina, op. cit., p. 117.
15. BODIN DE MORAES, Maria Celina, op. cit., p. 117.

derivando, disso, o aforismo: as coisas têm preço; o homem dignidade. Kant rompe, pois, definitivamente, com a ideia de dignidade como status e passa a identificá-la com a moralidade, concretizável quando a vontade de agir é desprovida de qualquer propósito que não seja, apenas, a de agir por dever e respeito ao próximo.[16] Nas palavras do mencionado filósofo[17]:

> No reino dos fins tudo tem ou um preço ou uma dignidade. Quando uma coisa tem um preço, pode-se pôr em vez dela qualquer outra como equivalente; mas quando uma coisa está acima de todo o preço, e portanto não permite equivalente, então ela tem dignidade.
>
> O que se relaciona com as inclinações e necessidades gerais do homem tem um preço venal; aquilo que, mesmo sem pressupor uma necessidade, é conforme a um certo gosto, isto é uma satisfação no jogo livre e sem finalidade de nossas faculdades anímicas, tem um preço de afeição ou de sentimento (Affektionpreis); aquilo porém que constitui a condição só graças à qual qualquer coisa pode ser um fim em si mesma, não tem somente um valor relativo, isto é um preço, mas um valor íntimo, isto é dignidade.

Embora a concepção kantiana de dignidade tenha condenado o aviltamento da pessoa à condição de coisa, por óbvio, não impediu o cometimento de atrocidades contra o ser humano. Dos acontecimentos do gênero, o mais significativo foi, sem sombra de dúvidas, aqueles ocorridos na Segunda Guerra Mundial. As barbáries nazifascistas chocaram o mundo e fizeram eclodir a dinâmica de reconhecimento e de positivação da dignidade da pessoa humana como o centro e o fim do Direito.[18]

As nefastas consequências daquela guerra, aliás, foram as centelhas de incentivo às Nações Unidas para proclamar a Declaração Universal dos Direitos Humanos, em 1948, com a expressa afirmação de que "todas as pessoas nascem livres e iguais em dignidade e direitos" (art. 1º).

Os acontecimentos da Segunda Guerra Mundial também foram o móvel para o contínuo processo de positivação da dignidade da pessoa humana nos mais diversos ordenamentos jurídicos da Europa, mais tarde, acolhido pela grande maioria dos países democráticos do mundo. No âmbito legislativo dos Estados, merece referência a Constituição Italiana de 1947, que entre os princípios fundamentais proclamou a igualdade dos cidadãos em dignidade; a norma fundamental de Bonn (1949), impondo a proteção da dignidade da pessoa humana como obrigação de todos e dos poderes estatais; a Constituição Portuguesa, de 1976, promulgada após a ditadura salazarista, alçando a dignidade da pessoa humana, a liberdade, a justiça e a solidariedade como valores republicanos, e a Constituição Espanhola de 1978

---

16. Considera-se que a dignidade humana está relacionada à liberdade e ao livre arbítrio. A esse respeito, valiosa a consulta ao texto de José Roque Junges, "A concepção Kantiana da Dignidade Humana", *Estudos Jurídicos*, Unisinos, v. 40, n. 2, p. 84-87, jul./dez. 2007.
17. KANT, Emanuel. *Fundamentação da metafísica dos costumes*. Trad. Paulo Quintela. Lisboa: Edições 70 LDA, 2007, p. 77.
18. NOBRE JÚNIOR, Edison Pereira. O Direito brasileiro e o princípio da dignidade da pessoa humana. *Revista de Informação Legislativa*, 37, n. 145, p. 185-196, jan./mar 2000.

que instituiu como fundamentos da ordem política e da paz social a dignidade da pessoa humana, o livre desenvolvimento da personalidade e o respeito à lei.[19]

---

19. Confiram-se, para fins ilustrativos, os dispositivos constitucionais de cada um dos diplomas citados, erigindo a dignidade da pessoa humana como valor fundamente daqueles ordenamentos jurídicos.
    Constituição Portuguesa de 1976
    Princípios fundamentais
    Artigo 1º
    (República Portuguesa)
    Portugal é uma República soberana, baseada na dignidade da pessoa humana e na vontade popular e empenhada na sua transformação numa sociedade sem classes.
    Artigo 2º
    (Estado democrático e transição para o socialismo)
    A República Portuguesa é um Estado democrático, baseado na soberania popular, no respeito e na garantia dos direitos e liberdades fundamentais e no pluralismo de expressão e organização política democrática, que tem por objectivo assegurar a transição para o socialismo mediante a criação de condições para o exercício democrático do poder pelas classes trabalhadoras.
    Constituição Espanhola de 1978
    Preâmbulo
    A Nação espanhola, desejando estabelecer a justiça, liberdade e segurança e promover o bem de todos os seus membros, no exercício de sua soberania, proclama a sua vontade de:
    Garantir a convivência democrática dentro da Constituição e das leis em uma ordem econômica e social justa.
    O reforço do Estado de Direito, que garante o Estado de Direito como a expressão da vontade popular.
    Proteger todos os espanhóis e povos da Espanha no exercício dos direitos os seres humanos, suas culturas e tradições, línguas e instituições.
    Promover o progresso da cultura e da economia para garantir uma digna qualidade de vida.
    Estabelecer uma sociedade democrática avançada, e colaborar no fortalecimento de relações pacíficas e de cooperação eficaz entre todos os povos da Terra.
    Consequentemente, a passagem de Cortes e do povo espanhol sanciono a seguinte
    Constituição
    Título Preliminar
    Artigo 1º
    Um. Espanha torna-se um Estado social e democrático de Direito, que defende como valores superiores de sua liberdade legal, a justiça, a igualdade e o pluralismo político.
    Dois. A soberania nacional pertence ao povo espanhol, de quem emanam os poderes do Estado.
    Três. A forma política do Estado espanhol é uma monarquia parlamentar.
    Constituição Italiana de 1947
    Princípios Fundamentais
    Art. 1.
    A Itália é uma República Democrática, baseada no trabalho. A soberania pertence ao povo, que a exerce nas formas e nos limites da Constituição.
    Art. 2.
    A República reconhece e garante os direitos invioláveis do homem, quer como ser individual quer nas formações sociais onde se desenvolve a sua personalidade, e requer o cumprimento dos deveres inderrogáveis de solidariedade política, econômica e social.
    Art. 3.
    Todos os cidadãos têm a mesma dignidade social e são iguais perante a lei, sem discriminação de sexo, de raça, de língua, de religião, de opiniões políticas, de condições pessoais e sociais. Cabe à República remover os obstáculos de ordem social e econômica que, limitando de facto a liberdade e a igualdade dos cidadãos,

Até mesmo as recentes constituições de países do leste europeu, filiados, no passado, a regimes totalitaristas, passaram a contemplar a dignidade da pessoa humana. São elas: Constituição da República da Croácia (1990), Preâmbulo da Constituição da Bulgária (1991), Constituição da Romênia (1991), Lei Constitucional da República da Letônia (1991), Constituição da República Eslovena (1991), Constituição da República da Estônia (1992), Constituição da República da Lituânia, Constituição da República Eslovaca (1992), Constituição da República Tcheca (1992) e Constituição da Federação da Rússia (1993).[20]

No âmbito internacional, convém mencionar a Carta dos Direitos Fundamentais da União Europeia, assinada em Nice, em dezembro de 2000, cujo capítulo I foi integralmente dedicado à dignidade da pessoa humana.[21]

---

impedem o pleno desenvolvimento da pessoa humana e a efectiva participação de todos os trabalhadores na organização política, económica e social do País.

Art. 4.

A República reconhece a todos os cidadãos o direito ao trabalho e promove as condições que tornem efectivo esse direito. Todos os cidadãos têm o dever de exercer, segundo as próprias possibilidades e a própria opção, uma actividade ou uma função que contribua para o progresso material ou espiritual da sociedade.

Lei Fundamental de Bonn

Articulo 1

[Protección de la dignidad humana, vinculación de los poderes públicos a los derechos fundamentales]

(1) La dignidad humana es intangible. Respetarla y protegerla es obligación de todo poder público.

(2) El pueblo alemán, por ello, reconoce los derechos humanos inviolables e inalienables como fundamento de toda comunidad humana, de la paz y de la justicia en el mundo.

(3) Los siguientes derechos fundamentales vinculan a los poderes legislativo, ejecutivo y judicial como derecho directamente aplicable.

Artículo 2

[Libertad de acción y de la persona]

(1) Toda persona tiene el derecho al libre desarrollo de su personalidad siempre que no viole los derechos de otros ni atente contra el orden constitucional o la ley moral.

(2) Toda persona tiene el derecho a la vida y a la integridad física. La libertad de la persona es inviolable. Estos derechos sólo podrán ser restringidos en virtud de una ley.

Artículo 3

[Igualdad ante la ley]

(1) Todas las personas son iguales ante la ley.

(2) El hombre y la mujer gozan de los mismos derechos. El Estado promoverá la realización efectiva de la igualdad de derechos de las mujeres y los hombres e impulsará la eliminación de las desventajas existentes.

(3) Nadie podrá ser perjudicado ni favorecido a causa de su sexo, su ascendencia, su raza, su idioma, su patria y su origen, sus creencias y sus concepciones religiosas o políticas. Nadie podrá ser perjudicado a causa de un impedimento físico o psíquico.

20. NOBRE JÚNIOR, Edilson Pereira. O direito brasileiro e o princípio da dignidade da pessoa humana. *Revista de Informação Legislativa*, a. 37, n. 145, p. 185-196. Brasília jan./mar. 2000.

21. A íntegra da mencionada carta pode ser consultada no site http://www.europarl.europa.eu/charter/pdf/text_pt.pdf. Consulta realizada aos 14/01/2014. O capítulo mencionado contém o seguinte teor:

"*Capítulo I*

Dignidade

Artigo 1º. Dignidade do ser humano

A dignidade do ser humano é inviolável. Deve ser respeitada e protegida.

Artigo 2º Direito à vida

O Direito brasileiro não passou incólume ao movimento de tutela legislativa da dignidade da pessoa humana e, sob forte influxo germânico, o Constituinte de 1988 assentou as bases do Estado Democrático de Direito em processo de formação, a partir da dignidade da pessoa humana (art. 1º, III). Consolidou, também, este princípio, no art. 170, *caput,* da Constituição Federal, ao estabelecer que a ordem econômica tem por fim assegurar a todos existência digna, conforme os ditames da justiça social.[22-23]

O reconhecimento constitucional teve como pano de fundo garantir respeito e proteção à dignidade da pessoa humana, mas não apenas, ressalte-se, "no sentido de assegurar um tratamento humano e não degradante"[24], como também no sentido de princípio de valor ético-jurídico destinado a tutelar a vulnerabilidade humana onde quer que ela se encontre.

Sob essa nova ordem constitucional, reconheceu-se o ser humano como o centro e o fim do Estado e alçou-se a dignidade à posição de princípio e valor fundamental do ordenamento jurídico, outorgando a ela conteúdo normativo para o qual deve convergir todo o sistema.

A amplitude e a indeterminação daquele princípio constitucional, entretanto, levaram doutrina e jurisprudência a utilizá-lo sem muita parcimônia. A excitação jurídica com as maravilhas surgidas a partir do reconhecimento constitucional da dignidade da pessoa humana, incentivou seu uso desenfreado, resultando, de certo modo, em sua banalização.

---

1. Todas as pessoas têm direito à vida.
2. Ninguém pode ser condenado à pena de morte, nem executado.
Artigo 3º Direito à integridade do ser humano
1. Todas as pessoas têm direito ao respeito pela sua integridade física e mental.
2. No domínio da medicina e da biologia, devem ser respeitados, designadamente:
. o consentimento livre e esclarecido da pessoa, nos termos da lei,
. a proibição das práticas eugénicas, nomeadamente das que têm por finalidade a selecção das pessoas,
. a proibição de transformar o corpo humano ou as suas partes, enquanto tais, numa fonte de lucro,
. a proibição da clonagem reprodutiva dos seres humanos.
Artigo 4º. Proibição da tortura e dos tratos ou penas desumanos ou degradantes
Ninguém pode ser submetido a tortura, nem a tratos ou penas desumanos ou degradantes.
Artigo 5º. Proibição da escravidão e do trabalho forçado
1. Ninguém pode ser sujeito a escravidão nem a servidão.
2. Ninguém pode ser constrangido a realizar trabalho forçado ou obrigatório.
3. É proibido o tráfico de seres humanos."

22. SOARES, Ricardo Maurício Freire. *Repensando um velho tema*: a dignidade da pessoa humana. Disponível em: http://egov.ufsc.br/portal/sites/default/files/anexos/31841-36966-1-PB.pdf. Acesso em: 14 jan. 2014.
23. Sobre o processo de democratização do país vale à pena consultar o relato histórico do ex-Presidente Fernando Henrique Cardoso em "A Arte da política. A história que vivi", coordenação editorial Ricardo A. Setti, 5. ed. Rio de Janeiro: Civilização Brasileira, 2011.
24. MORAES, Maria Celina Bodin. O conceito de dignidade humana: substrato axiológico e conteúdo normativo. Op. cit., p. 119.

Para evitar os equívocos amiúde cometidos no manejo da dignidade é preciso bem compreender os papéis por ela desempenhados e as consequências jurídicas extraíveis de cada um deles, motivo pelo qual o capítulo seguinte tratará do substrato jurídico da dignidade da pessoa humana.

1.2 SUBSTRATO JURÍDICO DA DIGNIDADE DA PESSOA HUMANA

Compreender o significado e delimitar o conteúdo da dignidade da pessoa humana não se afigura tarefa fácil, em especial no pouco espaço que temos reservado ao tema, cuja profundidade está restrita apenas ao indispensável para respaldar a ideia a ser defendida sobre o dano extrapatrimonial contratual e a indenização punitiva. Não podemos deixar, entretanto, de fazê-lo, ainda que sob o risco de pecarmos por alguma falta ou omissão.

A dificuldade dessa empreitada está no fato de a dignidade da pessoa humana ser constituída por conceito excessivamente amplo, poroso e em constante desenvolvimento, a reclamar contínuas concretizações e delimitações pela práxis constitucional.[25] Não obstante, é possível conferir certa concretude, a fim de satisfazer o anseio de um mínimo de segurança jurídica.

Na lição de Ingo Wolfgang Sarlet[26], a dignidade é qualidade intrínseca da pessoa que dela não pode ser destacada. E como qualidade integrante, irrenunciável e inalienável[27] da condição humana, merece ser respeitada, reconhecida, promovida e tutelada. A partir da dignidade se afirmam a autonomia e a independência da pessoa, excluindo-se qualquer coação externa ao desenvolvimento de sua personalidade e repelindo-se atentados de terceiro ou do Poder Público. Tutela-se, a pessoa, ainda, contra toda e qualquer negação dos meios fundamentais para o seu desenvolvimento ou contra a imposição de condições subumanas de vida.[28]

A consulta à doutrina nacional e estrangeira a respeito do tema revela a existência de senso comum quanto ao entendimento da dignidade da pessoa humana. Todas, de um modo ou de outro, fazem alusão à proteção da pessoa ao que ela tem de humanidade, assim como à tutela do livre desenvolvimento de sua personalidade. Existe, pois, um núcleo essencial, compartilhado universalmente, de concretude mínima a este conceito tão abstrato. Basta atentar para o conceito de dignidade da pessoa humana desenvolvido por Ingo Wolfgang Sarlet, consubstanciado na seguinte e precisa assertiva:

---

25. SARLET, Ingo Wolfgang. *Dignidade da pessoa humana e direitos fundamentais na Constituição Federal de 1988*. 8. ed. rev., atual. e ampl. Livraria do Advogado Editora, Porto Alegre: 2010, p. 49.
26. Op. cit., p. 49.
27. Op. cit., p. 50.
28. FLÓREZ-VALDÉS, Joaquín Arce. *Los principios generales del derecho y su formulación constitucional*. Madrid: Editorial Civitas S.A., 1990.

(...) a qualidade intrínseca e distintiva reconhecida em cada ser humano que o faz merecedor do mesmo respeito e consideração por parte do Estado e da comunidade, implicando, neste sentido, um complexo de direitos e deveres fundamentais que assegurem a pessoa tanto contra todo e qualquer ato de cunho degradante e desumano, como venham a lhe garantir as condições mínimas para uma vida saudável, além de propiciar e promover sua participação ativa e corresponsável nos destinos da própria existência e da vida em comunhão com os demais seres humanos, mediante o devido respeito aos demais seres que integram a rede da vida.[29]

Maria Celina Bodin de Moraes[30], ao debruçar-se sobre o tema, afirma que a humanidade relaciona-se à racionalidade, ao livre arbítrio e à capacidade de interação que constituem a essência do ser humano, motivo pelo qual a dignidade é afrontada quando a pessoa é reduzida à condição de objeto.

Anderson Schreiber[31] conceitua a dignidade da pessoa humana como sendo o valor-síntese que reúne as esferas essenciais de desenvolvimento e realização da pessoa humana. Seu conteúdo não pode ser descrito de modo rígido; deve ser apreendido por cada sociedade em cada momento histórico, a partir de seu próprio substrato cultural.

Ricardo Maurício Freire Soares[32] não discrepa do entendimento aduzido anteriormente ao sintetizar a dignidade da pessoa humana como "um constructo cultural fluido e multiforme, que exprime e sintetiza, em cada tempo e espaço, o mosaico dos direitos humanos fundamentais, num processo expansível e inexaurível de realização daqueles valores da convivência humana que melhor impedem o aviltamento e a instrumentalização do ser humano".

Gilberto Haddad Jabur[33], ao enfrentar o assunto, aproxima o conceito de dignidade da pessoa humana ao conteúdo sem o qual não é possível a existência humana saudável, como a vida, a honra a privacidade e outros conteúdos dos direitos inatos ao ser humano. Nas palavras do referenciado jurista:

> o conceito de dignidade – difícil de ser concebido, mas amadurecido à medida do correr das linhas anteriores –, aproxima-se daquilo que compreende, em seu mais largo sentido, o conteúdo indispensável à existência humana saudável, capaz de preencher as naturais exigências de ordem física e espiritual do homem. É a reunião e manutenção ilesa da vida e de seus prolongamentos, de maneira que o direito à integridade corporal, à saúde, assim como o direito à liberdade so-

---

29. Op. cit., p. 70.
30. "Danos à pessoa humana. Uma leitura civil-constitucional dos danos morais", Renovar, Rio de janeiro: 2003, p. 85. Nas palavras da autora: "(...) se a humanidade das pessoas reside no fato de serem elas racionais, dotadas de livre arbítrio e de capacidade para interagir com outros e com a natureza – sujeitos, portanto, do discurso e da ação –, será desumano, isto é, contrário à dignidade humana, tudo aquilo que puder reduzir a pessoa (o sujeito de direitos) à condição de objeto."
31. *Direitos da personalidade*. São Paulo: Atlas, 2011, p. 8.
32. *O princípio constitucional da dignidade da pessoa humana*: em busca do direito justo. São Paulo: Saraiva, 2010, p. 144.
33. *Liberdade de pensamento e direito à vida privada*. Conflitos entre direitos da personalidade. São Paulo: Ed. RT, 2000, p. 210.

cialmente regulada, o direito à honra, à privacidade, o direito ao trabalho e à educação, a uma velhice adequada e assistida, e o direito ao lazer, espelham a dignidade do ser humano.

Da doutrina estrangeira, colhem-se, para efeitos ilustrativos, os ensinamentos de Pietro Perlingieri[34], para quem a dignidade da pessoa humana (pari dignità sociale) é o instrumento que "confere a cada um o direito ao respeito inerente à qualidade de homem, assim como a pretensão de ser colocado em condições idôneas a exercer as próprias aptidões pessoais, assumindo a posição a estas correspondentes".

Seja qual for a concepção adotada, o elemento nuclear do conceito da dignidade da pessoa humana é garantir a humanidade que nos constitui como seres humanos, proporcionando o livre desenvolvimento da personalidade que nos torna "pessoa".

Tal garantia, a nosso ver, pode ser melhor entendida quando se tem a exata dimensão dos papéis exercidos pela dignidade da pessoa humana, os quais nem sempre são bem discerníveis. Segundo Judith Martins-Costa – crítica da cacofonia na conceituação e aplicação do princípio – a dignidade da pessoa humana exerce três papéis: fundamento, norma e postulado.[35] Não obstante a dificuldade natural de identificar quando a dignidade exerce cada um desses papéis, tentaremos abordar o tema com matizes mais vibrantes, no intuito de trazer o esclarecimento necessário à fundamentação do trabalho aqui encetado. Para tanto, é preciso, inicialmente, conceituar o fundamento jurídico, o postulado e a norma.

Fundamento jurídico é "a razão de ser dos princípios e regras". E tal razão de ser é a pessoa (e não seu atributo, como a dignidade), considerada "fundamento primeiro de toda e qualquer norma jurídica"[36].

Postulados normativos são metanormas. Enquanto as normas prescrevem o dever, os postulados indicam o modo de aplicação desses deveres. São exemplos de postulados: a igualdade, a razoabilidade, a proporcionalidade, a proibição do excesso etc.

As normas jurídicas, por sua vez, são comandos impositivos de comportamentos. Princípios e regras são espécies de norma jurídica e diferenciam-se de acordo com o modo de prescrição do comportamento que determina.

As definições acima permitem concluir que a dignidade da pessoa humana será: a) fundamento, sempre que seu emprego for no sentido de situar a pessoa como valor fonte do ordenamento jurídico; b) postulado, sempre que servir de medida de aplicação ou de estrutura de aplicação de princípios e regras, e c) norma, na medida em que impõe comportamento de forma mediata, em determinadas circunstâncias

---

34. *Perfis do direito civil. Introdução ao direito civil constitucional.* Trad. Maria Cristina De Cicco. 1. ed. rev. e ampl. Rio de Janeiro: Renovar, 1999, p. 37.
35. MARTINS-COSTA, Judith. Pessoa, personalidade, dignidade (ensaio de uma qualificação). Tese de livre docência em Direito Civil apresentada à Congregação da Faculdade de Direito da Universidade de São Paulo: maio, 2013.
36. MARTINS-COSTA, Judith, op. cit. p. 138.

existenciais. Vejamos, nos tópicos subsequentes, como opera a dignidade humana nas suas diferentes dimensões e quais são as consequências extraíveis de cada um dos papéis por ela ostentados.

1.3 DIGNIDADE DA PESSOA HUMANA COMO FUNDAMENTO JURÍDICO DO ORDENAMENTO

Foi dito anteriormente que a dignidade da pessoa humana, como fundamento jurídico, opera no sentido de situar a pessoa como valor fonte do ordenamento. Essa dimensão está intimamente relacionada à ideia Kantiana de valorização da pessoa como fim em si mesmo e não como coisa. Trata-se do reconhecimento do valor intrínseco do ser humano, como pessoa, motivando e justificando tê-lo como epicentro dos ordenamentos jurídicos.

A dignidade da pessoa humana é valor construído a partir da experiência axiológica de cada cultura, variável de acordo com os influxos do tempo e do espaço.[37] Constitui, pois, produto dessa mesma cultura e como tal está carregada da experiência e do sistema de valores humanos delineados para o atendimento de seus interesses e finalidades.

O sistema de valores humanos encontra seu valor-fonte na concepção da pessoa humana. O ser humano, embora desigual por natureza, busca a igualdade e a felicidade e compreende que, tal anseio, deve respeitar o fato de todo homem ser uma pessoa, sem o que, ele mesmo, não consegue se firmar como tal[38].

O Direito, cujo valor-fim é a Justiça, desenvolve-se exatamente para proporcionar aos homens a igualdade almejada, o que é próprio da dignidade da pessoa humana. E a ideia de justiça está intimamente ligada ao ideal de pessoa humana, porquanto o Direito nada mais é do que uma ordem social de relação entre pessoas.

Como bem elucida Ricardo Maurício Freire Soares[39], apoiado nas lições do Professor Miguel Reale, a Justiça tem por conteúdo os valores ligados ao valor fonte da dignidade da pessoa humana, o qual, traduzido em preceitos e incorporado à cultura torna-se regra universal de expressão da ética do Direito, juntamente a outros comandos de estrutura das regras do Direito positivo.

---

37. SOARES, Ricardo Maurício Freire, *O princípio constitucional da dignidade da pessoa humana*. São Paulo: Saraiva, 2010, p. 129.
38. Sobre a distinção entre pessoa humana e homem convém a consulta ao texto de Luiz Fernando Barzoto (Pessoa e reconhecimento – uma análise estrutural da dignidade da pessoa humana. In: ALMEIDA FILHO, Agassiz e MELGARÉ, Plínio (Org.). Dignidade da pessoa humana – Fundamentos e critérios interpretativos. São Paulo: Malheiros, 2010). Segundo o autor, pessoa é o ser identificável, é o indivíduo em si, que pertence, mas não se confunde com a humanidade. Ela possui características que a torna única, mas sua individualidade somente se constitui como tal diante do outro que é diferente. A pessoa precisa, necessariamente, do outro para se firmar como tal, embora seja uma unidade independente.
39. Op. cit. p. 131.

A dignidade da pessoa humana configura, pois, valor-fim de toda a ordem jurídica, servindo, a justiça, como valor meio destinado a assegurar sua perfeita observância, sem a qual os sujeitos não podem desenvolver-se como pessoas.

1.4 DIGNIDADE DA PESSOA HUMANA COMO POSTULADO

É inata, à dignidade humana, a concepção de sermos todos pertencentes ao gênero humano e de que, como tal, ostentamos o mesmo atributo de dignidade. Tal atributo implica reconhecer a necessária observação de condições mínimas de preservação e de não degradação do ser humano em sua humanidade.

As condições mínimas, sobre as quais discorreremos a seguir, constituem elementos concretizadores da sobredita dignidade, motivo pelo qual ostentam qualidade de postulados que ditam o modo de aplicação das normas conducentes à sua estrita observância.

Ricardo Maurício Freire Soares[40] aponta como elementos da dignidade humana: a) a preservação da igualdade; b) o impedimento à coisificação e degradação da pessoa humana; c) patamar existencial mínimo de subsistência.

Conforme leciona o referido autor, na primeira acepção, a dignidade da pessoa humana está associada à ideia de igualdade. Todos os seres humanos são dignos de serem tratados com igualdade, pelo simples fato de serem pessoas e razão precípua do ordenamento jurídico. Cabe, pois, aos Poderes Públicos, elaborar regras e aplicar o Direito de modo a proporcionar e tutelar a igualdade na ordem jurídica e perante ela, o que significa obstar discriminações e extinguir privilégios.

Ao mencionar a segunda acepção da dignidade da pessoa humana, Ricardo Maurício Freire Soares[41] explica que o impedimento de coisificação da pessoa traduz-se na "impossibilidade de redução do homem à condição de mero objeto do Estado e de particulares dotados de maior poderio econômico". E tal impedimento, salienta o autor, somente poderá ser alcançado mediante a limitação da autonomia da vontade, a observância das prerrogativas do Direito penal e a inviolabilidade dos direitos da personalidade.

Por fim, o autor esclarece que a dignidade da pessoa humana somente encontra efetividade com a garantia de condições materiais mínimas para a existência humana. A definição deste mínimo existencial, entretanto, não é pacífica, pois enquanto uma vertente associa-o aos direitos à alimentação, à saúde básica e à educação fundamental, a outra compreende-o como todas as necessidades vitais básicas a serem atendidas pelo salário mínimo, como moradia, vestuário, higiene, transporte, lazer e um meio ambiente saudável.

---
40. Repensando um velho tema: a dignidade da pessoa humana cit.
41. Repensando um velho tema: a dignidade da pessoa humana cit.

Ao discorrer sobre esse mesmo tema, Maria Celina Bodin de Moraes[42] remete-nos aos postulados filosóficos, de matriz Kantiana, norteadores do conceito de dignidade humana como valor intrínseco às pessoas humanas. São eles: a) igualdade; b) integridade psicofísica; c) liberdade, e d) solidariedade.

Para a autora, a igualdade deve revestir-se de cunho formal e substancial. No primeiro caso, a igualdade manifesta-se no direito de não haver qualquer tratamento discriminatório, enquanto, no segundo, a igualdade é vista como o tratamento desigual das pessoas na medida de sua desigualdade (princípio da isonomia). Essas ideias de igualdade, que se complementam, procuram, ao fim e ao cabo, evitar tratamentos discriminatórios e respeitar as diferenças.

A integridade psicofísica, aludida pela autora, relaciona-se não apenas à observância das garantias penais, mas, também, no campo civil, mediante a garantia dos direitos da personalidade. A existência digna, abrangendo a satisfação de todas as necessidades vitais básicas, também encontra-se inserida nesse contexto da proteção da integridade psicofísica.

No quesito liberdade, estão em jogo as situações subjetivas, cuja tutela somente será levada a efeito caso esteja em conformidade com a vontade individual, mas, também e principalmente, em sintonia com o interesse social.[43]

A solidariedade, por sua vez, está subjacente à concepção moral de não fazer ao outro aquilo que não desejaria que fizessem comigo. É a pessoa humana reconhecendo-se no outro e considerando-se parte integrante de uma comunidade de iguais. Disso decorre a admissão de que a sociedade, como um todo, deve atuar de modo a reduzir as desigualdades sociais e regionais e promover o bem-estar e a qualidade de vida de todos. Pode-se dizer que pelo princípio da solidariedade, todas as pessoas humanas estão comprometidas com o seu próximo, a fim de proporcionar uma sociedade justa e igualitária.

Em valioso artigo, Antonio Junqueira de Azevedo aponta a intangibilidade da vida humana como pressuposto do princípio da dignidade humana. "Sem vida – diz o autor – não há pessoa, e sem pessoa, não há dignidade."[44] De tal afirmação resultam consequências jurídicas importantes, como, por exemplo, a proibição da eutanásia, a proibição do abortamento do embrião e a proibição da pena de morte.[45]

Outro efeito extraído do princípio da dignidade da pessoa humana, conforme magistério do aludido autor, é o respeito à integridade física e psíquica da pessoa

---

42. BODIN DE MORAES, Maria Celina. O conceito de dignidade humana: substrato axiológico e conteúdo normativo. *Constituição, direitos fundamentais e direito privado* cit. p. 120 e ss.
43. BODIN DE MORAES, Maria Celina. O conceito de dignidade humana: substrato axiológico e conteúdo normativo. *Constituição, direitos fundamentais e direito privado* cit. p. 134.
44. Caracterização da dignidade da pessoa humana. *Revista dos Tribunais*, ano 91, v. 797, p. 11-26, março de 2002.
45. Todos os exemplos mencionados foram extraídos da obra de Antônio Junqueira de Azevedo, *Caracterização da dignidade da pessoa humana* cit. p. 20-21.

humana. Tal respeito deriva da sacralidade do corpo humano – embora não tão intensa quanto a da vida – justificando, assim, sua tutela contra abusos de privados e do Poder Público. Também a obrigação de segurança (referida nos artigos 8º, 9º e 10º, do CDC) está sob as peias do princípio em pauta, lembrando que o dano à pessoa deve ser indenizado sempre.

Ainda com lastro nos ensinamentos do autor, outra concretização do princípio da dignidade da pessoa humana está no respeito às condições mínimas de vida, justificando, por exemplo, a impenhorabilidade dos bens previstos no art. art. 833, II, III, IV, V, VI e VIII do CPC e, no campo contratual, a teoria alemã do "limite do sacrifício".[46]

Por fim, o autor alude, como terceira consequência do princípio em cotejo, o respeito aos pressupostos mínimos de liberdade e convivência igualitária, aí incluídos os aspectos fundamentais dos direitos de personalidade, tais como: direito à liberdade, direito à igualdade, direito à identidade, direito à intimidade etc.

Percebe-se, dos ensinamentos mencionados, haver uniformidade de entendimento quanto à concretização do princípio da dignidade da pessoa humana que, na síntese de Antonio Junqueira de Azevedo[47], tem como pressuposto a intangibilidade da vida humana e como consequência os preceitos de: a) respeito à integridade física e psíquica das pessoas; b) consideração pelos pressupostos materiais mínimos para o exercício da vida; e c) respeito às condições mínimas de liberdade e convivência social igualitária.[48]

1.5 DIGNIDADE DA PESSOA HUMANA COMO NORMA

A Constituição Federal Brasileira de 1988 elevou o princípio da dignidade da pessoa humana ao patamar de fundamento do Estado Democrático de Direito (art. 1º, III), integrando-o à categoria dos princípios fundamentais do Título I daquele diploma legislativo.

Aquele princípio tornou-se, pois, norma embasadora de todo o sistema constitucional, impondo comportamentos em sintonia com valores consagrados por

---

46. Antonio Junqueira de Azevedo (op. cit.) explica que segundo essa teoria, o devedor pode liberar-se do cumprimento dos contratos cuja execução levar a gastos excessivos e não previstos ou quando o adimplemento dificultar a sobrevivência do devedor.
47. Op. cit. p. 25.
48. A esse respeito, oportuna a colocação de Ingo Wolfgang Sarlet (A eficácia dos direitos fundamentais – Uma teoria dos direitos fundamentais na perspectiva constitucional. 10. ed. rev., atual. e ampl. 2. tir. Porto Alegre: Livraria do Advogado editor, 2010, p. 104), no sentido de que: "O que se percebe, em última análise, é que onde não houver respeito pela vida e pela integridade física do ser humano, onde as condições mínimas para uma existência digna não forem asseguradas, onde a intimidade e identidade do indivíduo forem objeto de ingerências indevidas, onde sua igualdade relativamente aos demais não for garantida, bem como onde não houver limitação do poder, não haverá espaço para a dignidade da pessoa humana, e esta não passará de mero objeto de arbítrio e injustiças. A concepção do homem-objeto, como visto, constitui justamente a antítese da noção da dignidade da pessoa humana."

intermédio das regras do ordenamento e por meio da interpretação dessas e de outras regras pelo Poder Judiciário.[49]

Decorre da assertiva anterior que a capacidade de impor comportamentos não está apenas nas disposições normativas diretamente relacionadas ao princípio da dignidade da pessoa humana, mas, também, no papel de critério de intepretação do ordenamento jurídico, do qual resultam ordens judiciais que prestigiam a sua aplicação.

As regras que concretizam o princípio da dignidade da pessoa humana são aquelas previstas no rol de direitos e garantias individuais da Constituição Federal, abrangendo: o direito à vida, à liberdade, à igualdade, à segurança, à propriedade, à educação, à saúde, à moradia, ao lazer, à segurança, à proteção à maternidade e à infância, dentre outros; assim como é possível extrair regras de comportamento por meio da técnica jurídica de interpretação. Este critério permite ao Poder Judiciário – a quem competirá impor a regra de conduta em caso de litígio – concretizar o princípio da dignidade da pessoa humana por meio de suas decisões, reconhecidas como normas individuais e concretas[50].

Não vemos motivos, portanto, para discordar do posicionamento de Ingo Wolfgang Sarlet[51], no sentido de reconhecer o "caráter jurídico-normativo do princípio da dignidade da pessoa humana" e de sua consequente eficácia na ordem constitucional.

1.6 DIGNIDADE DA PESSOA HUMANA E DIREITOS FUNDAMENTAIS

A confusão conceitual entre direitos humanos e direitos fundamentais é frequente. Ao contrário do que pensam os mais incautos, todavia, há diferença entre um e outro conceito. Direitos humanos são os direitos de ordem internacional relativos à condição humana, independentemente de sua vinculação a uma ordem constitucional. Direitos fundamentais são os direitos reconhecidos e positivados constitucionalmente por uma determinada ordem jurídica estatal.

---

49. SOARES, Ricardo Maurício Freire. O *princípio constitucional da dignidade da pessoa humana* cit. p. 135.
50. Entendemos por normas individuais e concretas aquelas que se opõem às ditas normas gerais a abstratas. Essa classificação normativa é bem trabalhada por Norberto Bobbio (Teoria da norma jurídica. Trad. Fernando Pavan Baptista e Ariani Bueno Sudatti. Bauru-SP: Edipro, 2001, p. 177-180) com a denominação de normas universais e singulares. Explica o autor: "Uma distinção elementar, que se encontra em todos os tratados de lógica, é aquela entre proposições universais e proposições singulares. Chamam-se universais as proposições em que o sujeito representa uma classe composta por vários membros, como por exemplo: 'Os homens são mortais'; singulares, aquela em que o sujeito representa um sujeito singular, como por exemplo: 'Sócrates é mortal'. Esta distinção tem particular relevância na classificação das normas jurídicas. Poderíamos dizer, em geral, que uma primeira classificação das normas jurídicas – uma classificação, repito, puramente formal, é entre normas universais e normas singulares." E explica o autor: "... o mandatário a quem se dirige a norma do Código Civil não é uma pessoa determinada, um indivíduo concreto, mas uma classe de pessoas, e portanto a norma se volta simultaneamente a todos aqueles que adentram naquela classe; o destinatário, a quem se dirige o juiz ou tribunal para ordenar-lhe manter consigo o filho, é um indivíduo concreto, singularizado, e a relativa norma se dirige a ele apenas e a nenhum outro."
51. *Dignidade da pessoa humana e Direitos Fundamentais...* cit. p. 81.

A distinção está, pois, no plano de positivação, sendo um de ordem internacional e outro de ordem interna constitucional[52]. Deflui, como consequência natural deste critério, a compreensão de que os direitos fundamentais guardam íntima e vital relação com o direito positivo (Constitucional) de um Estado, a constituir um conjunto de direitos e liberdades institucionalmente reconhecidos e garantidos pelo Estado aos membros de um ente público concreto.[53] Nas palavras de Marcelo Schenk Duque[54], consubstanciam normas que conduzem e limitam o poder estatal.[55]

São várias as funções atribuídas aos direitos fundamentais, dando a eles os contornos necessários para se compreender em que medida tais direitos se ligam ao princípio da dignidade humana.

Uma das funções dos direitos fundamentais é a de irradiar (função irradiante) o ordenamento jurídico com seus valores, servindo de critério de interpretação e de aplicação das cláusulas gerais e conceitos jurídicos indeterminados, encontrados na legislação infraconstitucional.[56] Tais direitos ostentam, também, a função de defesa ou de liberdade, porquanto consagrados como mecanismo de proteção contra as ingerências ilegais do Estado. Servem, ainda, para garantir ao particular o direito de obter do Estado os meios básicos necessários à sua sobrevivência (função de prestação social). Consagram, outrossim, o dever do Estado de assegurar os cidadãos contra possíveis agressões originadas de atos de particulares, além de impor o tratamento igualitário e eliminar qualquer tipo de discriminação.

Parece claro, portanto, que ao prever e garantir os direitos fundamentais, a Constituição de 1988 consagrou normas e princípios essenciais à proteção da

---

52. Este é o posicionamento de Ingo Wolfgang Sarlet em *A eficácia dos direitos fundamentais* – Uma teoria dos direitos fundamentais na perspectiva constitucional. 10. ed. rev., atual e ampl. 2. tir. Porto Alegre: Livraria do Advogado editor, 2010.
53. Nas palavras de Ingo Wolfgang Sarlet, op. cit. p. 77: "Direitos fundamentais são, portanto, todas aquelas posições jurídicas concernentes às pessoas, que, do ponto de vista do direito constitucional positivo, foram, por seu conteúdo e importância (fundamentalidade em sentido material), integradas ao texto da Constituição e, portanto, retiradas da esfera de disponibilidade dos poderes constituídos (fundamentalidade formal), bem como as que, por seu conteúdo e significado, possam lhes ser equiparados, agregando-se à Constituição material, tendo ou não, assento na Constituição formal (aqui considerada a abertura material do Catálogo)."
54. *Direito privado e Constituição*: drittwirkung dos direitos fundamentais, construção de um modelo de convergência à luz dos contratos de consumo. São Paulo: Ed. RT, 2013, p. 61.
55. Sobre o tema, pondera Ingo Wolfgang Sarlet (Dignidade da pessoa humana..., op. cit. p. 126): "Consoante já restou destacado, o princípio da dignidade da pessoa impõe limites à atuação estatal, objetivando impedir que o poder público venha a violar a dignidade pessoal, mas também implica (numa perspectiva que se poderia designar de programática ou impositiva, mas nem por isso destituída de plena eficácia) que o Estado deverá ter como meta permanente, proteção, promoção e realização concreta de uma vida com dignidade para todos, podendo-se sustentar, na esteira da luminosa proposta de Clémerson Clève, a necessidade de uma política da dignidade da pessoa humana e dos direitos fundamentais".
56. SANVITO, Paulo Celso. *Os Direitos Fundamentais da personalidade como instrumento para atingir a dignidade da pessoa humana nas relações de trabalho*. Dissertação de Mestrado em Direito e Processo do Trabalho defendida na Pontifícia Universidade Católica de São Paulo – PUC/SP, sob orientação do Prof. Paulo Sérgio João, São Paulo: 2011.

pessoa humana, razão pela qual se costuma afirmar que os direitos fundamentais concretizam o princípio da dignidade da pessoa humana, na esfera juspublicista.[57]

1.7 DIGNIDADE DA PESSOA HUMANA E DIREITOS DA PERSONALIDADE

A dignidade da pessoa humana já foi bem trabalhada nos tópicos anteriores, motivo pelo qual nos parece suficiente afirmar, neste momento, ser ela uma cláusula geral constitucional de tutela da personalidade[58]. A compreensão dessa assertiva passa, entretanto, pela análise do direito da personalidade, o que faremos apenas nos estreitos limites exigidos por este trabalho.

Como bem afirmou José de Oliveira Ascensão[59], a "dignidade da pessoa humana é o ponto de partida do ordenamento jurídico" e, como tal:

> implica que a cada homem sejam atribuídos direitos, por ela justificados e impostos, que assegurem esta dignidade na vida social. Esses direitos devem representar um mínimo, que crie o espaço no qual cada homem poderá desenvolver a sua personalidade. Mas devem representar também um máximo, pela intensidade da tutela que recebem.

Assim como ocorre em outras vertentes das relações humanas, a personalidade também está tutelada e amparada pelo princípio da dignidade da pessoa humana. Por este motivo, afigura-se lícito afirmar ser o princípio da dignidade da pessoa humana cláusula geral de proteção da personalidade, no Brasil.[60]

Os direitos da personalidade foram objeto de longos e aprofundados estudos, tais como os constantes nas obras de Capelo de Sousa[61], Carlos Alberto Bittar[62], Elimar Szaniawski[63] e tantos outros. Tema de alta complexidade, os direitos da personalidade têm encontrado divergência doutrinária, até mesmo, em sua terminologia, pois é possível encontrar quem os designe de: "direitos fundamentais da pessoa", "direitos essenciais", "direitos individuais" etc. Para efeitos do presente trabalho, utilizaremos a desinência adotada pelo Código Civil: direitos da personalidade.

---

57. FARIAS, Edilsom Pereira. *Colisão de direitos*. A honra, a intimidade, a vida privada e a imagem *versus* a liberdade de expressão e informação. Porto Alegre: Fabris, 1996, p. 54-55.
58. Sobre a evolução histórica dos direitos da personalidade e suas características principais, oportuna a consulta ao trabalho de Giorgio Resta intitulado Diritti della personalità: problemi e Prospettive, DeJure, Dir. Informativa 2007, 06, 1043, Giuffrè Editore S.P.A.
59. ASCENSÃO, José de Oliveira. *Direito Civil*. Teoria geral. Introdução. As pessoas. Os bens. 3. ed. São Paulo: Saraiva, 2010, v.1, p. 58-59.
60. A esse respeito, vide SZANIAWSKI, Elimar. Direitos de personalidade e sua tutela. 2. ed. rev., atual. e ampl. São Paulo. Ed. RT, 2005.
61. SOUSA, Rabindranath V. A. Capelo de. *O direito geral de personalidade*. Reimpressão. Coimbra: Coimbra Editora, 2001.
62. *Os direitos da personalidade*. 4. ed. rev. e atualizada por Eduardo C. B. Bittar. Rio de Janeiro. Forense Universitária: 2000.
63. SZANIAWSKI, Elimar. Direitos de personalidade e sua tutela. 2. ed. rev., atual. e ampl. São Paulo: Ed. RT, 2005.

A esses direitos, nosso Código dedicou um capítulo inteiro (artigos 11 ao 21), mas não se aventurou a conceituá-los, para deixar esta tarefa a cargo da doutrina, a qual se desincumbiu com maestria da tarefa outorgada.

Para Carlos Alberto Bittar, os direitos da personalidade são direitos inatos do homem, reconhecidos e positivados pelo Estado, para tutelá-lo contra os arbítrios do poder público ou as incursões dos particulares. São direitos existentes antes e independentemente do direito positivo e referem-se às projeções humanas para o mundo exterior, com abrangência dos direitos físicos, psíquicos e morais.[64]

Orlando Gomes[65] conceitua os direitos da personalidade como os "direitos considerados essenciais à pessoa humana, que a doutrina moderna preconiza e disciplina, a fim de resguardar a sua dignidade".

Anderson Schreiber[66] afirma que a "expressão direitos da personalidade é empregada na alusão aos atributos humanos que exigem especial proteção no campo das relações privadas, ou seja, na interação entre particulares, sem embargo de encontrarem também fundamento constitucional e proteção nos planos nacional e internacional".

Carlos Alberto Da Mota Pinto[67] refere-se aos direitos da personalidade como "um certo número de poderes jurídicos pertencentes a todas as pessoas por força do seu nascimento". E agrega a essa afirmação o entendimento de que estes direitos incidem para tutelar a vida, a saúde, a integridade física, a honra, a liberdade física e psicológica, o nome, a intimidade, enfim, todo aquele mínimo imprescindível da esfera jurídica de cada pessoa.

Massimo Bianca[68] afirma que os direitos da personalidade (ao qual também chama de direitos fundamentais do homem) são aqueles destinados a tutelar a pessoa nos seus valores essenciais. Por esses direitos, segundo o autor, são tutelados os interesses inerentes à pessoa, ou seja, interesses materiais e morais, e neste particular, distinguem-se dos direitos patrimoniais, vocacionados a tutelar os interesses econômicos.

Poderíamos colher, ainda, inúmeras conceituações que, embora carreguem certas peculiaridades em relação umas às outras, demonstrariam consenso simples de ser entendido: os direitos da personalidade tutelam a essência da pessoa humana; aquilo que lhe dá existência (a vida) e que lhe imprime singularidade própria; a característica peculiar que lhe diferencia dos demais de seu gênero.[69] Nos dizeres de

---

64. *Os direitos da personalidade*. 4. ed. rev. e atualizada por Eduardo C. B. Bittar. Rio de Janeiro. Forense Universitária: 2000.
65. *Introdução ao direito civil*. 13. ed. Atualizador Humberto Theodoro Junior. Rio de Janeiro. Forense: 1999.
66. *Direitos da personalidade*. São Paulo. Atlas: 2011, p. 13.
67. *Teoria geral do direito civil*. 4. ed. por António Pinto Monteiro e Paulo Mota Pinto. Coimbra. Coimbra editora: 2005.
68. *Diritto Civile*. Milano: Giufrè editore, 2002. v. 1 – la norma giuridica/i soggetti.
69. Nas lições de Renan Lotufo (*Código Civil Comentado*, São Paulo. Saraiva: 2003, v. 1, Parte Geral, arts. 1º a 232. p. 53), os direitos da personalidade constituem "o mínimo imprescindível para o ser humano desenvolver-se dignamente".

Judith Martins-Costa, a tutela da personalidade volta-se ao "livre desenvolvimento e expressão da personalidade humana".[70]

Por tratar-se de direito reservado à tutela de bens tão caros ao ser humano, conferiram-se inúmeras características igualmente especiais, no afã de, assim, torná-lo o mais efetivo possível. Os aludidos direitos são, portanto, absolutos, extrapatrimoniais, indisponíveis, imprescritíveis, intransmissíveis, necessários e vitalícios.[71]

Absolutos, porque devem ser observados por todos; extrapatrimoniais, pois irredutíveis a interesses ou avaliações econômicas; imprescritíveis, porquanto o tempo não obsta o exercício da pretensão de preservação da integridade física ou moral; indisponíveis, posto que seu titular não pode despojar-se deles; intransmissíveis, em virtude de não poderem ser transmitidos nem mesmo *causa mortis*; necessários, pois imprescindíveis à própria vida, e vitalícios, porque integrados à vida do titular, com efeitos até mesmo *post mortem*.[72]

Os ordenamentos jurídicos conhecidos adotam, basicamente, três formas de proteção dos direitos da personalidade: a proteção geral, a proteção especial e a proteção mista. A proteção geral caracteriza-se por lastrear-se numa cláusula geral, por meio da qual é possível interpretar o ordenamento jurídico segundo seus vetores valorativos e ampliar a proteção da tutela da personalidade a uma infinidade de casos, mesmo que não haja tipificação expressa[73]. Para os sistemas de proteção especial, a tutela da personalidade limita-se àquelas hipóteses previstas expressamente pela legislação; é, pois, um sistema tipificado.

Segundo Elimar Szaniawski[74], nosso ordenamento adotou o sistema misto de proteção da personalidade ao acolher a proteção geral da personalidade ao lado de direitos especiais tipificados. A proteção geral conferida pela Carta Constitucional reside, exatamente, no princípio da dignidade da pessoa humana.

Com efeito, o art. 1º, III, do texto da CF de 1988, prevê como um dos princípios fundamentais que a informa, o da dignidade da pessoa humana, base e substrato

---

70. *Pessoa, personalidade, dignidade*. Ensaio de uma qualificação. Tese de Livre docência em Direito Civil apresentada à Congregação da Faculdade de Direito da Universidade de São Paulo. Maio, 2003, p. 158. A autora, ao explorar o assunto, traz importantíssimas conclusões, que pedimos vênia para transcrever:
"Marquemos, pois, a distinção: todos somos igualmente dignos, cada um de nós tem uma personalidade singular. Nossa humanidade está na alçada de proteção do princípio da dignidade da pessoa humana, nossa autonomia e nossa singularidade estão inseridos na órbita do princípio do livre desenvolvimento da personalidade. A personalidade é única, inigualável e irreprodutível, é, em suma, individual, embora se exerça tanto no recôndito da vida privada quanto sob as luzes da vida comunitária. A dignidade é geral, todos igualmente a têm, ela se reproduz em cada um dos segmentos do gênero humano".
71. O rol é dado por Renan Lotufo (*Código Civil Comentado*. São Paulo: Saraiva, 2003, v. 1, Parte Geral, arts. 1º a 232, p. 49).
72. LOTUFO, Renan, op. cit. p. 49.
73. Sobre o tema da amplitude a ser dada à proteção do direito da personalidade, convém consultar Pietro Perlingieri (*O direito civil na legalidade constitucional*. Edição brasileira organizada por Maria Cristina De Cicco. Rio de Janeiro. Renovar: 2008, p. 768 e ss.).
74. Op. cit., p. 137.

necessário à constituição dos demais direitos.[75] Por derivação lógica, conferiu à pessoa tutela abrangente e multidimensional, com o fito de realizar a cláusula geral de proteção e de desenvolvimento de sua personalidade.

Os direitos especiais de personalidade, por sua vez, concretizam-se em diversos pontos do texto constitucional. No art. 5º, podemos destacar como direitos especiais de proteção da personalidade: o direito à vida, à liberdade, à igualdade, à segurança e à propriedade (*caput*); o direito à integridade psicofísica (inc. III); o direito de resposta e à imagem (inc. V); o direito à livre manifestação do pensamento (inc. IV), direito à livre expressão da atividade intelectual, artística, científica e de comunicação (inc. IX); o direito à intimidade, à vida privada, à honra e à própria imagem da pessoa (inc. X); o direito à inviolabilidade da moradia (inc. XI); o direito ao segredo epistolar, das comunicações telegráficas, telefônicas e de dados (inc. XII); os direitos de autor e do inventor (inc. XXVII, XXVIII, alíneas *a* e *b* e XXIX); e o direito de todos ao acesso à justiça (inc. XXV).[76]

Ainda é possível extrair direitos especiais de tutela da personalidade no art. 170 da CF/88, atinente à ordem econômica e financeira baseada na valorização do trabalho humano e da livre iniciativa, com o fito de assegurar existência digna a todos segundo os preceitos da justiça social. O exercício da propriedade privada (art. 170, II), condicionado à função social (art. 170, III), defesa do meio ambiente ecologicamente equilibrado (art. 170, VI), busca do pleno emprego (art. 170, VIII), seguridade social (artigos 194 e 195), direitos relativos à saúde (art. 196 e 200), à previdência e assistência social (art. 201), também dão a tônica da proteção especial aludida.

Além da proteção constitucional, os direitos da personalidade são tutelados no Código Civil (a tutela geral prevista no artigo 12 e as tipificações contidas nos artigos 13 a 21[77]), e em algumas outras leis especiais, como a Lei de Direito de Autor (Lei 9.610/98), a de Propriedade Industrial (Lei 9.279/96) e o Código de Defesa do Consumidor (Lei 8.078/90), para citarmos apenas alguns exemplos.

1.8 PROTEÇÃO DOS DIREITOS DA PERSONALIDADE DA PESSOA JURÍDICA

A personalidade, tal como concebida originariamente no Direito, estava ligada ao imperativo lógico decorrente da criação da ordem jurídica privada, como "garantia estatal de liberdades aos particulares".[78] Nesse contexto, era preciso enunciar os

---

75. SZANIAWSKI, Elimar, op. cit., p. 137.
76. SZANIAWSKI, Elimar, op. cit., p. 144.
77. Essa é a opinião de Elimar Szaniawski, op. cit. p. 178. Alerte-se que a tutela dos direitos da personalidade no Código Civil de 2002 tem início no art. 11 daquele diploma.
78. SOUZA, Eduardo Nunes de. *Dilemas atuais do conceito jurídico de personalidade: uma crítica às propostas de subjetivação de animais e de mecanismos de inteligência artificial*. Civilistica.com. Rio de Janeiro, a. 9, n. 2, 2020. Disponível em: http://civilistica.com/dilemas-atuais-do-conceito-juridico-de-personalidade/. Acesso em: 21 abr. 2021, p. 7.

sujeitos de direito a quem se imputaria as situações jurídicas, tornando-as suscetíveis de titularizarem direitos e obrigações.

À pessoa humana, já no século XX, a personalidade ganhou espectro mais abrangente, pois eivado de conteúdo valorativo sobre o qual passou a assentar a razão de ser do instituto, qual seja, a dignidade da pessoa humana.

Às pessoas jurídicas, porém, embora gozem de personalidade jurídica e, portanto, sujeitos de situações jurídicas, não se submetem ao mesmo tipo de tutela, no plano valorativo, conferido à pessoa humana, por lhes faltar humanidade.

Com efeito, enquanto o ser humano goza de personalidade como corolário lógico da sua condição humana e, portanto, de sua dignidade, a atribuição de personalidade às pessoas jurídicas advém de necessidade técnica de tutela de valores e interesses da reunião de pessoas humanas.[79]

Parece-nos bastante evidente, assim, não ser possível aceitar o tratamento igualitário dos direitos da personalidade à pessoa humana e à pessoa jurídica, embora o assunto não seja isento de controvérsias.

A maior razão das divergências doutrinárias a esse respeito, decorre do fato de se pretender aplicar às pessoas jurídicas a mesma estrutura dos direitos da personalidade das pessoas naturais. A toda evidência, não pode ser este o raciocínio empregado para entender o tema, como aliás evidencia o próprio artigo 52 do Código Civil ao prescrever, expressamente, ser aplicável, à pessoa jurídica, a tutela dos direitos da personalidade no que couber[80].

A ressalva legislativa leva-nos a crer que o legislador quis atribuir[81] à pessoa jurídica os mesmos valores conquistados a duras penas pelo ser humano[82], mas, apenas, certas tutelas destinadas a permitir àquela realidade técnica[83] exercer seus

---

79. SOUZA, Eduardo Nunes de. *Dilemas atuais do conceito jurídico de personalidade: uma crítica às propostas de subjetivação de animais e de mecanismos de inteligência artificial*. Civilistica.com. Rio de Janeiro, a. 9, n. 2, 2020. Disponível em: http://civilistica.com/dilemas-atuais-do-conceito-juridico-de-personalidade/. Acesso em: 21 abr. 2021, p. 12.
80. A esse respeito, leciona Antonio Carlos Morato (Quadro geral dos direitos da personalidade. *Revista do IASP* n. 31, jan./jun. 2013, p. 49-96): "É evidente que a expressão 'no que couber' está relacionada às limitações que a pessoa jurídica enfrenta no exercício de tal direito, uma vez que inexiste um paralelismo perfeito (não podemos, à guisa de exemplo, falar em direito à vida da pessoa jurídica ou ainda em direito à integridade física)."
81. Os direitos da personalidade da pessoa jurídica são-lhe atribuídos pelo ordenamento jurídico. Nesse sentido, Antonio Carlos Morato (Quadro geral dos direitos da personalidade, op. cit.): "Assim sendo, definimos os direitos da personalidade como direitos que versam sobre a própria pessoa e seus reflexos e que são *reconhecidos* à pessoa humana e *atribuídos* à pessoa jurídica." (grifos nos original)
82. LOTUFO, Renan. *Código Civil comentado*. São Paulo: Saraiva, 2003, v. 1, Parte Geral (arts. 1º a 232), p. 152. Sobre o tema, importante a consulta a artigo de autoria de Renan Lotufo. Dano moral e a pessoa jurídica. *Revista Brasileira de Direito Comparado*. n. 25, ano 2004, p. 283-306.
83. LOTUFO, Renan. *Código Civil comentado*. São Paulo: Saraiva, 2003, v. 1, Parte Geral (arts. 1º a 232), p. 114: "No Direito Contemporâneo, predomina a aceitação da teoria da realidade técnica, porque se admite que não só a pessoa jurídica tem existência diversa da de seus membros como sua vontade é diversa da de seus componentes, além do que a capacidade que lhe é atribuída pelo direito positivo não é a de seus integrantes,

fins e desenvolver suas potencialidades[84]. Ocorre, pois, o reconhecimento da união coletiva pelo Direito, proporcionando à pessoa jurídica titularizar relações jurídicas com seus associados, fundadores, serventuários, beneficiários ou terceiros.[85]

É preciso cautela, pois, para não se deixar levar por uma interpretação rasa do artigo 52, do Código Civil, de modo a estender, àquela ficção jurídica, a tutela de direitos eminentemente existenciais, cuja justificativa somente encontra amparo quando voltados à proteção da pessoa humana.

O debate é ferrenho entre as diversas correntes doutrinárias. Para os defensores da aplicação dos direitos da personalidade à pessoa jurídica, tem-se que, à semelhança da pessoa natural, o ente fictício é sujeito de direitos e pode reunir em torno de si situações jurídicas, de modo que, embora sob fundamentos diversos, é possível estender-lhe, por analogia, os direitos da personalidade.[86] Capelo de Sousa[87], embora em referência ao ordenamento jurídico lusitano, traz preciosa contribuição para a compreensão do tema:

> (...) há que se reconhecer que o direito geral de personalidade se desdobra em múltiplos poderes e faculdades jurídicas, v.g., em consonância com o largo espectro de bens de personalidade humana que constitui o seu objecto jurídico. A maioria desses bens, v.g., os ligados à personalidade física, afectiva, espiritual e anímica, são inseparáveis das pessoas singulares. Outros bens, porém, haverá, particularmente os atinentes à esfera social, como certas manifestações de liberdade, a identidade, o bom nome, a reputação, a esfera de sigilo e a iniciativa, relativamente aos quais poderão configurar-se interesses análogos dignos de tutela, possuídos por conjunto de pessoas humanas associadas ou por entes jurídicos baseados em vontades humanas objectivadas. (...) Ou seja, poderá falar-se 'stricto sensu' e como que numa segunda escolha, de direito 'geral' de personalidade das pessoas colectivas para significar que a elas não pertencem apenas os direitos de personalidade expressamente previstos na lei mas também os conteúdos devidamente adaptados do direito geral da personalidade das pessoas singulares, não inseparáveis destas e que se mostrem necessários ou convenientes à prossecução dos fins das pessoas colectivas[88].

Nessa cadência de pensamento seria possível considerar a existência de direitos da personalidade titularizados pela pessoa jurídica. Tais direitos, em nossa

---

mas a que lhe foi atribuída no ato constitutivo, ou modificativo, portanto através do exercício da autonomia privada." No mesmo sentido: HERKENHOFF, Henrique Geaquinto. *Os direitos da personalidade da pessoa jurídica de direito público*. Tese de Doutorado apresentada à Faculdade de Direito da Universidade de São Paulo, sob a orientação da Prof. Titular Silmara Juny de Abreu Chinellato, São Paulo, 2010. ALVES, Alexandre Ferreira de Assumpção. *A pessoa Jurídica e os Direitos de Personalidade*. Rio de Janeiro: Renovar, 1998.

84. É o que Henrique Geaquinto Herkenhoff denomina de direito autônomo de autopreservação da pessoa jurídica e ao pleno desenvolvimento de seus fins estatutários. (*Os direitos da personalidade da pessoa jurídica de direito público* cit.)
85. MOTA PINTO, Carlos Alberto, *Teoria geral do direito civil*. 4. ed. atualizada por António Pinto Monteiro e Paulo Mota Pinto, Coimbra: Coimbra, 2005, p. 280.
86. DONEDA, Danilo. Os direitos da personalidade no Código Civil. In: TEPEDINO, Gustavo (Coord.). *A parte geral do Novo Código Civil – Estudos na perspectiva civil-constitucional*. 3. ed. rev. São Paulo: Renovar, 2007, p. 54.
87. CAPELO DE SOUSA, Rabindranath V. A. *O direito geral de personalidade*. Reimpressão. Coimbra: Coimbra editora, 2011, p. 601.
88. Pessoas coletivas é a designação lusitana de pessoa jurídica.

doutrina, costumam ser exemplificados como sendo aqueles relativos ao nome, ao título e ao signo figurativo, à imagem e ao segredo[89]. Menciona-se, ainda, o direito à liberdade de ação consentânea com seus fins estatutários, direito à liberdade de expressão, liberdade de imprensa, direito de reposta, direito à livre manifestação e reunião, direito à liberdade de associação[90], o direito à honra objetiva e o direito moral de inventor.[91]

Elimar Szaniawski defende existir direito à intimidade das pessoas jurídicas, mas observa que, neste caso, a tutela não possui o mesmo conteúdo e alcance daquela dedicada às pessoas naturais. Segundo o autor, a proteção à pessoa jurídica limitar-se-ia aos negócios, às atividades econômicas, à situação financeira, enfim, àquilo que for essencial para o desenvolvimento e cumprimento de suas finalidades estatutárias.[92]

Em sentido diametralmente oposto, porém, converge a doutrina de notáveis juristas brasileiros e estrangeiros. Segundo essa corrente doutrinária, defendida por Giovanni Ettore Nanni[93], Renan Lotufo[94] e Pietro Perlingieri[95], para citar apenas alguns exemplos, é comum empregar, à pessoa jurídica, direitos expressivos de interesses de natureza patrimonial, sob o equivocado viés dos interesses existenciais. Nas palavras de Renan Lotufo[96]:

> Não nos parece que para resguardar, por exemplo, a 'boa fama', a 'reputação' da maioria das empresas, devamos utilizar daquilo que levou milênios e milênios para ser alcançado pelo ser humano. Precisamos preservar os direitos humanos como sendo absolutamente intocáveis, e que não podem ser submetidos a uma analogia tão simplista na invocação de uma 'honra objetiva'.
>
> (...)
>
> Por isso, entendemos que o âmbito da honra objetiva da empresa é algo que é inerente ao desenvolvimento de suas atividades, ao seu dia a dia, e que por isso mesmo passa a integrar o seu patrimônio. Portanto, mais perto da proteção que o direito contemporâneo denomina 'propriedade imaterial'.

---

89. ALVES, Alexandre Ferreira de Assumpção. *A pessoa Jurídica e os Direitos de Personalidade*. Rio de Janeiro: Renovar, 1998.
90. CAPELO DE SOUSA, Rabindranath V. A. *O direito geral de personalidade*. Reimpressão. Coimbra: Coimbra editora, 2011, p. 599.
91. ALVES, Alexandre Ferreira de Assumpção. *A pessoa jurídica e os direitos de personalidade*. Rio de Janeiro: Renovar, 1998. CAPELO DE SOUSA, Rabindranath V. A. *O direito geral de personalidade*. Reimpressão. Coimbra: Coimbra editora, 2011. MORATO, Antonio Carlos. *Direito de autor em obra coletiva*. Coleção Prof. Agostinho Alvim, São Paulo: Saraiva, 2007.
92. SZANIAWSKI, Elimar. Considerações sobre o direito à intimidade das pessoas jurídicas. *Revista dos Tribunais*, ano 79, v. 657, p. 25-31. julho de 1990. Diz o autor: "A pessoa jurídica, insistimos, só pode se desenvolver e cumprir suas finalidades estatutárias e contratuais se existir para as mesmas uma esfera secreta, que impossibilite a aproximação indesejada dos olhos e ouvidos alheios ou qualquer outra forma de indiscrição, o que é imprescindível para a sua existência" (p. 30).
93. As situações jurídicas exclusivas do ser humano: entre a superutilização do princípio da dignidade da pessoa humana e a coisificação do ser humano. *Direito civil e arbitragem*. São Paulo: Atlas, 2014.
94. *Código Civil Comentado* cit. p. 152-153.
95. *O direito civil na legalidade constitucional*. Trad. Maria Cristina De Cicco. Rio de Janeiro: Renovar, 2008.
96. *Código Civil Comentado* cit. p. 152-153.

De acordo com as lições de Giovanni Ettore Nanni, não há como negar a necessidade de tutela de todos os aspectos econômicos e patrimoniais relacionados à pessoa jurídica, mas é preciso efetivá-la por meio das noções adequadas e dos institutos próprios, "evitando-se que o princípio da dignidade da pessoa humana seja utilizado para tanto, pois tal prática somente colabora para o seu esgarçamento".[97]

Os direitos da personalidade, justificados sobre a dignidade da pessoa humana, tem fundamento e caráter existencial, construído a partir da noção kantiana "como valor intrínseco às pessoas humanas" e não às realidades técnicas, diga-se, pessoa jurídica, criada pelo Direito em virtude de questões de ordem patrimonial.[98]

A proposta da indenização punitiva, formulada nesta obra, somente encontra sustentáculo diante da defesa do valor maior e primordial da pessoa humana, por ser ela suscetível de vulnerabilidades, de ofensa à sua própria existência, como pessoa merecedora da tutela de sua dignidade.

Espraiar os efeitos de tutela tão gravosa como a aqui proposta para pessoas jurídicas seria não apenas aviltante à pessoa humana, mas impeditiva das relações travadas no mundo negocial entre sujeitos dotados de personalidade jurídica, mas carecedoras de personalidade humana.

---

97. *As situações jurídicas exclusivas do ser humano...* cit. p. 155.
98. BODIN DE MORAES, Maria Celina, *Na medida da pessoa humana*. Estudos de direito civil-constitucional. Rio de Janeiro: Processo, 2016, p. 85.

Capítulo II
DANO EXTRAPATRIMONIAL

Delimitadas as balizas da dignidade da pessoa humana, dos direitos da personalidade e do propósito de nosso trabalho de enveredar somente no campo da análise das situações subjetivas da pessoa natural, é tempo de dedicarmos nossa atenção aos danos extrapatrimoniais.

Consoante será demonstrado no decorrer deste capítulo, o escopo das linhas subsequentes é estruturar o conceito de dano para ancorar entendimento sólido sobre o dano extrapatrimonial. Não nos interessa, a não ser para fins e efeitos do propósito almejado, trabalhar o dano patrimonial, tendo em vista que, no atual estágio de maturidade legislativa e doutrinária, entendemos não haver espaço para a indenização punitiva em casos dessa natureza.

Trataremos, outrossim, da finalidade da reparação do dano extrapatrimonial, ou seja, enveredaremos para o tortuoso âmbito de saber, afinal, se a compensação pelos danos imateriais reveste-se de caráter compensatório ou a ela é também dada a finalidade de punir a conduta ilícita.

2.1 DEFINIÇÃO DE DANO

O dano é o pressuposto essencial da obrigação de indenizar. Sem ele, não há sequer motivos para se indagar sobre a relação causal, o nexo de imputação e a antijuridicidade da conduta.[1] Trata-se de fenômeno, qualificado pelo direito como causa de um efeito jurídico reativo, consistente na obrigação de ressarcir.[2]

---

1. REZZÓNICO, Juan Carlos. Daño, Técnica y Exclusión de la Responsabilidad. *Derecho de Daños*. Buenos Aires: Ediciones La Rocca: 2000, v. 1, Segunda Parte, p. 223-246.
2. DE CUPIS, Adriano. *Il Danno. Teoria Generale della Responsabilità Civile*. Ristampa Inalterata. Milano: Giuffrè, 1951, p. 6. "Assurgendo a fatto giuridico, il danno non dismette la propria essenza fisica; soltanto a questa si aggiunge la giuridicità. Due elementi concorrono allora a costituire la sua struttura: l'elemento materiale o sostanziale consistente nel fatto fisico e rappresentante il nucleo interiore, e l'elemento formale, che ad esso proviene della norma giuridica.
   L'effeto giuridico causato dal danno consiste in una reazione che il diritto appresta al fine della repressione del danno: agisce, quindi, in senso contrario a quello nel quale opera il danno, in opposizione, ciò è, ad esso e da ciò il danno medesimo, considerato nel sistema dei fatti giuridici, resta profondamente caratterizzato. Il processo di qualificazione giuridica dei fatti che il diritto assume nella propria sfera, comprende la determiazione del loro specifico comportamento: e il comportamento specifico del danno, onde esso differenzia dagli altri fatti giuridici, assumendo una posizione particolare, consiste precisamente nella produzione della suddetta reazione."

O direito, todavia, não qualifica todo e qualquer dano. A escolha recai, via de regra, sobre danos originados de atos humanos antijurídicos, assim considerados aqueles que se opõem aos interesses tutelados por meio de direitos subjetivos e objetivos.[3] Atualmente, também os atos tidos como lícitos podem ensejar o dever de indenizar, bastando, para isso, haver expressa previsão legal, como ocorre nos casos de responsabilidade pelo risco.

A amplitude das hipóteses de reparação do dano lastreia-se na ideia consagrada de que seus efeitos devem ser suportados por quem tiver melhores condições de fazê-lo e na crença de, assim, evitar situações iníquas, embora advindas de fatos não reprováveis pelo direito. É o chamado dano injusto.

Seu conceito está relacionado ao prejuízo, econômico ou não econômico, não querido, não previsto, totalmente fora dos planos de quem o sofre, resultante de ato ou fato antijurídico violador de bem ou de interesse juridicamente tutelado.[4]-[5] Não obstante, diversas teorias tentam explicar e conceituar o dano jurídico, ou seja, o dano qualificado pelo direito e cujo efeito é ensejar a obrigação de reparar o prejuízo por meio da reparação *in natura* ou do sucedâneo pecuniário.

As duas doutrinas mais relevantes são, sem sombra de dúvidas, a que considera o dano como a lesão a um direito subjetivo, cujo expoente é Roberto Brebbia[6], e a que o reputa como sendo a lesão a bens e interesses, do qual podemos destacar Adriano de Cupis[7].

Segundo BREBBIA, a definição de dano com base na lesão a bens ou interesses juridicamente protegidos não lhe parece satisfatória, pois haveria imprecisão terminológica quanto ao real sentido de *interesse*. Tal motivo exorta-o a considerar o dano como a violação, a lesão ou o menoscabo de um direito subjetivo, cuja existência é constatada sempre que o sujeito "tem a possibilidade de determinar, juridicamente,

---

Tradução livre: "Tornando-se um fato jurídico, o dano não rompe com sua própria essência física; a esta somente se agrega a juridicidade. Dois elementos concorrem então a constituir a sua estrutura: o elemento material ou substancial consistente no fato físico representativo do núcleo interior, e o elemento formal que provém da norma jurídica. O efeito jurídico causado pelo dano consiste na reação que o direito aporta ao fim da repressão do dano: age, pois, em sentido contrário àquele no qual opera o dano, em oposição a isso e do qual o dano mesmo, considerado no sistema dos fatos jurídicos, resta profundamente caracterizado. O processo de qualificação jurídica dos fatos que o direito assume na sua esfera, compreende a determinação do seu específico comportamento: e o comportamento específico do dano, o qual o diferencia dos outros fatos jurídicos, assumindo uma posição particular, consiste precisamente na produção da sobredita reação".

3. DE CUPIS, op. cit. p. 8.
4. REZZÓNICO, Juan Carlos. Daño, Técnica y Exclusión de la Responsabilidad. *Derecho de Daños*. Buenos Aires: Ediciones La Rocca, 2000, v. 1, Segunda Parte, p. 223-246. NORONHA, Fernando. *Direito das obrigações*. São Paulo: Saraiva, 2010, p. 497.
5. Não se nega haver hipóteses legais de indenização sem prejuízo, como ocorre nos casos de juros moratórios, cláusula penal, multa penitencial e arras penitenciais. Tais hipóteses, entretanto, como bem alerta Agostinho Alvim (op. cit. p. 196) constituem exceções que não descaracterizam a regra segundo a qual sem prejuízo não há dano.
6. BREBBIA, Roberto H. *El Daño Moral*. Doctrina-Legislacion-Jurisprudencia. Precedida de uma Teoria Jurídica Del Daño. 2. ed. corrigida e aumentada. Córdoba: Ediciones Juridicas Orbir: 1967.
7. DE CUPIS, op. cit.

em certas situações previstas pela regra jurídica, o dever de uma especial conduta em outras pessoas".[8]

Assim concebido, o direito subjetivo apresenta-se de três formas distintas: 1º) como contrapartida material do dever jurídico de não lesar, perturbar ou impossibilitar a conduta juridicamente autorizada ao titular de um direito (direito à vida, direito à liberdade de disposição de coisas próprias etc.); 2º) como pretensão ou faculdade de exigir conduta determinada de outrem por meio do aparelho coercitivo do Estado, e 3º) como faculdade para criar, modificar ou extinguir relações jurídicas.[9]

A violação de qualquer dessas três formas de existência do direito subjetivo ocasiona o dano. Curioso notar que ao definir a violação de um direito subjetivo o autor retoma a concepção anteriormente criticada, segundo a qual leva em conta o prejuízo ou o menoscabo ao bem ou interesse juridicamente tutelado.

Em resumo, embora o dano não possa ser considerado como a violação de bem ou interesse tutelado, mas, sim, como sendo a lesão ou violação de um direito subjetivo, ao delinear o significado de lesão ao direito subjetivo, o autor retoma a ideia de bem ou interesse juridicamente tutelado.

A explicação dada pelo autor a esse paradoxo converge no sentido de considerar o dano como sendo a transgressão à garantia outorgada pela norma à pessoa a quem corresponda o bem, e não a lesão ao bem propriamente dito. De outro lado, justifica que o interesse somente se apresenta como juridicamente tutelado caso haja direito subjetivo autorizando seu titular a impor aos demais seu senhorio; se houver mera declaração da norma, sem conferir ao titular os meios para fazer respeitar seu interesse e obter a devida reparação, não há efetivamente um interesse jurídico. Logo, em qualquer das hipóteses, a lesão imediata incidiria sobre o direito subjetivo e não sobre os bens ou interesses por ele tutelados.

Sem descartar por completo a teoria de Brebbia, parece-nos que seu pecado é restringir em demasia as hipóteses configuradoras de dano, o que vem a ser corrigido exatamente pela doutrina por ele criticada, segundo a qual o dano é a lesão a bens ou interesses juridicamente protegidos.

Para melhor explicar o raciocínio a ser desenvolvido, recorreremos às lições de De Cupis, acrescidas de outros doutos que igualmente contribuem para o desenlace da questão. Consoante o autor italiano, o objeto do dano identifica-se com o objeto

---
8. BREBBIA, op. cit. p. 40.: consideramos que existe derecho subjetivo cuando un sujeto tiene *la possibilidad de determinar juridicamente, em ciertas situaciones previstas por la regla jurídica, el deber de uma especial conducta em outra u otras personas.* (destaque no original) Tradução livre: consideramos que existe direito subjetivo quando um sujeito tem a possibilidade de determinar juridicamente, em certas situações previstas pela regra jurídica, o dever a uma especial conduta de outra ou outras pessoas.
9. BREBBIA, op. cit. p. 40.

da tutela jurídica: em ambos os casos, o objeto é o interesse humano.[10] A compreensão do significado de interesse, contudo, passa pelo necessário entendimento do conceito de bem, o qual é o pressuposto do interesse.

São considerados bens as coisas corpóreas ou incorpóreas do mundo externo, assim como as qualidades internas das pessoas, de natureza biológica, espiritual ou afetiva.[11] Compreende tanto as coisas suscetíveis como as não suscetíveis de avaliação econômica, em representação a tudo aquilo que pode satisfazer a necessidade humana.

O interesse comporta duas teorias explicativas: a subjetiva e a objetiva. Pela teoria subjetiva, o interesse constitui a valoração de certo bem pelo sujeito, é ato de inteligência, de juízo sobre o valor de determinado objeto como meio de satisfação de uma necessidade.[12] A teoria objetiva, por sua vez, considera o interesse como sendo a relação objetiva entre o sujeito e o objeto, relação esta que é, por si só, suficiente para demonstrar a capacidade do bem de satisfazer as necessidades do sujeito.

A primeira teoria não há de ser aceita, porquanto o direito não pode garantir ao homem a valoração subjetiva do bem e, também, porque a valoração do bem não é afetada pelo dano, já que constitui ato intelectual. A segunda teoria, embora não isenta de críticas, é a que prevalece, dado que o ordenamento jurídico deve tutelar o interesse genérico, aplicável a todas as pessoas indistintamente. Como bem elucida De Cupis[13], ao pronunciar-se sobre o tema:

> (...) al concetto di bene è sufficiente l'attitudine generica alla soddisfazione di um bisogno umano, mentre la denominazione di interesse va riservata alla possibilità che un bisogno di uno o più determinati soggetti venga soddisfatto mercè un bene. Ed è l'interesse cosi inteso che va considerato come oggetto della tutela giuridica e del danno in senso giuridico. Indubbiamente l'essenza finale del diritto esige che esso non rivolga la sua tutela se non ad entità comprese nel dominio dell'utile umano; ma poichè la suddetta essenza finale propriamente consiste in ciò, che il diritto intende garantire e difendere un soggetto dall'altro a seconda degli specifici elementi ricorrenti, in conseguenza la tutela giuridica non ha per oggetto i beni in sè considerati, ma particolare situazioni dei soggetti rispetto ai beni (...)

---

10. DE CUPIS, op. cit. 23.
11. NORONHA, Fernando. *Direito das obrigações* cit. p. 580.
12. DE CUPIS, op. cit. 25.
13. Op. cit. p. 26. Tradução livre:
    (...) ao conceito de bem é suficiente a atitude genérica à satisfação de uma necessidade humana, enquanto a denominação de interesse é reservada à possibilidade que uma necessidade de um ou mais sujeitos determinados seja satisfeita por um bem. E é o interesse assim entendido que é considerado como objeto da tutela jurídica do dano em senso jurídico. Indubitavelmente a essência final do direito exige que ele não dirija a sua tutela se não a entidades compreendidas no domínio do útil ao ser humano; mas como a dita essência final propriamente consiste nisso, que o direito pretende garantir e defender um sujeito do outro de acordo com específicos elementos recorrentes, por consequência a tutela jurídica não tem por objeto o bem considerado em si, mas particulares situações do sujeito em relação ao bem (...)

Como o interesse é a relação de utilidade existente entre as necessidades do homem e os bens idôneos a satisfazê-las[14]-[15]-[16], objetivamente considerados, a tutela do interesse dá-se tanto por meio dos direitos subjetivos, quanto pelos direitos objetivos, em complemento ao apregoado por Brebbia.

Com efeito, como bem leciona De Cupis, a antijuridicidade não está relacionada apenas ao direito subjetivo, mas, também, ao direito objetivo, na medida em que o ordenamento não contempla *fattispecies* inócuas, desprovidas de sentido. Ainda que a norma jurídica não atribua um direito subjetivo, é preciso vislumbrar o ordenamento como um todo de modo a perceber que a tutela ali prevista, embora não contemple um interesse individual, visa à proteção do interesse social. E este interesse permite e justifica a proteção dos sujeitos individualmente considerados, exatamente para proteger a sociedade.

A relação apontada entre interesse individual e coletivo, deve-se ao fato de sua proteção somente ser possível se, e enquanto, estiver em conformidade com o interesse da coletividade e não quando estiver apenas em conformidade com o do titular.[17] Aquele interesse (o da coletividade) é o previsto pela norma e que, em última análise, é o interesse (objetivo) do destinatário.[18-19]

---

14. ROSSETTI, Marco. *Il danno non patrimoniale*. Cos'è, come si accerta e come si liquida. Milano: Giuffrè Editore, 2010, p. 27. A este respeito, vide, também, Wilson Melo da Silva (*O dano moral e sua reparação*. Rio de Janeiro: Editora Forense, 1955, p. 213), com base em Aramendia, para quem o dano é a lesão a interesse, entendido este como "a relação entre o homem e um bem qualquer".
15. FEMIA, Pasquale. *Interessi e conflitti culturali nell'autonomia privata e nella responsabilità civile*. Pubblicazioni della Scuola di specializzazione dell'Università di Camerino, n. 80. Napoli: Edizioni Scientifiche Italiane, 1996. No original: "La maggior parte delle definizioni di "interesse" sono riconducibili ad un modello fondamentale: la relazione tra un soggetto ed un bene, il raporto di tensione tra un soggetto e un bene, idoneo a sciogliere tale tensione con la soddisfazione del soggetto interessato (...)" (p. 63) Tradução livre: A maior parte das definições de interesse são reconduzíveis a um modelo fundamental: a relação entre um sujeito e um bem, a relação de tensão entre um sujeito e um bem idôneo a dissolver tal tensão com a satisfação do sujeito interessado.
16. A esse respeito, ver, também: SEVERO, Sergio. *Os danos extrapatrimoniais*. São Paulo: Saraiva, 1996.
17. PERLINGIERI, op. cit. p. 677.
18. PERLINGIERI, op. cit. p. 668.
19. Conforme se extrai das lições de Perlingieri (op. cit. p. 669-672), as situações subjetivas são comumente tratadas levando-se em consideração apenas o enfoque individualista, "subjetivista, fundado sobre o poder da vontade como capacidade do sujeito; do outro, o enfoque teleológico ou do interesse patrimonial. Esse binômio, porém, é insuficiente à individuação das situações subjetivas de modo adequado às exigências do ordenamento atual. Assim, as situações subjetivas devem ser consideradas sob as seguintes perfis concorrentes: a) perfil do efeito; b) perfil do interesse; c) perfil dinâmico; d) perfil do exercício; e) perfil funcional; e f) perfil normativo ou regulamentar. Tomando-se em conta os perfis das situações jurídicas, Perlingieri, ao tratar daquele relativo ao interesse explica:

B) Perfil do interesse: fundamento justificador da situação é o interesse, que pode ser patrimonial, existencial ou, por vezes, um e outro juntos, já que algumas situações patrimoniais são instrumentos para a realização de interesses existenciais ou pessoais. No ordenamento jurídico encontram espaço tanto as situações patrimoniais e entre essas a propriedade, o crédito, a empresa, a iniciativa econômica privada, quanto aquelas não patrimoniais (os chamados direitos da personalidade) às quais cabe, na hierarquia das situações subjetivas e dos valores, um papel primário."

Ainda sobre situações subjetivas, oportuna a consulta a Miguel Reale (*Lições preliminares de direito*. 7. ed. rev. São Paulo: Saraiva, 1980, p. 247-260).

Logo, lastreados na lição de Bueres[20], é possível considerar o interesse como o núcleo, o fundamento e a razão da tutela jurídica na medida em que tanto os direitos subjetivos quanto os bens jurídicos são regulados em vista de sua satisfação. Assim, para a teoria do interesse, a essência do dano não está na modificação ou alteração do bem, mas na diminuição de sua capacidade de satisfazer as necessidades do titular, quando relevante para a sociedade.[21]

A exposição anterior permite concluir que tanto Brebbia quanto De Cupis estão corretos acerca da definição do dano. Divergem, apenas, na amplitude conferida a seu objeto que, a nosso ver, deve ser a mais ampla possível.[22]

Seria possível, até mesmo, com base na doutrina de Perlingieri, alargar ainda mais o espectro do dano indenizável, entendendo-o como a lesão a quaisquer situações subjetivas, como, aliás, aventado pelo próprio De Cupis, ao asseverar que "por consequência a tutela jurídica não tem por objeto o bem considerado em si, mas particulares situações do sujeito em relação ao bem".[23]

Ao adotar tal envergadura de entendimento, abrangeríamos não apenas direitos subjetivos, objetivos e interesses juridicamente tutelados, mas, também, quaisquer outras situações jurídica e socialmente relevantes justificadoras da reação do ordenamento.

A esse respeito, oportunas as lições de Perlingieri[24] sobre como o interesse faz nascer uma situação jurídica complexa, composta por deveres, obrigações e ônus, os quais colocam em crise o direito subjetivo. Como menciona o autor italiano:

> (...) o direito subjetivo – figura controvertida desde sempre – perde centralidade definitivamente e aflui a exigência de diversificar os interesses e de dar formas e técnicas de tutela das pessoas

---

20. BUERES, Alberto J. El daño injusto y la licitud e ilicitud de la conducta. *Derecho de Daños*. Ediciones Buenos Aires: La Rocca, 2000, v. 1, Primeira Parte p. 170.
21. Nas palavras de Cricenti (CRICENTI, Giuseppe. *Il danno non patrimoniale*. Milano: Cedam, 1999, p. 44): "Secondo questa impostazione l'essenza del danno starebbe non tanto nella modificazione o nell'alterazione di un bene, bensì nella lesione della relazione che intercorre tra un bene ed il suo fruitore, e cioè nell'interesse che lega il secondo al primo: la ragione di fondo di questa tesi è che il danno non sta tanto nella lesione del bene quanto nella sua diminuita capacità di soddisfare un bisogno del suo titolare (la tesi ha molto seguito in Italia, vi hanno aderito Ravazzioni, 1962, 37 ss.; De Cupis 1979, 43 ss.)". É importante consignar que o autor tece críticas à teoria. Tradução livre: Segundo essa construção a essência do dano estaria não tanto na modificação ou alteração de um bem, mas na lesão da relação que entremeia um bem e o seu fruidor, isto é, no interesse que liga o segundo ao primeiro: a razão de fundo desta tese é o dano não está tanto na lesão do bem quanto na diminuição de sua capacidade de satisfazer um interesse de seu titular (à tese, de há muito seguida na Itália, aderiram Ravazzioni, 1962, 37 ss.; De Cupis 1979, 43 ss.).
22. A este respeito leciona Clóvis V. do Couto e Silva (O conceito de dano no direito brasileiro e comparado, *RT* 667, ano 80, maio de 1991, p. 7-16) que a noção de reparação do dano está relacionada ao interesse jurídico, já que além dos direitos subjetivos há interesses como os coletivos ou mesmo a "chance", que a despeito de não serem qualificados como direitos subjetivos merecem uma proteção jurídica eficaz "em razão da importância que eles possuem na atualidade."
23. Op. cit. p. 26.
24. PERLINGIERI, Pietro. *O direito civil na legalidade constitucional*. Edição Brasileira Organizada por Maria Cristina De Cicco. Rio de Janeiro: Renovar, 2008, p. 678.

asseguradas por novos órgãos e por novos instrumentos, individualizados segundo o tipo de interesse a ser tutelado e a ponderação de valores a ser realizado.

Por fim, importante considerar a injustiça como elemento qualificador do dano indenizável. O fato ou ato violador de certo bem é caracterizado como fato ou ato antijurídico. Nas lições de Fernando Noronha, é a circunstância do dano ser oriundo de ato ou fato antijurídico que torna a lesão antijurídica.[25] Na doutrina italiana a lesão antijurídica é designada de dano injusto, sintetizado nas palavras de Giovana Visintini[26] como a lesão ao interesse tutelado.[27-28-29-30]

---

25. NORONHA, op. cit. p. 580.
26. VISINTINI, op. cit. p. 203.
27. O mesmo conceito é extraído do texto de BIANCA, Massimo C. *Realtà Sociale ed Effettività della Norma*. Scritti Giuridici, volume secondo, Obbligazioni e Contratti – Responsabilità. Milano: Giuffrè Editore, 2002, t. II, p. 978.
28. BIANCA, C. Massimo. *Diritto Civile*. Ristampa. Milano: Giuffrè Editore, 1999. v. V. La Responsabilità. Nas palavras do autor: "Danni ingiusti nel nostro ordinamento giuridico sono le lesioni dolose o colpose di diritti della personalità e diritti reali *nonché le lesioni socialmente intollerabili per la gravità del fatto o per la particolare rilevanza dell'interesse leso*" (p. 587 – grifos no original). Tradução livre: Danos injustos no nosso ordenamento jurídico são lesões dolosas ou culposas os direitos da personalidade e direitos reais, além de lesões socialmente intoleráveis pela gravidade do fato e pela particular relevância do interesse lesado.

    Sobre o tema convém a consulta a BIANCA, C. Massimo, *Il Danno Ingiusto nel Diritto Effettivo*. Realtà Sociale ed Effettività Della Norma – Scritti Giuridici, volume secondo, Obligazione e Contratti, Responsabilità. Milano: Giuffrè Editore, 2002, t. II, p. 947-952.
29. Para Alberto J. Bueres (El daño injusto... cit. p. 141), o dano injusto compreende os danos causados por condutas injustas (antijurídicas) e a dos danos que são injustos em si, ou seja, sem reconhecer nela uma causação injusta (antijurídica). A injustiça do dano não está atrelada, portanto, à antijuridicidade (a qual é pressuposto autônomo da responsabilidade civil), de modo que estão abrangidos os atos ilícitos e lícitos, sendo inquestionável o fato de o dever de reparar não decorrer apenas da culpabilidade. Nas palavras do autor: "La responsabilidad civil supone el deber que pesa sobre una persona de reparar el daño injusto ocasionado a otra. En el concepto abarcamos las hipótesis de daños causados por conductas injustas (antijurídicamente) – perjuicios que involucran una injusticia intrínseca –, y las de daños que son injustos per se, o sea, sin reconocer una causación injusta (antijurídica)." (...) "En efecto, el daño siempre afecta intereses humanos jurídicos (sean los que la doctrina tradicional llama legítimos o los de hecho). De ahí que si se daña a otro vulnerándose un interés jurídico, o sea, amparado por el derecho, la conducta es antijurídica, salvo que haya una causa de justificación. Per este último, y cuanto expusimos *ut supra*, evidencia que a vezes hay resarcimiento sin antijuridicidad, de onde ésta (la antijudicidad) está signada siempre por la juridicidad del daño aunque dicha juridicidad es autónoma. Un daño jurídico no deja de ser tal, de ser daño, por la circunstancia de que la conducta esté justificada – en cuyo caso, reiteramos, podrá haber resarcimiento o no haberlo, según que, respectivamente, tenga o no tenga cabida la responsabilidad por acto lícito." (p. 168). Tradução livre: A responsabilidade civil supõe um dever que pesa sobre uma pessoa de reparar o dano injusto ocasionado a outra. No conceito abarcamos as hipóteses de danos causados por condutas injustas (antijurídicamente) – prejuízos que envolvem uma injustiça intrínseca –, e as de danos que são injustos per se, ou seja, sem reconhecer uma causação injusta (antijurídica). (...) Com efeito, o dano sempre afeta interesses humanos jurídicos (sejam os que a doutrina tradicional chama de legítimos ou os de fato). Daí que se lesa-se outro vulnerando um interesse jurídico, ou seja, amparado pelo direito, a conduta é antijurídica salvo se houver uma causa justificadora. Diante do exposto supra, evidencia que às vezes há ressarcimento sem antijuridicidade, de onde esta (a antijuridicidade) está marcada sempre pela juridicidade do dano ainda que dita juridicidade seja autônoma. Um dano jurídico não deixa de ser tal, de ser dano, pela circunstância de que a conduta está justificada – em cujo caso, reiteramos, poderá haver ou não ressarcimento segundo tenha ou não tenha, respectivamente, cabimento a responsabilidade por ato ilícito.
30. Sobre o tema convém, ainda, a consulta a BIANCA, C. Massimo, *Il Danno Ingiusto nel Diritto Effettivo*. Realtà Sociale ed Effettività Della Norma – Scritti Giuridici, volume secondo, Obligazione e Contratti, Responsabilità. Milano: Giuffrè Editore, 2002, t. II, p. 947-952.

Ao tratar do tema, Maria Celina Bodin de Moraes[31] explica haver distinção entre danos justos e danos injustos. Os danos justos seriam todos aqueles autorizados pelo ordenamento jurídico, por se considerar como razoável imputar à vítima tais prejuízos. É o caso, por exemplo, do exercício da livre concorrência na prática comercial, ao aceitar o desvio lícito de clientela que, não obstante, gera prejuízo aos demais comerciantes do mesmo ramo. O mesmo ocorre na hipótese da construção de novo edifício, observadas todas as regras legais de edificação e zoneamento do plano diretor da cidade, com a consequente perda da vista panorâmica de seus vizinhos, e assim por diante. Nesses casos, e em inúmeros outros, ausentes o desvio da finalidade e dos limites impostos pelo ordenamento jurídico, não haverá obrigação de indenizar.

Cabe alertar, por fim, que o dano injusto pode ser caracterizado no caso de licitude (responsabilidade objetiva) ou de ilicitude da conduta, pois, para tanto, basta que o ordenamento jurídico considere ser devida a reparação à vítima.[32]

2.2 DANO PATRIMONIAL E DANO EXTRAPATRIMONIAL

Os danos patrimoniais distinguem-se dos extrapatrimoniais no tocante à suscetibilidade (ou não) de avaliação econômica. Os primeiros caracterizam-se pela violação de interesses diretamente suscetíveis de avaliação em dinheiro, enquanto os segundos não são passíveis dessa avaliação[33].

Para Cricenti[34] o ressarcimento de danos não patrimoniais sem limitações aparentes foi adotado, primeiramente, pelo ordenamento jurídico francês, no artigo 1382 do Código Civil, ao prever indenização em qualquer hipótese, sem especificar a natureza. A menção genérica ao dano implica reconhecer a relevância de qual-

---

31. MORAES, Maria Celina Bodin de. *Danos à pessoa humana*. Uma leitura civil constitucional dos danos morais. Rio de Janeiro: Renovar, 2003, p. 175.
32. A esse respeito, explica Fernando Noronha: "A responsabilidade subjetiva, ou culposa (também chamada de responsabilidade por atos ilícitos, ou aquiliana), é a obrigação de reparar danos causados por ações ou omissões dolosas (ou seja, intencionais) ou culposas (isto é, negligentes, imprudentes ou imperitas), que violem direito alheio. (...) Esta responsabilidade nasce de atos ilícitos, que são ações ofensivas de direitos alheios, proibidas pela ordem jurídica e imputáveis a uma pessoa de quem se possa afirmar ter procedido culposamente, o mesmo de forma intencional [5.4]." Mais adiante complementa seu raciocínio abordando a responsabilidade objetiva: "A responsabilidade civil objetiva, ou pelo risco, é obrigação de reparar danos, independentemente de qualquer ideia de dolo ou culpa. Ela nasce da prática de fatos meramente antijurídicos, geralmente relacionados com determinadas atividades (e por tal motivo, ainda sendo riscos de atividades 'normalmente desenvolvidas pelo autor do dano'– cf. Cód. Civil, art. 927, parágrafo único). Como sabemos [5.2.2; 5.4.2], a antijuridicidade é dado de natureza objetiva: existe sempre que o fato (ação, omissão, fato natural) ofende direitos alheios de modo contrário ao direito, independentemente de qualquer juízo de censura que porventura também possa estar presente e ser referido a alguém" (p. 508-509).
33. Segundo o dicionário Houaiss da Língua Portuguesa (Editora Objetiva: Rio de Janeiro, 1. reimp., com alterações) patrimônio é o "conjunto de bens, direitos e obrigações economicamente apreciáveis, pertencentes a uma pessoa ou empresa".
34. CRICENTI, Giuseppe. *Il danno non patrimoniale*. Milano: Cedam, 1999, p. 3.

quer consequência negativa, de natureza patrimonial ou não, para fins e efeitos da reparação civil.[35]

O mesmo não ocorre, por exemplo, nos ordenamentos jurídicos italiano, alemão e suíço, nos quais o ressarcimento de certos danos não patrimoniais são contemplados apenas em casos típicos, expressamente previstos em lei.

No Brasil, o dano extrapatrimonial também é tutelado de maneira ampla, embora a legislação trate como sinônimos "dano moral" e "danos extrapatrimoniais", equívoco que nos desincumbiremos de tratar neste tópico.

Com efeito, é comum a doutrina e a legislação pátrias tomar como sinônimos os danos patrimoniais e os materiais, assim como adotam sinonímia entre os danos extrapatrimoniais e morais. Nesse sentido, pronunciam-se, exemplificativamente, Aguiar Dias[36] e Carlos Roberto Gonçalves[37]. A lei, igualmente, comete tal imprecisão, como se extrai dos comandos contidos nos artigos 5º, V e X (que contrapõem dano material e moral) e 114, VI (contrapondo dano moral e patrimonial), e no art. 186, do Código Civil.[38]

Alguns poderão objetar que em nosso sistema jurídico o conceito de dano moral é amplo o suficiente para abarcar todas e quaisquer hipóteses de dano extrapatrimonial, a ponto de tornar inócua a distinção aqui defendida.

Desde logo, somos obrigados a discordar desse posicionamento.[39] A compreensão dos motivos que nos levam a antagonizar com a concepção antes men-

---

35. HANS ALBERT FISCHER (*A reparação dos danos no direito civil*. Trad. António de Arruda Ferrer Correia. São Paulo: Saraiva & Cia. Editores, 1938, p. 246 e ss.) explica que a expressão *dommage* inclui não apenas os danos patrimoniais, mas também os de índole extrapatrimoniais. E pontifica: "Não se julgue que a indemnização do 'dano moral' tenha sido resultado da actividade interpretativa dos autores, a qual, só por si, haja logrado inserir no código civil esse conceito; pois já na época em que êste foi redigido a palavra *dommage* tinha, na linguagem jurídica, a dupla significação que acabamos de pôr em relêvo. Assim, nas discussões de que foi alvo o projecto do Código, o relator do tribunal Bertrand de Grenille emitiu o parecer de que a responsabilidade devia recair sôbre *la réparation du dommage, la réparation du tort, l'entiére indemnité de ce qu'il a fait souffrir;* (...)" (grifos no original).
36. AGUIAR DIAS, José de. *Da responsabilidade civil*. 10. ed. rev. e atual. Rio de Janeiro: Forense, 1995. v. 1.
37. *Direito civil brasileiro*. 5. ed. São Paulo: Saraiva, 2010, v. 4: Responsabilidade Civil, p. 357. Diz o autor: "É possível distinguir, no campo dos danos, a categorias dos danos patrimoniais (ou materiais), de um lado, dos chamados danos extrapatrimoniais (ou morais), de outro."
38. NORONHA, *Direito das obrigações*, op. cit.
39. Nesse sentido posiciona-se De Cupis (op. cit., p. 32) ao mencionar que: "Invero, distinguendo Il danno privato in patrimoniale e non patrimoniale, Il suo campo viene diviso in due zone, le quali devono essere delineate in modo da corpire per intiero l'ambito del danno privato; e le sofferenze morali, Le sensazioni dolorose, non abbracciano tutti danni Che non sono pregiudizi patrimoniali: la diminuzione di prestigio e di pubblica reputazione, ad. es., costituisce dano non patrimoniale indipendentemente dal dolore o rammarico Del soggetto cha la subisce (30). Cosicchè se si vuole dare dei danni non patrimoniali una nozione lógica e completa, non bisogna limitarli al campo delle sofferenze fisiche o morali, ma concepirli invece in modo da comprendere tutti i danni che non rientrano nell'altro gruppo dei danni patrimoniali: vale a dire che la loro nozione non puó essere negativa. In consequenza, soggetto passivo di danno non patrimoniali può essere anche la persona giuridica, la quale, se non può nutrire um sentimento di benessere, può peraltro, e indubbiamente, godere di altri beni non patrimoniali." Tradução Livre: Na verdade, distinguindo o dano privado em patrimonial e não patrimonial, o seu campo vem dividido em duas zonas, as quais devem ser

cionada envolve, porém, a reflexão sobre as características do dano patrimonial e não patrimonial. Dano patrimonial é aquele que afeta o patrimônio[40] da vítima, lesiona os bens mensuráveis e apreciáveis em dinheiro, como se extrai das lições de Sergio Severo:

> o dano patrimonial é aquele que repercute, direta ou indiretamente, sobre o patrimônio da vítima, reduzindo-o de forma determinável, gerando uma *menos-valia*, que deve ser indenizada para que se reconduza o patrimônio ao *status quo ante*, seja por uma reposição *in natura* ou por equivalente pecuniário.[41]

Agostinho Alvim, embora tome o conteúdo do dano, em sentido estrito, como prejuízo ao patrimônio e, portanto, das relações jurídicas apreciáveis em dinheiro, não descarta o caráter extrapatrimonial do termo, considerado em sentido amplo, como se extrai do seguinte excerto doutrinário de sua autoria:

> Nós entendemos que o têrmo dano, em sentido amplo, vem a ser a lesão a qualquer bem jurídico, e aí se inclui o dano moral. Mas, em sentido estrito, dano é, para nós, a lesão do patrimônio; e patrimônio é o conjunto das relações jurídicas de uma pessoa, apreciáveis em dinheiro. Aprecia-se o dano tendo em vista a diminuição sofrida no patrimônio.[42]-[43]

---

delineadas de moa a cobrir por inteiro o âmbito do dano privado; e o sofrimento moral, as sensações dolorosas não abarcam todos os danos. Não são prejuízos patrimoniais: a diminuição do prestígio e da reputação pública, por exemplo, constituem dano não patrimonial independentemente da dor ou arrependimento do sujeito que a sofreu. Então, se se quer atribuir ao dano não patrimonial uma noção lógica e completa, não precisa limitá-lo ao campo do sofrimento físico ou moral, mas concebê-lo de modo a compreender todos os danos que não se inserem no grupo dos danos patrimoniais. Vale dizer que a sua noção não pode ser negativa. Por conseguinte, o sujeito passivo de dano não patrimonial pode ser também a pessoa jurídica, a qual, se não pode nutrir um sentimento de bem-estar, pode por outro lado e indubitavelmente, gozar de outros bens não patrimoniais.

40. Patrimônio é aqui entendido como o conjunto de bens relacionados aos interesses econômicos da vítima.
41. SEVERO, op. cit. p. 40.
42. ALVIM, Agostinho. *Da inexecução das obrigações e suas consequências*. São Paulo: Saraiva, 1953, p. 187.
43. Carlyle Pop e Ana Cecília Parodi (*A concepção pós-moderna de dano: releitura a partir do conceito constitucionalizado de patrimônio*. In: GUNTHER, Luiz Eduardo e CARNEIRO, Maria Francisca. (Coord.). *Dano moral e direitos fundamentais*: uma abordagem multidisciplinar. Curitiba: Juruá, 2013) criticam a concepção tradicional de patrimônio, por entender ser ele "dissonante do idealismo construtivista de uma sociedade livre, justa e solidária, da implementação da fraternidade igualitária. Além disso, não leva em conta a dignidade da pessoa humana, em que o ser humano é o principal protagonista das relações jurídicas" (p. 63). E com isso, apregoam uma nova concepção de dano patrimonial. Partindo da concepção de que patrimônio é "tudo aquilo que a pessoa humana constrói, material e espiritualmente, ao longo de sua vida, democratizando, assim o acesso às conquistas e reconhecendo o valor aos bens de toda natureza – ainda que tais atingimentos sejam afastados da apreciabilidade econômica", conceituam que "o dano patrimonial possui sua própria e típica função social não apenas de proteger o conjunto economicamente apreciável dos entes, mas proteger a totalidade de bens que compõem o patrimônio humano, equiparando em valor tanto os bens que possuam expressão financeira, quanto os bens espirituais no sentido mais estrito, coadunando-se com o verdadeiro conceito de pessoa humana e de sujeito de direito. O dano patrimonial deve ser visto como gênero de lesão, do qual dano material e dano moral se constituem em espécies. Por isso, é possível falar na existência de dois tipos de dano patrimonial imaterial". A despeito de toda a consideração e deferência que os autores merecem, não estamos de acordo com o posicionamento expressado na obra citada, motivo pelo qual preferimos adotar a conceituação de patrimônio tida como mais "conservadora", nos moldes expressados em nosso trabalho.

Segundo Paulo Roberto Ribeiro Nalin[44], a suscetibilidade de avaliação do bem em moeda é prova cabal de sua patrimonialidade, a justificar, em caso de lesão, sua inserção no chamado dano patrimonial. Relativamente a esta espécie de dano, é possível identificar duas espécies de lesão: a real e a patrimonial. A real é a perda *in natura* sofrida pelo lesado em seus bens ou interesses, ocasionada pela destruição, subtração ou deterioração de coisa material ou imaterial. A patrimonial é aquela que, em virtude do atingimento de certo bem, resulta na diminuição do patrimônio, como, por exemplo, as despesas médicas e de hospital que derivam de um acidente de automóvel.[45]

Os danos patrimoniais podem ser de duas ordens: danos emergentes e lucros cessantes. Os primeiros constituem efetiva diminuição do patrimônio, enquanto os segundos consistem na frustração de ganho ou acréscimo patrimonial esperado e cuja ocorrência foi impedida pelo evento danoso.

O dano extrapatrimonial, por sua vez, caracteriza-se pela lesão a bens ou interesses não suscetíveis de apreciação econômica. Nas palavras de Bianca[46], dano extrapatrimonial é a lesão a interesses não econômicos, opinião comungada, dentre outros, por Rossetti[47] e Noronha[48].

É importante mencionar que tanto os bens como os interesses podem ser lesados e que a patrimonialidade ou extrapatrimonialidade dos danos estará, regra geral, relacionada à apreciação econômica ou não dos interesses em jogo, com afetação, ou não, do patrimônio do lesado. Nas palavras de Noronha[49]:

> Como se vê pelas noções dadas, a distinção entre danos patrimoniais e extrapatrimoniais é feita, similarmente ao que acontece com a classificação que distingue entre danos à pessoa e a coisas, também com base na teoria do reflexo: parte-se não do ato lesivo, em si mesmo, mas da esfera jurídica, econômica ou puramente espiritual, da pessoa em que a lesão se reflete. É patrimonial o dano que se reflete no patrimônio do lesado, enquanto extrapatrimonial é aquele que afeta exclusivamente a esfera dos valores espirituais ou afetivos.

No presente trabalho, adotaremos a expressão dano extrapatrimonial para designar os danos a bens ou interesses não suscetíveis de apreciação econômica. A escolha metodológica encetada deriva de considerarmos insuficiente a expressão dano moral para referirmo-nos a tais danos, porquanto há uma plêiade de danos não patrimoniais muito mais ampla do que aqueles relacionados ao sofrimento moral.

---

44. *Responsabilidade civil*. Descumprimento do contrato e dano extrapatrimonial. Curitiba: Juruá, 1996, p. 88.
45. NALIN, Paulo Roberto Ribeiro, op. cit. p. 88.
46. BIANCA, Massimo C. *Diritto Civile, V, La Responsabilità*. Ristampa. Milano: Giuffrè, 1994, p. 166.
47. ROSSETTI, Marco. *Il Danno non Patrimoniale*. Cos'è, come si accerta e come si liquida. Milano: Giuffrè, 2010, p. 30.
48. NORONHA, Fernando. *Direito das obrigações*. 3. ed. rev. e atual. São Paulo: Saraiva, 2010, p. 590. "Em contraposição aos danos patrimoniais, são extrapatrimoniais aqueles que se traduzem na violação de quaisquer interesses não suscetíveis de avaliação pecuniária."
49. NORONHA, Fernando. *Direito das obrigações*. 3. ed. ver. e atual. Saraiva: São Paulo, 2010, p. 592.

Se ficássemos restritos à terminologia dano moral, excluir-se-iam, por derivação lógica, todos os outros danos que não estivessem relacionados, exclusivamente, ao sofrimento e a dor, esgotando-os à esfera do sentimento. Não poderíamos, portanto, inserir ofensas aos direitos da personalidade e nem mesmo a violação de quaisquer direitos não patrimoniais do incapaz, pela impossibilidade de entender e de querer.

A noção de dano extrapatrimonial, objeto deste trabalho, é muito mais ampla e compreende o prejuízo ocasionado a interesses não econômicos que tenham relevância social, independentemente, repita-se, das alterações psicológicas ou perturbações de espírito que possa causar.[50]

2.3 DANO EXTRAPATRIMONIAL

A conceituação de dano extrapatrimonial não é tema isento de controvérsias. A doutrina nacional e estrangeira debate-se no sentido de conceituar este tipo de dano com o emprego frequente de cinco posicionamentos diversos[51]:

a) dano extrapatrimonial é todo dano não patrimonial;

b) dano extrapatrimonial se determina pela índole extrapatrimonial do direito lesado;

c) dano extrapatrimonial como lesão a direitos da personalidade;

d) doutrina que toma em consideração o caráter não patrimonial do interesse lesado; e

e) doutrina que toma em conta o resultado ou a consequência do evento que causa o dano.

A análise de cada um deles é necessária para bem compreendermos o conceito de dano extrapatrimonial a ser proposto para o presente trabalho, motivo pelo qual iremos tratá-los de modo separado, com a tessitura de nossas considerações.

2.3.1 Dano extrapatrimonial: conceito por exclusão

Segundo essa vertente doutrinária, o dano extrapatrimonial é todo dano não patrimonial. Eloquente, a esse respeito, Wilson Melo da Silva[52] considera os danos extrapatrimoniais como sendo lesões sofridas pelo sujeito físico em seu patrimônio ideal, assim entendido como tudo aquilo insuscetível de valor econômico.

---

50. BIANCA, Massimo C. *Diritto Civile, V, La Responsabilità*. Ristampa. Milano: Giuffrè, 1994, p. 168. No mesmo sentido: Sergio Severo (*Os danos extrapatrimoniais*. São Paulo: Saraiva, 1996, p. 35-37).
51. A divisão proposta está de acordo com a doutrina de Ramón Daniel Pizarro (*Daño Moral. Prevención. Reparación. Punición. El daño Moral en las diversas ramas del Derecho*. 2. ed. Editorial Hamurabi: Buenos Aires, 2004.
52. *O dano moral e sua reparação*. Rio de Janeiro: Forense, 1955, p. 11.

Do mesmo modo pronuncia-se Pontes de Miranda[53], ao conceituar o dano patrimonial como "(...) o dano que atinge o patrimônio do ofendido; dano não patrimonial é o que, só atingindo o devedor como ser humano, não lhe atinge o patrimônio".

É possível, ainda colher definição semelhante nas lições de Aguiar Dias[54], para quem, "(...) quando ao dano não correspondem as características do dano patrimonial, dizemos que estamos em presença do dano moral".

A concepção negativista do conceito de dano extrapatrimonial, entretanto, nada esclarece quanto a seu conteúdo e não permite a exata compreensão do fenômeno.[55] Ademais, visualiza apenas parcialmente os elementos caracterizantes do dano extrapatrimonial e, por isso, exige constante complementação, a ponto de não ser raro socorrer-se de definição complementar para melhor explicá-lo.

Assim, por exemplo, agem Aguiar Dias[56] e Wilson Mello da Silva[57], ao complementar suas definições de dano extrapatrimonial fazendo menção a dor, à angústia ou à depreciação anímica como elementos caracterizadores do dano extrapatrimonial.

Correta a nosso ver, portanto, a crítica de Ramón Daniel Pizarro[58], no sentido de que o dano extrapatrimonial tem conteúdo próprio a ser precisado em termos positivos, não podendo, por tal razão, ser calibrado pelo que não é, mas apenas pelo que é.

2.3.2 Dano extrapatrimonial: índole extrapatrimonial do direito lesado

De acordo com essa teoria, o dano extrapatrimonial consiste na lesão a direito extrapatrimonial; por conseguinte, somente a natureza do direito violado define a natureza do dano, de modo que se a lesão atingir bens materiais, o dano é de natureza patrimonial, enquanto a lesão a direito extrapatrimonial acarreta dano de igual natureza.

É sabido, porém, que essa relação entre natureza do direito lesado e do respectivo dano não é absoluta. A realidade demonstra que a lesão a direito extrapatrimonial pode gerar dano de natureza patrimonial e vice-versa. Basta atentar para a hipótese de dano que acarrete aleijão ou deformidade de pessoa que utilize a sua imagem como meio de trabalho (uma modelo por exemplo) para se ter configurado o dano patrimonial relacionado à violação de direito não patrimonial. Do mesmo modo,

---
53. PONTES DE MIRANDA, Francisco Cavalcante. *Tratado de Direito Privado*. t. 26, p. 30.
54. AGUIAR DIAS, José de. *Da responsabilidade civil*, v. 2, p. 852. O autor trata o dano extrapatrimonial pela terminologia "dano moral".
55. ANDRADE, André Gustavo de. *Dano moral e indenização punitiva*. 2. ed. atual. e ampl. Rio de Janeiro: Lumen Juris, 2009, p. 34.
56. *Da responsabilidade civil*. 10. ed. rev. e atual. Rio de Janeiro: Forense, 1995. v. II, p. 743.
57. *O dano moral e sua reparação*. Rio de Janeiro: Forense, 1955, p. 11.
58. PIZARRO; Ramón Daniel, *Daño Moral. Prevención*. Reparación. Punición. El daño moral en las diversas ramas del Derecho. 2. ed. Buenos Aires: Editorial Hamurabi SRL, 2004, p. 33.

considere-se o descumprimento de contrato de viagem frustrando a lua de mel dos nubentes, no qual, para além dos danos patrimoniais é possível constatar nítido dano de natureza extrapatrimonial.

2.3.3 Dano extrapatrimonial: lesão a direitos da personalidade

A terceira teoria apregoa haver dano extrapatrimonial quando presente a existência de danos aos direitos da personalidade (vida, integridade psicofísica, liberdade, honra, privacidade), como bem elucida Maria Celina Bodin de Moraes no trecho abaixo transcrito:

> (...) o dano moral tem como causa a injusta violação a uma situação jurídica subjetiva extrapatrimonial, protegida pelo ordenamento jurídico através da cláusula geral de tutela da personalidade, que foi instituída e tem sua fonte na Constituição Federal, em particular e diretamente decorrente do princípio (fundante) da dignidade da pessoa humana (também identificado com o princípio geral de respeito à dignidade da pessoa humana).[59]

Nessa esteira de pensamento, Paulo Luiz Netto Lôbo foi ainda mais enfático, ao pontificar a inexistência de danos extrapatrimoniais não derivados de violação aos direitos de personalidade.[60] De acordo com o aludido autor, os direitos de personalidade oferecem um conjunto de situações definidas pelo sistema jurídico, inatas à pessoa, cuja lesão faz incidir diretamente a pretensão aos danos extrapatrimoniais, de modo objetivo e controlável, sem qualquer necessidade de recurso à existência da dor ou do prejuízo."[61]

A responsabilidade, portanto, opera-se pelo simples fato da violação (*danum in re ipsa*); logo, verificada a lesão a direito da personalidade, necessária a reparação do dano extrapatrimonial sem necessidade de prova do prejuízo.

André Gustavo Corrêa de Andrade[62] alerta que, consoante essa teoria, o dano extrapatrimonial configura-se com a concretização da ofensa, mediante lesão à integridade física, perda da vida, conhecimento de terceiro da imputação ofensiva à reputação, destruição do retrato de família ou de outro bem de valor afetivo, independentemente do detrimento anímico do lesado, porquanto meramente contingente.

Os críticos desta teoria logo a taxaram de reducionista, visto que, em seu entender, os direitos da personalidade seguem o princípio da tipicidade e, assim, estão

---

59. MORAES, Maria Celina Bodin de. *Danos à pessoa humana*. Rio de Janeiro. Renovar: 2003. p. 132.
60. LOBO, Paulo Luiz Netto. Danos morais e direito da personalidade. *Revista Trimestral de direito civil*. 2, n. 6, p. 79-98, Rio de janeiro. Padma, abril/junho 2001. No mesmo sentido convergem as doutrinas de RONALDO ALVES ANDRADE (*Dano moral e sua valoração*. 2. ed. São Paulo: Atlas, 2011, p. 9 e ANDERSON SCHREIBER (*Direito da personalidade*. São Paulo: editora Atlas, 2011, p. 16-17).
61. Op. cit., p. 79-98.
62. Op. cit., p. 42.

excluídos daquela órbita de proteção outros prejuízos extrapatrimoniais, derivados de situações atípicas.

Segundo nosso juízo, a crítica parte de premissa equivocada, oriunda da "(...) concepção patrimonialista hegemônica das relações civis, preocupada com o crescimento de pretensões de tutela à pessoa, sem fundamento econômico."[63]

Aqueles opositores esquecem-se de que os direitos da personalidade devem ser vistos como de tipicidade aberta, detentores da maior amplitude possível, a fim de tutelar todos os bens jurídicos relacionados à dignidade da pessoa humana, como bem leciona Capelo de Sousa, ao discorrer sobre o alcance e conteúdo da proteção conferida pelo artigo 70, do Código Civil Português:

> No que toca ao nosso actual direito, importa sublinhar desde já que se vai desenhando na nossa consciência jurídica uma sistematização alargada de bens da personalidade juscivilisticamente tutelados (...). Assim, Pires de Lima e Antunes Varela desentranham do art. 70º. do Código Civil um número não taxativo de direitos especiais de personalidade, considerando, nomeadamente, aí tutelados, a vida, a integridade física, a liberdade, a honra, o bom nome, a saúde e o repouso. Por sua vez, Orlando de Carvalho, no âmbito mais vasto da matriz do direito geral de personalidade, considera também aí incluídos, com relativa autonomia, v.g., os bens especiais da vida, da integridade física, das partes destacáveis do corpo humano, da liberdade, da honra, da imagem, da palavra escrita e falada, do carácter pessoal, da história pessoal, da intimidade pessoal, da identificação pessoal, da verdade pessoal e da criação pessoal. Tal amplidão dos bens de personalidade parece-nos inteiramente de subscrever."[64]

No mesmo sentido, perfilha a doutrina brasileira, aqui representada pelo excerto doutrinário de lavra de Paulo Luiz Netto Lôbo[65], segundo o qual os direitos da personalidade são de tipicidade aberta, para conferir a maior amplitude de proteção possível à pessoa humana. Pela pertinência da exposição, convém transcrever o seguinte fragmento de sua obra:

> (...) a Constituição brasileira, do mesmo modo que a italiana, prevê a cláusula geral de tutela da personalidade que pode ser encontrada no princípio fundamental da dignidade da pessoa humana (art. 1º, III). Dignidade é tudo aquilo que não tem preço, segundo conhecida e sempre atual formulação de Immanuel Kant. Kant procurou distinguir aquilo que tem um preço, seja pecuniário seja estimativo, do que é dotado de dignidade, a saber, do que é inestimável, do que indisponível, do que não pode ser objeto de troca. Diz ele:
>
> 'No reino dos fins tudo tem ou um preço ou uma dignidade. Quando uma coisa tem um preço, pode-se pôr em vez dela qualquer outra como equivalente; mas quando uma coisa está cima de todo o preço, e, portanto, não permite equivalente, então tem ela dignidade.' Os direitos à vida, à honra, à integridade física, à integridade psíquica, à privacidade, dentre

---

63. LOBO, Paulo Luiz Netto. Danos morais e direito da personalidade. *Revista Trimestral de direito civil*. v. 2, n. 6, p. 79-98. Rio de janeiro. Padma, abr./jun. 2001.
64. CAPELO DE SOUSA, Rabindranath V. A. *O direito geral de personalidade*. Coimbra. Coimbra editora: 2011. p. 151-152.
65. LOBO, Paulo Luiz Netto. Danos morais e direito da personalidade. *Revista Trimestral de direito civil*. Rio de janeiro. Padma, v. 2, n. 6, p. 79-98, abr./jun. 2001.

outros, são essencialmente tais pois, sem eles, não se concretiza a dignidade humana. A cada pessoa não é conferido o poder de dispô-los, sob pena de reduzir sua condição humana; todas as demais pessoas devem abster-se de violá-los. (...) Os direitos da personalidade são direitos subjetivos, sem a restrição histórica que estes tiveram, de exprimirem e perseguirem valores econômicos, segundo o paradigma do direito de propriedade. São direitos subjetivos não patrimoniais, no sentido de estarem previstos e tutelados pelo direito objetivo. Assim, todos os direitos subjetivos que não tenham objeto econômico e sejam inatos e essenciais à realização da pessoa são direitos da personalidade. (...) *Perfilho a orientação, que me parece majoritária, da tipicidade aberta, ou seja, os tipos previstos na Constituição e na legislação civil são apenas enunciativos, não esgotando as situações suscetíveis de tutela jurídica à personalidade."*(grifos nossos) [66].

---

66. A esse respeito vale a pena conferir, ainda, os seguintes excertos jurisprudenciais:

"O inadimplemento de contrato, por si só, não acarreta dano moral, que pressupõe ofensa anormal à personalidade. É certo que a inobservância de cláusulas contratuais pode gerar frustração na parte inocente, mas não se apresenta como suficiente para produzir dano na esfera íntima do indivíduo, até porque o descumprimento de obrigações contratuais não é de todo imprevisível" – Resp 876.527/RJ, rei. Min. João Otávio de Noronha, 4ª T., j. 1º.04.2008, DJe 28.04.2008.

"Aí, tudo não passa de aborrecimento, de dissabor, sem lesão a direito de personalidade do autor e, pois, sem ensejar reparação de tal natureza, na linha de precedentes desta Câmara e de reiterada orientação do Superior Tribunal de Justiça. Afasta-se, pois, a condenação ao pagamento da indenização moral." – TJSP Apel. 0050169-43.2000.8.26.0114, julgamento datado de 26 de julho de 2011, Des. Rel. Celso Pimentel.

"Direito empresarial. Contrafação de marca. Produto falsificado cuja qualidade, em comparação com o original, não pôde ser aferida pelo Tribunal de Justiça. Violação da marca que atinge a identidade do fornecedor. Direito de personalidade das pessoas jurídicas. *Danos morais reconhecidos.* – *O dano moral corresponde, em nosso sistema legal, à lesão a direito de personalidade, ou seja, a bem não suscetível de avaliação em dinheiro.* – Na contrafação, o consumidor é enganado e vê subtraída, de forma ardil, sua faculdade de escolha. O consumidor não consegue perceber quem lhe fornece o produto e, como consequência, também o fabricante não pode ser identificado por boa parte de seu público alvo. Assim, a contrafação é verdadeira usurpação de parte da identidade do fabricante. O contrafator cria confusão de produtos e, nesse passo, se faz passar pelo legítimo fabricante de bens que circulam no mercado. – Certos direitos de personalidade são extensíveis às pessoas jurídicas, nos termos do art. 52 do CC/02 e, entre eles, se encontra a identidade. – Compensam-se os danos morais do fabricante que teve seu direito de identidade lesado pela contrafação de seus produtos. Recurso especial provido." (*Grifamos* – Resp 1032014/RS, Min. Rel. Nancy Andrighi, julgamento datado de 26/05/2009).

"Decisão: Trata-se de recurso extraordinário (art. 102, III, *a*, da Constituição) contra acórdão que condenara a parte ora recorrente na compensação de danos decorrentes de ofensa à imagem do recorrido. Eis a ementa (fls. 100):

"1. O direito à imagem possui conteúdo moral, porquanto se insere no rol dos direitos da personalidade. 2. Para sua violação é necessário apenas o uso indevido, independente de estar vinculada a contexto ofensivo, eis que se caracteriza como direito autônomo, estando desatrelado de eventual mácula à honra, à vida privada ou à intimidade. 3. Os direitos da personalidade qualificam-se por seu caráter personalíssimo e, no que diz respeito à imagem, sua proteção reside em facultar ao indivíduo o direito de refutar sua divulgação, porquanto lhe é exclusiva a faculdade de uso e disposição. 4. O dano moral deve ser fixado em montante suficiente à reparação do prejuízo, levando-se em conta a moderação e prudência do Juiz, segundo critério de razoabilidade, para evitar o enriquecimento sem causa e a ruína do réu, em observância, ainda, às situações das partes. 5. Recurso conhecido e provido parcialmente. Sentença reformada."

(...)

Não prospera o recurso.

A decisão impugnada fundou-se na prova documental para concluir que "(...) *a fotografia não retratou uma coletividade, mas o autor em especial; não tivera o fito de informar, esclarecer ou auxiliar, mas, exclusivamente, de promoção da instituição de ensino e, tampouco, cuida-se o postulante de pessoa de vida pública*" (fls. 107).

Parece-nos, pois, não haver motivos para rejeitar essa concepção substantiva do direito extrapatrimonial; ao revés, deve-se tomá-la como a mais correta, na medida em que justifica a tutela ampla da dignidade da pessoa humana e acolhe-se não apenas as violações do direito da personalidade de repercussões no estado anímico da pessoa, mas, também as que não surtam o mesmo efeito, a ensejar a defesa de quem, embora não sofra nenhum detrimento anímico, tem seu bem jurídico violado por conduta ofensiva à personalidade.[67]

2.3.4 Dano extrapatrimonial: caráter não patrimonial do interesse lesado

Para a quarta teoria, o dano extrapatrimonial consiste na lesão a interesse de caráter não patrimonial que é pressuposto de um direito. Na medida em que um mesmo direito pode ter como pressuposto interesses de índoles patrimoniais ou extrapatrimoniais, são estes interesses que definirão a natureza do dano (patrimonial ou extrapatrimonial).[68]

As dores, as aflições, o menoscabo sofrido pelo sujeito não interessariam à configuração do dano extrapatrimonial, porquanto mera consequência ou efeitos do dano em si, cujo ressarcimento adviria do simples fato da lesão ao interesse.

2.3.5 Dano extrapatrimonial: consequência ou resultado do evento danoso

Por fim, a quinta teoria apregoa que o dano não se identifica apenas com a lesão ao direito ou ao interesse violado, mas sim, com as consequências prejudiciais dele advindas. Nesse diapasão, o dano extrapatrimonial consiste na modificação negativa do espírito, do desenvolvimento da capacidade de entender, querer ou sentir, como consequência de lesão a direito ou interesse não patrimonial.

Ramón Daniel Pizarro[69], defensor dessa vertente doutrinária, avalia o dano extrapatrimonial por meio do mesmo caminho traçado para o dano patrimonial. Logo, se neste campo o dano ressarcível consiste no detrimento de valores econômicos produzidos em virtude da lesão, no campo do dano extrapatrimonial, só haverá de ser ressarcida a repercussão danosa da lesão ocasionada à pessoa.

Ao analisar com maior profundidade a questão, o aludido autor enuncia vários aspectos, na sua opinião fundamentais para o reconhecimento dessa concepção de dano extrapatrimonial. São eles:

Inviável afastar essas conclusões sem o reexame da matéria fático-probatória, o que dá margem ao descabimento do recurso extraordinário (Súmula 279). Do exposto, nego seguimento ao presente recurso. Publique-se" (RE 508267 DF, julgamento datado de 10.08.2012, Min. Rel. Joaquim Barbosa).

67. Justifica-se, assim, a tutela da personalidade dos doentes mentais e pessoas em estado comatoso ou vegetativo, das crianças, do nascituro e das pessoas jurídicas. A este respeito, vide André Gustavo Corrêa de Andrade. *Dano moral e indenização punitiva*. Os *punitive damages* na experiência do *common law* e na perspectiva do direito brasileiro. Rio de Janeiro. Editora Lumen Juris. 2009.
68. PIZARRO; RAMÓN DANIEL, *Daño moral*. Prevención. Reparación. Punición. El daño moral en las diversas ramas del Derecho. 2. ed. Buenos Aires: Editorial Hamurabi SRL, 2004, p. 38.
69. *Daño moral* cit. p. 42-43.

i) atendimento às consequências produzidas pela ação antijurídica, considerando, portanto, o dano em si e não a simples lesão ao direito ou interesse. Sob essa perspectiva, superam-se as deficiências atribuídas às demais doutrinas no calibrar as entidades qualitativas e quantitativas do dano extrapatrimonial;

ii) atenção ao fato de o detrimento da subjetividade da pessoa provir de uma lesão a interesse não patrimonial. Sem a lesão a um interesse dessa natureza, a consequência não será de ordem extrapatrimonial. É o amálgama entre o interesse não patrimonial lesado e o menoscabo subjetivo derivado dessa lesão que gera o dano extrapatrimonial;

iii) o detrimento subjetivo traduz-se em uma modificação desvaliosa do espírito;

iv) a modificação desvaliosa do espírito projeta seus efeitos em toda a subjetividade do indivíduo, como na capacidade de querer, sentir ou entender;

v) a mera ausência de sensibilidade ou de compreensão não excluem a possibilidade de dano extrapatrimonial, pois o desvalor subjetivo pode configurar-se em qualquer hipótese. Desse modo, o sofrimento (*pretium doloris*) não é indispensável para a configuração do dano extrapatrimonial, embora possa ser uma de suas consequências.

vi) a dor, angústia, tristeza, perda do desejo de viver, por exemplo, constituem apenas possíveis manifestações do dano extrapatrimonial, pois ainda que o sujeito não tenha aptidão para senti-los, o simples desvalor subjetivo é suficiente para gerá-lo. Esse desvalor é determinado mediante comparação entre a situação que a vítima tinha antes e depois do fato danoso.

2.4 EMBATE DOUTRINÁRIO ATUAL E NOSSO POSICIONAMENTO

O estudo por nós realizado revela serem duas, basicamente, as correntes doutrinárias prevalentes nas doutrinas atuais: a que considera dano extrapatrimonial a violação a direitos ou a lesão a bens e interesses relativos à personalidade ou à dignidade da pessoa humana (dano evento) e a que o considera como sendo as consequências depreciativas ocasionadas ao sujeito, na qual incluem-se, ainda, os que o consideram como as dores da alma, as angústias e aflições ocasionadas à pessoa humana (dano consequência).

A diferença básica entre essas duas correntes reside no fato de a primeira julgar a violação a direitos ou a lesão aos bens ou interesses como suficientes à caracterização do dano, enquanto a segunda exige, para o surgimento do dever de indenizar, uma projeção futura, consistente no efeito ou consequência daquela lesão.

É possível verificar, ainda, o acolhimento, por relevante parcela da doutrina, de ambas as perspectivas para conceituar o dano extrapatrimonial, com menção não apenas ao direito, bem ou interesse tutelado, mas também aos seus efeitos.

Para Wilson Melo da Silva[70], danos extrapatrimoniais são as lesões sofridas pelo sujeito físico em seu patrimônio ideal, assim entendido como tudo o que não seja suscetível de valor econômico. Nesse sentido, os danos extrapatrimoniais poderiam ser exemplificados como "os decorrentes das ofensas à honra, ao decoro, à paz interior, de cada qual, às crenças íntimas, aos sentimentos afetivos de qualquer espécie, à liberdade, à vida, à integridade corporal."

José de Aguiar Dias[71] define o dano extrapatrimonial como a ofensa, a humilhação perante terceiros, a dor sofrida, e os efeitos psíquicos e sensoriais experimentados pela vítima do dano. Miguel Reale[72], ao distinguir os danos extrapatrimoniais em objetivos e subjetivos, define-os de acordo com a dimensão moral violada. Será dano extrapatrimonial objetivo o que atinge a pessoa no seu meio social, com a diminuição de seu valor perante a opinião pública. O dano extrapatrimonial subjetivo caracteriza-se pelo mal sofrido pela pessoa em sua subjetividade, em sua intimidade psíquica, sujeita a dor ou sofrimento intransferíveis porque ligados a valores de seu ser subjetivo.

Yussef Said Cahali[73] caracteriza o dano extrapatrimonial como a lesão aos bens de valor precípuo ao homem, como a paz, a tranquilidade, liberdade individual, a honra, a reputação, a dor, a tristeza e a saudade. Convergem, outrossim, no sentido de considerar o dano extrapatrimonial relacionado à perturbação anímica, as doutrinas de Silvio Rodrigues[74], Agostinho Alvim[75] e Antonio Chaves[76].

O posicionamento citado tem íntima relação com o chamado dano moral estrito[77], muito desenvolvido na Itália, em razão das características peculiares do ordenamento jurídico daquele país. Com efeito, a pesquisa à doutrina italiana revela que o dano moral se restringe ao sofrimento moral (patema d'animo), à ânsia, ao ressentimento, à aflição e às dores físicas. O dano moral, como elucida De Cupis[78], tem as atenções voltadas ao bem-estar físico ou psíquico do sujeito, ou seja, sobre o dano que ocasiona uma dor no corpo ou na alma.

Tal entendimento decorre da conexão dos artigos 2059 do Código Civil e 185 do Código Penal italianos, os quais limitam o âmbito de aplicação do dano moral ao sofrimento anímico e ao turbamento emotivo derivados de ilícitos.[79] Logo, o dano

---

70. *O dano moral e sua reparação*. Rio de Janeiro: Forense, 1955, p. 11.
71. *Da responsabilidade civil*. 10. ed. rev. e atual. Rio de Janeiro: Forense, 1995. p. 743. v. II.
72. *Temas de direito positivo*. São Paulo: Ed. RT, 1992, p. 23.
73. *Dano moral*. 3. ed. rev., atual e ampl. conforme o Código Civil de 2002. São Paulo: Ed. RT, 2005, p. 22.
74. *Direito civil*. Responsabilidade civil. 11. ed. São Paulo: Saraiva, 1987, v. IV, p. 206.
75. *Da inexecução das obrigações e suas consequências*. 2. ed. São Paulo: Saraiva, 1955, p. 237. "Para nós, o dano patrimonial supõe prejuízo; e o dano moral supõe dor moral ou física (...)."
76. *Tratado de direito civil*. São Paulo: Ed. RT, 1985, v. 3, p. 607.
77. A expressão é de PONTES DE MIRANDA, Francisco Cavalcante, *Tratado de Direito Privado* – Direito das obrigações. Rio de Janeiro: Borsói, 1959, t. 26, p. 31.
78. *Il danno. Teoria Generale della Responsabilità Civile*. Milano: Giuffrè Editore, 1946, p.31.
79. Franco de Stefano define o dano moral como o sofrimento causado à vítima por fato ilícito de outrem (*Danno morale*. Disponível em: www.ridare.it/bussola/danno-morale. Acesso em: 21 jul. 2014).

extrapatrimonial não coincidiria com a lesão, mas com o sofrimento advindo desta lesão, motivo pelo qual é considerado um dano consequência.[80]-[81]

Ao defender posicionamento similar, Ramón Daniel Pizarro[82] sustenta que a noção de dano do Código Civil Argentino não se coaduna com a simples lesão a direito ou interesse de cunho patrimonial ou extrapatrimonial, mas está relacionado à consequência prejudicial ou à desvalia decorrente daquela lesão, embora, para o aludido autor, a dor e o sofrimento não sejam senão possíveis manifestações do dano extrapatrimonial e não o aludido dano. De acordo com sua definição, o dano extrapatrimonial importa:

> (...) una minoración en la subjetividad de la persona, derivada de la lesión a un interés non patrimonial. O, con mayor precisión, una modificación disvaliosa del espíritu, en el desenvolvimiento de su capacidad de entender, querer o sentir, consecuencia de una lesión a un interés no patrimonial, que habrá de traducirse en un modo de estar diferente de aquel al que se hallaba antes del hecho, como consecuencia de éste y anímicamente perjudicial.[83]

Para a corrente doutrinária defensora da concepção de dano evento, identificar o dano extrapatrimonial com as alterações negativas do estado anímico, psicológico ou espiritual do lesado constitui lamentável equívoco, pois tais estados não constituem o dano em si, mas seus efeitos ou resultados.

O dano, portanto, diferencia-se de seu resultado. Dano extrapatrimonial é a violação aos direitos da personalidade enquanto o resultado pode, ou não, ser a perturbação do estado anímico. Harmônica, nesse sentido, é a opinião de André Gustavo Corrêa de Andrade[84] ao ponderar:

> A associação do dano moral à dor, à angústia, à tristeza deriva da circunstância de que as formas mais frequentes de expressão dessa espécie de dano estão relacionadas com essas sensações ou esses sentimentos negativos. Mas o dano moral não se reduz ao sofrimento, podendo, mesmo, dele prescindir.

Anderson Schreiber, ao discorrer sobre o assunto, envereda pela mesma seara ao defender não ser possível atrelar o conceito de dano extrapatrimonial ao sofrimento,

---

80. Sob esse prisma era sustentável a ideia de se considerar o dano moral como as consequências da lesão e não a lesão em si, tal como o fazia Wilson de Melo da Silva e Agostinho Alvim, por exemplo.
81. Sobre o tema na doutrina italiana confiram-se: ZIVIZ, Patricia, *Il danno morale*, in La Prova e Il quantum nel ressarcimento del danno non patrimoniale, VI, a cura di Paolo Cendon, UTET Giuridica, Wolter Kluwer Italia, 2008, p. 51-66. LIBERATI, Alessio. *Il danno non patrimoniale da inadempimento*. Milano: CEDAM 2004, p. 22. RAZZOLINI, Orsola. *Tutela contrattual e danno non patrimoniale nel raporto di lavoro*. Resp. Civ. e prev. 2008, 06, 1430, Dejure, Giuffrè Editore.
82. *Daño moral. Prevención. Reparación. Punición. El daño moral en las diversas ramas del Derecho*. 2. ed. Buenos Aires: Editorial Hamurabi SRL, 2004, p. 43.
83. Tradução livre: uma diminuição na subjetividade da pessoa, derivada da lesão a um interesse não patrimonial. Ou, com maior precisão, uma modificação depreciativa do espírito, no desenvolvimento de sua capacidade de entender, querer ou sentir, consequência de uma lesão a um interesse não patrimonial, que haverá de traduzir-se em um modo de estar diferente daquele que se achava antes do fato, como consequência deste e animicamente prejudicial.
84. *Dano moral e indenização punitiva. Os punitive damages na experiência do common Law e na perspectiva do direito brasileiro*. 2. ed. atual. e ampl. Rio de Janeiro: Lumen Juris, 2009, p. 37.

dor ou outra repercussão sentimental do fato sobre a vítima, tendo em vista a impossibilidade de sua aferição. Com esse entendimento, o jurista propõe que tal modalidade de dano deve ser entendida como a lesão aos atributos da personalidade, pois se concentra sobre o objeto atingido (interesse lesado) e não sobre suas consequências.[85]

Nesse contexto, o dano extrapatrimonial consistiria na lesão a determinados direitos, bens ou interesses que, frequentemente, podem causar os efeitos ou resultados (dor, sofrimento, angústia ou outro tipo de desvalia) que a maioria da doutrina confunde com o próprio dano. E os direitos cuja lesão ensejam o dano extrapatrimonial são os direitos da personalidade. Além dos autores citados, comungam dessa opinião Ronaldo Alves de Andrade[86] e Raimundo Simão de Melo.[87]

O que se verifica, todavia, no Direito brasileiro? Ao discorrer sobre o tema, Maria Celina Bodin de Moraes[88] reconhece a existência de ambas as correntes doutrinárias mas, ao invés de apegar-se a apenas uma delas, defende a convivência pacífica de ambas, ao considerar dano extrapatrimonial reparável "o efeito não patrimonial de lesão a direito subjetivo patrimonial (hipótese de dano moral subjetivo), bem como a afronta a direito da personalidade (dano moral objetivo), sendo ambos os tipos admitidos no ordenamento jurídico brasileiro". O posicionamento de Louzada Bernardo[89] condiz com a doutrina citada, como se extrai do trecho abaixo:

> Assim, no momento atual, doutrina e jurisprudência dominantes têm como adquirido que o dano moral é aquele que, independentemente do prejuízo material, fere direitos personalíssimos, isto é, todo e qualquer atributo que individualiza cada pessoa, tal como a liberdade, a honra, a atividade profissional, a reputação, as manifestações culturais e intelectuais, entre outros. O dano é ainda considerado moral quando os efeitos da ação, embora não repercutam na órbita do seu patrimônio material, originam angústia, dor, sofrimento, tristeza ou humilhação à vítima, trazendo-lhe sensações e emoções negativas. Neste último caso, diz-se necessário, outrossim, que o constrangimento, a tristeza, a humilhação, sejam intensos a ponto de poderem facilmente distinguir-se dos aborrecimentos e dissabores do dia a dia, situações comuns a que todos se sujeitam, como aspectos normais da vida cotidiana.

Em nosso sentir, a tutela da dignidade da pessoa humana deve ser a mais ampla possível. Não há como admitir a violação a direito da personalidade ou a ocorrência

---

85. *Direitos da personalidade*. São Paulo: Atlas, 2011, p. 17.
86. *Dano moral e sua valoração*. 2. ed. São Paulo: Atlas, 2011, p. 9-10. "Nosso posicionamento é no sentido de afirmar que o dano moral somente existe quando afeta direitos da personalidade. Por essa razão conceituamos o dano moral como o dano decorrente da ofensa a direito da personalidade natural ou jurídica. Modernamente, contudo, mais adequada é a definição que vê o dano como lesão a interesse, mais precisamente como reflexo, ou resultado, da lesão de direito, que pode ser de ordem material, imaterial ou moral – dano à pessoa."
87. Reparação por dano moral: natureza jurídica e prescrição. *Revista da Faculdade de Direito de São Bernardo do Campo*, ano 9, n. 11, p. 353-360, 2005.
88. *Danos à pessoa humana*. Uma leitura civil-constitucional dos danos morais. Rio de Janeiro: Renovar, 2003, p. 156-157.
89. LOUZADA BERNARDO, Wesley de Oliveira. *Dano moral*: critérios de fixação de valor. Rio de Janeiro: Renovar, 2005, p. 78.

de qualquer desvalor à pessoa humana sem que, em contrapartida, não surja o dever de indenizar.

Nesse diapasão, harmônicos com o juízo de que as instituições jurídicas não são fins em si mesmos, mas apenas ferramentas utilizadas pelo jurista para alcançar a justiça com razoável grau de segurança e equidade[90], entendemos que, seja qual for a premissa doutrinária adotada (dano evento ou dano consequência), a vítima deve ser indenizada. Logo, tanto nos casos de ofensas aos direitos de personalidade, quanto nas hipóteses de lesão a bens ou interesses não patrimoniais, bem como nos casos de perturbação anímica relevante, a pessoa humana deverá ser tutelada e devidamente compensada pela lesão decorrente da conduta danosa.

2.5 INDENIZAÇÃO POR DANO EXTRAPATRIMONIAL: REPARAÇÃO OU PUNIÇÃO

Os tópicos precedentes permitem-nos adentrar em questões mais delicadas que servirão de esteio para o ponto fulcral de defesa deste trabalho. Afinal de contas, a indenização por dano extrapatrimonial tem qual finalidade? A de punir ou de indenizar?

Não é de hoje que a doutrina tem apregoado o caráter reparatório e pedagógico da indenização por danos extrapatrimoniais. Desde o surgimento dessa modalidade de reparação, o valor da indenização deve levar em conta o grau de culpa e as condições econômicas do ofensor e da vítima, a fim de preservar seu tripé de sustentação: reparar, punir e evitar o enriquecimento sem causa.

A função punitiva da reparação do dano extrapatrimonial não encontra, todavia, unanimidade na doutrina pátria. José de Aguiar Dias[91], Wilson Melo da Silva[92], Pontes de Miranda e Orlando Gomes são manifestamente desfavoráveis ao reconhecimento da função punitiva.

Do mesmo modo, Aguiar Dias[93] não vislumbra como compatibilizar o caráter punitivo com o restituitório, este sim típico da reparação do dano. O autor credita à reparação do dano extrapatrimonial a mesma função exercida pela reparação do dano patrimonial, qual seja, a de restituir o lesado à situação anterior ao evento danoso. Se assim o é, o *quantum* arbitrado jamais poderá levar em consideração a conduta do lesante – elemento essencial para se admitir o caráter punitivo – mas, apenas e tão somente, a extensão do dano.

Melo da Silva[94], por sua vez, é enfático ao afirmar a inexistência de caráter punitivo na reparação dos danos extrapatrimoniais. Em sua concepção, alguns

---

90. PIZARRO, *Daño moral* cit. p. 64.
91. AGUIAR DIAS, *Da responsabilidade civil* cit. p. 736 e ss.
92. *O dano moral e sua reparação*. Rio de Janeiro: Forense, 1955.
93. AGUIAR DIAS, *Da responsabilidade civil* cit. p. 736 e ss.
94. MELO DA SILVA, Wilson. *O dano moral e sua reparação*. Rio de Janeiro: Forense, 1955, p. 346-347.

dos fatores impeditivos do caráter punitivo da reparação são: a) a pena pressupõe a existência de texto legal expresso (*nullum crimen sine lege*); b) a quantia em dinheiro tem por fim ressarcir as consequências do delito e não o delito em si; c) o delito pressupõe sempre a culpa do agente, enquanto a reparação do dano não, e d) na reparação do dano mira-se a pessoa do ofendido e não do ofensor, como ocorre com a pena.

Pontes de Miranda[95], também contrário ao caráter punitivo, alude que a "reparação é sem propósito exemplificativo, disciplinar: o que se tem por fito é emenda, correção objetiva. Daí a inconfundibilidade com a pena. O juiz que condena à reparação não pune; pode punir e condenar à reparação".

Orlando Gomes[96] contesta o caráter de pena atribuído à reparação do dano extrapatrimonial, impugnando "sua função expiatória". O pagamento de soma de dinheiro tem por finalidade oferecer à vítima uma satisfação pecuniária e aplacar "o sentimento de vingança inato no homem".

No campo da doutrina estrangeira, podemos citar como opositores da função punitiva da reparação do dano extrapatrimonial, apenas para fins ilustrativos, Brebbia[97] e De Cupis[98].

Com o devido respeito aos opositores da função punitiva da reparação por danos extrapatrimoniais, ousamos divergir desse entendimento, para defender o caráter misto dessa reparação (compensatória e punitiva), fazendo-o com base nas lições e argumentos enunciados a seguir.

É bem verdade que a tese da função punitiva da reparação do dano extrapatrimonial não foi adotada explicitamente pelo legislador ordinário.[99] Parcela considerável da doutrina pátria, entretanto, acolhe-a, em conformidade com tendência estrangeira de larga envergadura que não conflita com nosso ordenamento.

Deitemos, pois, a atenção, primeiramente em alguns doutrinadores alienígenas para, então, debruçarmo-nos sobre os estudiosos nacionais. Esse escorço terá por finalidade demonstrar em que medida e como a reparação por danos extrapatrimoniais pode e deve exercer a função punitiva sem perder o caráter reparatório, assim como a viabilidade de sua internalização no direito brasileiro.

---

95. PONTES DE MIRANDA, Francisco Cavalcante. *Tratado de Direito Privado* – Parte Especial – Direito das obrigações. Rio de Janeiro: Editor Borsói, 1967, t. LIV p. 76.
96. GOMES, Orlando. *Obrigações*. 10. ed. Atualizador: Humberto Theodoro Junior. Rio de Janeiro: Editora Forense, 1995, p. 272.
97. BREBBIA, Roberto H. *El Daño moral*. 2. ed. corregida y aumentada. Córdoba: Libreria y Editorial Orbir, 1967, p. 229.
98. DE CUPIS, Adriano. Sul tema del danno e del risarcimento. In: BUSNELLI, Francesco D. e SCALFI, Gianguido (a cura di). *Le Pene Private*. Milano: Giuffrè Editore, 1985, p. 321-324.
99. BODIN DE MORAES, Maria Celina. *Danos à pessoa humana*. Uma leitura civil-constitucional dos danos morais. Rio de Janeiro: Editora Renovar, 2003, p. 217.

Gallo[100], ao tratar do tema, faz relevantes ponderações sobre a problemática relativa à reparação do dano à pessoa – e, portanto, dano extrapatrimonial – enquanto bem insuscetível de valoração no mercado. Alude, o autor, ao fato de não haver parâmetros objetivos para mensurar o *quantum* de tal reparação, tal qual ocorre no âmbito dos danos patrimoniais, para os quais é possível obter diretrizes, recorrendo-se ao mercado.

A única opção do juiz, portanto, é efetuar uma estimativa discricionária, o mais próximo da realidade possível. O problema reside em saber até que ponto o valor arbitrado constitui efetivo ressarcimento do dano causado pela lesão à integridade física ou à honra da pessoa, ou extrapola-o, configurando pena privada. Como estabelecer – indaga o autor – o ponto além do qual cessa o ressarcimento do dano para adentrar o campo da pena privada?

Somente é lícito falar de caráter punitivo da reparação, segundo Gallo, se a quantificação do valor levar em conta não apenas a gravidade da lesão, mas ainda outras circunstâncias que, a rigor da lógica, deveriam estar fora de cogitação na valoração do dano, tais como, o grau de culpa do agente, sua situação patrimonial ou o enriquecimento obtido com o fato injusto. E para arrematar o seu entendimento sobre o caráter punitivo da reparação por dano extrapatrimonial, assevera o autor:

> In materia di danni non patrimoniale si fa infatti sovente riferimento non solo alla gravità della lesione, ma anche al grado della colpevolezza del responsabile dell'illecito, nonchè ancora alla sua condizione patrimoniale o all'arricchimento realizzato mediante il fatto ingiusto.
>
> (...)
>
> Il grado di colpevolezza del soggetto agente nonchè ancora l'entità del'arricchimento realizzato mediante fatto ingiusto sono infatti chiari indizi del carattere sanzionatorio delle fattispecie in esame.[101]

Logo, diante do envolvimento de circunstâncias outras, não relacionadas ao dano em si, mas à pessoa do lesante, no entendimento do autor italiano, não há como desconsiderar o caráter punitivo na reparação por dano extrapatrimonial.

Baratella[102], ao abordar o assunto, também mostra-se favorável à dupla função da reparação do dano não patrimonial: compensatória e punitiva. Segundo a autora, a reparação por danos dessa natureza, além de compensar (em perspectiva solidarista) o lesado, pune o ofensor pela lesão a bens tão caros ao ordenamento jurídico, como o são aqueles relacionados à pessoa humana.

---

100. GALLO, Paolo. *Pene Private e Responsabilità Civile*. Milano: Giuffrè Editore, 1996, p. 85-86.
101. GALLO, *Pene Private e Responsabilità Civile* cit. p. 97. Tradução livre: Em matéria de danos não patrimoniais faz-se, de fato, muitas vezes, referência não só à gravidade da lesão, mas também ao grau de culpabilidade do responsável pelo ilícito, além, ainda, de sua condição patrimonial ou o enriquecimento realizado mediante o fato injusto. O grau de culpabilidade do sujeito agente além, ainda, da entidade do enriquecimento realizado mediante o fato injusto são, de fato, claros indícios do caráter sancionatório da hipótese em exame.
102. BARATELLA, Maria Grazia. *Le Pene Private*. Milano: Giuffrè Editore, 2006, p. 110 e ss.

A função punitiva – explica a autora em excerto vocacionado ao direito italiano, mas de perfeita subsunção ao ordenamento jurídico brasileiro – não se subsume aos preceitos constitucionais de legalidade, taxatividade, irretroatividade e pessoalidade, os quais são aplicáveis unicamente às sanções penais. Ditos preceitos, expressão do pensamento iluminista, são destinados à tutela da liberdade do cidadão em confronto com o Poder Estatal, a qual não é comprometida com a reparação do dano não patrimonial, que incide apenas sobre o patrimônio do lesante.[103]

Bonilini[104] afirma que os danos não patrimoniais comportam reparação tanto aflitiva quanto ressarcitória. Sua opinião é coerente com a de Marzio[105], em trabalho dedicado às funções do ressarcimento, em que explora todos os papéis assumidos pela reparação dos danos extrapatrimoniais. Embora este autor defenda a prevalência da finalidade compensatória, admite a conjugação da função compensatória com a punitiva, sempre que o dano tiver sido cometido com dolo ou culpa grave.

Para o aludido autor, não é razoável atribuir o mesmo tratamento jurídico a condutas díspares, pois, ao contrário do quanto apregoado pela doutrina objetivista – a qual procura minimizar a importância da culpa na responsabilidade civil – as condutas eivadas daqueles predicados negativos ostentam maior reprovabilidade social do que as derivadas de atos simplesmente culposos (leves ou levíssimos). Logo, além da função reparatória, nesses casos específicos, o autor defende a função punitiva (ou sancionatória) em acréscimo à reparação dos danos extrapatrimoniais, como questão de justiça.

Pizarro[106], apesar de não concordar com o caráter dúplice da reparação do dano extrapatrimonial, defende a aplicação da indenização punitiva nos casos em que o ofensor age com dolo, culpa grave ou quando obtém lucro com o ilícito, a fim de obter, nesses casos, o caráter punitivo e dissuasório para condutas especialmente reprováveis.

---

103. BARATELLA, *Le Pene Private* cit. p. 118. Nas palavras da autora: "D'altro canto, la funzione anche punitiva del danno non patrimoniale non ne determina l'assoggettamento ai precetti constituzionali di legalità, tassatività, irretroatività e personalità, siccome applicabili unicamente alla sanzione penale. Detti precetti, espressione del pensiero garantista illuministico, sono volti, infatti, a tutelare la libertà del cittadino nei confronti del potere statuale; libertà, questa, in alcum modo compromessa dalla riconosciuta risarcibilità del danno non patrimoniale, incidente unicamente sul patrimonio del danneggiante". Tradução livre: De outro canto, a função também punitiva do dano não patrimonial não o determina à sujeição aos preceitos constitucionais de legalidade, taxatividade, irretroatividade e pessoalidade, tais como são aplicados unicamente à sanção penal. Ditos preceitos, expressão do pensamento garantista iluminista, visam, de fato, a tutelar a liberdade do cidadão em confronto com o poder estatal; liberdade esta de modo algum comprometida pela reconhecida ressarcibilidade do dano não patrimonial, incidente unicamente sobre o patrimônio do lesante.
104. BONILINI, Giovanni, Pena privata e danno non patrimoniale. In: BUSNELLI, Francesco D. e SCALFI, Gianguido (a cura di). *Pene Private*. Milano: Giuffrè Editore, 1985, p. 317.
105. MARZIO, Mauro Di. Le Funzioni del risarcimento. In: CENDON, Paolo (a cura di). *La Prova e il quantum nel resarcimento del danno non patrimoniale*. UTET Giuridica, Wolter Kluwer Italia, 2008, v. VI, p. 107-121.
106. PIZARRO, Ramón Daniel. *Daño moral. Prevención. Reparación. Punición. El daño moral en las diversas ramas del derecho*. 2. ed. Buenos Aires: Hamurabi, 2004, p. 114.

Na doutrina nacional, também é possível colher defensores da função mista (reparatória e punitiva) da reparação do dano extrapatrimonial, como se extrai da doutrina de Miguel Reale que, ao discutir o caráter da indenização por danos extrapatrimoniais assevera, expressamente, a conjugação do caráter reparatório e penal da indenização.[107] Para ele, não há satisfação ao sentimento de vingança no caráter sancionatório da indenização, mas medida de caráter pedagógico, voltada à defesa do interesse social e à prevenção da prática reiterada de lesões de igual teor.

Bittar[108] também defende a atribuição de valor de desestímulo na reparação pecuniária do dano extrapatrimonial, conforme se extrai do excerto doutrinário abaixo colacionado:

> Em consonância com essa diretriz, a indenização por danos morais deve traduzir-se em montante que represente advertência ao lesante e à sociedade de que não se aceita o comportamento assumido, ou o evento lesivo advindo. Consubstancia-se, portanto, em importância compatível com o vulto dos interesses em conflito, refletindo-se, de modo expressivo, no patrimônio do lesante, a fim de que sinta, efetivamente, a resposta da ordem jurídica aos efeitos do resultado lesivo produzido. Deve, pois, ser quantia economicamente significativa, em razão das potencialidades do patrimônio do lesante.
>
> Ora, num momento em que crises de valores e de perspectivas assolam a humanidade, fazendo recrudescer as diferentes formas de violência, esse posicionamento constitui sólida barreira jurídica a atitudes ou a condutas incondizentes com os padrões éticos da sociedade. De fato, a exacerbação da sanção pecuniária é fórmula que atende às graves consequências que de atentados à moralidade individual ou social podem advir. Mister se faz que imperem o respeito humano e a consideração social, como elementos necessários para a vida em comunidade.

No mesmo sentido aponta a doutrina de Teresa Ancona Lopez[109], ao afirmar que "a indenização do dano moral, especialmente no Brasil, tem duas funções: a de pena ou expiação, em relação ao culpado, e a de satisfação, relativa à vítima". Sergio Severo[110], Clayton Reis[111], Caio Mario da Silva Pereira[112], Maria Celina Bodin de Moraes[113] e Sergio Cavalieri Filho[114] também concordam com a dupla função (reparatória e punitiva) da reparação por danos extrapatrimoniais, assim como Eliane Yachouch

---

107. REALE, Miguel. O dano moral no direito brasileiro. *Temas de Direito Positivo*. São Paulo: Ed. RT, 1992, p. 26. A expressão "penal" é utilizada pelo próprio autor, de modo que apenas a reproduzimos.
108. BITTAR, Carlos Alberto. *Reparação civil por danos morais*. 4. ed. rev., aum. e modificada por Eduardo C. B. Bittar. São Paulo: Saraiva, 2015, p. 216-217.
109. LOPEZ, Teresa Ancona. *Princípio da precaução e evolução da responsabilidade civil*. São Paulo: Quartier Latin, 2010, p. 82-83.
110. *Os danos extrapatrimoniais*. São Paulo: Saraiva, 1996, p. 186 e ss.
111. *Avaliação do dano moral*. 3. ed. Rio de Janeiro: Forense, 2000, p. 82 e ss.
112. *Responsabilidade civil*, 9. ed. rev. e atual. de acordo com a Constituição de 1988. Rio de Janeiro: Editora Forense, 2001, p. 317.
113. *Danos à pessoa humana*. Uma leitura civil-constitucional dos danos morais. Rio de Janeiro: Renovar, 2003, p. 217 e ss.
114. *Programa de responsabilidade civil*. 8. ed. rev. e ampl. São Paulo: editora Atlas, 2008, p. 94 e ss.

Abrão[115] e José Carlos da Costa Netto[116], ao tratar do direito extrapatrimonial no campo do Direito de autor.

André Gustavo de Andrade[117] defende que a reparação por dano extrapatrimonial tem função complexa, assim entendida a capacidade de conjugar as funções punitivas e compensatória, porém, nem sempre do modo simultâneo. Nas lições do autor, a reparação do dano pode revestir-se, por vezes, de função reparatória, de função punitiva, ou ambas, a depender do caso concreto.

Levy[118], ao discorrer sobre o assunto, destaca a existência de variáveis consideradas na reparação do dano extrapatrimonial que recolocam o ofensor no centro da responsabilidade civil, tais como, seu grau de culpa, sua condição econômica e sua posição social. Ao se considerar elementos estranhos à extensão do dano para arbitrar o dano extrapatrimonial, rompe-se com a perspectiva compensatória para enveredar-se, também, na punitiva.[119]

Nossa opinião está em compasso com a doutrina que admite a existência de função punitiva, agregada à compensatória, na reparação dos danos extrapatrimoniais, pois são frequentes, em especial na jurisprudência, recorrer-se a elementos

---

115. ABRÃO, Eliane Yachouch. *Direitos de autor e direitos conexos*. São Paulo: Editora do Brasil, 2002, p. 79.
116. COSTA NETTO, José Carlos, *Direito autoral no Brasil*. 3. ed. São Paulo: Saraivajur, 2019. p. 600 e ss.
117. ANDRADE, André Gustavo. Dano moral & indenização punitiva. Os punitive damages na experiência do Common Law e na perspectiva do Direito Brasileiro. 2. ed. atual. e ampl. Rio de Janeiro: Editora Lumen Juris, 2009, p. 164 e ss.
118. LEVY, Daniel de Andrade. *Responsabilidade Civil*. De um direito dos danos a um direito das condutas lesivas. São Paulo: Editora Atlas, 2012, p. 73.
119. É importante consignar, outrossim, a existência de corrente doutrinária segundo a qual, nas hipóteses de dano-evento – cujos danos extrapatrimoniais decorrem da simples lesão a direito ou interesse e, portanto, carecem de comprovação (*in re ipsa*) – a reparação pelos danos extrapatrimoniais não tem caráter compensatório, mas punitivo. Vislumbrada na Itália, a teoria apregoa que o dano é sempre dano-consequência, sendo, portanto, indispensável, a comprovação dos efeitos deletérios da conduta lesiva para ensejar o direito à reparação. Como obtempera Sabrina Peron (*Sul risarcimento del danno non patrimoniale da violazione della privacy*, Resp. civ. e prev. 2013, 1, 225, Giuffrè Editore): "In tema di risarcimento del danno da responsabilità aquiliana (sia esso patrimoniale che non patrimoniale) occorre che venga 'provata l'esistenza del danno di cui si chiede il risarcimento, non potendo ritenersi che il danno sia in re ipsa, cioè coincida con l'evento, poiché il danno risarcibile è pur sempre un danno conseguenza anche nella responsabilità aquiliana e non coincide con l'evento, che invece è un elemento del fatto produttivo del danno'. Dunque il danno è sempre un 'danno conseguenza, che deve essere allegato e provato, non potendosi accogliiere la tesi che identifica il danno con l'evento dannoso ovvero non potendosi postulare che il danno sarebbe in re ipsa, perché detta teorica (sic) snatura la funzione del risarcimento, il quale, diversamente, verrebe concesso non in conseguenza dello effettivo accertamento di un danno, ma quale pena privata per un comportamento lesivo'.
Tradução livre: Em tema de ressarcimento do dano da responsabilidade aquiliana (seja patrimonial ou não patrimonial), deve ser provada a existência do dano do qual se pede o ressarcimento, não podendo considerar-se o dano *in re ipsa*, isto é que coincida como dano, porque o dano ressarcível é sempre o dano consequência também na responsabilidade aquiliana e não coincide com o evento, que, ao invés, é um elemento de fato produtivo do dano. Então o dano é sempre um dano consequência que deve ser alegado e provado, não podendo-se acolher a tese que identifica o dano com o evento danoso, ou seja, não se podendo postular que o dano seja in *re ipsa*, porque dita teoria desnatura a função do ressarcimento, o qual, diversamente, seria concedido não em consequência da efetiva verificação de um dano, mas tal qual pena privada por um comportamento lesivo.

relacionados à figura do ofensor para mensuração do *quantum* reparatório. Acreditamos ser, portanto, a reparação do dano extrapatrimonial o veículo para a aplicação da indenização punitiva no ordenamento jurídico brasileiro, enquanto inexistir lei específica a consagrar sua aplicação em toda e qualquer forma de reparação de danos.

Alertamos, contudo, que em nosso entender, a função punitiva somente terá cabimento nos casos de danos ocasionados com culpa grave ou dolo, de evidente desprestígio ao direito alheio (práticas reiteradas) ou na hipótese de obtenção de lucro com o ilícito. Sobre o assunto, discorreremos adiante, quando tratarmos da reparação dos danos e a indenização punitiva, objeto do capítulo seguinte.

Capítulo III
REPARAÇÃO DOS DANOS E INDENIZAÇÃO PUNITIVA

A noção de responsabilidade civil é tão elementar e necessária que, antes mesmo de existir como raciocínio lógico e estruturado, já se fazia sentir no campo da psique como a necessidade de retribuir o mal com o mal, a dor com a dor e o dano com o castigo, independentemente de sua causa.[1]

Originalmente, pois, a responsabilidade era objetiva, visto que a intenção do agente, ou mesmo a ausência dela, pouco importava à aplicação da vingança ao mal afligido. A simples constatação do dano era suficiente para a resposta punitiva, a qual, no mais das vezes, não guardava, com aquele, qualquer relação de proporcionalidade.

Aos poucos, a responsabilidade civil passou a admitir a composição pecuniária do litígio em substituição à agressão retributiva. A iniciativa espontânea acabou sendo institucionalizada, como ocorreu na lei sálica – importante lei bárbara em vigor na época dos povos francos – com a instituição de taxas ou tarifas a serem aplicadas consoante a natureza do dano e a condição da vítima.[2] Percebe-se, a partir de então, ser preferível a reparação a causar novo dano ao ofensor, cujo efeito era o de duplicar o número de ofendidos.[3]

Foi, porém, a Lei das XII Tábuas, do Direito Romano, o marco da transição entre a composição voluntária e a obrigatória ao impor, à vítima, em certos casos, a renúncia à vingança privada e a aceitação da composição pecuniária, cuja função era de, ao mesmo tempo, punir o ofensor e reparar ou compensar o dano.[4]

A autoridade passou, assim, a exercer a justiça distributiva em substituição à justiça punitiva, pois compreendeu que as lesões praticadas contra o particular também perturbavam a ordem pública que tentava manter, o que ocasionou o surgimento das noções de delitos públicos e privados.[5]

---

1. SANTOS JÚNIOR, E. *Da responsabilidade civil de terceiro por lesão do direito de crédito*. Coimbra: Almedina, 2003, p. 179. Coleção Teses.
2. SANTOS JÚNIOR, op. cit. p. 181.
3. AGUIAR DIAS, José de. *Da Responsabilidade Civil*. 10. ed. rev. e atual. Rio de Janeiro: Forense, 1995, v. 1, p. 17.
4. Conforme lição de José Carlos Moreira Alves (*Direito Romano*, 6. ed. rev. e acrescentada. Rio de Janeiro: Forense, 1987, v. I, p. 28): "A Lei das XII Tábuas resultou da luta entre a plebe e o patriciado. Um dos objetivos dos plebeus era o de acabar com a incerteza do direito por meio da elaboração de um código, o que viria refrear o arbítrio dos magistrados patrícios contra a plebe."
5. AGUIAR DIAS, José de, op. cit. p. 18.

Com o advento da tipificação dos delitos (Lei Aquilia), no período bizantino, as noções de caráter geral da responsabilidade civil, até então inexistentes, começaram a despontar. Os delitos eram classificados em quatro categorias: *furtum*[6] (assim considerada a subtração intencional de uma coisa, de seu uso ou de sua posse com o fito de obter vantagem econômica), *rapina* (subtração violenta de coisa), *iniuria* (ato praticado sem direito, no qual os jurisconsultos introduziram considerações de índole subjetiva, evoluindo para a noção de culpa) e o *damnum iniuria datum* (que previa algumas situações de deterioração ou destruição de coisa animada ou inanimada, da qual se firmou a primeira noção de dano).[7]-[8]

De acordo com os ensinamentos de Moreira Alves[9], para a configuração do *damnum iniuria datum*, na Lei Aquilia, era preciso estarem presentes e conjugados três requisitos: a) a *iniuria*; b) a culpa, e c) o *damnum*. A *iniuria* refere-se ao dano decorrente de ato contrário ao direito, ou seja, de ato que não estivesse amparado pelo exercício legítimo de direito, por legítima defesa ou estado de necessidade. A culpa configurava-se pelo ato comissivo praticado com dolo ou culpa em sentido estrito. O *damnum* correspondia à lesão ocasionada à coisa por força da ação do agente.

As obrigações decorrentes do *damnum iniuria datum* – revela-nos o autor citado – encontravam abrigo na *actio legis Aquiliae*, de caráter penal, cuja titularidade era exclusiva do proprietário lesado pelo dano. Se o ofensor confessasse o dano, estaria obrigado ao pagamento do prejuízo, abrangendo os lucros cessantes e os danos emergentes. Se o ofensor o negasse, a condenação seria em dobro, como consequência do caráter punitivo da reparação.

---

6. Segundo MOREIRA ALVES, o elemento material do furto (*furtum*), a *contrectatio rei*, abrange não apenas "o que modernamente se entende como furto (subtração, para si ou para outrem, de coisa alheia móvel), mas outras figuras delituosas modernas, como a apropriação indébita e certas formas de estelionato (assim, por exemplo, cometia *furtum*, em Roma, o depositário ou comodatário que vendesse a coisa alheia recebida em depósito ou em comodato – atualmente, esse delito não seria de furto, mas de apropriação indébita); por outro lado, como se verifica da parte final da definição (*uel ipsius rei uel utiam usus eius possessionisues*) – a qual a maioria dos autores julga interpolada –, o *furtum* podia ter por objeto:
   1 – a coisa (*ipsius rei*), que seria sempre móvel (os imóveis não eram objeto de *furtum*, embora, como nos informa GAIO, alguns jurisconsultos romanos antigos tivessem pretendido que eles pudessem sê-lo);
   2 – o uso da coisa (*usus eius*); assim cometia furto o depositário que, sem consentimento do dono da coisa entregue em depósito, se utilizava dela;
   3 – a posse da coisa (*possessionisue*): espécie curiosa de *furtum*, pois quem podia cometê-la era apenas o próprio dono da coisa, quando, por exemplo, tendo-a dado em penhor, a subtraísse do credor pignoratício (que sobre ela tinha posse), antes do pagamento da dívida" (MOREIRA ALVES, José Carlos; *Direito Romano*. 6. ed. rev. e acrescentada. Rio de Janeiro: Forense, 1987, v. II, p. 271).
7. Sobre o assunto consultar também Paolo Gallo (*Pene Private e Responsabilità Civile*; Milano: Giuffrè Editore, 1996, p. 40). Sobre as premissas históricas romanas consultar, ainda: VENTURINI, Carlo. (Premessa Romanistica. In: BUSNELLI, Francesco D. e SCALFI, Gianguido. (a cura di). *Le Pene Private*. Milano: Giuffrè, 1985, p. 13-24.
8. Neste sentido confira-se: CORREIA, Alexandre e SCIASCIA, Gaetano. *Manual de Direito Romano*. 3. ed., rev. e aum. São Paulo: Saraiva, 1957, v. I, p. 365-368.
9. MOREIRA ALVES, José Carlos; *Direito romano*, op. cit., p. 280.

A despeito da evolução e da importância do Direito Romano para o desenvolvimento da noção de responsabilidade civil, os romanos não chegaram a estruturar um princípio geral de responsabilidade civil, até porque nunca se libertaram da ideia de composição do dano como alternativa à vingança, que ainda perdurou por muitos séculos.[10]

Somente nos séculos XII e XIII, com a redescoberta do legado jurídico romano, o Direito da responsabilidade iniciou o desenvolvimento indispensável à sua configuração tal qual o conhecemos nos dias atuais e, embora a Lei Aquilia continuasse a ser ponto de referência no campo da responsabilidade civil delitual, seu uso já não coincidia com o originário do século III a.C. Tal processo evolutivo iniciou-se em Bolonha, no século XII, com o aflorar da escola de juristas dedicada à "reconstrução analítica da obra de Justiniano e à exegese dos textos assim recuperados", convertendo o direito – que até então era matéria esparsa entre as disciplinas do trívio[11] – a categoria de ciência autônoma.[12]

A distinção entre ilícito doloso e ilícito culposo sedimentou-se apenas no século XIII, com os Glosadores. O dolo, assimilado à ideia de delito, ocasionava uma pena ao infrator, enquanto a culpa, ligada à concepção de quase delito, ensejava a reparação do dano.

Outras tantas modificações ocorreram na aplicação da *Lex Aquilia*, com repercussão no direito atual. Ocorre, porém, que no século XVII, a evolução e as novas demandas sociais exigiram vigoroso enquadramento dos delitos civis, cujas bases foram lançadas pelos jusnaturalistas holandeses, germânico e franceses.

Enquanto Hugo Grócio enunciou o princípio natural da responsabilidade civil por delito, segundo o qual o causador do dano é obrigado a repará-lo, Samuel Pufendorf acrescenta um fundamento moral inerente ao convívio em sociedade: o dever de abster-se de fazer mal a outrem e, em o fazendo, reparar o dano.

A partir da moral Cristã, Jean Domat elaborou o fundamento da reparação do dano na noção de *faute*, assim considerada não apenas como um pecado, mas também a imprudência, a ligeireza e a ignorância.[13] Logo, todo dano advindo da *faute*, ainda quando não haja a intenção de prejudicar, gera o dever de indenizar. E tal *faute* pode ter diversas origens, como crimes e delitos (*faute délictuelle*), faltas contratuais (*faute contractuelle*) e outros casos não subsumíveis a nenhuma das

---

10. PEREIRA, Caio Mario da Silva. *Responsabilidade civil*. 9. ed., rev. e atual. de acordo com a Constituição de 1988. Rio de Janeiro: Forense, 2001, p. 1.: "Não chegou o Direito romano a construir uma teoria da responsabilidade civil, como, aliás, nunca se deteve na elaboração teórica de nenhum instituto."
11. O trívio era um de dois grupos nos quais a escola medieval era dividida. No trívio ensinava-se gramática, retórica e dialética; no quadrívio ensinava-se aritmética, geometria, música e astronomia. O direito estava inserido no trívio, até a reconstrução dos textos de justinianeu.
12. LOSANO, Mario G. *Os grandes sistemas jurídicos*. Trad. Marcela Varejão. Revisão da tradução de Silvana Cobucci Leite. São Paulo: Martins Fontes, 2007, p. 52.
13. SANTOS JÚNIOR, op. cit. p. 189.

outras duas hipóteses (*faute quasi délictuelle*) que reportava a danos resultantes de uma obrigação de guarda.

Inspirado na noção de *faute*, o *Code* francês inaugurou o mais importante marco da codificação do século XIX. Sob o influxo das aspirações liberais da Revolução Francesa de 1789, o Código garante a liberdade do indivíduo frente ao Estado, protege a propriedade, respeita a liberdade e a autonomia da vontade, bem como prestigia e tutela o cumprimento fiel dos pactos (*pacta sunt servanda*). A responsabilidade civil encontra, a partir de então, sua base nos fundamentos e princípios gerais, cuja pedra angular encontra-se no artigo 1382, considerado o princípio de validade universal fundado na razão e na justiça. Muitos códigos modernos abeberaram-se do Código de Napoleão para estruturar suas disposições relativas à Responsabilidade Civil.

Por questões políticas e estruturais, a recepção do Direito Romano (*jus comune*) pela Alemanha foi mais tardia, embora mais profunda e duradoura, em especial pela forte influência científica dos estatutos, costumes e usos comerciais, sobretudo da Itália do norte.[14]

No ano de 1900, entrou em vigor o Código Civil alemão, *BGB*, caracterizado por conter estrutura conceitual rigorosa e renúncia quase total à casuística. Pela sua origem, espírito e técnica, é considerado um código para juristas.[15]

No campo da responsabilidade civil aquiliana, o BGB contém trinta parágrafos e, ao contrário do ocorrido com a *faute* do Code, que congrega a ideia de integridade de culpa e de ilicitude, trata tais conceitos distintamente, sendo, a primeira, um juízo subjetivo de reprovabilidade da conduta do agente e, a segunda, a expressão objetiva de contrariedade do ato à ordem jurídica. Logo, enquanto no Code há ou não *faute*, no BGB pode haver ilícito sem culpa e, consequentemente, sem responsabilidade.[16]

No Brasil, de acordo com as lições de Caio Mario da Silva Pereira[17], o direito pré-codificado comporta três fases distintas no tocante à responsabilidade civil. Na primeira fase, vigorava o direito romano como elemento legislativo subsidiário do direito pátrio. Na segunda fase, inaugurada com o Código Criminal de 1830, consolidam-se as regras que esboçavam, no instituto da satisfação, a noção de ressarcimento. Na terceira fase, Teixeira de Freitas, por meio das Consolidações das Leis Civis, autonomiza a responsabilidade civil, destacando-a da criminal, e estabelece algumas disposições orientadoras da reparação do dano *ex delicto*.

A Nova Consolidação, de Carlos de Carvalho, retoma a independência da responsabilidade civil em relação à criminal e, além de fundamentá-la no conceito

---

14. Sobre as questões histórico e políticas que levaram a Alemanha a recepcionar tardiamente o direito romano, vide a obra de Franz Wieacker (*História do direito privado moderno*. 3. ed. Lisboa: Fundação Calouste Gulbenkian, 2004) p. 97 e ss.
15. Sobre a história da Codificação Alemã, consultar Franz Wieacker (*História do direito privado moderno*. 3. ed. Lisboa: Fundação Calouste Gulbenkian, 2004) p. 536 e ss.
16. SANTOS JÚNIOR, op. cit. p. 193.
17. PEREIRA, Caio Mario da Silva, op. cit. p. 7.

de culpa, desenvolve a noção de responsabilidade indireta, de responsabilidade nos casos de desmoronamento de edifícios e construções, de responsabilidade dos funcionários públicos, dentre outras que vieram a inspirar o Código Civil de 1916.

Percebe-se, pois, que a toada evolutiva da responsabilidade civil do *civil law* ostenta gradativo distanciamento da função punitiva até a sua integral substituição pela finalidade reparatória, destinada a eliminar a lesão perpetrada com dolo ou culpa, mediante uma compensação ou reparação pecuniária.

Nos países de *common law*, entretanto, o caráter punitivo da responsabilidade civil nunca foi completamente abandonado. Tem-se notícia de que, nos idos de 1200, os comportamentos lesivos direcionados a sujeitos religiosos eram ressarcidos em dobro, extrapolando, pois, o caráter meramente reparatório.[18]

Os *exemplary damages*, contudo, nasceram, efetivamente, no fim do século XVIII com o advento de duas decisões emblemáticas, relativas a atos lesivos à liberdade do cidadão (caso Huckle v. Money) e a injusta perseguição de um jornal (caso Wilker v. Wood). A ausência efetiva de dano, segundo os estudiosos do tema, pode ter incentivado a corte britânica a punir o comportamento lesivo e conceder os *exemplary damages* com funções punitiva do réu e satisfativa da vítima.

O uso daquela penalidade foi sendo consolidado pela jurisprudência inglesa nos casos de tutela da pessoa, da honra, da privacidade e da vida privada até que recentemente a *House of Lords*, no caso *Rookes v. Barnard* definiu os novos parâmetros de aplicação dos *exemplary damages* com o fito de torná-los aplicáveis apenas em três hipóteses bem definidas: a) no caso de violação dos direitos fundamentais do cidadão por parte da Administração Pública; b) no caso de comportamentos ilícitos expressamente destinado à obtenção de lucro excedente em relação ao dano; c) em caso de expressa previsão legal.[19]

A restrição do campo de atuação da pena privada não foi acolhida por outros países da *common law,* em especial pelos Estados Unidos onde seu emprego tem se expandido com notável vigor.

Inicialmente restrita às hipóteses de tutela da pessoa, da vida privada, da honra, bem como aos casos de lucro ilícito obtido com dano, o campo de incidência dos *punitive damages* ampliou-se a partir dos anos setenta, com seu emprego no campo da responsabilidade civil do produtor.

Essa modalidade de pena privada é aplicada, nos dias de hoje, apenas em casos nos quais a conduta do lesante ostente flagrante reprovabilidade, assim considerada aquela na qual se vislumbre dolo ou culpa grave. Sua função é punir o transgressor e induzi-lo a não incorrer em novos atos danosos especialmente campo dos *torts*

---

18. GALLO, Paolo. *Pene Private e Responsabilità Civile*. Milano: Giuffrè, 1996, p. 47.
19. GALLO, Paolo, op. cit. p. 48. BARATELLA, Maria Grazia. *Le Pene Private*. Milano: Giuffrè, 2006, p. 201-202.

(ilícito extracontratual), embora encontre espaço no campo do inadimplemento contratual.[20]

A maior crítica à indenização punitiva refere-se aos valores indenizatórios, cujas cifras expressivas, aplicadas em alguns casos, conduziram à perplexidade e levaram alguns a compará-los a uma verdadeira loteria, epíteto, porém, que não se mostra condizente com a realidade.[21]

Ficam, então, em suspenso, as seguintes indagações: se os países de *civil law* afastaram-se do caráter punitivo da responsabilidade civil para substituí-lo pela função compensatória ou reparatória, e se os países do *common law* que ainda o mantiveram são alvo de tantas críticas, qual a razão de volvermos ao assunto? Por qual motivo defender a aplicação da pena privada evocando instituto considerado primitivo e bárbaro[22]?

E, ainda, qual é o sentido de transferir ao lesante o encargo de arcar com valores supostamente maiores do que o dano sofrido pelo lesado, deixando, este último, em posição melhor do que se encontraria caso não tivesse ocorrido o ilícito? E o *quantum* a ser arbitrado, como mensurá-lo? A quem dirigi-lo? Seria o caso de impor-lhe limites mínimos ou máximos? Em que hipóteses seria adequado aplicá-lo?

A reflexão a essas questões de modo direcionado ao inadimplemento contratual será objeto deste trabalho, o qual almejamos possa lançar novas luzes ao debate e contribuir para o revigoramento da responsabilidade civil no direito pátrio, como será demonstrado adiante.

3.1 TENDÊNCIA EVOLUTIVA DO RETORNO À INDENIZAÇÃO PUNITIVA

Embora os países da *civil law* tenham se distanciado do caráter punitivo da responsabilidade civil, este, em verdade, jamais desapareceu por completo. Muitos autores, como Grossfeld e Stoll, na Alemanha; Hugueney, Domogue, Stark, Tunk e

---

20. ZENO-ZENCOVICH, Vicenzo. Pena Privata e Punitive Damages nei Recenti Orientamenti Dottrinari Americani. In: BUSNELLI, Francesco D. e SCALFI, Gianguido (a cura di). *Le Pene Private*. Milano: Giuffrè, 1985, p. 375-376.
21. Em trabalho de nossa autoria (MARINANGELO, Rafael. A evolução da indenização por dano moral e a aplicação da indenização punitivo. In: LOTUFO, Renan; NANNI, Giovanni Ettore e MARTINS, Fernando Rodrigues. *Temas Relevantes do Direito Civil Contemporâneo. Reflexões sobre os 10 anos do Código Civil*. São Paulo: Atlas, 2102, p. 669-701) tratamos de demonstrar que os valores milionários não são, em realidade, a praxe Norte-Americana, graças à atuação positiva dos juízes togados frente às condenações do Júri. Estudo publicado pelo Bureau, o *Justice Statistics* revela que o valor médio pago a título de *punitive damages* foi de US$ 50.000,00 e que o valor da referida pena excedeu o valor das indenizações compensatórias em apenas 39% dos casos.
22. TUNC, André. La pena Privata nel diritto francese. In: BUSNELLI, Francesco D. e SCALFI, Gianguido (a cura di). *Le Pene Private*. Milano: Giuffrè, 1985, p. 351. O autor, ao se referir à pena privada afirma: "Elle nous évoque une curiosité, vestige sans doute des temps barbares." Tradução livre: Ela evoca uma curiosidade, vestígios de tempos bárbaros.

G. Viney, na França; assim como Gioia, Cendon, Galgano, Busnelli, Di Majo e outros notáveis italianos sempre defenderam sua relevância e aplicabilidade.[23]

A despeito da massa crítica de apoio à indenização punitiva, boa parte da Europa esforça-se em manter a ideia, em especial a norte-americana de *punitive damages*, fora de seu território. Para tanto, insiste em preconizar, por intermédio de suas cortes, o caráter eminentemente reparatório da responsabilidade civil também aos casos de dano não patrimonial.

A Corte de Cassação Italiana, para trazer apenas um exemplo, afirmou categoricamente que o fim precípuo da responsabilidade civil é restaurar a esfera patrimonial do lesado, seja o dano patrimonial ou não patrimonial.[24]

Grunsky[25] relata que, na Alemanha, a despeito da responsabilidade civil estar em crise, a motivar inúmeras monografias sobre o assunto, um único ponto é fruto de consenso: a função do ressarcimento do dano é tão somente a de reintegrar o patrimônio da vítima. O caráter punitivo é rechaçado, em especial, diante da socialização do dano, da incompatibilidade entre a função punitiva e a securitização e pelo fato da responsabilidade objetiva pelo exercício de atividade perigosa contrariar a ideia de pena.

Tais argumentos, de acordo com a doutrina tedesca, seriam suficientes para rechaçar qualquer possibilidade do emprego da função punitiva à responsabilidade civil. A prática do direito alemão, entretanto, demonstra haver inúmeras hipóteses nas quais é difícil negar a influência da ideia de sanção punitiva atribuída ao lesante.[26]

No campo do dano extrapatrimonial, o aspecto punitivo pode ser extraído do expresso reconhecimento jurisprudencial de que a reparação do dano serve tanto para reintegrar a perda moral do lesado quanto para dar satisfação ao lesado frente ao lesante. O resultado prático é a valoração do *quantum* indenizatório mediante a aplicação do critério relativo ao grau de culpa do lesante. Evidentemente, se na simples reparação a culpa não tem qualquer influência sobre a quantificação da indenização – pois esta será arbitrada de acordo com o valor do bem lesado – ao considerá-la como fator determinante, o direito alemão não se limita a reintegrar o direito violado.

No caso de danos ao direito da personalidade, a culpa constitui elemento essencial para a caracterização do dano. Consoante o mencionado ordenamento jurídico, somente em casos de culpa grave essa modalidade de dano é objeto de ressarcimento, motivo pelo qual a indenização reveste-se de nítido caráter penal atribuído ao lesante.

---

23. A referência aos autores é de Paolo Gallo, *Pene Private* ... cit. p. 53-56.
24. BUSNELLI, Francesco Donato. *Deterrenza, Responsabilità Civile, Fatto Illecito, Danni Punitivi*. Europa e dir. priv. 2009, 04, 909, DEJURE, Dottrina. Giuffrè Editore.
25. GRUNSKY, Wolfgang. Il Concetto della Pena Privata nel Diritto del Risarcimento dei Danni nell'Ordinamento Tedesco. In: BUSNELLI, Francesco D. e SCALFI, Gianguido (a cura di). *Le Pene Private*. Milano: Giuffrè Editore, 1985, p. 365-373.
26. GRUNSKY, *La pena Privatta* ... cit. p. 368.

Outras hipóteses que consideram a culpa grave como fator agravante da indenização acabam por revestir-se de caráter punitivo, pois se estivessem destinadas apenas a repor o patrimônio lesado, a culpa não deveria ter qualquer importância no arbitramento do *quantum* da verba ressarcitória. Por conseguinte, conclui o autor, a despeito da resistência teórica em se admitir o caráter punitivo da reparação, em determinadas situações as soluções práticas do direito alemão demonstram o contrário.[27]

Em França, Tunc relata a importância da função punitiva da responsabilidade civil como mecanismo essencial de respeito à justiça, de proteção dos interesses difusos e de encorajamento do particular para fazer valer seus direitos. Nesse diapasão, diz o autor francês, pode-se dizer que a função punitiva da responsabilidade civil está a serviço da ordem pública no intuito de dissuadir e prevenir comportamentos antissociais.[28]

Não obstante o Código Napoleônico tenha sublinhado a função reparadora da responsabilidade civil, em especial nos artigos relativos às perdas e danos resultantes do incumprimento das obrigações (artigos 1146º a 1155º), a doutrina e jurisprudência, sensíveis aos mesmos móveis propugnados por Tunc, têm se valido de interpretações mais atuais para adaptar a responsabilidade civil aos novos desafios de nosso tempo.[29]

No direito italiano, a intenção de se utilizar a responsabilidade civil com caráter punitivo e o consequente uso da pena privada é assunto que tem ganhado fôlego nas últimas décadas, em especial diante da amplitude conferida à tutela dos direitos da personalidade, de despenalização da tutela da honra e da reputação, bem como na inspiração do direito norte-americano.[30] O movimento de retomada do caráter punitivo da responsabilidade civil tem sua razão de ser.

Os novos paradigmas sociais têm gerado demandas e exigências outrora inexistentes e que, por este motivo, não encontram resposta adequada no ordenamento jurídico. Centrada no individualismo e na exacerbação de direitos, a modernidade afirmou o indivíduo como epicentro das atenções em detrimento dos valores fundamentais ao convívio harmônico da sociedade.

Deixamos de nos ver como parte do todo para enxergarmo-nos tal qual um apanhado de individualidades reunidas ao acaso e voltadas apenas à defesa dos próprios interesses. A noção de cidadania perdeu-se nos meandros da luta pela liberdade sem

---

27. Sobre o tema conferir também: LOURENÇO, Paula Meira. *Função punitiva* ... cit. p. 112-126.
28. TUNC, André. La pena privata nel diritto Francese. In: BUSNELLI, Francesco D. e SCALFI, Gianguido (a cura di). *Le Pene Private*. Milano: Giuffrè, 1985, p. 349-363.
29. LOURENÇO, Paula Meira. *A função punitiva* ... cit. p. 69.
30. Como explica FRANCESCO CAMILLETTI (CAMMILETTI, Francesco. Il danno non patrimoniale da fatto illecito verso na nuova definizione, *Riv. It. medicina legale* 2007, 02, 283, Giuffrè), com a tutela constitucional da pessoa, abriu-se a porta à ressarcibilidade de uma série de danos que prescindem do mero sofrimento físico-psíquico e de sua tipificação como crime.

precedentes e pelo direito de usufruir intensamente das benesses da lei, ainda que a custa do desequilíbrio social.

Não é sem razão que a noção de dever tem sido vista com descaso e vem sendo marginalizada na literatura jurídica. Tornou-se antipático contrapor aos pretensos direitos dos indivíduos, seus correspectivos deveres e suas parcelas de responsabilidade. Como resultado, tem-se o esmaecimento da percepção de cidadão e de cidadania e, consequentemente, a perda da noção de bem comum.

A esse respeito, pronunciou-se Zygmunt Bauman[31] ao referir-se ao indivíduo como inimigo do cidadão, pois enquanto este último busca seu bem-estar por meio do bem-estar da cidade, ainda que à custa de restrições à sua liberdade, o primeiro não aceitará qualquer restrição à busca de seu próprio e único interesse.

As relações de mercado constituem prova do egoísmo individualista. Basta observar o quanto as relações negociais têm se tornado verdadeiro palco das encenações mais aviltantes do ser humano e da noção de solidariedade. Os contratos tornaram-se frentes de guerra, nas quais uma parte procura, a todo custo, extrair o máximo de proveito da outra e vice-versa, num jogo estratégico cujo vencedor é aquele com maiores condições (econômicas e/ou técnicas) de fazer prevalecer a sua exclusiva vontade.

As próprias relações sociais, hoje, apresentam-se mais beligerantes. As pessoas são menos propensas a ceder e a entender as limitações de seus direitos, e tendem a acreditar que a satisfação de seu próprio interesse é o quanto basta para a vida harmônica em sociedade.

Por esses motivos, nunca se falou tanto em boa-fé, dever de consideração com o outro, dever de transparência, informação etc. O Direito busca, a todo custo, encontrar ferramentas apaziguadoras dos ânimos, bem como que exaltem as virtudes outrora esquecidas e indispensáveis à vida digna em sociedade.

Todos esses esforços são credores dos maiores elogios e merecem nosso apoio, mas parece-nos que o Estado Social ainda se ressente de utilizar instrumentos mais impositivos, porque não dizer, mais antipáticos, como a indenização punitiva, considerada por nós como "uma relevante ferramenta de apoio ao dever ético de não defraudar as expectativas suscitadas nos outros, mantendo a credibilidade na eficácia do sistema jurídico."[32]

O motivo da resistência em aceitar a indenização punitiva como instrumento válido e legítimo de prevenção e punição advém do ranço de se considerar a pena como algo primitivo, oriundo do instinto de vingança, mecanismo que se afigura próximo do pecado e longe da virtude. Aliado ao preconceito paralisante, o apego à dicotomia direito privado e direito penal, como áreas estanques e impenetráveis,

---

31. BAUMAN, Zygmunt. *Modernidade Líquida*. Trad. Plínio Dentzien, Rio de Janeiro: Zahar, 2001, p. 47.
32. ROSENVALD, Nelson. *As funções da responsabilidade civil*. A reparação e a pena civil. São Paulo: Atlas, 2013, p. 2-3.

contribui para o segregacionismo impeditivo da aceitação de sanções civis de caráter punitivo, afinal, punir é função do Direito Penal.

Embora devotemos aos defensores dessa ideia todo nosso respeito, acreditamos ser necessário levar em conta o fato de a simples reparação não evitar as vantagens e a rentabilidade que a violação da norma pode proporcionar. Ao fim e ao cabo, quando há apenas a dinâmica da compensação, tal como ocorre na atual aplicação do Código Civil Brasileiro, o descumprimento da lei pode constituir vantagem econômica interessante, que transforma o ferramental do direito em perverso artifício de obtenção de lucros ou benefícios indevidos.

Permitir ao direito privado tornar operativas as indenizações punitivas significa, em suma, possibilitar a este importante ramo do direito estender seu alcance e torná-lo mais eficaz na defesa de interesses metaindividuais.

A assertiva anterior demonstra ser hora de revisitar o modelo jurídico das sanções punitivas privadas, em especial para prevenir a violação de direitos da personalidade, a obtenção de lucro ilícito e os atentados a interesses difusos e coletivos.[33] Como bem pondera Nelson Rosenvald[34], nos ordenamentos vigentes:

> (...) a adoção da pena no direito privado é uma exigência de integração ao sistema de uma tutela efetiva para aqueles casos em que o ressarcimento, pelo equivalente ou em forma específica, mostre-se pouco idôneo para prevenir determinadas formas de ilícitos civis. Portanto, ao invés de um retorno ao passado, representa um índice de evolução dos sistemas jurídicos.

Se o ordenamento jurídico não oferecer razões suficientes para desestimular a violação da norma, o descumprimento do contrato ou mesmo o uso de práticas nocivas, será impossível refrear os ímpetos daqueles que tiram proveito do ilícito.[35]

A responsabilidade civil, portanto, não pode mais ficar arraigada na crença da suficiência da função reparatória para reparar os danos causados ao lesado, censurar

---

33. ROSENVALD, op. cit. p. 16.
34. Op. cit. p. 16.
35. Ao tratar do tema, Adriano Barreto Espíndola Santos (*O dano social e as funções punitivas e social da responsabilidade civil*. Dissertação apresentada como requisito à obtenção de grau de Mestre, no curso de Mestrado em Ciências Jurídico-Civilistas/Menção em Direito Civil, ano letivo 2013/2015, da Faculdade de Direito da Universidade de Coimbra, sob a orientação do Professor Doutor Francisco Manuel de Brito Pereira Coelho, Coimbra: 2015, p. 27) pondera: "As relações privadas devem submeter-se ao olhar cauto do Estado, sempre vinculadas às balizas de estrita observância ao direito fundamental da dignidade da pessoa humana. É dizer-se: todas as relações particulares devem girar em torno da dignidade da pessoa humana, como medida norteadora dos processos de interação civil. Se há espaços em que o Estado não consegue chegar, deve, imediatamente, preocupar-se em mudar a situação hodierna, porque senão incorrerá em omissão. Deixar que o cidadão se prejudique nas mãos de lesantes implacáveis, por questões ideológicas ou burocráticas, é esquecer de bens supremos resguardados pela Lei Maior. Portanto, se se está diante de um caso em que, continuamente, se aplica grave lesão aos seres humanos e, em resposta a isso se impõe tão somente medida indenizatória de caráter compensatório ao ente lesante, revela-se, aí, a omissão estatal. O princípio da dignidade da pessoa humana dá margem, justamente, à atuação do Estado em defesa do cidadão; logo, por suas atitudes, não pode neutralizar a abrangência desse princípio. Consolidam-se, pois, os *punitive damages* como elemento a fomentar as potencialidades deste."

o comportamento do lesante, minimizar riscos de futuros danos e assegurar a prevalência da pessoa humana sobre o mercado.[36] É preciso abrir espaço à indenização punitiva, instituto ao qual dedicaremos um pouco de nossa atenção.

3.2 *PUNITIVE DAMAGES* NA EXPERIÊNCIA NORTE-AMERICANA

Conforme mencionado anteriormente, a figura dos *punitive damages* nasceu na Inglaterra e encontrou ampla acolhida nos Estados Unidos da América, logo após seu surgimento. De acordo com Rustad e Koenig[37], o primeiro caso de *punitive damages* do qual se tem conhecimento foi decidido em 1784, em *Genay v. Morris,* no qual o demandado, a pretexto de se reconciliar com o demandante, ofereceu-lhe vinho envenenado. A Suprema Corte Americana, ao julgar a contenda, concedeu ao autor da ação o que chamou de "vindictive damages", pelas dores sofridas em virtude de intoxicação decorrente da ingestão de vinho batizado com substância tóxica.

Outro importante caso associado aos *punitive damages* foi o *Coryell v. Colbaugh,* de 1791, em Nova Jersey, no qual o júri concedeu indenização em valor exemplar contra o réu que quebrou a promessa de casar-se com a autora da ação. No julgamento, o juiz instruiu os jurados a não estimar os danos com base no sofrimento ou nas perdas sofridas pela autora, e, sim, arbitrá-los de modo exemplar para prevenir tais ofensas no futuro.[38]

Não obstante o desempenho obtido em terras norte-americanas, o instituto também encontra certas resistências, em especial daqueles que condenam sua aplicação independentemente das garantias típicas do processo penal.

A maior contenda entre opositores e defensores dos *punitive damages* foi protagonizada por Simon Greenleaf, professor da escola de Direito de Harvard, e Theodore Sedgwick, advogado e repórter, em 1834. O primeiro sustentava a abolição dos *punitive damages* por confundirem as funções dos direitos público e privado. O segundo defendia a sua aplicação por consubstanciar não apenas compensação ao ofendido, mas também, punição ao ofensor.[39]

Os *punitive damages* são frequentemente aplicados em conjunto com os *compensatory damages* e destinam-se a punir o ofensor pelo cometimento de fato particularmente grave e reprovável, com efeitos manifestamente dissuasórios de novas condutas de mesma natureza. Ambos os caráteres, penal e dissuasórios, são mencionados nas motivações das decisões judiciais e constituem o aspecto central do instituto, na medida em que a função punitiva está ligada à função dissuasória

---

36. ROSENVALD, op. cit. p. 18.
37. RUSTAD, Michael e KOENIG, Thomas. The Historical Continuity of Punitive Damages Awards: Reforming the Tort Reformers. *The American University Law Review*, v. 42:1269 (1993), p. 1290.
38. RUSTAD e KOENIG, *The Historical Continuity of Punitive Damages Awards* ... cit., p. 1291.
39. SEBOK, Anthony J. What did Punitive Damages Do – Why Misunderstanding the History of Punitive Damages Matters Today, *Chicago-Kent Law Review*, v. 78:163 (2003).

pela natural circunstância de a sanção penal destinar-se a prevenir a reincidência de comportamento análogo.[40]

Como pondera Catherine M.Sharkey[41], punição e dissuasão são as duas justificativas prevalentes para os *punitive damages*, das quais geralmente os estudiosos e as Cortes concordam.

Aplicam-se os *punitive damages* somente aos casos de condutas perpetradas com motivos diabólicos (*evil motives*), propósitos fraudulentos (*fraudulent purposes*) e com os denominados *reckless*, isto é, a grave inobservância do direito de outra pessoa. A expressão mais usada para designar esses estados subjetivos é malícia (*malice*).[42]

A malícia é valorada pelo júri, a quem compete decidir sobre a concessão e o montante dos *punitive damages*. O júri não está adstrito a nenhum limite para fixação do *quantum* dos *punitive damages*, mas para fazê-lo deve observar alguns critérios, tais como, a natureza e a extensão do dano e a condição social do lesante. A decisão dos jurados está sujeita à revisão da Corte, de modo a conter abusos. Nas palavras de Robredo[43], na atualidade "usualmente es la riqueza o el capital del demandado, junto con la naturaleza de su comportamiento, la que dicta el nivel de la indemnización punitiva concedida al demandante".

Conforme asseveram Rustad e Koenig[44], para determinar se a punição aplicada é razoável e voltada a alcançar os objetivos de dissuasão e retribuição, é preciso avaliar: a) a razoabilidade da relação entre os *punitive damages* e o prejuízo que resultará

---

40. PONZANELLI, Giulio. I Punitive Damages nell'Esperienza Nordamericana. *Rivista di Diritto Civile*. anno XXIX, Parte Prima. Padova: CEDAM – Casa Editrice Dott. Antonio Milani, 1983, p. 435-487. Nesse sentido também André Gustavo Corrêa de Andrade (*Dano moral & indenização punitiva. Os punitive damages* na experiência do *common law* e na perspectiva do Direito Brasileiro. Rio de Janeiro: Lumen Juris, 2009, p. 187): "O propósito geral dos *punitive* ou *exemplary damages* é o de punir o ofensor, estabelecendo uma sanção que lhe sirva de exemplo para que não repita o ato lesivo, além de dissuadir comportamentos semelhantes por parte de terceiros. (...) Secundariamente, os *punitive damages* exerceriam outras funções, dentre as quais a de atuar como mecanismo para a proteção de consumidores contra práticas comerciais fraudulentas ou ofensivas à boa-fé."
41. SHARKEY, Catherine M. Punitive Damages as Societal Damages, *The Yale Law Journal*, v. 113:347 (2003), p. 356.
42. André Gustavo Corrêa de Andrade (*Dano moral & indenização punitiva. Os punitive damages* na experiência do common law e na perspectiva do Direito Brasileiro. Rio de Janeiro: Lumen Juris, 2009, p. 186) define os punitive damages como: "Os *punitive damages* são definidos como: 'Indenização outorgada em adição à indenização compensatória quando o ofensor agiu com negligência, malícia ou dolo.' São também usualmente denominados *exemplary damages*. Constituem uma soma de valor variável, estabelecida em separado dos *compensatory damages*, quando o dano é decorrente de um comportamento lesivo marcado com grave negligência, malícia ou opressão se a conduta do agente, embora culposa, não é especialmente reprovável, a imposição dos *punitive damages* mostra-se imprópria."
43. ROBREDO, Goretti Vadillo. Reconocimiento y ejecución en Alemania de sentencias extranjeras de danos punitivos. Comentarios a la decision del Tribunal Federal de Justicia Aleman (Budesgerisctshof), de 4 de junio de 1992. Estudios de Deusto. *Revista de la Universidad de Deusto*. Bilbao. v. 45, n. 2. p. 203-243, 1997. Tradução livre: "(...) usualmente é a riqueza ou o capital do demandado, junto com a natureza de seu comportamento, o que dita o nível de indenização punitiva concedida ao demandante".
44. RUSTAD e KOENIG, *The Historical Continuity of Punitive Damages Awards* ... cit., p. 1311.

da conduta do réu, assim como o prejuízo que efetivamente ocorreu; b) o grau de censurabilidade da conduta do réu, a duração da conduta, a consciência do réu quanto à conduta perpetrada, a existência de ato de acobertamento dessa conduta, e a existência e a frequência de condutas similares no passado; c) a lucratividade do réu com a conduta ilícita e a conveniência de remover esse lucro a fim de que o réu também incorra em perda; d) a posição econômica (poder econômico) do réu; e) os custos do litígio; f) a imposição de sanções criminais para a conduta do réu, o que deve ser levado em conta para mitigação dos *punitive damages*, e g) a existência de outras condenações civis contra o réu para a mesma conduta, o que também deve servir de critério para mitigar a pena.

No campo da atividade empresarial, os *punitive damages* são empregados em cinco hipóteses bem definidas: a) conduta comercial fraudulenta (*fraudolent-type misconduct*); b) violação do dever de segurança do produto; c) inadequado controle de qualidade (*inadeguate testing or quality control*); d) ausência de aviso adequado sobre perigos conhecidos relacionados ao produto, e e) responsabilidade pela não eliminação de danos conhecidos ou que poderiam ser conhecidos.[45]

Ao discorrer sobre a primeira hipótese, Ponzanelli[46] relata a condenação de empresa que criou medicamento destinado a reduzir o colesterol no sangue e agir eficazmente no tratamento da arteriosclerose, com a consequente redução do número de infartos. Ocorre, todavia, que mediante expediente fraudulento, a empresa enganou a *Food and Drug Administration*, responsável pela autorização da comercialização de tal produto, sobre os efeitos danosos de formação de catarata, observados nos testes realizados em animais, o que resultou na sua condenação aos *punitive damages*.

Na segunda hipótese, em que há violação ao standard mínimo de segurança dos produtos (item "b" supra), os *punitive damages* são aplicáveis automaticamente. Por conseguinte, se o lesado comprovar a fabricação do produto em desacordo com os ditames legais, os tribunais condenam o agente ao pagamento da aludida penalidade.

A terceira hipótese remete aos danos ocasionados ao consumidor em virtude de produto defeituoso, cuja inserção no mercado ocorreu com violação ao dever de proceder a testes adequados ou inspeções preventivas. Também a falta de aviso adequado sobre os potenciais perigos relacionados ao uso do produto pode gerar a condenação da empresa ao pagamento dos *punitive damages*.

O último caso relaciona-se à obrigação da empresa em eliminar o defeito dos produtos já em circulação no mercado. O exemplo clássico é o precedente jurisprudencial *Grimshaw v. Ford Motor Company*, no qual a montadora de veículos instalou o tanque de combustível de um de seus veículos em local inadequado e passível de explosão em caso de colisão traseira. Mesmo sabendo do risco de danos aos passageiros, a Ford nada fez para corrigir o defeito, já que as estatísticas demonstravam

---

45. RUSTAD e KOENIG, *The Historical Continuitty of Punitive Damages Awards* ... cit., p. 1312.
46. PONZANELLI, op. cit. p. 453.

ser mais lucrativo pagar eventuais indenizações do que adotar as medidas corretivas necessárias para evitar o dano.

Embora os *punitive damages* tenham nascido como instrumento de aplicação aos casos de ilícitos extracontratuais (*torts*), já se admite, não sem certa resistência, seu reconhecimento em casos de violação contratual.

Os opositores da tese favorável aos *punitive damages* no âmbito contratual defendem haver diferença entre as finalidades perseguidas pelos sistemas dos *damages in tort* (reparação aos danos derivados de ilícitos extracontratuais) e dos *contracts damages law* (reparação por danos contratuais), consistente no fato de o primeiro ser destinado a punir o ofensor, enquanto o segundo tem o propósito de compensar perdas pecuniárias.[47]

De acordo com Sullivan, alguns fatores são utilizados como argumento para não haver a plena aceitação do uso dos *punitive damages* aos casos de descumprimento contratual. O primeiro deles reside na declaração contida no *Restatement of Contracts* no sentido de que o valor indenizatório deverá corresponder às perdas e danos decorrentes do descumprimento do contrato, sem margem, portanto, à aplicação de qualquer pena punitiva.

O autor relata, ainda, a existência de corrente doutrinária em defesa da inaplicabilidade dos *punitive damages* aos contratos, por considerar que – como instrumentos de autovinculação recíproca, derivada da autonomia da vontade – a eventual falha no cumprimento das obrigações assumidas não constitui, inevitavelmente, a violação objetiva de padrões sociais de conduta.[48]

A análise cuidadosa encetada por Sullivan[49] permitiu-lhe, entretanto, verificar a existência de similaridades entre os *damages* no campo delitual e no campo contratual que exortam à reflexão diversa. De acordo com o estudo por ele encetado, com lastro na doutrina de Corbin, a reparação dos danos contratuais não se destina apenas à compensação de perdas pecuniárias, mas também, a substituir a vingança privada e a deter outros descumprimentos contratuais. Logo, não obstante haver o entendimento contrário à aplicação dos *punitive damages* à disciplina contratual – posição esta fruto de decisões judiciais que se repetem sem maior reflexão – a tese está em contínuo processo de erosão, cedendo espaço à aplicação dos *punitive damages* aos ilícitos contratuais.

Dentre as exceções já consagradas no ambiente norte-americano, podemos citar o rompimento de matrimônio, considerado verdadeiro contrato no direito estadunidense. Para a maioria das cortes americanas, como os danos causados pela parte

---

47. SULLIVAN, Timothy J. Punitive Damages in the Law of Contract: The Reality and the Illusion of Legal Change. *Minnesota Law Review*, v. 61:207 (1977), p. 218.
48. SULLIVAN, Timothy J. *Punitive Damages in the Law of Contract* ... cit. p. 219
49. SULLIVAN, Timothy J. *Punitive Damages in the Law of Contract* ... cit. p. 219-220.

é, no mais das vezes, eminentemente pessoal e, portanto, de difícil ou impossível mensuração, a reparação tem natureza punitiva.[50]

Também são concedidos os *punitive damages* aos casos de serviços públicos exercidos por pessoas jurídicas de direito privado (delegação ou concessão de serviço público). A falha em tais serviços pode gerar a aplicação da penalidade em virtude do descumprimento contratual com o usuário. A interpretação encontra sua origem no passado histórico distante da Inglaterra, local em que os *punitive damages* surgiram com o fito de defender o cidadão das ingerências do Estado.[51]

O sistema jurídico americano entende que os prestadores de serviços públicos lidam com serviços de natureza essencial, em regime de monopólio ou de quase monopólio, resultando na obrigação de servir a toda a comunidade, sem distinção. O regime legal existente tem por escopo proteger os cidadãos contra a exploração ou opressão dos provedores de serviços públicos, tarefa realizada pelo emprego dos *punitive damages* sempre que o descumprimento dos contratos implicar ofensa aos direitos daqueles que se valem de tais serviços.

Como obtempera Sullivan[52], a fundamental justificação para conceder os *punitive damages* nos casos de serviços públicos é o desejo de punir e proteger o cidadão contra o poder do abuso econômico.

Em ambos os casos citados, porém, a concessão dos *punitive damages* foi possível graças à interpretação jurisprudencial de que tais hipóteses constituíam a figura de *tort breach of contract* e não de simples inadimplemento contratual. A violação foi qualificada como figura mais próximo do *tort* do que do simples descumprimento do contrato, expediente interpretativo que autorizou a aplicação da indenização punitiva.

A experiência jurisprudencial americana demonstrou, contudo, ser difícil e muitas vezes quase impossível o discrímen entre *contract* e *tort*, e passou a aceitar como suficiente, no campo contratual, a demonstração de uma conduta opressiva ou maliciosa da outra parte para ensejar a aplicação dos *punitive damages*. Como resultado, houve progressivo desvinculamento do emprego dos *punitive damages* à caracterização da presença da figura autônoma do *tort* no âmbito contratual.

Sullivan[53], ao se pronunciar sobre o tema, esclarece que "em ambos os casos as cortes deram guarida aos *punitive damages* fundamentando suas decisões mais na linguagem dos *torts* do que dos *contracts*", o que resultou em significativa trans-

---

50. SULLIVAN (op. cit. p. 223) explica que as exigências das cortes para a concessão dos *punitive damages*, nesses casos, variam: algumas exigem a demonstração de conduta ou intenção fraudulenta, outras insistem na prova da existência de malícia e algumas poucas exigem que o réu tenha agido impiedosamente.
51. Sobre o assunto tivemos oportunidade de falar no tópico relacionado à tendência evolutiva do retorno aos danos punitivos.
52. SULLIVAN (op. cit. p. 226).
53. SULLIVAN (op. cit. p. 226). Tradução livre de: "In both types of cases, the courts have made room for punitive damages by casting their decisions more in the language or tort than of contract." Tradução livre:

formação do papel dessa indenização punitiva no Direito Contratual moderno. Surgiram, então, outras hipóteses, de âmbito contratual, que passaram a contemplar os *punitive damages*.

Número considerável de cortes americanas tem concedido a indenização punitiva em ações relacionadas à quebra de contratos cuja natureza do envolvimento entre as partes é de caráter fiduciário.[54] O caso emblemático *Brown v. Coates* (1958), julgado pelo *District of Columbia Circuit*, tornou-se referência no assunto. O demandante, proprietário de uma casa, contratou o réu, corretor de imóveis, para efetuar a venda de seu imóvel, substituindo-o por outro previamente definido e acordado. O réu deveria vender a casa do proprietário e o valor obtido serviria como pagamento da casa nova desejada pelo demandante. Após realizada a venda, o réu negou ter concordado que o valor obtido com a venda serviria de pagamento para a casa nova, de modo a romper a relação de fidúcia instaurada. O tribunal concedeu indenização compensatória e punitiva ao demandante, sob o argumento de que embora não sejam devidos os *punitive damages* para o descumprimento de um contrato comum, a verba se justificava em contratos fiduciários.[55]

Menciona-se, também, como exceção à regra de inaplicabilidade dos *punitive damages* aos contratos, as hipóteses de quebra de contrato por conduta fraudulenta (*contract breach accompanied by fraudulent conduct*). Essa possibilidade é reconhecida por diversas cortes e tem o predicado de abranger variada gama de quebras contratuais, dada a abertura conferida pelo termo "fraude" ou "fraudulento". Trata-se de verdadeira cláusula geral, a conferir às cortes a flexibilidade necessária para garantir a reprimenda de largo espectro de condutas reprováveis.

O caso paradigmático *Welborn v. Dixon* (1904), julgado pela Suprema Corte da Carolina do Sul, envolve contrato de empréstimo com garantia real. O demandante tomou empréstimo do réu e deu em garantia do débito a propriedade de certos terrenos. Pelo acordo encetado, o réu restituiria a propriedade daqueles bens mediante o pagamento tempestivo do débito. O réu, contudo, violou o contrato ao transmitir os terrenos a terceiro de boa-fé, o que motivou a propositura da ação pelo demandante com o pleito de indenização por *compensatory* e *punitive damages*. A ação foi julgada procedente, sob o entendimento da Corte de que a quebra de contrato por ato fraudulento é motivo suficiente para a condenação do réu ao pagamento de ambas aquelas modalidades de danos.[56]

A quebra do contrato acompanhada de ato independente e intencionalmente delituoso (*breach of contract accompanied by an independent tort*) constitui outro cânone de aplicação dos *punitive damages* na disciplina contratual. A questão perigosa

---

Em ambos os tipos de casos, as Cortes têm acolhido os *punitive damages* lançando suas decisões mais no campo do delito do que dos contratos.
54. SULLIVAN (op. cit. p. 226).
55. SULLIVAN (op. cit. p. 227)
56. SULLIVAN (op. cit. p. 231).

subjacente a esse entendimento, segundo Sullivan, é a de considerar como evidente ou de matizes vibrantes a tênue distinção entre contratos e delitos. Com o passar do tempo, as Cortes americanas perceberam que essa distinção era difícil de pôr em prática e passou a aceitar como suficiente a demonstração de que a conduta do réu foi opressiva ou maliciosa.

Exemplo emblemático pode ser extraído do litígio *Boise Dodge inc. v. Clarck*[57] no qual o consumidor adquiriu veículo presumidamente novo. Após alguns meses de uso, verificou que o veículo não era novo, mas aparentava ser novo por ter tido seu hidrômetro manipulado para parecer "zero quilômetro". Diante da esperada defesa da empresa, no sentido de ser vedada a aplicação dos *punitive damages* quando a pretensão funda-se em aspecto contratual, a Corte afastou as dificuldades inerentes à distinção entre *contract* e *tort* para modificar o requisito exigível à concessão daquela pena (*tort*) e aceitar como suficiente o ato malicioso.

Sullivan[58] relata outro importante julgado que merece menção, haja vista ter considerado o descumprimento do contrato como ato ilícito suficiente à aplicação dos *punitive damages*. No precedente jurisprudencial *Vernon Fire and Casualty Insurance Co. v. Sharp* (1974), a seguradora ré recusou-se a pagar, sem qualquer motivo ou justificativa, o seguro referente aos maquinários perdidos em virtude de incêndio que acometeu a empresa do demandante. A Corte de Apelação de Indiana considerou, de forma clara e insofismável, que o simples descumprimento do contrato, em casos de evidente malícia, fraude grosseira ou conduta opressiva, ensejam a aplicação dos *punitive damages*, subvertendo, pois, os fundamentos comumente empregados pelas Cortes americanas para a mesma finalidade.

A boa-fé também abriu espaço para os *punitive damages* em âmbito contratual. As Cortes norte-americanas têm admitido a aplicação da penalidade nos casos de violação das obrigações inerentes ao dever de boa-fé, em especial quando a situação contratual é caracterizada por uma profunda disparidade de poder econômico entre as partes. São exemplos do emprego dos *punitive damages* em ilícitos contratuais os casos relacionados a erro médico e de responsabilidade dos demais profissionais.

Seja, portanto, no campo contratual ou extracontratual, os *punitive damages* são admitidos como mecanismo de punição e contenção sempre que estiverem presentes os requisitos subjetivos de malícia e opressão no direito da *common law* norte-americana.

A aceitação da indenização punitiva nos ordenamentos jurídicos da *common law* é tema pacífico. Nos sistemas de *civil law*, ainda grassam dúvidas sobre o seu cabimento ou não. A análise por nós encetada, mediante a escolha exemplificativa de dois ordenamentos jurídicos bastante próximos ao nosso, servirá de luz para

---
57. Idaho Supreme Court, 453 P.2d 551, 92 Idaho 902, year: 1969, Judges: McQuade.
58. SULLIVAN (op. cit. p. 245).

verificarmos que também nos sistemas codificados é possível constatar a aplicação da indenização punitiva.

3.3 INDENIZAÇÃO PUNITIVA NO DIREITO PORTUGUÊS

A doutrina portuguesa pesquisada demonstra haver forte apelo ao reconhecimento e aplicação da indenização punitiva, denominado, pelos lusitanos, de danos punitivos, embora a maior parte dos juristas defenda a função meramente reparatória da responsabilidade civil.[59]

Faremos, nesse tópico, breve explanação sobre o assunto, apenas para contextualizar e demonstrar que o uso da indenização punitiva, com base na função punitiva da responsabilidade civil, constitui tendência também entre os países de *civil law*, nos ordenamentos jurídicos mais próximos ao nosso.[60]

A primeira consideração feita pela doutrina portuguesa em favor da admissibilidade da indenização punitiva está centrada no conteúdo do artigo 494°, do Código Civil Português, ao possibilitar ao juiz a fixação equitativa da indenização em montante inferior ao dano causado, quando a responsabilidade fundar-se em mera culpa. O arbitramento do *quantum* indenizatório deverá levar em conta o grau de culpabilidade do agente, sua situação econômica e a do lesado, assim como as demais circunstâncias do caso.[61]

São considerados, pois, elementos sem qualquer relação com os prejuízos causados, em especial o grau de culpabilidade do agente, a fim de viabilizar indenização com valor inferior aos danos sofridos pelo lesado.

Na opinião de Lourenço[62], o conteúdo do artigo 494°, do Código Civil Lusitano, evidencia a existência de função punitiva da responsabilidade civil, tendo em vista que, fosse ela dotada apenas da função reintegrativa, a culpa do agente não teria qualquer relevância. Logo, quanto menor for o grau de culpabilidade, maior será o valor da redução da indenização, enquanto, de outro turno, quanto maior for

---

59. GUIMARÃES, Patrícia Carla Monteiro. Os danos punitivos e a função punitiva da responsabilidade civil. *Direito e Justiça*, v. XV, t. 1, 2001, p. 159-206.
60. Sobreleva deixar consignado que não temos a intenção de adentrar com profundidade nas nuances do ordenamento jurídico português, nem mesmo na intimidade de sua doutrina, o que, por si só, já mereceria um trabalho a ele inteiramente dedicado (como, aliás, fez Paula Meira Lourenço em *A função punitiva da responsabilidade civil*, Coimbra: Coimbra Ed., 2006). Faremos, portanto, apenas uma brevíssima incursão nos elementos mais significativos com o único propósito, repita-se, de demonstrar que o acolhimento da indenização punitiva em ordenamentos da *civil law* não constitui movimento isolado.
61. Artigo 494°
    (Limitação da indemnização no caso de mera culpa)
    Quando a responsabilidade se fundar na mera culpa, poderá a indemnização ser fixada, equitativamente, em montante inferior ao que corresponderia aos danos causados, desde que o grau de culpabilidade do agente, a situação económica deste e do lesado e as demais circunstâncias do caso o justifiquem.
62. LOURENÇO, Paula Meira. Os danos Punitivos. *Revista da Faculdade de Direito da Universidade de Lisboa*, v. XLIII, n. 2, p. 1019-1109. Coimbra: Coimbra Ed., 2002.

a gravidade da culpa, menor será a redução do valor indenizatório, preceito, este, aplicável tanto aos casos de responsabilidade delitual, quanto obrigacional.

A lógica impõe a conclusão de que o direito português exige o compartilhamento dos danos entre lesado e lesante, a fim de se evitar injustiças contra o agente danoso, em caso de responsabilidade derivada de mera culpa.[63] E se é possível reduzir de forma equitativa a indenização, com base no grau de culpa do agente, admite-se, da mesma forma, diante de seu elevado grau de culpa, a elevação do *quantum* indenizatório, a fim de puni-lo.

Ao comentar o n. 2, do artigo 497º, Lourenço evidencia a importância do fator culpa no regime de solidariedade dos responsáveis civis pelos danos causados, na medida em que somente haverá direito de regresso contra os agentes cujas condutas foram culposas. Na opinião da autora, a ponderação do grau de culpa do agente constitui manifestação de pena privada, imposta em função do juízo de censura.[64]

Comenta, ainda, a sobredita autora, a disposição contida no artigo 570º, o qual estipula a fixação da indenização com base na gravidade das culpas do lesante e do lesado para a ocorrência do dano, do que deriva a concessão, a redução ou a exclusão da verba reparatória. Mais uma vez, admitida a gravidade da culpa para o fim de conceder e mensurar a verba indenizatória, a autora questiona o motivo pelo qual não se pode majorá-la quando o agente agir com culpa grave.[65]

Na qualificação da conduta ilícita, o Código Civil Português condiciona a responsabilidade civil ao grau de culpabilidade do agente. Assim ocorre no caso da mora do credor, a qual enseja a responsabilidade do devedor pela perda ou deterioração da coisa apenas no caso de dolo de sua parte (artigo 814º, n. 1); na hipótese do achado, na qual o achador somente responde por danos pela perda ou deterioração da coisa se houver dolo ou culpa grave (artigo 1323º, n. 4); no caso do cônjuge administrador, cuja responsabilidade se resume aos casos de atos intencionalmente praticados em prejuízo do casal ou do outro cônjuge (artigo 1681º).

---

63. A mesma lógica está expressa no parágrafo único, do artigo 944, do Código Civil Brasileiro.
64. LOURENÇO, *Os danos punitivos* ... cit. p. 1064-1065.
    Artigo 497º
    (Responsabilidade solidária)
    1. Se forem várias as pessoas responsáveis pelos danos, é solidária a sua responsabilidade.
    2. O direito de regresso entre os responsáveis existe na medida das respectivas culpas e das consequências que delas advieram, presumindo-se iguais as culpas das pessoas responsáveis.
65. LOURENÇO, *Os danos punitivos* ... cit. p. 1065
    Artigo 570º
    (Culpa do lesado)
    1. Quando um facto culposo do lesado tiver concorrido para a produção ou agravamento dos danos, cabe ao tribunal determinar, com base na gravidade das culpas de ambas as partes e nas consequências que delas resultaram, se a indemnização deve ser totalmente concedida, reduzida ou mesmo excluída.
    2. Se a responsabilidade se basear numa simples presunção de culpa, a culpa do lesado, na falta de disposição em contrário, exclui o dever de indemnizar.

As lições de Lourenço[66] reconhecem, ainda, o caráter punitivo (além do reparatório) ao dano extrapatrimonial, "em virtude da natureza do dano, da importância da conduta culposa e a circunstância de sua possível não cobertura pelo seguro".

No que tange aos Direitos de Autor, o n. 5, do artigo 86º e o artigo 202º do Código de Direito do Autor prescreve situações exemplares de punição civil ao editor que produzir número de exemplares superior ao pactuado e nos casos de violação dos direitos morais de paternidade e de integridade da obra.[67]

Após a apurada avaliação das hipóteses legais que denunciam a existência de abertura no ordenamento jurídico português para a função punitiva da responsabilidade civil – e não apenas reparatória – e, por derivação lógica, para a aplicação da indenização punitivo, a autora elege a mencionada modalidade indenizatória como sendo o instrumento eficaz para a proteção dos direitos da personalidade, em especial quando o lucro se sobrepõe ao respeito a pessoa e aos valores morais, "concernentes

---

66. LOURENÇO, *Os danos punitivos* ... cit. p. 1066.
67. LOURENÇO, *Os danos punitivos* ... cit. p. 1068.
    Código de Direito de Autor e dos Direitos Conexos
    Artigo 86º
    Conteúdo
    1 – O contrato de edição deve mencionar o número de edições que abrange, o número de exemplares que cada edição compreende e o preço de venda ao público do cada exemplar.
    2 – Se o número de edições não tiver sido contratualmente fixado, o editor só está autorizado a fazer uma.
    3 – Se o contrato de edição for omisso quanto ao número de exemplares a tirar, o editor fica obrigado a produzir, pelo menos, dois mil exemplares da obra.
    4 – O editor que produzir exemplares em número inferior ao convencionado pode ser coagido a completar a edição e, se não o fizer, poderá o titular do direito de autor contratar com outrem, a expensa do editor, a produção do número de exemplares em falta, sem prejuízo do direito a exigir deste indemnização por perdas e danos.
    5 – Se o editar produzir exemplares em número superior ao convencionado, poderá o titular do direito de autor requerer a apreensão judicial dos exemplares a mais e apropriar-se deles, perdendo o editor o custo desses exemplares.
    6 – Nos casos de o editor já ter vendido, total ou parcialmente, os exemplares a mais ou de o titular do direito de autor não ter requerido a apreensão, o editor indemnizará este último por perdas e danos.
    7 – O autor tem o direito de fiscalizar, por si ou seu representante, o número de exemplares da edição, podendo, para esse efeito e nos termos da lei, exigir exame à escrituração comercial do editor ou da empresa que produziu os exemplares, se esta não pertencer ao editor, ou recorrer a outro meio que não interfira com o fabrico da obra, como seja a aplicação da sua assinatura ou chancela em cada exemplar.
    Artigo 202º
    Regime especial em caso de violação de direito moral
    1 – Se apenas for reivindicada a paternidade da obra, pode o tribunal, a requerimento do autor, em vez de ordenar a destruição, mandar entregar àquele os exemplares apreendidos, desde que se mostre possível, mediante adição ou substituição das indicações referentes à sua autoria, assegurar ou garantir aquela paternidade.
    2 – Se o autor defender a integridade da obra, pode o tribunal, em vez de ordenar a destruição dos exemplares deformados, mutilados ou modificados por qualquer outro modo, mandar entregá-los ao autor, a requerimento deste, se for possível restituir esses exemplares à forma original.

à dignidade, à saúde, ao bom nome, e na qual o Direito Penal clássico já não dá uma resposta eficaz, prevenindo e punindo tais condutas".[68]

Verifica-se, portanto, que os argumentos expendidos pela doutrina lusitana, aqui representada pela jurista Paula Meira Lourenço, muito se assemelham aos utilizados em nossa doutrina pátria, sendo possível afirmar, a partir dessa constatação, não ser descabida, nem despropositada, a defesa da indenização punitiva no ordenamento jurídico brasileiro.

3.4 INDENIZAÇÃO PUNITIVA NO DIREITO ITALIANO

A doutrina italiana encontra os mesmos percalços sofridos pela doutrina portuguesa e brasileira quando o assunto é a admissibilidade da indenização punitiva nos sistemas de *civil law*. Parte da doutrina encara como inaceitável a aplicação dessa modalidade indenizatória no ordenamento jurídico italiano, enquanto outra parcela não vê motivos para deixar de fazê-lo.

Baratella[69] relata que, a despeito da inexistência de expressa previsão legislativa sobre o uso da indenização punitiva, sua operatividade é possível no ordenamento jurídico italiano, porquanto muitas das *fattispecie* nas quais a jurisprudência americana admite os *punitive damages* seriam absorvidas pelo dano não patrimonial.

Diante, porém da ausência de disposição legal expressa, a indenização punitiva somente teria cabimento diante de ilícitos altamente reprováveis, lesivos de bens fundamentais da pessoa.

Para Navarretta[70], não há como negar a admissibilidade da função punitiva no campo dos direitos não patrimoniais, desde que provados a culpa grave ou o dolo do agente. No parecer da mencionada autora, essa interpretação não se distancia daquela prospectada na Alemanha por autores como Heinrichs e Wagner, os quais, admitem que diante da culpa grave ou dolo é possível incrementar a verba indenizatória decorrente dos danos não patrimoniais.[71]

Com efeito, a interpretação jurisprudencial conferida ao artigo 2059, do Código Civil Italiano, admitiu a reparação dos danos à pessoa, atribuindo-lhe função punitiva. Esse entendimento decorre do fato de que na determinação do *quantum*

---
68. LOURENÇO, *Os danos punitivos* ... cit. p. 1104.
69. BARATELLA, Maria Grazia. *Le Pene Private*, Milano: Giuffrè, 2006, p. 211.
70. NAVARRETTA, Emanuela, *Funzioni del risarcimento e quantificazione dei danni non patrimoniali*, Resp. Civ. e Prev. 2008, 03, 500, Giuffrè Editore.
71. Por uma questão de lealdade com o leitor é importante mencionar que a palavra alemã utilizada pela autora italiana ao se referir à possibilidade do arbitramento de valor a título punitivo é *Schmerzensgeld*, cuja tradução literal é "dor e sofrimento", o que estaria mais próximo do conceito de dano moral italiano. Não obstante, optamos por fazer menção de danos não patrimoniais, diante da premissa adotada no presente trabalho de que não usaríamos a expressão dano moral para nos referirmos aos danos que não tenham cunho patrimonial.

indenizatório não há que se perquirir a existência de dano, o qual é presumido (*in re ipsa*), pois a reparação advém da simples constatação do lucro obtido pelo agente e da avaliação do seu grau de culpa ou sua situação econômica. Logo, ao assumir a tutela da pessoa humana, o ordenamento jurídico italiano o faz não para ressarcir os danos, mas para prevenir e punir os comportamentos lesivos aos direitos da personalidade.

Por fim, existe, também no âmbito do direito patrimonial italiano, situações nas quais a valoração da indenização é feita com base em critérios que não se apoiam na extensão do dano, mas na culpa do agente. São exemplos os artigos 1223[72] e 1225[73], cujos dispositivos impõem ao devedor culposo a responsabilização pelos danos previsíveis, enquanto o que agiu dolosamente responde por todos os danos, incluindo os imprevisíveis. No artigo 1227[74] do mesmo diploma, há previsão de redução do *quantum* indenizatório, em caso de culpa credor.

As linhas anteriores permitem concluir, portanto, haver espaço no ordenamento jurídico italiano para a aplicação da função punitiva da responsabilidade civil, tal qual foi possível vislumbrar no ordenamento jurídico português, sendo, igualmente, admissível valer-se da indenização punitiva como instrumento de prevenção, punição e dissuasão dos casos graves de lesão a direitos não patrimoniais alheios, em especial quando revestidos de culpa grave ou dolo ou redundem em lucro ilícito.

3.5 FUNÇÕES INDENIZATÓRIA E COMPENSATÓRIA DA RESPONSABILIDADE CIVIL

Consoante a doutrina corrente, a função primordial da responsabilidade civil é "restabelecer o equilíbrio social rompido pelo dano, devendo-se tentar, na medida do possível, recolocar o prejudicado, ainda que de forma apenas aproximativa, na situação em que se encontraria caso o ato danoso não tivesse ocorrido".[75]

---

72. 1223. *Risarcimento del danno* – 1. Il risarcimento del danno per l'inadempimento o per il ritardo deve comprendere così la perdita subita dal creditore come il mancato guadagno, in quanto ne siano conseguenze immediata e diretta.

    Tradução livre: Ressarcimento do dano: 1. O ressarcimento do dano por inadimplemento ou por mora deve compreender tanto a perda sofrida pelo credor como os lucros cessantes, desde que dele sejam consequência imediata e direta.

73. 1225. *Prevedibilità del danno* – 1. Se l'inadempimento o il ritardo non dipende da dolo del debitore, il risarcimento è limitato al danno che poteva prevedersi nel tempo in cui è sorta l'obbligazione.

    Tradução livre: Previsibilidade do dano: 1. Se o inadimplemento ou a mora não depender do dolo do devedor, o ressarcimento é limitado ao dano que podia ser previsto ao tempo em que foi assumida a obrigação.

74. 1227. *Concorso del fatto colposo del creditore* – 1. Se il fatto colposo del creditore ha concorso a cagionare il danno, il risarcimento è diminuito secondo la gravità della colpa e l'entità delle conseguenze che ne sono derivate.

    Tradução livre: "Concurso de fato culposo do credor: 1. Se o fato culposo do credor concorreu para a ocorrência do dano, o ressarcimento é diminuído segundo a gravidade da culpa e a importância dos danos derivados.

75. SANSEVERINO, Paulo de Tarso Vieira, *Princípio da reparação integral*. Indenização no novo Código Civil. Saraiva: São Paulo, 2010, p. 34.

Di Marzio[76], com amparo nas lições de Alpa, menciona que, de acordo com a orientação dominante, a responsabilidade civil assume as seguintes funções: a) de reação ao ilícito danoso, com o escopo de ressarcir o sujeito sobre o qual o dano recaiu; b) compensatória, com a represtinação do lesado ao *status quo ante* no qual se encontrava antes do evento danoso; c) de reafirmação do poder sancionatório do Estado (punitivo); d) deterrente, para inibir quem pretenda culposamente causar prejuízos a terceiros; e) de distribuição das perdas; e f) de alocação de custos.

Para o aludido autor, dentre tais funções, destaca-se a compensatória, como, aliás, já teve oportunidade de sedimentar a Corte de Cassação Italiana em julgado cuja ementa se encontra versada nos seguintes termos:

> Alla responsabilità civile è assegnato il compito precipuo di restaurare la sfera patrimoniale del soggetto che ha subito la lesione, mediante il pagamento di una somma di denaro che tende ad eliminare le conseguenze del danno arrecato[77]

Numa primeira análise, portanto, a reparação civil envolve a ideia de indenizar, ou seja, de restabelecer a situação jurídica lesada ao *status quo ante*. Esse restabelecimento, via de regra, dá-se por meio da reparação natural ou da reparação em pecúnia. O cabimento, ou não, dessas formas de reparação dependerão da natureza do dano (extrapatrimonial ou patrimonial), da possibilidade e mesmo do interesse do credor.

Tem-se como "o modo ideal de ressarcimento", a reparação *in natura*.[78] Por essa modalidade, o lesante restitui ao lesado o mesmo bem extraído de seu patrimônio.

---

76. DI MARZIO, Mauro. Le funzione del risarcimento. In: CENDON, Paolo (a cura di). *La Prova e il Quantum nel Risarcimento del Danno Non Patrimoniale*. UTET Giuridica, 2008, v. VI, p. 107.
77. Cass. 19. 1. 2007, n. 1183, RC, 2007, 373, CorG, 2007, 497.
    Tradução livre: À responsabilidade civil é atribuído o encargo precípuo de restaurar a esfera patrimonial do sujeito que sofreu a lesão, mediante o pagamento de uma soma em dinheiro que tende a eliminar as consequências do dano causado.
78. A esse respeito, leciona Karl Larenz (*Derecho de Obligaciones*, Tomo I, versión española y notas de Jaime Santos Briz. Madrid: Editorial Revista de Derecho Privado, 1958, p. 227-228): "a) Restitución 'in natura' o restablecimiento de la situación originaria. La pretensión de indemnización de daños se encamina en primer lugar a obtener el resarcimiento 'in natura'. Esto se deduce del § 249, inc. 1º: el deudor está obligado a 'restablecer la situación que existiría si las circunstancias que obligan a indemnizar no se hubiesse dado'. Esto no es necesariamente la misma situación que antes había existido, sino que hay que tener en cuenta el previsible desarrollo posterior de los hechos. Si el perjudicado fué despojado de la posesión y del aprovechamiento de una cosa, no sólo ha de serle reintegrada la cosa misma, sino que han de devolvérsele también los provechos que entretanto hubiera podido obtener de ella. En caso de daños en la cosa, el perjudicado puede exigir su reparación. Si la cosa es destruída, naturalmente no puede ser restituída la misma cosa; pero si se trata de una cosa fungible (§ 91 del BGB), puede ser restaurada la anterior situación, según los criterios del tráfico, mediante la entrega de otro ejemplar o de una cantidad igual que la desaparecida, pertenecientes a la misma especie y calidad."
    Tradução livre: Restituição in natura ou restabelecimento da situação originária. A pretensão de indenização de danos conduz-se em primeiro lugar a obter o ressarcimento in natura. Isto se deduz do § 249, inc. 1º: o devedor está obrigado a restabelecer a situação que existiria se as circunstâncias que obrigam a indenizar não tivesse ocorrido. Isso não é exatamente a mesma situação que havia existido antes, pois há que se ter em conta o previsível desenvolvimento posterior dos fatos. Se o prejudicado foi despojado da posse ou do aproveitamento de uma coisa, não somente deve ser-lhe reintegrada a coisa, como há de se devolver também os proveitos que poderia ter obtido dela. No caso de danos à coisa, o prejudicado pode exigir sua

Assim, se o proprietário de um muar vem a perdê-lo por ato de terceiro, o lesante realizará a reparação *in natura*, mediante a devolução ao lesado de outro animal da mesma espécie.

A toda evidência, essa modalidade de reparação não restituirá o lesado à situação idêntica àquela anterior ao evento lesivo, o que, na grande maioria das vezes, é impossível. No caso citado, por exemplo, apenas a devolução do próprio animal perdido ensejaria o restabelecimento perfeito do *status quo ante*. Se o perdimento, contudo, tivesse ocorrido pela morte do animal, apenas a entrega de outro, da mesma espécie, teria o condão de reparar o dano *in natura*, motivo pelo qual se afigura lícito afirmar que a reparação, na modalidade aqui debatida, constitui uma aproximação possível da situação anterior à lesão.

Sanseverino[79], com apoio em Ghersi, leciona haver duas formas de reparação *in natura:* a recomposição pela mesma coisa ou a substituição por outra. Na primeira hipótese, apesar dos prejuízos, os elementos essenciais da coisa permanecem intactos, assim como suas faculdades funcionais. Logo, a simples reparação dos danos ocasionados por vazamento em imóvel ou mesmo o conserto, pelo lesante ou sua seguradora, de veículo automotor abalroado, constituem exemplos da reparação por recomposição. Na recomposição por substituição, "o bem danificado é substituído por um similar ou por uma coisa distinta, mas detentora da mesma função".

De Cupis[80], ao dedicar todo um capítulo à "reintegração em forma específica" (denominação que dá à reparação em espécie), enuncia a superioridade da reparação em espécie frente ao ressarcimento. Segundo o autor, não é possível cancelar o dano do mundo dos fatos, mas, enquanto pela reintegração em forma específica se restitui o lesado à situação idêntica àquela que existiria caso não houvesse o dano, pelo ressarcimento cria-se apenas situação correspondente e de mesmo valor àquela lesionada.

O Código Civil Brasileiro revela a preferência à reparação *in natura* ao afirmar, no art. 947, que a indenização pecuniária ocorrerá quando o "devedor não puder cumprir a prestação na espécie ajustada".

Oportunos, nesse tocante, os ensinamentos de Pontes de Miranda[81], para quem na "pretensão à restauração do *status quo ante*, o pedido pode dirigir-se à restauração

---

    reparação. Se a coisa é destruída naturalmente não pode ser restituída a mesma coisa, mas se se trata de uma coisa fungível (§ 91 del BGB), pode ser restaurada a situação anterior, segundo os critérios do tráfego, mediante a entrega de outro exemplar ou de uma quantidade igual à desaparecida, pertencentes à mesma espécie e qualidade.
79. *Princípio*.... cit. p. 39.
80. DE CUPIS, Adriano. *Il Danno. Teoria Generale Della Responsabilità Civile*. Ristampa Inalterata. Milano: Giuffrè Editore, 1951, p. 359-360.
81. PONTES DE MIRANDA, Francisco Cavalcante. *Tratado de Direito Privado*, Rio de Janeiro: Borsoi, 1959, § 3107, n. 5, t. 26, p. 28.

em natura, e somente quando haja dificuldade extrema ou impossibilidade de se restaurar em natura, é que, em lugar disso, se há de exigir a indenização em dinheiro".

Como mencionado, porém, a reparação em espécie pode ostentar obstáculos de difícil superação, seja pela impossibilidade material da restauração do dano ou pela perda do interesse do credor, motivo pelo qual o recurso à reparação pecuniária tem sido mais frequente. Amparados em De Cupis[82] é possível definir a reparação em pecúnia como sendo a prestação ao lesado de um equivalente pecuniário correspondente à medida do dano.

Menezes Cordeiro[83] bem elucida o conceito de reparação pecuniária ao fazer a distinção com a reparação específica, afirmando que a primeira ocorrerá quando houver lugar "à restituição do valor correspondente ao da lesão, normalmente através de uma entrega em dinheiro".

Larenz[84] também contribui para o entendimento da questão ao assinalar o cabimento da indenização em dinheiro quando não seja possível o ressarcimento *in natura* ou quando este não seja suficiente para ressarcir o credor. E arremata:

> La indemnización en dinero tiene por objeto compensar la diferencia que a consecuencia del hecho dañoso exista entre el patrimonio del perjudicado tal como es actualmente y el que sería si aquel hecho no se hubiese realizado.

A principal diretriz da responsabilidade civil para a reparação natural ou para a quantificação da indenização pecuniária é o princípio da reparação integral, cujo preceito ordena restituir o lesado, na medida do possível, à situação equivalente à que se encontrava antes do fato danoso. Trata-se, portanto, de diretiva fundamental para a avaliação dos prejuízos e quantificação do valor indenizatório, razão pela qual a culpa do agente não tem qualquer relevância, salvo no caso previsto no parágrafo único do artigo 944, do Código Civil, que autoriza a redução equitativa da indenização no caso de excessiva desproporção entre a gravidade da culpa e o dano.

Embora na reparação natural seja mais fácil restaurar a situação lesada, a devolução ou substituição do bem pode não ser suficiente ao pleno ressarcimento dos danos causados. Logo, o princípio da restauração integral somente terá sido plenamente observado caso os outros danos relacionados (como os lucros cessantes) também sejam indenizados.

---

82. *Il Danno...* cit. p. 329. No original: "Il risarcimento può essere precisamente definito come la prestazione, al danneggiato, di un equivalente pecuniario, ovverosia *corrispondente, avente il medesimo valore* di quella che è stata eliminata". (grifos no original)
   Tradução livre: O ressarcimento pode ser precisamente definido como prestação, ao lesado, de um equivalente pecuniário ou seja, correspondente, tendo o mesmo valor daquela que foi eliminada.
83. MENEZES CORDEIRO, António. *Direito Civil Português, II* – Direito das Obrigações, Tomo III – Gestão de Negócios, Enriquecimento sem causa, Responsabilidade Civil. Coimbra: Almedina, 2010, p. 724.
84. *Derecho...* cit. p. 230. Sobre o tema, consulte, ainda, o texto de Giovanna Visintini e Alessandra Pinori (*La Nozione di Danno e le Techniche Risarcitorie*, in Il Risarcimento del Danno Contrattuale ed Extracontrattuale, a cura di Giovanna Visintini. Milano: Giuffrè Editore, 1999, p. 1-40).

O fundamento ético desse princípio é a noção de justiça corretiva desenvolvida por Aristóteles em *Ética a Nicômaco*, considerada pelo filósofo grego como o critério de justiça mais adequado às relações privadas.[85] Esse critério de justiça foi, posteriormente, aperfeiçoado por Tomás de Aquino, com a denominação de justiça comutativa.

Ao se pronunciar sobre o tema, Martins-Costa[86] ressalta a importância do princípio da justiça comutativa como fundamento de moralidade ínsita às relações sociais, determinando aos sujeitos a abstenção de sobrepor o poderio econômico, social ou jurídico para subjugar o próximo.

Em suma, esse princípio impõe a equivalência do montante da indenização ao prejuízo sofrido, considerando, para fins de restituir o lesado à situação anterior à ocorrência do evento prejudicial, todos os danos que tenha sofrido.[87] Oportunas as explicações de Pinori e Corradi[88] a esse respeito:

> Con il principio della riparazione integrale dei danni si intende mettere in rilievo che il creditore danneggiato deve essere risarcito di tutti i danni, e che deve essere posto nella stessa situazione in cui sarebbe trovato se non fosse verificato l'inadempimento o il fatto illecito e, quindi, come è stato scritto, di correlare l'ammontare del risarcimento ai bisogni reali della vittima, evitando il ricorso a criteri di valutazione a *forfait* o alla stregua di parametri predeterminati.[89]

Ao decompor o conteúdo do princípio da reparação integral, Sanseverino[90] extrai-lhe três funções fundamentais, quais sejam: a) reparação da totalidade do dano (função compensatória); b) vedação do enriquecimento injustificado do lesado (função indenitária); e c) avaliação concreta dos prejuízos efetivamente sofridos (função concretizadora).

De acordo com o aludido autor, a função mais proeminente do princípio da reparação integral é a compensatória, ao estabelecer a relação de equivalência da indenização, ainda que de forma aproximativa, com os danos sofridos pelo lesado.

---

85. SANSEVERINO, *Princípio*... cit. p. 51.
86. MARTINS-COSTA, Judith. *Comentários ao novo Código Civil*: do inadimplemento das obrigações. Rio de Janeiro: Forense, 2003, p. 322.
87. PINORI, Alessandra e CORRADI, Elisabetta. Il Principio della Riparazione Integrale dei Danni. In: VISINTINI, Giovanna (a cura di). *Il Risarcimento del Danno Contrattuale ed Extracontrattuale*. Milano: Giuffrè Editore, 1999, p. 41-72.
88. *Il Principio*... cit. p. 42. Explicam as autoras que a validade do princípio da reparação é extraída não apenas de sua franca aplicação na *common law* e da doutrina e jurisprudência francesas, como ainda Convenção de Viena sobre contratos internacionais de venda de bens imóveis de 11 de abril de 1980 e dos princípios *Unidroit* ditados para os contratos comerciais internacionais, nos quais há expressa previsão do direito do credor ao ressarcimento integral do dano sofrido por inadimplemento (p. 44).
89. Tradução livre: Com o princípio da reparação integral dos danos, se entende colocar em relevo que o credor lesado deve ser ressarcido de todos os danos e que deve ser restituído à situação a qual estaria se não tivesse ocorrido o inadimplemento ou o fato ilícito e, portanto, como foi escrito, de correlacionar a quantidade do ressarcimento às necessidades reais da vítima, evitando o recurso a critérios de valoração a *forfait* ou segundo parâmetros predeterminados.
90. *Principio*... cit. p. 57.

Duas são as teorias que procuram dar concretude a esse princípio: a teoria da diferença (ou do dano abstrato) e a teoria do interesse (ou do dano concreto). Pela primeira, o dano indenizável é explicado pela diferença aritmética entre o valor atual do patrimônio do lesado e aquele que teria caso não tivesse ocorrido o evento danoso. Pela segunda teoria, o prejuízo é a lesão a um interesse, o qual abrange todas as ofensas a interesses juridicamente tutelados.

Não nos compete, nesse momento, tecer digressões a respeito das duas teorias; o importante é ter em mente que a função compensatória do princípio da reparação integral irá atuar nos moldes da doutrina adotada pelo ordenamento jurídico vigente, alertando que a mais aceita, nos dias atuais, é a teoria do interesse.

A função indenitária estabelece que a extensão dos danos constitui o limite máximo da indenização (teto indenizatório). Logo, "a soma devida a título de indenização deve corresponder rigorosamente à perda causada pelo evento danoso".[91]

A função indenitária, no magistério de Sanseverino[92], destaca a natureza reparatória ou compensatória da responsabilidade civil e constitui barreira à atribuição da função punitiva ou sancionadora, pois não há como o lesado receber qualquer valor que exceda o limite indenizatório delineado pela extensão do dano.

Um dos limites impostos pela mencionada função de teto indenizatório consubstancia-se na denominada compensação das vantagens (*compensatio lucri cum damno*), consistente na diminuição proporcional do montante da indenização na obtenção, pelo lesado, de vantagens derivadas do mesmo fato.[93]

No magistério de Pinora e Corradi[94], a *compensatio lucri cum damno* configura critério de liquidação do dano para sua correta e equitativa determinação nas situações em que o lesado sofreu prejuízo injusto e, ao mesmo tempo, incremento de natureza patrimonial em virtude do mesmo evento danoso. As autoras arrematam que essa figura encontra justificativa no sentimento de justiça pelo qual o ressarcimento deve apenas reparar o efetivo prejuízo sofrido pelo lesado, jamais ser fonte de lucro.

Nesse mesmo diapasão, a indenização punitiva estaria impedida de atuar, na medida em que, ao estabelecer valores acima daquele compreendido pela extensão do dano, violaria a função indenitária atinente ao princípio da restituição integral.

Por fim, a função concretizadora do princípio da *restitutio in integrum* atende à exigência de correspondência, na medida do possível, entre a indenização e os prejuízos sofridos pela vítima, mediante a avaliação concreta dos danos pelo juiz.

---

91. SANSEVERINO, *Princípio* ... cit. p. 60.
92. SANSEVERINO, *Princípio* ... cit. p. 63.
93. SANSEVERINO, *Princípio* ... cit. p. 63.
94. *Il Princípio* ... cit. p. 63.

Caberá ao julgador, pois, por meio de avaliação concreta e individualizada dos danos patrimoniais ou extrapatrimoniais, estabelecer a indenização com base nos elementos fáticos e das provas produzidas no processo.

Embora calcada sobre o princípio da restituição integral (*restitutio in integrum*)[95], a função meramente reparatória da responsabilidade civil não é infensa a críticas. Com efeito, o princípio do *restitutio in integrum* perde significado no caso de danos extrapatrimoniais, por não possuírem conteúdo econômico.

Logo, a crítica feita pela doutrina harmoniza-se no sentido de que, não obstante a tutela ressarcitória possa reconstituir o valor material de um bem, não consegue se afirmar como instrumento de recomposição da ordem jurídica violada ou tutelar o fundamento ético do ordenamento jurídico.[96]

A incapacidade de restaurar a ordem jurídica vigente ganha matizes mais vibrantes quando se acresce à realidade social o fenômeno da securitização, segundo a qual o peso do ressarcimento é deslocado do patrimônio do causador do dano para o da companhia de seguros. Deriva, desse fenômeno, o evidente depauperamento de qualquer função preventiva ou pedagógica que a responsabilidade civil pudesse ostentar.

Por outro lado, quando se cogita de danos extrapatrimoniais, a questão da reparação do dano é ainda mais complexa, pois a compensação financeira "busca o reequilíbrio social não pela reposição do bem violado ao seu estado anterior, mas, sim, por alguma satisfação que possa contrabalançar o mal causado, muito embora este não possa ser apagado".[97] Por esse motivo, o efeito compensatório não objetiva recompor o que foi perdido pela vítima, dada a inegável impossibilidade, mas proporcionar satisfação amenizadora das perdas decorrentes do ato ilícito.

Diante da insuficiência da função reparatória da responsabilidade civil, sobretudo nos casos de danos extrapatrimoniais, tem ganhado força o desenvolvimento do caráter punitivo pedagógico da responsabilidade, a começar pelo reconhecimento da função preventiva-dissuasória.

3.6 FUNÇÃO PREVENTIVA-DISSUASÓRIA DA RESPONSABILIDADE CIVIL

Na história evolutiva da responsabilidade civil, percebe-se a nítida influência exercida pelas necessidades sociais no tocante à função e aplicação do elemento culpa como critério ensejador da reparação.

---

95. Sobre o tema convém consultar SANSEVERINO, Paulo de Tarso Vieira. *Princípio da reparação integral.* Indenização no Novo Código Civil. São Pulo: Saraiva, 2010.
96. ROSENVALD, op. cit. p. 68.
97. VENTURI, Thaís Goveia Pascoaloto. *Responsabilidade civil preventiva.* A proteção contra a violação dos direitos e a tutela inibitória. São Paulo: Malheiros Editores, 2014, p. 71.

Nos idos do século XVII, em pleno apogeu da revolução industrial, o uso da responsabilidade civil constituía evidente empecilho ao desenvolvimento econômico da época, motivo pelo qual a culpa ganhava matizes vibrantes, mais como prova diabólica a obstar a reparação ao lesado do que efetivamente critério de justiça.

Passada aquela fase de necessária acomodação desenvolvimentista e verificadas as iniquidades inerentes ao critério de imputação subjetiva exacerbada, doutrina e jurisprudência, depois seguidas pelas legislações respectivas, convergiram no sentido de mitigar o papel da culpa.

Surgiu, então, sob viés mais solidário, a responsabilidade objetiva, cujo predicado foi deslocar da culpa para o risco o elemento primordial da imputação de responsabilidade. O dano injusto, ou seja, aquele que no sopesamento dos interesses em conflito é tutelado pelo ordenamento, passou a ser a tônica da obrigação indenizatória, para atribuir ao lesado, primordialmente, o direito de obter a justa reparação.

Houve, portanto, o deslocamento dos ônus do prejuízo, que migrou da pessoa do lesado para a do lesante, em virtude do risco de sua atividade e de sua maior capacidade de sofrer as consequências do dano, até mesmo independentemente de culpa (a não ser a da própria vítima ou de terceiros, como elementos excludentes da obrigação de indenizar).

O ressarcimento reveste-se, pois, de finalidade neutralizante das consequências do ilícito, por meio da repristinação da situação patrimonial do lesado à situação anterior à lesão, fenômeno a que Rosenvald denomina de translação.[98]

Sob o caráter estritamente compensatório, a responsabilidade civil peca por não alcançar efetivamente seu desiderato, isto é, ao contrário do que se pensa, não há a eliminação da perda produzida pelo ilícito. Há consequências do dano que não são apagadas ou mesmo compensadas com a simples alocação subjetiva de riquezas do ofensor ao ofendido.[99] Basta pensar nos danos sociais oriundos, por exemplo, do lucro produzido pelo ilícito que favorece o lesante, da disseminação de práticas social e eticamente nocivas, como a convicção de que o desrespeito ao ordenamento jurídico e ao indivíduo podem e devem ser medidos e computados em termos econômicos, ou mesmo os efeitos deletérios à pessoa e à personalidade da vítima, que nenhum dinheiro é capaz de apagar.

Acresça-se aos argumentos anteriores, o fato de nas lesões à honra, à vida privada, à integridade física, à saúde e ao meio ambiente não haver reparação propriamente dita, mas apenas tentativas de compensação pelo mal infligido a esses bens.[100] É fácil observar, então, que a despeito da tutela ressarcitória reparar as consequências

---
98. Op. cit. p. 67.
99. ROSENVALD, op. cit. p. 68.
100. LOPEZ, Teresa Ancona. *Princípio da precaução e evolução da responsabilidade civil*. São Paulo: Quartier Latin, 2010, p. 79.

dos comportamentos ilícitos, não recompõe a ordem jurídica violada ou prestigia o fundamento ético do ordenamento jurídico.[101]

A securitização e as manobras estatísticas utilizadas para apuração das vantajosidades econômicas do ilícito são exemplos claros da ineficácia preventiva da tutela ressarcitória atual, incentivando a conduta reprovável ética e juridicamente[102]. Deflui, dessa constatação, a importância de voltar os olhos às funções preventiva e punitiva da responsabilidade civil, embora em roupagens menos primitivas daquelas outrora existentes.

Como teremos oportunidade de verificar no tópico subsequente, a indenização punitiva é de fundamental importância para tornar efetiva a função preventiva, na medida em que trará à tona a ameaça de um valor de desestímulo à prática do ilícito.

Embora calcada sobre o princípio da reparação integral (*restitutio in integrum*)[103], a responsabilidade civil, repita-se, não é capaz de restituir o lesado ao *status quo ante* ao evento lesivo. Nos casos de ressarcimento em pecúnia, não é possível desfazer todos os efeitos do dano, em especial quando considerarmos os danos extrapatrimoniais; na modalidade de restituição *in natura*, por sua vez, o dano pode alcançar dimensão maior do que a simples recomposição do bem poderia reparar. Em qualquer das duas situações tem-se, pois, uma aproximação possível[104], não uma repristinação completa ao estado anterior ao dano.

Ademais, os efeitos próprios do ilícito não são sequer cogitados na concepção meramente indenizatória da reparação dos danos. O lucro ilícito obtido com a transgressão da norma, por exemplo, não compõe o cálculo da mera indenização dos danos ocasionados ao lesado. A perda ética oriunda do reiterado descumprimento dos preceitos legais ou contratuais, pela vantajosidade que o simples ressarcimento proporciona, também não é abarcada pela função ressarcitória. Como bem anota Venturi[105], ao tratar do tema:

> Em verdade, por detrás dos chamados 'novos danos' (notadamente em áreas que afetam os interesses da coletividade) muitas vezes estão ações dolosamente idealizadas por aqueles que se utilizam da lógica custo/benefício para a obtenção de benefício econômico. Nesses casos pode-se perceber notória diferença entre as eventuais indenizações a serem pagas na mera 'ex-

---

101. ROSENVALD, op. cit. p. 68.
102. Nesse sentido, Teresa Ancona Lopez (op. cit. p. 78): "A responsabilidade civil que tem como primeira função a reparação dos danos, também deve exercer seu papel preventivo. Cada vez que é determinada uma indenização ao réu, essa sanção deveria servir não só para ressarcir os prejuízos da vítima, mas também para ameaçar com a aplicação dessas penas o culpado e o resto da sociedade. Essa é uma função automática da responsabilidade civil. Porém, a indenização não tem funcionado com esse efeito intimidativo, evitando que outros danos possam ocorrer. (...) A prevenção civil (diferentemente da penal), como consequência da pena, está desgastada, principalmente pelo mecanismo securitário."
103. Sobre o tema convém consultar a obra de SANSEVERINO, Paulo de Tarso Vieira. *Princípio da reparação integral*. Indenização no Novo Código Civil. São Paulo: Saraiva, 2010.
104. SANSEVERINO, op. cit. p. 35.
105. VENTURI, Thaís Gouveia Pascoaloto, *Responsabilidade civil preventiva*. A proteção contra a violação dos direitos e a tutela inibitória material. São Paulo: Malheiros, 2014, p. 74.

tensão do dano' e o lucro auferido pelos infratores. Assim, como forma de fortalecer a reparação dos danos extrapatrimoniais e incutir a necessária punição e a dissuasão futura, preconiza-se a majoração da quantia indenizatória pela qual supostamente se implementaria a aplicação do caráter punitivo-pedagógico da responsabilidade civil.

Firmados, mais uma vez, nos ensinamentos de Venturi[106], é importante consignar que a responsabilidade civil e a consequente reparação dos danos não podem ficar adstritas à função indenizatória, na medida em que:

> A afirmação de que a responsabilidade civil se funda na proteção dos direitos assume vital importância, como parece claro, na sustentação da prevenção como objetivo primeiro ou referencial do instituto, que conseguirá cumprir concreta e integralmente sua própria função social na medida em que se revele eficiente em evitar ou dissuadir a ocorrência do ilícito e dos danos que possam deste eventualmente decorrer.

Com efeito, diante da inegável aplicação dos direitos fundamentais ao direito privado, a responsabilidade civil ganha foros de efetivo tutor dos direitos da pessoa, tarefa da qual somente se desincumbirá, com louvor, se operar de modo preventivo, sobretudo nos casos de dano extrapatrimonial. A necessidade da prevenção deriva do fato de que, como já mencionado, os direitos fundamentais se notabilizam pelo caráter extrapatrimonial, interesses esses caracterizados por não comportarem solução indenizatória ou compensatória satisfatória, a exigir, como parece óbvio, a implementação de medidas que inibam o dano às situações existenciais.

Ao discorrer sobre o assunto, Perlingieri[107] anota o efetivo papel da responsabilidade civil preventiva na tutela dos direitos da personalidade, ao mencionar o equívoco de se imaginar que sua incidência deva ocorrer apenas no momento patológico da violação ou lesão daqueles direitos. De acordo com o aludido autor, em lugar de se atentar apenas às atitudes subjetivas e às situações que se pretende impedir, é preciso levar em consideração também as situações orientadas pelo ordenamento em direção à realização da pessoa em termos positivos e fisiológicos. Por esse motivo o autor afirma que "assume consistência a oportunidade de uma tutela preventiva: o ordenamento deve fazer de tudo para que o dano não se verifique e seja possível a realização efetiva das situações existenciais". E complementa sua linha de raciocínio mediante a seguinte ponderação[108]:

> Por todo o exposto é possível afirmar que a tutela dos direitos individuais nas relações privadas não se resume à garantia de obrigações gerais de abstenção ou mesmo à reparação dos danos sofridos, mas deve contemplar tanto a tutela preventiva quanto a repressiva e corretiva, a fim de se alcançar e dar real efetividade aos fins preconizados pelo ordenamento jurídico. Como fazê-lo é a pergunta ressoante. A resposta a ela, porém, não envolve nenhuma digressão metafísica. Basta considerar que a responsabilidade civil é capaz e constitui instrumento hábil a "implementar

---

106. VENTURI, *Responsabilidade civil preventiva* ... cit. p. 94.
107. PERLINGIERI, Pietro. *O direito civil na legalidade constitucional*. Ed. brasileira organizada por Maria Cristina De Cicco. Rio de Janeiro: renovar, 2008, p. 768.
108. PERLINGIERI, *O direito civil na legalidade constitucional* ... cit. p. 99.

e regular as condutas humanas por via de técnicas de inibição, sobretudo de comportamentos causadores de danos graves e irreversíveis, tendo em vista a premissa fundamental de que 'não há como reparar o irreparável'."

Os danos à pessoa atingem sua própria essência, do que resultam lesões absolutamente irreparáveis, seja pela impossibilidade de mensurá-los economicamente, seja pelo fato de constituírem máculas indeléveis e irreversíveis ao espírito humano.

Deflui como consectário lógico desse fato o reconhecimento de se evitar o dano, a fim de impedir sua consolidação na pessoa do lesado e na própria sociedade, que indiretamente sofrerá os efeitos do descaso com os valores inerentes à pessoa humana.

A utilização da função punitiva da responsabilidade civil elimina a possibilidade do ofensor considerar o ilícito contratual ou extracontratual como mais eficiente, do ponto de vista econômico, do que a estrita observância de suas obrigações. É que a incerteza relativamente ao *quantum* da pena privada dissuasória inviabiliza o cálculo dos lucros possivelmente obtidos com a violação e, consequentemente, torna a "aposta" do ofensor mais incerta e menos vantajosa. Em suma, é fator evidente de desestímulo de condutas maliciosas oriundas de culpa grave ou dolo.

3.7 FUNÇÃO PUNITIVA DA RESPONSABILIDADE CIVIL E INDENIZAÇÃO PUNITIVA

Sem sombra de dúvidas, a responsabilidade civil é a vertente do Direito que melhor soube expandir seu raio de ação para abranger a tutela do crescente número de interesses.[109] Sua evolução contínua, porém, não pode parar e, por este motivo, deve incrementar sua função dissuasória e punitiva, sob pena de não atender aos mais recentes anseios e necessidades sociais.

O enriquecimento obtido pelo lesante com o fato injusto, os danos extrapatrimoniais – insuscetíveis de avaliação pecuniária "e como tal, escaparem à teoria da diferença, e ao cálculo do dano como diferença no património"[110] – e os danos cuja determinação e quantificação é de alta complexidade ou mesmo impossível, como ocorre nos casos de danos difusos, cuja extensão, perpetuação no tempo e abrangência de lesados implica custo social muito maior do que o dano sofrido individualmente, constituem apenas alguns exemplos de situações a reclamar a indenização punitiva.

Paollo Gallo[111] defende ainda outras duas hipóteses de cabimento daquela pena privada: nos casos de ilícito sem dano efetivo (ou ao menos facilmente mensurável) e nos casos de crimes bagatelares, como sucedâneo da penalidade criminal.

---

109. Gallo, Paolo, *Pene private e responsabilità civile*. Milano: Giuffrè, 1996, p. 3.
110. LOURENÇO, Paula Meira. *A Função Punitiva da Responsabilidade Civil*. Coimbra: Coimbra Ed., 2006, p. 17.
111. Op. cit. p. 28.

Iremos tratar desses assuntos adiante. Antes, porém, é necessário aprofundar o caráter punitivo propriamente dito, abordando seu conceito e abrangência, para somente então discorrermos as hipóteses de aplicação possíveis.

Como bem relata Busnelli, são três os indícios que demonstram a operatividade da função sancionatória no âmbito da responsabilidade civil, a par da consagrada função primária compensatória.[112] O primeiro traço indicativo consiste no perfil sancionatório identificável na valoração e sobretudo na determinação do ressarcimento do dano não patrimonial à pessoa. O segundo traço está na análise das perspectivas relacionadas ao século XXI, como têm demonstrado frequentes estudos que questionam vivamente a atribuição de função única à responsabilidade civil e, por outro lado, enaltecem a necessária função dissuasória e punitiva. O terceiro, está no incentivo à modernização do direito privado com o reflorescimento do uso da pena privada.

Não é incomum a doutrina associar o ilícito civil a mero fato gerador da responsabilidade civil. Essa visão restritiva, entretanto, não explora adequadamente o instituto, reduzindo-o, inadvertidamente, a um papel secundário e residual quando, a bem da verdade, a obrigação de indenizar é apenas uma de suas consequências.[113]

A pesquisa à doutrina revela a profundidade da questão, não sendo possível bem compreender o ato ilícito a não ser mediante sua detida análise, levando em conta a desconformidade que ele manifesta entre o comportamento e a regra (antijuridicidade formal) ou entre a conduta e o ordenamento jurídico (antijuridicidade material).

Nas lições de Mota Pinto[114], os atos ilícitos são "contrários à ordem jurídica e por ela reprovados; importam uma sanção para o seu autor (infractor de uma norma jurídica)". Rosenvald[115] define-o como "um ato contrário a uma norma que disciplina um comando. Em outras palavras, uma ação em sentido lato, isto é, uma conduta ativa ou omissiva, suscetível de deonticamente ser qualificada como obrigatória ou proibitiva. Esta ação ilícita se opõe a uma norma que prevê um comando, pois somente normas que proíbem ou obrigam definem ações ilícitas". Para Calixto[116] a antijuridicidade é a objetiva violação de uma norma jurídica preexistente.

É possível perceber que o conteúdo mínimo do conceito de ilícito está centrado na ocorrência de conduta juridicamente reprovável pelo ordenamento jurídico, na antijuridicidade da ação ou omissão.

---

112. *Responsabilità civile, fatto illecito, danni punitivi*, op. cit.
113. ROSENVALD, Nelson. *As funções da responsabilidade civil*. A reparação e a pena civil. São Paulo: Atlas, 2013, p. 30.
114. MOTA PINTO, Carlos Alberto da. *Teoria geral do direito civil*. 4. ed. por António Pinto Monteiro e Paulo Mota Pinto. Coimbra: Coimbra Ed., 2005, p. 356.
115. ROSENVALD, Nelson. op. cit. p. 31.
116. CALIXTO, Marcelo Junqueira. *A culpa na responsabilidade civil*. Estrutura e Função. Rio de Janeiro: Renovar, 2008, p. 23.

A norma é instrumento de valoração do comportamento humano e, como tal, define quais são os interesses juridicamente tutelados e impõe os comportamentos ativos ou omissivos a que devem se submeter o sujeito.[117] É o confronto entre a vontade do sujeito e o conteúdo normativo que caracteriza o ilícito.[118]

Mas não é só a antijuridicidade da conduta o elemento nuclear do ilícito; a ela agrega-se a imputabilidade do agente, isto é, a "capacidade de entender e querer ou o discernimento para entender o caráter antijurídico dos atos danosos que pratica".[119] Exige, portanto, a imputabilidade, que o agente tenha maturidade e sanidade mental para lhe ser atribuível a conduta desviante de determinado padrão.

A reação do ordenamento jurídico à conduta ilícita é a sanção, definida por Ascensão como "consequência desfavorável normativamente prevista para o caso de violação de uma regra , e pela qual se reforça a imperatividade desta".[120]

A obrigação de reparar o dano, entretanto, é apenas uma das possíveis sanções, das cinco existentes e que são classificadas de acordo com a função que desempenham. São elas: a) compulsória; b) reconstitutiva; c) compensatória; d) preventiva; e) punitiva.[121]

Por meio das sanções compulsórias, procura-se levar o infrator da regra a adotar a conduta devida, ainda que tardiamente. O agente infringe a regra, mas por meio dessa modalidade, procura-se chegar à situação almejada, impondo ao infrator a realização da ação ou omissão necessária a este desiderato.

Exemplo eloquente é o direito de retenção previsto no artigo 1.219 ao possuidor de boa-fé que não for indenizado pelas benfeitorias úteis e necessárias realizadas no bem. Retendo o bem, o possuidor compele o dono a pagar o valor devido, obtendo, por intermédio dele, a indenização a que faz jus.

As sanções reconstitutivas constituem reação da ordem jurídica à inobservância da norma impondo a reconstituição em espécie da situação violada. Quando não é possível reconstituir a situação violada, faz-se uso da sanção compensatória, cuja finalidade é compor uma situação valorativamente equivalente àquela impossível de repristinação. Opera-se, tal sanção, por meio de indenização.

As sanções punitivas reprovam a conduta antijurídica por meio da imposição de um sofrimento e uma reprovação ao infrator, na medida em que a gravidade da conduta extrai o interesse de reconstituir a situação que existiria caso não houvesse

---

117. PERLINGIERI, Pietro. *Manuale di Diritto Civile*. 6. edizione ampiamente riveduta ed aggiornata. Napoli: Edizione Scientifiche Italiane, 2007, p. 54.
118. ROSENVALD, Nelson, op. cit. p. 32.
119. CALIXTO, *A Culpa na Responsabilidade* .... cit. p. 24.
120. ASCENSÃO, José de Oliveira. *O direito*. Introdução e teoria geral. 13. ed. refundida. 5. reimp. da edição de março de 2005. Coimbra: Almedina, 2011, p. 62.
121. ASCENSÃO, José de Oliveira. Op. cit. p. 65. Fala-se, também, em sanções premiais. Essa modalidade, entretanto, não se insere na mesma categoria daquelas tratadas no texto, porquanto, ao invés de consequências desfavoráveis, atribui ao sujeito vantagens ou prêmios, em virtude da observância normativa.

o fato violador. Tais sanções não se operam apenas na esfera penal (pena criminal), mas também na esfera civil (penas civis).

Sanções preventivas são aquelas cujo objetivo é prevenir violações futuras, tal como ocorre com a interdição do exercício de profissão, por receio de que o fato reprovável venha a se repetir.

Há quem considere como também pertencente à categoria de sanção, a invalidade. Segundo essa corrente, o ordenamento jurídico, mediante a desconstituição dos efeitos do ato ilícito, desencoraja a violação normativa.[122]

Seja como for, são diversas as funções desempenhadas pela sanção cujo objetivo final, repita-se, é reforçar a imperatividade da norma por meio de uma reação desfavorável dirigida a seu ofensor.

No campo do Direito Civil é comum considerar como aplicáveis somente as sanções de caráter compulsório, reconstitutivo e compensatório, sem incluir em seu campo de incidência as sanções de natureza punitiva. Essa visão restritiva, entretanto, não considera o Direito Civil em toda a sua amplitude e peca pelo atavismo de considerar esse ramo do Direito como mero regulador de relações interindividuais, destinado a proteger apenas as posições jurídicas subjetivas singulares.[123]

Tal entendimento não se coaduna com a melhor doutrina, pois já é assente entre os estudiosos que o Direito Privado não pode ignorar os interesses da coletividade e que, em última instância, a própria proteção dos interesses privados tem por fim resguardar interesses outros que transcendem os individuais.[124]

O importante a consignar, neste momento, é a possibilidade e a necessidade do binômio dissuasão-punição operar no campo da responsabilidade civil para prevenir e reprimir condutas lesivas à própria integridade do ordenamento jurídico, cuja finalidade é tutelar interesses socialmente desejados.

A mencionada operatividade da sanção punitiva no campo da responsabilidade civil, somente é possível se considerada sua distinção quanto à reparação de danos. A pena tem o fim específico de retribuir ao autor o ilícito cometido, enquanto a reparação dos danos serve como reação aos seus efeitos. O primeiro envolve a avaliação

---

122. Confira-se, por todos, ROSENVALD (op. cit. p. 25). Essa não é, porém, a posição de ASCENSÃO (op. cit. p. 80).
123. ROSENVALD, op. cit. p. 29.
124. Nesse sentido Alf Ross (*Direito e justiça*. Trad. Edson Bini. Bauru, SP: Edipro, 1. reimp. 2003, p. 250): "O direito da propriedade individual sempre foi considerado como eminentemente privado. Entretanto, todos se dão conta, hoje em dia, que o direito de propriedade não é conferido ao indivíduo meramente para a satisfação de seus interesses individuais, mas que está submetido em grande medida a condições e restrições impostas com propósitos sociais. Todas as normas de ordem pública (isto é, as normas que não podem ser derrogadas pelo acordo entre as partes) são, da mesma maneira, a expressão do que se chama de um interesse público. Além disso, basta pensar nos muitos casos no direito considerado privado em que uma disposição se baseia numa consideração geral para o bem da comunidade."

subjetiva da conduta; a segunda o prescinde, tal como ocorre na responsabilidade objetiva.

Rosenvald explica que entre as sanções civis é preciso distinguir a pena privada da pena civil, cuja diferença reside, basicamente, no caráter primário ou secundário da finalidade punitiva.[125] Logo, as penas privadas terão caráter auxiliar na exigência de elidir o ilícito, ou seja, somente se desencadearão instrumentalmente à reparação do dano, para assegurar a neutralização das consequências da ofensa. As penas civis, por outro lado, não estão subordinadas à ocorrência de danos ou a seus efeitos; são aplicáveis desde logo, com a simples ocorrência do ilícito[126]:

> Como já afirmado em outra passagem, em virtude da sanção, o ilícito poderá ser tratado pelo ordenamento de duas formas diferentes: pelo seu valor *sintomático* ou por seu valor *causal*. No primeiro caso, a valoração considera o ato de ruptura do ordenamento jurídico, a violação de um preceito por si só; enquanto no segundo caso, o desvalor do comportamento é diretamente proporcional à consideração e à relevância dos efeitos que derivam do ilícito no plano do ordenamento. Na pena civil a sanção se prende a um ilícito sintomático; na pena privada, a um ilícito causal.[127]

Mediante o contraponto entre cláusula penal e *punitive damages*, o autor exemplifica bem a relação dicotômica entre as duas modalidades de sanção civil. Para ele[128], a cláusula penal constitui pena privada instituída por ato de autonomia privada, cujo objetivo é atender "única e exclusivamente aos interesses individuais das partes". Constitui pena previamente conhecida pelo devedor que impõe obrigação pecuniária no caso de inadimplemento. A cláusula penal está vinculada hierarquicamente à existência do dano no que se refere à relação de proporcionalidade, tanto que o juiz pode reduzi-la equitativamente em caso de manifesto excesso relativamente ao prejuízo sofrido pelo credor.

Por outro lado, os *punitive damages* constituem nítida figura de pena civil, pois sua finalidade primária é preventiva e dissuasória, "objetivando tutelar o interesse geral de evitar que o potencial ofensor pratique qualquer comportamento de *perigo social*".[129] Essa a razão pela qual o interesse do particular somente será relevante se e enquanto coincidir com o interesse público de dissuadir a pessoa jurídica ou física de adotar comportamentos que coloque em risco interesses supraindividuais.[130]

Feitos os esclarecimentos necessários, o autor conclui que a pena civil vai além da pena privada, por revestir-se de perfil transformador da sociedade, destinado a inibir comportamentos ofensivos a interesses transindividuais, enquanto a pena privada contenta-se com a simples tutela dos interesses individuais.

---

125. ROSENVALD, *As funções da responsabilidade* ... cit. p. 43.
126. ROSENVALD, *As funções da responsabilidade* ... cit. p. 43.
127. Grifos no original.
128. ROSENVALD, *As funções da responsabilidade* ... cit. p. 44.
129. ROSENVALD, *As funções da responsabilidade* ... cit. p. 44. Grifos no original.
130. ROSENVALD, *As funções da responsabilidade* ... cit. p. 44.

Essa distinção não é feita pelos autores italianos consultados. Segundo revelam as obras de Gallo[131], Cendon[132], Bonilini[133] e Baratella[134], o termo "pena privada" é utilizado indiscriminadamente para ambas as modalidades mencionadas pelo autor brasileiro, pois o foco dos autores italianos, ao tratar do tema, são aquelas penas que tenham caráter sancionatório, aplicável independentemente da existência de dano ou em que a sua existência ou quantificação se tornam assaz nebulosas, sem considerar, necessariamente, a sua função primária ou secundária. Neste trabalho, utilizaremos sempre a nomenclatura "pena privada" como sinonímia de indenização punitiva.

3.8 HIPÓTESES DE CABIMENTO DA INDENIZAÇÃO PUNITIVA

Embora a utilização da função sancionatória da responsabilidade civil seja louvável e desejável, seu emprego encontra certos limites objetivos. Nem sempre será oportuna sua utilização, de modo que a doutrina costuma cercar-se de cautelas, designando hipóteses de cabimento bem específicas, as quais reuniriam o predicado de conter condutas reprováveis mais graves sem, entretanto, gerar um colapso de ordem econômico que tanto aflige os opositores do caráter punitivo da responsabilidade civil. Gallo[135] defende haver quatro situações possíveis de emprego da função punitiva da responsabilidade civil.

A primeira delas é a hipótese de responsabilidade civil sem dano, ou seja, aquela na qual o comportamento lesivo alheio não causa necessariamente dano ou, se houver, este não tem natureza econômica imediatamente perceptível e quantificável. Nesse contexto, inserem-se, por exemplo, o caso de mero uso não autorizado de bem alheio, os casos de lesão aos direitos da personalidade e aos atentados à vida privada. A doutrina italiana denomina essas novas exigências de tutela, mais refinadas e menos vinculadas aos aspectos estritamente econômicos da vida do homem, de despatrimonialização do direito privado.

A segunda hipótese diz respeito àquelas nas quais o lucro obtido com o dano é maior do que as consequências do dano à vítima, ou seja, o resultado do ilícito, ao final, é tão vantajoso para o lesante que, mesmo diante da obrigação de reparar o dano, a conduta mostra-se lucrativa. Nestes casos, o simples dever de ressarcir o lesado não acarreta nenhum efeito dissuasório, pois o ilícito é rentável.

A terceira hipótese é constituída das situações nas quais a probabilidade de condenação ao ressarcimento do dano é menor do que a de causá-lo. O lesante aposta

---

131. Gallo, Paolo, *Pene private e responsabilità civile*. Milano: Giuffrè, 1996.
132. CENDON, Paolo. Responsabilità civile e pena privata. In: BUSNELLI, Francesco D. e SCALFI, Gianguido. (a cura di). *Le Pene Private*. Milano: Giuffrè, 1985, p. 293-300.
133. BONILINI, Giovanni. Pena privata e danno non patrimoniale. In: BUSNELLI, Francesco D. e SCALFI, Gianguido (a cura di). *Le Pene Private*. Milano: Giuffrè, 1985, p. 301-320.
134. BARATELLA, Maria Grazia. *Le Pene Private*. Milano: Giuffrè editore, 2006.
135. *Pene private*... cit. p. 175.

que em virtude do caráter difuso do dano, poucas vítimas irão buscar o ressarcimento em juízo, o que gera, do ponto de vista econômico, ambiente propício e favorável ao cometimento do ilícito. Exemplos claros são os vislumbrados em matéria de atividade de empresa, responsabilidade do produtor ou de dano ambiental.

A quarta hipótese diz respeito aos crimes bagatelares. De acordo com Gallo[136] a crescente tendência de restringir a esfera penal para violações mais relevantes abriria o ensejo para a aplicação da função punitiva da responsabilidade civil.

Ocorre, todavia, que a despeito de, no campo teórico, todas essas afirmações serem procedentes, a pena privada, sozinha, não é dotada de eficácia, o que pressupõe a sua inserção num dado ordenamento jurídico.

Estamos trabalhando com o Direito Brasileiro, logo é sobre esse pano de fundo que devemos entender, estudar e aplicar a indenização punitiva. E nosso ordenamento não contém, explicitamente, nenhuma regra permissiva do manejo da pena privada nos moldes em que foi concebida pelo ordenamento alienígena. A sua utilização é perfeitamente viável, como iremos demonstrar nas próximas linhas, desde que haja a devida compatibilização com o nosso ordenamento jurídico. Senão vejamos.

3.8.1 Ocorrência de dano extrapatrimonial

Aplicar a indenização punitiva no ordenamento jurídico brasileiro pressupõe a ocorrência do dano extrapatrimonial, notadamente a lesão a algum dos atributos inerentes à pessoa humana, na medida em que tal sanção "extrai seu fundamento diretamente dos princípios constitucionais da dignidade da pessoa humana e da proteção dos direitos ou atributos da personalidade".[137]

Com efeito, embora a teoria da indenização punitiva não seja necessariamente relacionada à ocorrência de danos, por falta de previsão legal expressa em nosso ordenamento, o veículo hábil para torná-la aplicável são os danos extrapatrimoniais, não engessados pela regra da indenização limitada à extensão do dano.[138]

A assertiva anterior exorta-nos a melhor ponderar o assunto sobre a regra contida no artigo 944, do Código Civil, o qual prescreve que a indenização é medida pela extensão do dano.

---

136. *Pene private...* cit. p. 179.
137. ANDRADE, *Dano moral e indenização punitiva* ... cit. p. 262.
138. Como pondera Andrade (*Dano moral e indenização punitiva...* cit. p. 262): "Observe-se, contudo, que uma teoria da indenização punitiva, formulada independentemente das limitações e possibilidades inerentes a um determinado ordenamento jurídico, não tem que ser necessariamente relacionada com o dano moral. Não há, *a priori*, razão para excluir essa forma de sanção como resposta ao dano material. Em realidade, a experiência dos países integrantes da *common law*, notadamente a dos Estados Unidos, demonstra que a indenização punitiva encontra terreno fértil em situações não vinculadas ao dano moral (pelo menos não na concepção predominantemente dada a essa espécie de dano)."

No âmbito do dano patrimonial, a regra não comporta maiores dúvidas, já que o prejuízo é facilmente aferível pelo método da diferença, ou seja, pela diferença entre o valor patrimonial atual e aquele que existiria se a obrigação tivesse sido cumprida ou se o evento danoso não tivesse ocorrido.

Essa fórmula, entretanto, segundo opinião de Martins-Costa e Pargendler[139], embora se afigure apropriada para os danos patrimoniais é inservível para os danos extrapatrimoniais, "terreno que continua pantanoso, pois parece impossível o encontro de critérios unitários, gerais e abstratos, aplicáveis à generalidade das situações".

Severo[140] afirma ser bastante discutível a aplicação do princípio da reparação integral, esculpida no artigo 944, do Código Civil, aos danos não patrimoniais, face à ausência de comutabilidade entre essa modalidade de dano e a sua consequente reparação. Em harmonia com o entendimento anterior, Reis[141], apoiado na doutrina de Alcino de Paula Salazar, obtempera a impossibilidade de exata estimação do dano como fator impeditivo da incidência da regra do artigo 944, do Código Civil, aos danos extrapatrimoniais.

Godoy[142], ao comentar o artigo 944, do Código Civil, igualmente afirma a sua inaplicabilidade aos danos extrapatrimoniais, "pois despido de natureza ressarcitória ou reparatória". No entendimento do autor, por constituir vulneração a direitos da personalidade, a reparação dos danos extrapatrimoniais deve representar uma compensação à vítima e ao mesmo tempo um desestímulo ao ofensor, e, não sendo materialmente mensurável, o quantum reparatório não se subsume à regra do artigo 944, do Código Civil. No mesmo diapasão, apresentam-se as lições de Freitas Filho e Lima[143], Noronha[144] e Andrade[145].

Ao tratar do tema, Benacchio[146] esclarece que embora o parágrafo único do artigo 944, do Código Civil, não permita compreender uma cláusula geral da função

---

139. MARTINS-COSTA, Judith e PARGENDLER, Mariana Souza. *Usos e abusos da função punitiva* (punitive damages e o Direito brasileiro). R.CEJ, Brasília, n. 28, p. 15-32, jan./mar. 2005, p. 21.
140. SEVERO, *Os danos extrapatrimoniais* ... cit. p. 199.
141. REIS, Clayton. *Avaliação do dano moral*. 3. ed. Rio de Janeiro: Forense, 2000, p. 152.
142. GODOY, Claudio Luiz Bueno. In: PELUSO, Cezar (Coord.). *Código Civil comentado, doutrina e jurisprudência*. 3. ed. rev. São Paulo: Manole, 2009, p. 910.
143. FREITAS FILHO, Roberto e LIMA Thalita Moraes. Indenização por dano extrapatrimonial com função punitiva no direito do consumidor. *Revista de Direito do Consumidor*, ano 22, v. 87, p. 93-122. p. 96. São Paulo: Ed. RT, maio/jun. 2013.
144. NORONHA, Fernando. Responsabilidade Civil: Uma tentativa de ressistematização. *Revista de Direito Civil, Imobiliário, Agrário e Empresarial*, n. 64, ano 17, abril/jun. 1993, p. 12-47, p. 20: "Os danos patrimoniais são sempre reparáveis. E serão em princípio reparáveis em sua integralidade – é o que se costuma exprimir com a chamada teoria da diferença: a indenização será igual à diferença entre a situação atual do patrimônio do lesado e a hipotética em que estaria, se o dano não tivesse ocorrido. Quanto aos danos extrapatrimoniais, ou morais, existe controvérsia sobre a possibilidade de sua reparação. É que sofrimentos, físicos ou psíquicos, nunca podem ser 'apagados', nunca é possível repor o lesado na situação em que provavelmente estaria se não fosse o fato lesivo. (...) A teoria da diferença é que não faria sentido, nesta matéria".
145. ANDRADE, *Dano moral e indenização punitiva* ... cit. p. 262.
146. BENACCHIO, Marcelo. A função punitiva da responsabilidade civil no Código Civil. In: LOTUFO, Renan; NANNI, Giovanni Ettore; MARTINS, Fernando Rodrigues (Coord.). *Temas relevantes de direito civil contemporâneo*: reflexões sobre os 10 anos do Código Civil. São Paulo: Atlas, 2012, p. 666.

punitiva "em virtude da referência à limitação da indenização, é evidente a presença da relevância do grau de culpa que se prende à conduta culposa e não ao dano e, nessa perspectiva, pode ser utilizado como princípio para afirmação da presença da função punitiva da responsabilidade civil". Ademais, esclarece o autor, a previsão do parágrafo único do artigo 944, do Código Civil, demonstra ainda ser relevante o papel da culpa na reparação do dano, tal como se extrai da análise do artigo 494, do Código Civil Português, cujo conteúdo é de todo semelhante ao nosso.

Lourenço[147] aduz que caso a responsabilidade civil estivesse desprovida de qualquer caráter punitivo, o grau de culpa do agente seria irrelevante na determinação do *quantum* indenizatório. O artigo 494º, do Código Português, ao admitir indenização inferior ao dano nos casos de culpa leve, "consubstancia uma manifestação da função sancionatória, repressiva ou punitiva e preventiva da responsabilidade civil".

Logo, como já tivemos oportunidade de verificar, a reparação dos danos extrapatrimoniais comporta a conjunção das funções compensatória e punitiva, e por força da flexibilidade da qual se reveste, é capaz de absorver e tornar operacional a indenização punitiva, sobretudo nos casos de danos à dignidade da pessoa humana.

Ao tratar do tema, Baratella[148] afirma que muitas das *fattispecie* nas quais a jurisprudência norte-americana irrogam os *punitive damages* resultariam absorvíveis pelo dano não patrimonial, pois nesta espécie de dano a função punitiva é imanente.

Logo, não estando adstrito aos limites impostos pelo artigo 944, do Código Civil, e diante do evidente caráter punitivo do qual os danos extrapatrimoniais são imbuídos, sua presença autoriza, em casos específicos dos quais trataremos adiante, a aplicação de indenização punitiva que surta efeitos punitivos e dissuasórios ao lesante e à comunidade, a fim de evitar a reiterada prática de condutas lesivas.

3.8.2 Dolo ou culpa grave do ofensor

Como tivemos oportunidade de mencionar, a indenização punitiva tem por finalidade punir e dissuadir o lesante da conduta reprovável e antijurídica praticada. Por tal motivo, diversamente do que ocorre com a reparação, o elemento intencional do agente constitui pressuposto subjetivo para sua eclosão.

Dada a gravidade e o fim último da aludida indenização, entretanto, é assente na doutrina, a configuração das hipóteses de dolo ou de culpa grave[149]. É preciso

---

147. LOURENÇO, *A função punitiva da responsabilidade civil* ... cit. p. 252-253.
148. BARATELLA, *Le Pene Private* ... cit. p. 211-212.
149. Sobre o sentido e alcance das expressões culpa grave e dolo, convém trazer à colação as lições de Marcelo Junqueira Calixto (*A culpa na responsabilidade civil*. Estrutura e função. Rio de Janeiro: Renovar, 2008, p. 109-110: "Considerando-se os três graus já referidos, observa-se que a *culpa grave* ou *lata* revela-se no erro de conduta grosseiro, na incapacidade de perceber que a imensa maioria dos seres humanos perceberia. Avizinha-se da culpa consciente dos penalistas que, como visto, muito se aproxima do dolo eventual. (...) Diz-se, então, que há dolo quando a vontade do agente nasce direcionada para o dano, ou seja, já nasce ilícita, podendo ser afirmado que existe a intenção de provocar este mesmo dano. Este, pelo menos, será o

verificar a atuação contrária ao direito de modo intencional e malicioso ou grosseiramente irresponsável, indicativa de menoscabo do lesante diante da situação jurídica da vítima.[150]

Ao discorrer sobre o dolo, Cendon[151] observa que o lesante sabe bem o que faz, na verdade, age com esmero para alcançar o fim desejado. Logo, dissuadi-lo constitui tarefa árdua a ser exercida pela função punitiva da responsabilidade civil. Na culpa grave, embora a ação não seja deliberada, ela ostenta tamanha gravidade que se torna imperdoável, devendo, por isso, ser punida.[152]

O fato da intencionalidade ser atributo subjetivo da indenização punitiva tem especial relevância. Basta considerar a manifesta inaplicabilidade de pena ao inimputável, face à sua impossibilidade de agir conscientemente em descompasso com a conduta objetiva da norma.

Da mesma forma, a penalidade irrogada somente poderá alcançar o autor do ilícito, motivo pelo qual, em virtude da pessoalidade da pena, a morte do autor da violação ocasionará a extinção da pena.

Já a pessoa jurídica poderá ser sujeito passivo da pena privada, desde que a conduta de seu representante esteja inserida no contexto empresarial e que tenha sido executada "por conta e no interesse das políticas da pessoa jurídica e em seu benefício".[153]

Questão latente é saber se mesmo em casos de responsabilidade objetiva seria possível aplicar ao lesante a pena privada pela gravidade de sua conduta. A responsabilidade objetiva, como se sabe, faz incidir sobre o lesante o dever de indenizar, independentemente da apuração e a despeito do elemento intencional do agente. Trata-se de hipótese de internalização integral do custo do acidente para aqueles que, de algum modo, assumiram tal responsabilidade em virtude da política legislativa de determinado ordenamento jurídico.

Isso não significa, todavia, haver incompatibilidade entre as funções reparatórias e punitiva da responsabilidade civil. A primeira destina-se exclusivamente

---

dolo direto; mas também se admite o *dolo indireto* o *dolo eventual*, já referido, que ocorre quando o agente assume o risco de produzir o resultado danosos, embora efetivamente não o deseje. Há culpa grave, ao contrário, quando inexiste a intenção de produzir o dano, tampouco a assunção do risco – a vontade, portanto, é lícita –, mas o agente, por não perceber o que qualquer pessoa é capaz de perceber, não consegue evitar o dano. A solução, naqueles casos em que seja necessário diferenciar as espécies, é, mais uma vez, remetida ao caso concreto, sendo indispensável a consideração de elementos eminentemente subjetivos ou psíquicos do agente para que se tenha um correto veredicto."
150. ROSENVALD, *As funções da responsabilidade*... cit. p. 49.
151. CENDON, Paolo. Responsabilità per Dolo e Prevenzione del Danno. In: SIRENA, Pietro (a cura di). *La Funzione Deterrente della Responsabilità Civile alla Luce delle Riforme Straniere e dei Principles of European Tort Law*. Milano: Giuffrè, 2007, p. 159-177.
152. Sobre os temas relativos ao dolo e à culpa grave iremos nos dedicar mais aprofundadamente em momento oportuno neste trabalho.
153. ROSENVALD, *As funções da responsabilidade*... cit. p. 52.

a reparar o dano, enquanto a segunda tem por fim punir e dissuadir o causador do dano de repetir o ato juridicamente reprovável.[154] Logo, enquanto a verba indenizatória será devida independentemente da existência ou comprovação do elemento intencional, a punição somente terá cabimento se comprovado o dolo ou a culpa grave do agente.

3.8.2.1 Culpa e dolo: conceituação

Não é possível falarmos de culpa grave ou dolo sem tratar da culpa, propriamente dita, em especial diante das dificuldades da doutrina civilista em estabelecer um conceito unitário, desprovido de quaisquer críticas.

Ao passar o tema em revista, Calixto[155] divide as definições doutrinárias em dois grandes grupos: a) o primeiro, cuja conceituação de culpa reside na "violação de um dever legal ou contratual preexistente", e b) o segundo, para quem a culpa constitui um erro de conduta.

A virtude do primeiro grupo está em formular um conceito unitário de culpa, aplicável ao âmbito contratual ou extracontratual. Peca, porém, pelo mesmo motivo, pois, ao não identificar o dever violado, enseja a referência genérica ao dever de não lesar, o que não é bem acolhido por parte da doutrina.

A conceituação da culpa como erro de conduta tem o predicado de tornar desnecessária a demonstração do dever jurídico violado, mas coloca em pauta o desafio de estabelecer o padrão de conduta a ser adotado como referencial. Outrossim, superada a questão anterior pela adoção do critério do *bonus pater familias*, resta latente a forma de sua apreciação, ou seja, se o bom pai de família é aferido em abstrato ou em concreto.

Na apreciação da culpa em abstrato, as características pessoais do sujeito não são levadas em consideração. Não se apura seu grau de compreensão, habilidades, instrução, educação ou aptidões pessoais; apenas se compara a sua conduta à do homem abstratamente "diligente, prudente e circunspecto".[156]

Como esclarece Almeida Costa[157], ao se pronunciar sobre a culpa em abstrato, mais especificamente sobre a figura do bom pai de família, "por homem médio não

---

154. A esse respeito afirma Paolo Gallo (*Pene Private...* cit. p. 185): "In questa prospettiva, anche in regime di responsabilità oggettiva, l'esistenza di um comportamento riprovevole varrebbe a giustificare l'imposizione di uma pena privata."
    Tradução livre: Nessa perspectiva, também no regime de responsabilidade objetiva, a existência de comportamento reprovável justificaria a imposição de uma pena privada.
155. CALIXTO, Marcelo Junqueira. *A culpa na responsabilidade civil*. Estrutura e função. Rio de Janeiro: Renovar, 2008, p. 9-10.
156. LIMA, Alvino. *Culpa e risco*. 2. ed. rev. e atual. pelo Prof. Ovídio Rocha Barros Sandoval. São Paulo: Ed. RT, 1999, p. 58.
157. ALMEIDA COSTA, Mario Julio de. *Direito das Obrigações*, 11. ed. rev. e atual. Coimbra: Almedina, 2008, p. 584.

se entende o puro cidadão comum, mas o modelo de homem que resulta do meio social, cultural e profissional daquele indivíduo concreto. Dito de forma mais explícita: o homem médio que interfere como critério da culpa é determinado a partir do círculo de relações em que está inserido o agente".

Sob a vertente da apreciação da culpa *in concreto*, a avaliação do erro de conduta é realizada com base em elementos subjetivos caracterizadores do autor do ato, tais como sua conduta em negócios anteriores, a idade, o grau de conhecimento e discernimento etc.

Para Lima[158], a opinião dominante é favorável à apreciação *in abstrato* da culpa, tendo-se em conta a imputabilidade moral do agente. A culpa considera, pois, a violação da norma de conduta (elemento objetivo) e a consciência da correção ou não de seus atos, de modo a permiti-lo compreender e antever seus efeitos (elemento subjetivo).[159]

O móvel que exorta o indivíduo a agir de acordo com sua consciência quanto aos efeitos do ato se chama voluntariedade. Quando o agente quer alcançar o resultado de seu ato, podendo prevê-lo e antevê-lo, a voluntariedade é *in re* e temos a configuração do dolo. Quando o agente não almeja as consequências que pode antever ou prever, mas ainda assim elas ocorrem, por defeito de diligência, está-se diante da voluntariedade *in causa*, e há a configuração da culpa.[160]

Logo, se a consciência do ato é elemento imprescindível para a caracterização da culpa, o sujeito desprovido de discernimento não poderia, jamais, ser responsável pelos seus atos. Por derivação lógica, a culpa é constituída por dois elementos: o objetivo e o subjetivo. O primeiro consistente na violação da regra de conduta e o segundo na consciência do ato, "no poder querê-lo, livremente, podendo ou devendo prever as suas consequências".[161]

Entendida a estruturação da culpa no âmbito da doutrina jurídica, é possível compreender a diferença entre dolo e culpa *estrito senso*.[162] Não estamos a tratar do dolo como vício de consentimento, previsto nos artigos 145 a 150, do Código Civil,

---

158. LIMA, *Culpa e risco* ... cit. p. 66.
159. A esse respeito, consultar também AGOSTINHO ALVIM, *Da inexecução das obrigações e suas consequências*, 2. ed. São Paulo: Saraiva, 1955, p. 273-274.
160. LIMA, *Culpa e risco* ... cit. p. 66.
161. LIMA, *Culpa e risco* ... cit. p. 67.
162. Não é o posicionamento de Giovanna Visintini (*Tratado de la responsabilidad civil*. Tradución de Aída Kemelmajer de Carlucci. Buenos Aires: Editorial Astrea de Alfredo Y Ricardo Depalma, 1999, v. 1, p. 47). Para a autora, dolo e culpa são figuras autônomas que não podem ser consideradas espécies do mesmo gênero. No sentido contrário, defendendo serem dolo e culpa espécies do mesmo gênero, vide: José de Aguiar Dias (*Da responsabilidade civil*. 10. ed. rev. e atual. Rio de Janeiro: Forense, 1995, v. 1, p. 120), Caio Mario da Silva Pereira (*Responsabilidade civil*. 9. ed. rev. e atual. de acordo com a Constituição de 1988. Rio de Janeiro: Forense, 2001, p. 65), Agostinho Alvim (*Da inexecução das obrigações e suas consequências*, 2. ed. São Paulo: Saraiva, 1955, p. 259 e ss.) e Mario Julio de Almeida Costa (*Direito das Obrigações*, 11. ed. rev. e atual. Coimbra: Almedina, 2008, p. 582).

conceituado como artifício ou ardil utilizado para induzir alguém à pratica de um ato que lhe seja prejudicial ou vantajoso ao autor do dolo ou a terceiro.[163]

Dolo, para os fins e efeitos de nosso trabalho, está relacionado à violação de um dever, praticado voluntariamente. Agostinho Alvim[164] o define como "a voluntariedade, em relação ao ato que causa o dano, não sendo indispensável que o agente queira o mal alheio".

Silva Pereira[165] define-o como "procedimento danoso com consciência do resultado", embora seja desnecessário o agente querer o mal alheio. Para Aguiar Dias[166], o dolo consiste no elemento interno "que reveste o ato da intenção de causar o resultado". Alvino Lima[167] caracteriza-o como o ato cujo resultado o autor almeja. Visintini[168] afirma ser o dolo o ato eivado da intenção de produzir o dano. Larenz[169], por sua vez, diz haver dolo quando "el deudor se representa el resultado de su acción y, sin embargo, lo admite, aun conociendo la infracción de sus obligaciones que aquel resultado supone".

Cossio y Corral[170], ao tratar do tema, explica que o dolo não é outra coisa senão a intenção de produzir um dano antijurídico ou, pelo menos, a consciência de ser o dano consequência de conduta antijurídica.

As lições anteriores permitem afirmar ser o dolo a categoria mais gravosa da conduta que causa o dano, pois suas consequências são conhecidas e queridas pelo agente. Ainda que a aflição do mal não seja elemento caracterizador da conduta, ela pode estar eivada daquela intenção nefasta, hipótese não verificável nos casos de culpa.

A culpa, segundo Agostinho Alvim[171], caracteriza-se pela "imprudência, pelo descuido, sem que haja deliberação de violar um dever". Para Visintini[172], a culpa configura-se quando, sem intenção de causar dano, o agente omite-se quanto ao uso da diligência necessária a evitar as consequências danosas de sua ação ou omissão. Silva Pereira[173] conceitua a culpa como "um erro de conduta, cometido pelo agente que, procedendo contra direito, causa dano a outrem, sem a intenção de prejudicar, e sem a consciência de que seu comportamento poderia causá-lo".

---

163. AGOSTINHO ALVIM. *Da inexecução* .... cit. p. 274.
164. AGOSTINHO ALVIM. *Da inexecução* .... cit. p. 275.
165. SILVA PEREIRA, Caio Mario, *Responsabilidade Civil* .... cit. p. 66.
166. AGUIAR DIAS, José de. *Da responsabilidade civil*. 10. ed. rev. e atual. Rio de Janeiro: Forense, 1995, v. 1, p. 120.
167. ALVINO LIMA, *Culpa e risco* op. cit. p. 66.
168. VISINTINI, *Tratado* ... cit. p. 48.
169. LARENZ, Karl. *Derecho de Obligaciones,* Tomo I, Versión española y notas de Jaime Santos Briz. Madrid: Editorial Revista de Derecho Privado, 1958, p. 284.
170. COSSIO Y CORRAL, Alfonso. *El dolo en el derecho civil*. Madrid: Editorial Revista de Derecho Privado, 1955, p. 23.
171. AGOSTINHO ALVIM. *Da inexecução* ... cit. p. 275.
172. VISINTINI, *Tratado* ... cit. p. 48.
173. SILVA PEREIRA, Caio Mario, *responsabilidade civil* ... cit. p. 69.

Para Aguiar Dias[174], "a culpa é falta de diligência na observância da norma de conduta, isto é, o desprezo, por parte do agente, do esforço necessário para observá-la, com resultado, não objetivado, mas previsível, desde que o agente se detivesse na consideração das consequências eventuais de sua atitude". Calixto[175], ao delinear seu próprio conceito de culpa, o faz nos seguintes termos: "erro de conduta, imputável ao agente, consistente em não adotar o cuidado que teria sido adotado pelo ser humano prudente nas circunstâncias do caso concreto".

Fica claro, portanto, diante de tantas definições, haver diferença notável entre as figuras do dolo e da culpa, consistente na voluntariedade (dolo) ou não (culpa) de se obter o resultado danoso previsível de seu ato.

A culpa, diversamente do que ocorre com o dolo, admite gradação. Pode ser qualificada como grave, leve ou levíssima. Grave é a culpa em que, embora o autor não tivesse a intenção de causar o dano, comportou-se com tamanha displicência que é como se o tivesse querido. Calixto[176] diz que na culpa grave o agente não tenciona produzir o dano, tampouco assume o risco, mas pela incapacidade de perceber a diligência mínima necessária para evitar o dano – perceptível a qualquer pessoa – acaba por cometê-lo.

A culpa leve constitui a falta de diligência média, a ser observada pelo homem normal em sua conduta. É o erro de conduta cometido pelo ser humano de normal prudência que, naquele caso concreto, deixou de adotar o desvelo necessário para evitar o dano.

A culpa levíssima, por fim, é o desvio de conduta do homem diligentíssimo (*diligentissimus bonus pater familias*).[177] Trata-se de gradação de culpa já desprezada por nosso Direito[178], pois não há razão para diferenciar esta hipótese daquelas em que a culpa é dispensada (responsabilidade objetiva).

3.8.2.2 *Culpa contratual e extracontratual*

Como nosso trabalho está vocacionado a tratar dos casos de danos extrapatrimoniais na disciplina contratual, não poderíamos deixar de abordar o debate sobre a responsabilidade fundada na culpa contratual e a responsabilidade fundada na culpa extracontratual.

Dentre os motivos que nos impulsionam a enveredar pelo tema, está o fato de o nosso Código Civil fazer uso da distinção ao tratar da responsabilidade civil contratual nos Títulos IV e VI do Livro I da Parte Especial e da responsabilidade aquiliana (ou extracontratual) no Título IX do mesmo Livro.

---
174. AGUIAR DIAS, José de. *Da responsabilidade civil* ... cit. p. 120.
175. CALIXTO, *A culpa na responsabilidade civil* ... cit. p. 31.
176. CALIXTO, *A culpa na responsabilidade civil* ... cit. p. 31.
177. CALIXTO, *A culpa na responsabilidade civil* ... cit. p. 115.
178. SILVA PEREIRA, Caio Mario, *Responsabilidade civil* ... cit. p. 71.

A *summa divisio*, porém, não implica reconhecer a existência de diferença ontológica entre as responsabilidades, mas, ao revés, sua unidade. Com efeito, a doutrina considera haver diferenciação entre a responsabilidade contratual e a extracontratual apenas em alguns aspectos pontuais, já que a culpa é a mesma, independentemente da origem da infração.[179]

O elemento distintivo das responsabilidades mencionadas está, basicamente, na natureza do direito violado. Será contratual quando derivar de relação jurídica preexistente, fruto da autonomia privada e por meio da qual as partes contraíram direitos e obrigações previamente conhecidas e assumidas; extracontratual quando tiver como origem a violação do direito positivo.

Além disso, há diferenças quanto às exigências probatórias, pois na responsabilidade contratual o ônus probatório é invertido de modo a tornar a posição do lesado mais vantajosa. Essa inversão decorre do fato do contratante ter dever específico da prestação, o qual, violado, requer apenas a prova da infração por parte do lesado, já que o dano e o nexo causal são pressupostos do próprio inadimplemento.[180]

A responsabilidade contratual derivar de vínculo preexistente entre as partes não gera maior debate para os fins e efeitos de nosso trabalho. O importante é entender em que medida a inversão do ônus da prova atua quando estamos tratando de violação aos direitos da personalidade decorrentes do inadimplemento.

É possível perceber, desde logo, a diferença entre a violação da prestação contratual e a violação do interesse do credor, o qual pode ser extrapatrimonial. De igual sorte é preciso destacar a violação dos direitos da personalidade a qual ocorre por conta do liame contratual, mas afora isso, com ele, não guarda qualquer relação. Esses temas serão abordados mais adiante. Para o momento basta compreender a distinção ainda existente entre responsabilidade fundada em culpa contratual e em culpa extracontratual.

3.8.2.3 Justificativas para a exigência do dolo ou culpa grave

De todo o exposto, remanescem três indagações: qual a razão e o sentido de se retomar a gradação da culpa no campo da responsabilidade civil a) quando a tendência evolutiva do instituto é a de prescindir, cada vez mais, da própria culpa, voltando mais os olhos à vítima do que ao ofensor; b) quando a gradação se afigura irrelevante para a reparação do dano, já que esta deve ser mensurada de acordo com a extensão do dano, e c) porque exigir a ocorrência de dolo e da culpa grave para

---

179. AGUIAR DIAS, *Da responsabilidade*... cit. p. 124. Segundo o autor: "Seja como for, domina hoje na doutrina a convicção de que, com respeito à responsabilidade civil, as soluções são idênticas para os dois aspectos. Tanto em um como em outro caso, o que, em essência, se requer para a configuração da responsabilidade, são estas três condições: o dano, o ato ilícito e a causalidade, isto é, nexo de causa e efeito entre os primeiros elementos." No mesmo sentido Caio Mario da Silva Pereira (*Responsabilidade*... cit. p. 246-247)
180. SILVA PEREIRA, *Responsabilidade*... cit. p. 248.

ensejar a indenização punitiva e não qualquer tipo de conduta culposa? A resposta a essas questões passa pelas seguintes reflexões.

O campo da responsabilidade civil tem passado por diversas modificações para melhor se adequar às necessidades sociais. Nesse contexto, a antiga ideia de punição do ofensor foi sendo gradativamente substituída pela visão solidarista do Direito, deslocando-se o prejuízo para quem tem mais condições de suportá-lo, em benefício da vítima. A culpa, como fundamento da responsabilidade civil, perdeu espaço para as novas hipóteses normativas que dispensam a análise subjetiva (responsabilidade objetiva).

O Direito, porém, é vida e, por conseguinte, está em constante mutação. Mesmo a responsabilidade objetiva, que outrora foi apregoada como o grande apanágio para os males da sociedade industrializada e de consumo, hoje, não consegue mais atender aos influxos da pós-modernidade, que tanto afronta a dignidade da pessoa humana.

Por esse motivo a reparação do dano, em especial do dano extrapatrimonial, assume missão outrora esquecida, de punir o ofensor, relegando, quase que a segundo plano, o caráter reparatório. O que antes era o principal efeito da responsabilidade civil, agora é mero sintoma, "objetivo quase acessório de uma disciplina que parece querer assumir novos papéis".[181]

E essa função punitiva não encontrará aplicação no campo prático, nem coerência sistêmica, se não retomar a culpa como elemento moral e jurídico de análise da conduta do agente ofensor.

De outro turno, parece-nos muito claro não haver sentido em graduar a culpa do lesante para fins e efeitos da reparação, porquanto, regra geral, será mensurado de acordo com a extensão dos danos.

Ao se tratar de danos extrapatrimoniais, todavia, essa lógica não subsiste à análise mais elementar, na medida em que não é possível atribuir critérios objetivos de mensuração de qualquer dos bens inerentes aos direitos da personalidade. Não há como adotar a teoria da diferença para aferir, objetivamente, a situação da vítima antes e após o evento lesivo, motivo pelo qual a reparação dos danos extrapatrimoniais constitui compensação e não indenização.

Não fossem os argumentos anteriores suficientes para conduzir à avaliação da conduta do agente como elemento complementar à avaliação dos danos de natureza não patrimonial, ainda deve-se considerar a função punitiva da qual se reveste a reparação da lesão aos direitos da personalidade. E, para esse especial desiderato,

---

181. LEVY, Daniel de Andrade. *Responsabilidade civil*. De um direito de danos a um direito de condutas lesivas. São Paulo: Atlas, 2012, p. 33.

a culpa exerce fundamental importância, como já teve oportunidade de asseverar Carval[182], ao discorrer sobre seu na responsabilidade ambiental:

> Si la faute civile, en effet, est aujourd'hui récuséeen tant que fondement de l'indemnisation, nul ne conteste par contre qu'elle puisse participer activement à une entreprise de dissuasion des comportements dommageables.

Por fim, a despeito da inerente função punitiva da qual se reveste a reparação dos danos extrapatrimoniais, a aplicação da indenização punitiva requer a presença de comportamentos altamente reprováveis, a fim de justificar punição tão severa. A aplicação da indenização punitiva é medida excepcional, cabível nos casos de condutas particularmente ultrajantes ou insultuosas, que repugnem à consciência social.

Na compreensão de culpa grave, está presente a extrema negligência, o desprezo ou indiferença pelo direito alheio, e tem em seu âmago a nociva consequência de, assim como o dolo, espraiar-se para além da órbita do lesante e do lesado, retumbando seus efeitos negativos social e coletivamente. Ademais, a limitação da indenização punitiva aos atos doloso e culposos graves:

> respondem também a uma exigência de não encorajar a prudência excessiva dos agentes econômicos, que poderia se tornar não menos danosa do que a conduta normalmente desenvolvida, por desencorajar o exercício de atividades que implicam graves responsabilidades. Restringindo a punição aos atos negativamente exemplares, o sistema jurídico não cerceia a liberdade de iniciativa e ao mesmo tempo cria uma defesa contra atos que ameaçam particularmente interesses dignos de tutela.[183]

Estamos, pois em compasso com o entendimento de Benacchio[184], para quem "havendo culpa grave ou dolo, o mero ressarcimento do dano não produzirá qualquer efetividade na ação do responsável, o qual, intencionalmente, por razões econômicas (lucro ilícito) ou outras, atua em desconformidade aos comportamentos previstos pelo Direito, sendo *injusto* e sem utilidade a tais fins a função reparatória da responsabilidade civil, por próxima ao dano e distante da conduta culposa".

Para esses casos será produtivo a exemplaridade típica da indenização punitiva, surtindo efeitos punitivos e dissuasores de condutas indesejáveis ao bem-estar da coletividade.

---

182. CARVAL, Suzanne. *La Responsabilité Civile dans sa Fonction de Peine Privée*. Paris: Librairie Générale de Droit et de Jurisprudence, 1995, p. 75. Tradução livre: "Se a culpa civil, de fato, é hoje recusada como fundamento da indenização, ninguém contesta, por outro lado, que ela possa participar ativamente em um esforço de dissuasão dos comportamentos lesivos".
183. ROSENVALD, Nelson. *As funções da Responsabilidade Civil*. A reparação e a pena civil. São Paulo: Atlas, 2013, p. 175.
184. BENACCHIO, Marcelo. A função punitiva da responsabilidade civil no Código Civil. In: LOTUFO, Renan; NANNI, Giovanni Ettore e MARTINS, Fernando Rodrigues (Coord.). *Temas relevantes do direito civil contemporâneo*. Reflexões sobre os 10 anos do Código Civil. São Paulo: Atlas, 2012, p. 668.

3.8.3 Obtenção de lucro com o ilícito

Já tivemos oportunidade de verificar como se opera a obtenção de lucro com o ilícito e o papel desempenhado pela indenização punitiva em casos desse jaez. Como o artigo 944 do Código Civil impede que a indenização supere a extensão do dano patrimonial sofrido pelo ofendido, o eventual lucro obtido com o ato ilícito seria benesse revertida em favor do lesante, fato este, obviamente, repudiável e ofensivo à ética e ao Direito.

No campo dos danos extrapatrimoniais, o lucro obtido com o ilícito não implica a diminuição do patrimônio do ofendido. A exposição comercial de figura célebre sem a devida autorização do titular do direito, a toda evidência, ensejará o lucro do ofensor ocasionando perda sem expressão patrimonial do lesado.

Como consequência do uso abusivo dos bens imateriais, o remédio compensatório tem perdido eficiência na capacidade de sancionar e de reprimir tais ilícitos, exortando à valorização da indenização punitiva como refrigério para tais situações.

Resta saber, pois, se o lucro com o ilícito é pressuposto indispensável para a aplicação da indenização punitiva, ao que, desde já, afirmamos negativamente. A indenização punitiva poderá ser aplicada mediante a presença do dolo ou culpa grave e do dano extrapatrimonial. Presentes esses três elementos, temos caracterizada a condição necessária para a indenização punitiva.

O ganho ilegítimo pode figurar, independentemente, até, dos outros elementos, como pressuposto da indenização punitiva pelo fato de não ser razoável a manutenção desses ganhos em poder do ofensor. Logo, "embora ausente o requisito da culpa grave, a indenização punitiva deve ser aplicada para restabelecer o imperativo ético que permeia a ordem jurídica".[185]

Portanto, a obtenção de lucro ilícito com a violação de direitos extrapatrimoniais alheios é pressuposto da indenização punitiva quando não estiverem presentes o dolo ou a culpa grave.

3.9 OBJEÇÕES À INDENIZAÇÃO PUNITIVA

É da natureza das ciências a divergência de opiniões; com o Direito não é diferente. A pesquisa doutrinária revela haver posicionamentos favoráveis e contrários à aplicação da indenização punitiva, ao menos, nos principais ordenamentos jurídicos pesquisados, incluindo o britânico e norte-americano, considerados os berços de seu desenvolvimento.

Por conseguinte, não seria de se estranhar a plêiade de argumentos desfavoráveis à aplicação desse instrumento jurídico no Brasil. Não são poucos os doutrinadores

---
185. ANDRADE, André Gustavo Corrêa. *Dano moral e indenização punitiva* ... cit. p. 269.

críticos da indenização punitiva, algumas rechaçando-a completamente, outras admitindo-a com ressalvas.

Dentre as opiniões em contrário, podem-se destacar seis argumentos empregados quase unanimemente para convencer sobre a impertinência da indenização punitiva, das quais cinco são aplicáveis a diversos ordenamentos e a última direcionada especialmente ao caso brasileiro. Nos tópicos seguintes iremos analisar cada um desses argumentos, com o fito de demonstra não constituírem óbice à aplicação da indenização punitiva no caso de danos extrapatrimoniais.

3.9.1 Excessos das indenizações

O argumento mais corriqueiro contrário à indenização punitiva é, sem sombra de dúvidas, o suposto excesso de indenizações. Tanto que no direito norte-americano os *punitive damages* são chamados de *smart money* ou *tort lottery*, desinência, esta, também aplicada no Direito português[186].

Porém, ao contrário do que se pretende fazer crer, a tônica da indenização punitiva não é criar novos ricos; mesmo nos Estados Unidos da América, os casos emblemáticos empregados para ilustrar o suposto absurdo das condenações tiveram seus valores revistos e reduzidos pela Suprema Corte Americana.

De acordo com estudo encetado pelo Bureau of Justice Statistics, do departamento de justiça norte-americano (U.S. Department of Justice) os *punitive damages* não são arbitrados nem com a frequência nem em valores tão exorbitantes quanto aqueles apregoados pelos seus combatentes.[187]

Pesquisa relativa aos julgamentos ocorridos nos 75 (setenta e cinco) condados mais populosos dos Estados Unidos da América revela que, no ano de 2001, apenas 6% (seis por cento)[188] dos 6.504 (seis mil, quinhentos e quatro) processos judiciais julgados procedentes tiveram os *punitive damages* concedidos.[189] Em metade destas ações, os demandantes receberam cinquenta mil dólares americanos ou mais a título de *punitive damages*. Os valores concedidos chegaram a um milhão de dólares americanos ou mais em apenas 41 (quarenta e uma) ações (12% de 356) e em apenas 9 (nove), do total de 356 (trezentos e cinquenta) ações procedentes, os *punitive damages* totalizaram dez milhões de dólares americanos ou mais.

---

186. LOURENÇO, *A função punitiva*... cit. p. 185. A autora menciona que alguns autores consideram os *punitive damages* como "ganhar a lotaria".
187. No mesmo sentido Stephen C. Yazell (Punitive Damages, Descriptive Statistics, and the Economy of Civil Litigation. *Notre Dame Law Review,* 2025 (2004). Disponível em: http://scholarship.law.nd.edu/ndlr/vol79/iss5/9. Acesso em: 03 dez. 2015.
188. Apenas 356 (trezentos e cinquenta e seis).
189. Punitive Damages Awards in Large Counties, 2001, March 2005, U.S. Department of Justice, Office of Justice Programs, Bureau of Justice Statistics, By Thomas H. Cohen, J.D., Ph.D., BJS Statistician. Disponível em: www.bjs.gov. Acesso em: 02 dez. 2015.

A média dos valores arbitrados para ações envolvendo disputas contratuais foi de oitenta e três mil dólares americanos e nas ações envolvendo delitos (*torts*) os *punitive damages* foram arbitrados, em média, em vinte e cinco mil dólares americanos. Os *punitive damages* excederam os compensatory damages em apenas 39% (trinta e nove por cento) dos casos. Nas ações envolvendo delitos o valor dos *punitive damages* chegou a ser quatro vezes maior do que os *compensatory damages*, e essa proporção subiu para 7 (sete) e 10 (dez) vezes nos casos relativos a acidentes de automóveis e injúria e difamação, respectivamente.

No ano de 2005[190], os *punitive damages* foram solicitados em 12% (doze por cento) dos cerca de 25.000 (vinte e cinco mil) processos concluídos nas Cortes estaduais. Os *punitive damages* foram concedidos em 700 (setecentos)[191] processos dos 14.359 (catorze mil, trezentos e cinquenta e nove) nos quais o autor foi vencedor. Dentre os casos em que o autor da ação sagrou-se vencedor, 30% (trinta por cento) receberam os *punitive damages*. A média dos valores concedidos nos 700 (setecentos) casos antes mencionados foi de US$ 64.000,00 (sessenta e quatro mil dólares americanos) e somente 13% (treze por cento) desses casos tiveram condenações em valores iguais ou maiores a um milhão de dólares americanos. Em aproximadamente 30% (trinta por cento) desses casos, as condenações giraram em torno de duzentos e cinquenta mil dólares americanos.

Em 76% (setenta e seis por cento) de 632 (seiscentos e trinta e dois) processos atinentes a casos de *compensatory* e *punitive damages*, a razão entre o valor do punitive e do compensatory foi de 3 (três) para 1 (um) ou menos. Nesses casos, a média dos valores concedidos a título de *compensatory* e *punitive* foi similar, cerca de cem mil dólares americanos. Para os casos em que a relação do *punitive* para o *compensatory* foi de 3 (três) para 1 (um) a média do valor dos *compensatory* foi de cerca de vinte e dois mil dólares americanos enquanto os *punitive damages* foram de trezentos e cinquenta e dois mil dólares americanos.

Os valores arbitrados pelo júri e pelos juízes diferem mais frequentemente em casos alusivos a *punitive damages* contratuais do que nos casos de delitos (*torts*). Normalmente o percentual de concessão de punitive damages em *tort cases* por juízes e júri é bastante parecido. Quando está em jogo a aplicação de *punitive damages* em contratos, a diferença mostra-se considerável, pois enquanto o júri concede a indenização punitiva em 20% (vinte por cento) dos casos, os juízes o fazem em apenas 2% (dois por cento).

Acresça-se, ainda, aos elementos anteriores, a decisão da Suprema Corte, de 7 de abril de 2003, no sentido de considerar inconstitucional o arbitramento de *punitive damages* em valor superior a 4 (quatro) vezes o valor da indenização compensatória[192]

---

190. Punitive Damages Awards in States Courts, 2005, March 2011, U.S. Department of Justice, Office of Justice Programs, Bureau of Justice Statistics, By Thomas H. Cohen, J.D., Ph.D., BJS Statistician and Kyle Harbacek, BJS Intern. Disponível em: www.bjs.gov/index.cfm?ty=pbdetail&iid=2376. Acesso em: 02 dez. 2015.
191. O que equivale a 5% (cinco por cento) dos 14.359 (catorze mil, trezentos e cinquenta e nove) processos.
192. State Farm Mutual Automobile Insurance Company v. Campbell (538 U.S. 408, 123 S. Ct. 1513, 155 L. Ed. 2d 585, 2003 U.S. 2713), 7 de abril de 2003.

De tudo o quanto foi exposto, não pairam dúvidas sobre a razoabilidade dos valores concedidos a título de indenização punitiva nas cortes norte-americanas. Alerte-se, porém, que razoabilidade não se confunde com modicidade. Os *punitive damages* por natureza não podem ser módicos, pois os tornariam inócuos aos fins a que se destinam, mas podem, como vimos, serem arbitrados com razoabilidade, em especial quando essa tarefa é exercida pelo juiz e não pelo júri, composto por leigos sem capacitação técnica e sujeito às emoções naturais de quem pode estar na mesma situação do demandante.

No Brasil, como bem pondera Andrade[193], a chance de haver condenações desmesuradas é muito menor do que a existente nas cortes norte-americanas, exatamente pelo fato de que o arbitramento da indenização punitiva competirá ao juiz, "menos propenso a julgamentos passionais".

Ademais, como alerta o autor, o sistema recursal garante a revisão, pelas Cortes Superiores, dos valores concedidos pelo magistrado de primeira instância, o que certamente contribuirá para a razoabilidade dos arbitramentos, sem esquecer, repita-se, que razoabilidade não é modicidade.

Portanto, em nosso sentir, o argumento contrário à indenização punitiva pelo suposto excesso das indenizações não se sustenta, porquanto o ordenamento jurídico brasileiro contém o ferramental necessário ao controle e refinamento dos eventuais valores exorbitantes concedidos pelo juízo de primeiro grau.

Parece-nos temerário acreditar que os mesmos padrões vigentes nas cortes norte-americanas seriam aplicados em nosso território, dada a diferença econômico-social dos países. O Brasil é capaz de fazer uso da indenização punitiva, mas certamente o fará em valores que observem a efetividade da função punitiva sem, contudo, torná-la absurda ou irreal.

Condenações cujos valores sejam tão desproporcionais que acarretem a bancarrota da empresa ou que simplesmente seja impagável por absoluta ausência de condições econômico-financeiras para tanto são, evidentemente, despropositadas e não atendem à finalidade da indenização punitiva.

Qual o caráter pedagógico de uma condenação desse jaez? Qual o benefício social conferido por tal postura do Judiciário? Evidentemente nenhuma. E se for assim, a indenização punitiva de nada servirá, pois não alcançará os seus fins.

Logo, na mensuração do *quantum,* o juiz deverá atentar para a eficácia de sua decisão judicial, no sentido de alcançar os fins desejados pela sociedade, de obter o devido restabelecimento ético das relações humanas, a preservação dos valores jurídicos e a manutenção saudável da economia.

---

193. ANDRADE, *Dano moral e indenização punitiva* ... cit. p. 273.

3.9.2 Enriquecimento sem causa da vítima

Outro forte argumento contrário à indenização punitiva no Brasil consiste em atribuir a esse mecanismo a pecha de fator de enriquecimento sem causa da vítima. Segundo os defensores dessa corrente de pensamento[194], a função punitiva da reparação, mediante a condenação do agressor ao pagamento de verba pecuniária, além daquela que serviria de compensação do dano imaterial, constituiria enriquecimento sem causa pois implicaria a transferência de recursos pecuniários além do necessário à reparação do lesado.

O enriquecimento sem causa costuma ser tratado como princípio jurídico e como instituto regulador da constituição de certas relações obrigacionais. Na qualidade de princípio, serve como fundamento e critério interpretativo "para diversas regras que tratam de aspectos específicos de institutos do direito privado e mesmo, em diversos casos, para regras de direito público".[195] Como instituto, especialmente previsto nos artigos 884 a 886, cria obrigações de restituição do patrimônio atribuído a outrem sem causa que o justifique.

O fundamento por trás do enriquecimento sem causa repousa na configuração das regras de atribuição patrimonial de dado ordenamento. Por meio dessas regras regulam-se as causas materiais justificadoras da titularidade do patrimônio por determinado sujeito de direito, com a consequente estabilização da ideia de atribuição patrimonial.

De acordo com Michelon Jr., essa estabilidade deve ser compreendida de duas formas: a) a diferença entre a relação do sujeito ao qual foi atribuído o bem e do resto da coletividade e b) a migração justificável do bem entre patrimônios. Logo, se os bens migrassem de modo absolutamente aleatório, esse movimento perturbaria sua estrutura, levando-se em conta um sistema de distribuição inicial hipotético. Para evitar esse caos, todas as migrações deveriam, no mundo ideal, ocorrer sob o pálio de uma *causa* justificadora, mantendo-se, assim, estável a estrutura de atribuições patrimoniais.

---

194. Nesse sentido: JUKES, Sérgio Luis. A culpa e a punição não podem servir de critério para a fixação da indenização por dano moral. *Revista da ESMESC*, v. 13, n. 19, 2006, p. 29-48; BASSAN, Marcela Alcazas. *As funções da indenização por danos morais e a prevenção de danos futuros*. Dissertação de Mestrado – Faculdade de Direito da USP, São Paulo, 2009, p. 75; BERNARDO, Wesley de Oliveira Louzada. *Dano moral*: critérios de fixação de valor. Rio de Janeiro: Renovar, 2005, p. 177; COUTO E SILVA, Clóvis do, O Conceito de Dano no Direito Brasileiro e Comparado. *Revista dos Tribunais*, ano 80, maio de 1991, v. 667, p. 11 e NANNI, Giovanni Ettore. *Enriquecimento sem causa*. São Paulo: Saraiva, 2004, p. 343 e ss. Embora sem falar concretamente da indenização punitiva RENAN LOTUFO (In: CAMBLER. Everaldo (Coord.). *Curso avançado de direito civil*. Parte Geral. São Paulo: Ed. RT, 2002, v. 1, p. 316), também critica a concessão de valores indenizatórios altos para o caso de danos extrapatrimoniais, por considerar que não devem servir de enriquecimento sem causa para o lesado.
195. MICHELON JR., Claudio. *Direito restituitório. Enriquecimento sem causa, pagamento indevido, gestão de negócios*. Estudos em Homenagem ao Professor Miguel Reale, v. 8, São Paulo: Ed. RT, 2007, 176. No mesmo sentido NANNI, *Enriquecimento ...* cit. p. 173 e ss. e 186 e ss.

Em resumo, o tráfego de bens entre os patrimônios somente encontra estabilidade e justificativa se for alicerçado em causa que o justifique, a qual pode ser um contrato, um ato jurídico unilateral ou mesmo uma disposição normativa[196].

A causa, como bem explica Nanni[197], não se confunde com a causa elemento integrante do negócio jurídico. A causa do negócio jurídico refere-se à validade do negócio ou à sua aptidão para produzir efeitos.[198] No enriquecimento sem causa, está em jogo a causa da atribuição patrimonial, ou seja, "é uma investigação mais geral sobre a existência de razão que justifique que uma posição jurídica ativa (v.g. um direito subjetivo) sobre um determinado bem seja atribuída a um determinado sujeito de direito".[199]

Mais uma vez valendo-se dos ensinamentos de Michelon Jr.[200], "a causa de atribuição é, portanto, a justificativa jurídica material para que determinada atribuição patrimonial tenha ocorrido".

"Assim – obtempera Nanni[201] – o conceito de ausência de justa causa para subsidiar o exercício da ação de enriquecimento seria extraído da noção de causa como atribuição patrimonial, a qual, por sua vez, é distinta da causa como elemento integrante do negócio jurídico".

Não havendo justa causa para lastrear a atribuição patrimonial, está configurado o enriquecimento sem causa, o qual exige, ainda, os seguintes pressupostos: a) o enriquecimento de uma parte; b) o empobrecimento de outra; c) o nexo causal, e d) a subsidiariedade da ação de enriquecimento.[202]

O enriquecimento consiste na deslocação de um valor ou de um bem de um patrimônio para outro e "deve consubstanciar-se num dado objetivo, numa vantagem concreta".[203] Nanni ilustra algumas situações que dão ensejo a enriquecimento, citando:

> (...) o acréscimo patrimonial de um direito novo (propriedade de um objeto, de um crédito etc.), incremento do valor que já o integra (benefício de uma área rural por edificação), diminuição do passivo (cancelamento sem fundamento jurídico de dívidas que gravem o patrimônio), ou, ainda, fazendo que o patrimônio não diminua (*damnum cessans*), por exemplo, evitando um desembolso que deveria ter sido concretizado em circunstâncias normais; impedindo assumir uma obrigação ou sujeitar-se a um gravame etc.

O empobrecimento é tratado como "o deslocamento patrimonial de bens do empobrecido para o enriquecido, de tal sorte que um aumente e o outro diminua".[204]

---

196. NANNI, *Enriquecimento* ... cit. p. 262.
197. NANNI, *Enriquecimento* ... cit. p. 257.
198. MICHELON JR., *Direito* ... cit. p. 211.
199. MICHELON JR., *Direito* ... cit. p. 212.
200. MICHELON JR., *Direito* ... cit. p. 213.
201. NANNI, *Enriquecimento* ... cit. p. 257.
202. NANNI, *Enriquecimento* ... cit. p. 224.
203. NANNI, *Enriquecimento* ... cit. p. 229.
204. NANNI, *Enriquecimento* ... cit. p. 246.

A doutrina, todavia, admite outras circunstâncias nas quais, a despeito de não haver diminuição patrimonial do *empobrecido*, haja o impedimento de seu acréscimo "em simetria com o dano emergente e o lucro cessante".[205]

Pode haver, outrossim, outras circunstâncias não facilmente perceptíveis pelo câmbio patrimonial do empobrecido para o enriquecido que também configuram enriquecimento sem causa, motivo pelo qual este já não é mais considerado pressuposto absoluto para a caracterização do instituto.

Quanto ao nexo causal, para sua configuração, é necessária a existência de relação de causa e efeito entre o enriquecimento e determinado fato. Logo, o nexo não está relacionado ao empobrecimento, mas sim, ao fato que distribua desigualmente a um a perda e ao outro os benefícios.

Não vamos discorrer sobre o pressuposto da subsidiariedade da ação de enriquecimento por entendermos não ser necessário ao desenvolvimento do tema aqui proposto. Parece-nos haver, já, material suficiente para refutarmos a doutrina contrária à indenização punitiva, por considerá-la fonte de enriquecimento sem causa.

A nosso ver, a questão é resolvida pelo pressuposto da causa, ou seja, há justa causa para a atribuição de bens do patrimônio do ofensor para o ofendido, ainda que tais bens impliquem valor supostamente superior ao do dano.

Como tivemos oportunidade de verificar anteriormente, o artigo 944, *caput*, do Código Civil, não encontra perfeita consonância com o arbitramento da reparação dos danos extrapatrimoniais. A ausência de conteúdo econômico certo e objetivo desse tipo de dano impede a perfeita sincronia entre a indenização e a extensão do dano, ainda que se admita, com esteio nas lições de Renan Lotufo[206], a individualidade de cada ser a ensejar condenações diversas e consentâneas a cada caso concreto.

Com todo o respeito aos posicionamentos divergentes, cremos que embora seja possível demonstrar maior ou menor intensidade do sofrimento – quando for o caso – isso jamais seria suficiente para aproximar a indenização da extensão do dano; apenas poderá exortar o juiz a conferir valores igualmente maiores ou menores a título de indenização, mas ainda, completamente sujeitos ao arbítrio do julgador. Como bem adverte Andrade[207], "a dignidade humana e os atributos da personalidade não são redutíveis à pecúnia".

---

205. NANNI, *Enriquecimento*... cit. p. 246.
206. LOTUFO, Renan. In: CAMBLER, Everaldo (Coord.). *Curso avançado de direito civil*. Parte Geral. São Paulo: Ed. RT, 2002, v. 1, p. 316. Afirma o autor: "Cumpre frisar que cada um de nós é um ser único, com sua carga genética específica, e com sua personalidade individuada. Portanto, os danos que são causados à intimidade de cada ser são diversos entre si. Cabe, portanto, ao lesado moralmente demonstrar a extensão do seu dano, que pode ser muito maior, ou muito menor do que a que ocorre com o seu vizinho, ou mesmo do seu irmão, posto que seres que sofrem de forma diversa da sua. Nem todos os pais, ou mães, provocam a mesma dor aos filhos, tanto quanto conforme aos filhos, igualmente não provoquem a mesma dor aos pais. Há pais e pais, como há filhos e filhos, e no caso de lesão à intimidade, à moral, a indenização deve reparar a cada um, não obedecer um padrão único, porque graças a Deus somos diferentes".
207. *Dano moral*... cit. p. 275.

Como pondera Doninni[208], nos casos de violação ao direito da personalidade, integrantes dos direitos extrapatrimoniais, é difícil mensurar o dano sofrido, motivo pelo qual é praticamente impossível alcançar a correlação entre a extensão do dano e o arbitramento da respectiva indenização.

Diante de tal impossibilidade, torna-se difícil afirmar o excesso ou não de determinada quantia para compensar a violação de bens tão caros como os decorrentes da dignidade da pessoa humana. Logo, o incremento de tal verba, por meio da indenização punitiva, com o objetivo de desincentivar a conduta ilícita do lesante e da sociedade como um todo não encontra óbice nos parâmetros impostos pelo artigo 944, *caput*, do Código Civil, desautorizando, pois, o argumento de que a referida medida punitiva ensejaria ganhos superiores à extensão dos danos.

Mais uma vez com amparo em Donnini[209], é importante frisar que a teoria do enriquecimento sem causa tem sido utilizada com frequência, pelos Tribunais, nos casos de danos extrapatrimoniais, mais com o propósito de justificar o arbitramento de valores módicos do que efetivamente em virtude da subsunção do instituto a essas hipóteses de dano. Nas palavras do sobredito jurista:

> Deveras, o propósito desse instituto não se vincula ao arbitramento da indenização por dano moral ou à imagem, haja vista que o seu intuito é o de obrigar aquele que enriqueceu injustamente a restituir o obtido, por intermédio da ação de enriquecimento (ação de *in rem verso*), o que não sucede para a vítima de um dano, mesmo porque inegável a existência de causa, que nada mais é do que o prejuízo verificado ao ofendido, dentro da esfera de seu patrimônio ideal. Tanto não há correspondência entre esses institutos, embora utilizado assiduamente em nossas Cortes, que os valores arbitrados são díspares em muitas decisões, o que torna ainda mais difícil a identificação de pretenso locupletamento pela vítima.
> Não há, portanto, relação direta entre arbitramento de indenização e enriquecimento sem causa. Se porventura um valor atinente a uma dada indenização for desproporcional, injusto, exagerado, fixado sem qualquer critério, mesmo assim inexistirá enriquecimento sem causa, mas uma soma instituída sem razoabilidade, iníqua, desigual, e, portanto, injustificável e passível de reforma, alteração.

Por fim, mesmo que se admitisse a existência de excedente indenizatório em razão da aplicação da indenização punitiva, não haveria enriquecimento sem causa pelo fato de a atribuição patrimonial ao lesado decorrer de causa mais do que justa, qual seja, a condenação por sentença judicial transitada em julgado.[210]

A sentença constitui causa legítima para que o numerário a título de indenização punitiva integre o patrimônio da vítima de ofensas a direitos extrapatrimoniais. Nesse sentido, converge a doutrina de Bodin de Moraes, ao criticar a adoção do critério

---

208. DONNINI, Rogério. *Responsabilidade civil na pós-modernidade*. Porto Alegre: Sergio Antonio Fabris Editor, 2015, p. 87.
209. DONNINI, *Responsabilidade civil* ... cit. p. 90.
210. Mesmo Giovanni Ettore Nanni (*Enriquecimento* ... cit. p. 262) considera a sentença judicial como causa jurídica apta a justificar a existência de transferência de valor em favor do demandante.

da condição econômica da vítima como fator a ser considerado no arbitramento do dano extrapatrimonial, a fim de se evitar o enriquecimento sem causa. Segundo a autora, tal argumento não prospera (assim como não prospera aquele contrário à indenização punitiva) porquanto, no seu entender:

> (...) a sentença de um juiz, arbitrando o dano moral, é razão jurídica mais do que suficiente para impedir que se fale, tecnicamente, de enriquecimento injustificado. O enriquecimento, se estiver servindo para abrandar os efeitos nefastos de lesão à dignidade humana, é mais do que justificado: é devido.[211]

Oportunas as lições de Andrade, ao caracterizar os benefícios buscados pela indenização punitiva como suficientes a justificar a entrega de valores mais significativos à vítima, a título de compensação de danos não patrimoniais:

> De todo modo, os benefícios buscados pela indenização punitiva – punir uma grave conduta e prevenir comportamentos semelhantes tanto do ofensor quanto de terceiros – transcendem em muito a circunstância de a vítima vir a obter um valor superior ao que normalmente lhe seria destinado como compensação do dano. Com efeito, as vantagens que esta forma de sanção pode trazer para a coletividade tornam irrelevante a consequência econômica para a vítima. Nesta perspectiva, essa consequência seria como que o inevitável efeito colateral de um remédio necessário para combater uma doença e impedir a sua recorrência.

Donnini, no tratamento do assunto, assevera constituir ofensa à função social da responsabilidade civil a não observância da fixação de valor de desestímulo à conduta danosa. De acordo com o mencionado jurista, nas sociedades de massa, com lesões constantes e evidente dano social, "há o dever de instituir um desestímulo ao lesante, com a finalidade de que o ato ou a atividade danosa cesse e, como consectário, não atinja outras pessoas, especialmente se praticado de forma contumaz".[212]

Os argumentos enumerados permitem-nos concluir que a insistência em evitar o suposto enriquecimento sem causa da vítima constitui expediente em desacordo com os valores de nosso ordenamento jurídico, prestigiando a posição do ofensor em detrimento da do ofendido.

Estamos, pois, em consonância com o entendimento de Donnini[213], para quem o arbitramento de quantias módicas para compensar as vítimas de danos extrapatrimoniais, se não constitui enriquecimento sem causa para o lesado, certamente constituirá para o ofensor. Ademais, o arbitramento de valores irrisórios ou insignificantes torna a prática lesiva interessante, economicamente vantajosa, transformando o que deveria ser fonte de desestímulo, na verdade, motivo de estímulo à prática de condutas danosas no campo da extrapatrimonialidade.

---

211. BODIN DE MORAES, Maria Celina. *Danos à pessoa humana* ... cit. p. 302.
212. DONNINI, *Responsabilidade civil* ... cit. p. 94-95.
213. DONNINI, *Responsabilidade civil* ... cit. p. 93.

É preciso inverter os valores preponderantes em nossa doutrina e jurisprudência que, a pretexto de evitar o suposto enriquecimento sem causa da vítima, não repara os danos de modo adequado e prestigia o ofensor com sua condenação ao pagamento de verba diminuta ao lesado.

Mais adequado seria o arbitramento de valores em grau superior aos atualmente praticados, inclusive com a aplicação da indenização punitiva que defendemos neste trabalho, dado que somente assim será conferida à dignidade da pessoa humana a importância que efetivamente ostenta. Parece-nos que mesmo se considerássemos a existência de enriquecimento sem causa nas situações de reparação de danos extrapatrimoniais – o que, como já vimos, não ocorre – o princípio da dignidade da pessoa humana deve prevalecer como critério hermenêutico e integrativo, a fim de admitir a atribuição de verba maior à vítima para a efetiva compensação dos danos à sua personalidade.

A indenização punitiva tem, exatamente, o condão de resgatar o prestígio da dignidade da pessoa humana da vítima e o necessário efeito dissuasório e punitivo, destinados a desestimular a prática de atos lesivos que causem danos extrapatrimoniais.

3.9.3 Fomento da indústria do dano extrapatrimonial

O emprego do argumento relativo ao incentivo ou fomento da "indústria do dano moral" é utilizado com frequência para contrapor ou restringir, de algum modo, as iniciativas favoráveis à ampliação ou mesmo à reparação do dano extrapatrimonial.

Com relação à indenização punitiva, não é diferente. Para determinada corrente doutrinária, o arbitramento de indenizações em valores mais expressivos, conquanto destinados a surtir efeitos punitivos, motivaria os jurisdicionados a socorrerem-se do Poder Judiciário, em busca de benefícios patrimoniais nem sempre devidos.[214]

Com o devido respeito, não concordamos com a rejeição da indenização punitiva pelo simples mau uso que dela possa ser feito. Agir nesse sentido seria prestigiar a "indústria da lesão" em detrimento da efetiva consagração de direitos e valores mais nobres de nosso ordenamento jurídico e da sociedade. Ademais, consistiria verdadeira punição infligida aos cidadãos de bem que buscam, de forma idônea, preservar e reparar seus direitos, pelo fato de alguns poucos se desvirtuarem do bom caminho. Ousamos afirmar ser quase um ato de covardia recusar o uso de mecanismos mais

---

214. Nesse sentido: Giovanni Ettore Nanni (*Enriquecimento*... cit. p. 362) e Maria Celina Bodin de Moraes (*Danos* ... cit. p. 277, que entende haver, na indenização punitiva, forte incentivo à malícia). Também ADRIANO DE CUPIS, ao ponderar sobre os danos extrapatrimoniais e a aplicação da pena privada a esses casos, afirma: "So per esperienza, perché sono aperto ai casi della vita, che spesse volte essere vittima di un fatto dannoso significa alimentare una esperanza di arrichimento". (Sul tema dell danno e del risarcimento. In: BUSNELLI, Francesco D. e SCALFI, Gianguido (a cura di). *Le Pene Private*. Milano: Giuffrè, 1985, p. 322).
Tradução livre: Sei, por experiência, porque sou aberto aos casos da vida, que frequentes vezes ser vítima de um fato danoso significa alimentar a esperança de enriquecimento.

firmes para a preservação da dignidade humana, sob o pretexto de que uns e outros poderiam empregá-los de modo malicioso.

O emprego abusivo de direito pode ocorrer em qualquer seara e não apenas no campo da indenização extrapatrimonial. É da natureza humana a tentação de se desviar do caminho probo, e o legislador tem plena ciência desse fato, tanto que criou instrumentos para persuadir e punir quem assim se conduzir na vida em sociedade (vide as figuras do "abuso do direito", consagrada pelo artigo 187 do Código Civil e as disposições contidas nos artigos 79 a 81 do Código de Processo Civil). O que não nos parece correto é, sob esse pretexto, deixar de atribuir direitos e vantagens legítimas a quem age em consonância com a ética e com os bons costumes.

Se a justificativa do abuso fosse suficiente a tolher direitos e prerrogativas, chegaríamos ao absurdo de suprimir o direito de acesso à justiça e de ampla defesa pelo simples fato de haver, hoje, inúmeras demandas, solicitações de provas e expedientes recursais sem sentido, meramente procrastinatórios ou mesmo maliciosos.

O remédio para o abuso do direito ou para a propositura de ações temerárias, ao nosso ver, encontra-se nas mãos do próprio Poder Judiciário, a quem competirá delinear jurisprudencialmente quais pretensões são consideradas legítimas e quais não ostentam essa qualidade, aplicando-se as penas cabíveis aos sujeitos, comprovadamente, mal-intencionados.

Exemplo eloquente do importante papel do Poder Judiciário na imposição de balizas sólidas norteadoras das pretensões deduzidas em juízo diz respeito ao próprio dano extrapatrimonial. Com o advento da Constituição Federal de 1988, inúmeras demandas foram ajuizadas sob o pretexto de violação de direitos extrapatrimoniais, de modo que qualquer aborrecimento servia de pretexto para se pleitear a reparação do "mal sofrido" e ganhar alguma vantagem pecuniária.

A reação dos Tribunais foi simples e direta: a consolidação da jurisprudência no sentido de que meros aborrecimentos ou percalços da vida cotidiana não dão ensejo à reparação por danos extrapatrimoniais. O resultado: vertiginosa queda de ações judiciais do gênero e estancamento do fluxo de ações temerárias.

Faz parte, portanto, do amadurecimento de qualquer Estado Democrático de Direito a curva de aprendizado inerente ao manejo de novos direitos, garantias ou deveres, até que se chegue ao ponto ótimo de eficiência e maturidade aptos a levar ao aprimoramento social. Negar a chance de evoluirmos como sociedade sob o receio do eventual uso indevido do ferramental jurídico parece-nos um retrocesso inadmissível.

Portanto, a despeito das dificuldades a serem enfrentadas até o aprimoramento do uso da indenização punitiva como instrumento de restauração ética e preservação da dignidade da pessoa humana, acreditamos que eventual fluxo de ações temerárias pode ser reprimido pelo Poder Judiciário e não constitui motivo legítimo nem suficiente para negar tão importante instrumento de defesa da cidadania.

3.9.4 Incentivo à vingança

O argumento de incentivo ao estímulo de vingança talvez seja o de menor relevância para a matéria. Com efeito, pretender que o direito se imiscua no íntimo do sujeito, a ponto de mudar a natureza humana, seria atribuir fardo muito pesado e além da capacidade do ordenamento jurídico.

O sentimento de vingança é inerente ao ser humano e nem o Direito, nem as ciências da psicologia ou psiquiatria conseguirão extirpar ou mesmo fomentar essa emoção. Quem é naturalmente mais beligerante não o deixará de ser somente porque o ordenamento jurídico quer ou deixa de querer, assim como o sujeito pacato não se tornará vingativo apenas em razão de estar à sua disposição a possibilidade de pleitear a indenização punitiva nos casos de ofensa à sua dignidade.

A tarefa atinente ao Direito, portanto, não é a de suprimir ou fomentar a vingança, mas de canalizá-la, quando houver, para que operem por meio de mecanismos socialmente aceitos, ou seja, por meio do conjunto de regras do Estado que regulam a distribuição da justiça e apaziguam o ímpeto do uso arbitrário das próprias razões. Portanto, não concordamos com que o uso da indenização punitiva possa servir de incentivo ao sentimento de vingança.

3.9.5 Produção de resultados sociais e econômicos indesejáveis

A produção de resultados econômicos e sociais indesejáveis constitui, segundo os opositores da indenização punitiva, óbice à sua aplicação. Lastreados em visão estritamente econômica, apregoa-se a existência de verdadeiro caos econômico caso as empresas venham a ser apenadas com valores mais significativos, com demissões em massa, quebra de algumas empresas e internalização dos custos das condenações aos preços dos produtos.[215]

Embora seja perfeitamente compreensível a preocupação com os custos no mundo negocial, pois a formação de preços depende desse cálculo, não nos parece que a aplicação da indenização punitiva resultaria em qualquer agravamento econômico significativo, ainda mais nos moldes apregoados pela doutrina oposicionista.

Primeiramente, em virtude do fato de que tais verbas, embora ostentem valores mais expressivos, serão arbitradas por um juiz e, portanto, não alcançarão verbas milionárias a não ser que a gravidade do caso o justifique.

Em segundo lugar, porque, como já tivemos oportunidade de demonstrar anteriormente, a indenização punitiva não é aplicada sem maior critério; um importante pressuposto é a demonstração da existência de dolo ou culpa grave do ofensor ao

---
215. PIZARRO, *Daño moral* ... cit. p. 539.

perpetrar a conduta ofensiva ou a obtenção de lucro com o ilícito, ou seja, essa modalidade de punição é cabível somente em casos específicos.[216]

Outrossim, o argumento parece partir da premissa de que todos os empresários do mercado agirão com malícia, dolo ou fraude, o que ensejaria o aumento vertiginoso de custos. Se, como propomos aqui, a indenização punitiva somente se aplica aos casos de dolo ou culpa grave e obtenção de lucro com o ilícito, o empresário que atua de acordo com as condutas normais de mercado nada deve temer, pois as chances de arcar com condenação do gênero, no exercício de suas atividades, é nula ou quase inexistente. Afinal, a probabilidade de condenação no pagamento de indenização punitiva é inversamente proporcional ao grau de lisura com que o sujeito atua no mercado.

Já as empresas que buscam vantagens por meio de atos lesivos, deverão preocupar-se por dois motivos primordiais: a) porque comprovados os pressupostos mencionados, serão obrigadas a arcar com a indenização punitiva, o que, a depender do número de reincidências, pode afetar suas finanças, e b) porque ao internalizar os custos dessas condenações em seus preços, para fazer jus ao pagamento de tais indenizações, ficarão em posição de desvantagem comercial perante os demais partícipes do mercado, os quais, por sua lisura, conseguirão manter preços mais competitivos.

A indenização punitiva, portanto, tem o predicado de escoimar do mercado os maus empresários. Irá colocar em evidência empresas que procuram lesar o consumidor ou a coletividade, para se furtar a cumprir a lei, ou para obter vantagem patrimonial ilícita, tal como o fez montadora multinacional de veículos, ao instalar dispositivo que burlava os resultados de emissão de gases tóxicos em motores movidos a óleo diesel.

Ainda em abono à indenização punitiva, convém mencionar as ponderações tecidas por Andrade[217] com apoio em Pizarro, no sentido de negar validade à análise exclusivamente econômica do direito, quando a utilidade ou inutilidade de determinado instituto deve ser avaliada tendo em conta os demais valores tutelados pelo ordenamento. E no sistema jurídico brasileiro, assim como em outros marcados pelo princípio solidarista e pela valorização da pessoa, "o núcleo central de toda argumentação (e de todo sentimento) jurídico repousa em torno do homem e de sua dignidade, cuja valoração supera largamente as regras de oferta e demanda".[218]

---

216. No tópico denominado "excesso das indenizações", supra, demonstramos que mesmo nos Estados Unidos da América o número de condenações em *punitive damages* é pequena frente ao volume de ações ajuizadas com esse propósito.
217. ANDRADE, *Dano moral* ... cit. p. 279 e PIZARRO, *Daño moral* ... cit. p. 540.
218. PIZARRO, op. cit. p. 540. No original: "(...) el núcleo central de todo el razionamento (y del sentimiento) jurídico reposa en torno al hombre y a su dignidad, cuya valoración supera largamente las reglas de oferta y demanda."

3.9.6 Ausência de disciplina legal

A ausência de disciplina legal específica sobre a aplicação da indenização punitiva constitui divisor de águas até mesmo entre os defensores do instituto no Brasil. Não bastassem os opositores à ideia levantarem sua bandeira também com base nesse argumento, muitos dos defensores da indenização punitiva condicionam sua viabilidade à existência de expressa disposição legal autorizadora.[219]

Com o devido respeito às opiniões em contrário, estamos convencidos sobre a possibilidade de utilização desse importante ferramental moralizador em nosso ordenamento, a despeito de expressa autorização legislativa. Firmes nas lições de Renan Lotufo[220], no sentido de que o Direito brota da sociedade, somos da opinião de que a expressa autorização legislativa apenas consolidaria o entendimento sufragado pela jurisprudência como resposta aos anseios sociais.

Vimos, em capítulos anteriores, a forte corrente doutrinária que reconhece na reparação dos danos extrapatrimoniais a dupla função compensatória e punitivo-dissuasória. Constitui, pois, instituto vocacionado ao exercício de papel moralizador, de cunho ético, a extrapolar os estreitos limites de atribuição ao lesado determinada soma de dinheiro para, por meio das benesses e do conforto proporcionado pelo dinheiro, aplacar a dor ou satisfazer o sentimento de justiça.

Como tivemos oportunidade de verificar, nas páginas precedentes, essa função punitivo-dissuasória está em compasso com as funções reassumidas pela responsabilidade civil, de modo que não é possível cogitar a existência de conflito entre este instituto e o da reparação do dano extrapatrimonial.

Basta lembrarmos os ensinamentos de Fernando Noronha[221], ao tratar dos danos extrapatrimoniais, afirmando ser "em especial na reparação desses danos que fica patente, mesmo que com relevo secundário, a finalidade de punição do lesante, sobretudo se agiu com forte culpa". Ou, ainda, representando todos os inúmeros outros posicionamentos já citados neste trabalho, as precisas palavras de Carlos Alberto Bittar[222], versadas nos seguintes e elucidativos termos:

---

219. Defensor da indenização punitiva, condicionando a sua aplicação à prévia existência de legislação autorizadora é Pedro Ricardo e Serpa (*Indenização Punitiva*, Dissertação de Mestrado Apresentada ao Departamento de Direito Civil. Orientadores; Prof. Titular Antonio Junqueira de Azevedo e Prof. Doutor Alcides Tomasetti Jr., Faculdade de Direito do Largo São Francisco, Universidade de São Paulo, 2011) para quem "(...) é inadmissível a utilização da indenização punitiva sem a prévia cominação legal" (p. 236).
220. As frequentes investidas de Renan Lotufo contra aqueles que se negam a considerar o direito como fruto social (e não o contrário) que repercute no mundo jurídico ocorreram em diversos momentos de suas aulas, das quais tivemos oportunidade de participar como aluno da graduação, mestrado e doutorado da PUC/SP, e de tantas palestras que igualmente acompanhamos.
221. NORONHA, Fernando. *Direito das obrigações*. 3. ed. rev. e atual. São Paulo: Saraiva, 2010, p. 462.
222. *Reparação civil por danos morais*. 4. ed. rev., aum. e modificada por Eduardo C. B. Bittar. São Paulo: Saraiva, 2015, p. 216-217.

Em consonância com essa diretriz, a indenização por danos morais deve traduzir-se em montante que represente advertência ao lesante e à sociedade de que não se aceita o comportamento assumido, ou o evento lesivo advindo. Consubstancia-se, portanto, em importância compatível com o vulto dos interesses em conflito, refletindo-se, de modo expressivo, no patrimônio do lesante, a fim de que sinta, efetivamente, a resposta da ordem jurídica aos efeitos do resultado lesivo produzido. Deve, pois, ser quantia economicamente significativa, em razão das potencialidades do patrimônio do lesante.

Ora, num momento em que crises de valores e de perspectivas assolam a humanidade, fazendo recrudescer as diferentes formas de violência, esse posicionamento constitui sólida barreira jurídica a atitudes ou a condutas incondizentes com os padrões éticos médios da sociedade. De fato, a exacerbação da sanção pecuniária é fórmula que atende às graves consequências que de atentados à moralidade individual ou social podem advir. Mister se faz que imperem o respeito humano e a consideração social, como elementos necessários para a vida em comunidade.

Relembrado o papel predominante exercido pelo dano extrapatrimonial, no sentido de reprimir e punir condutas que atentem contra a dignidade da pessoa humana, volvemos aos demais argumentos que alicerçam a imediata aplicação da indenização punitiva.

3.9.6.1 Ocaso ético e os valores prevalentes em sociedades democráticas de Direito

É curioso notar a tendência atual de, a pretexto de estrita observância da legalidade, admitir os maiores descalabros a valores constitucionalmente protegidos, numa evidente inversão de valores.

Tornou-se senso comum agarrar-se a certas verdades absolutas, na pretensa defesa de minorias ou de expedientes pseudodemocráticos, olvidando-se, no mais, de todos os outros elementos da sociedade e do ordenamento. Sob o pálio de certas bandeiras, esquecem-se de todas as demais, em especial daquelas destinadas à proteção da coletividade. Prepondera-se o indivíduo sobre a coletividade, quando o movimento correto e mais consentâneo com a atual existência humana é exatamente o reverso.[223]

Os princípios fundantes de todo e qualquer ordenamento jurídico não podem ser tratados sob a regra do tudo ou nada, da aniquilação mútua ou da preponderância cega de um sobre o outro, sem a análise correta do caso concreto, a ensejar a devida ponderação de valores. Há princípios que, pelos valores envolvidos, serão preponderantes e como tais deverão ser tratados, o que não significa o aniquilamento dos demais. Vez ou outra, a considerar o caso envolvido, certos princípios poderão ser mitigados ou dar espaço a outros para, no cômputo geral, dar-se prevalência àquilo que melhor atende aos anseios da sociedade.

---

223. Como, aliás, já demonstrava Miguel Reale, ao insculpir no novo Código Civil o princípio da socialidade.

E, nessa cadência, desde logo é importante frisar, as normas constitucionais são importante instrumento para nortear os valores prevalentes e conformadores de dada sociedade em determinado período histórico.

Os nossos Constituintes tiveram a cautela de gizar com matizes vibrantes, no artigo 1º, inciso III, a dignidade da pessoa humana como sendo um dos fundamentos do Estado Democrático de Direito da República Federativa do Brasil. Já vimos a importância dessa opção legislativa, em especial para os direitos da personalidade. Vimos, ainda, a previsão constitucional da reparação do dano extrapatrimonial e suas consequências.

Todo o trabalho demonstrou, com inegável clareza, a importância jurídica e social da pessoa e a necessidade de sua tutela do modo mais amplo possível. Conjugada a tutela constitucional da pessoa humana com as finalidades reparatória e punitivo-dissuasória da reparação por danos extrapatrimoniais temos o necessário substrato jurídico para consolidar a preponderância dos valores que a eles são subjacentes como autorizadores da aplicação da indenização punitiva.

Com efeito, como bem salienta Bandeira de Mello[224], "o regramento constitucional é, acima de tudo, um conjunto de dispositivos que estabelecem comportamentos obrigatórios para o Estado e para os indivíduos. Assim, quando dispõe sobre a realização da Justiça Social – mesmo nas regras chamadas programáticas – está, na verdade, imperativamente, constituindo o Estado Brasileiro no indeclinável dever jurídico de realizá-la". Nesse diapasão, ocorrida a reiterada ofensa à dignidade da pessoa humana, por meio de expedientes dolosos ou eivados de culpa grave, o Estado – e nisso inclui-se o Poder Judiciário – não pode permanecer inerte sob o fundamento de não haver normação infraconstitucional, porquanto isso "acaba tirando com uma das mãos o que foi dado com a outra".[225]

Para tanto, é preciso que os Tribunais, mediante a análise e interpretação global e abrangente do ordenamento jurídico, encontrem respostas assertivas para a defesa dos valores e princípios mais importantes e significativos para aquele momento histórico. Sublinhamos a concepção de momento histórico para deixar claro que, embora a dignidade da pessoa humana seja de importância suficiente para prevalecer atemporalmente, a sua aplicação se dará nos limites e contornos necessários para sua efetiva proteção num determinado período.

Para tornarmos o raciocínio mais claro, vamos utilizar o próprio princípio da dignidade da pessoa humana como referência. Quando da elaboração da Constituição, uma das formas de tutela e observância daquele princípio era, exatamente, prevenir toda e qualquer ingerência indevida do Estado, dado os temores advindos da experiência colhida do período ditatorial. Logo, é lícito afirmar que a preserva-

---

224. BANDEIRA DE MELLO, Celso Antônio, *Eficácia das normas constitucionais e direitos sociais*. 1. ed., 3. tir. São Paulo: Malheiros, 2011, p. 12.
225. BANDEIRA DE MELLO, *Eficácia das normas* .... cit. p. 10.

ção do valor subjacente à dignidade da pessoa humana estava atrelado ao exame e observância mais rigorosos do princípio da legalidade.

A maturidade jurídica e democrática, bem como a exigência social de novas tutelas é capaz de subverter as posições doutrinárias e jurisprudenciais de outrora, com a exigência de novas reflexões que, entretanto, devem guardar sintonia com o todo do ordenamento jurídico, sob pena de constituir-se como elemento externo e, portanto, carente de validade. Sobre o tema são oportunas as considerações de Inocêncio Mártires Coelho[226], lastreadas na doutrina de Larenz:

> Na mesma direção anota Larenz que muito embora toda e qualquer interpretação – devida a um tribunal ou à ciência jurídica – encerre a pretensão de ser correta, em termos de conhecimento adequado e assente em razões compreensíveis, na verdade não existe uma interpretação 'absolutamente correta', no sentido de que se possa considerar definitiva e válida para todas as épocas. Não é definitiva porque a variedade inabarcável e a permanente mutação das relações da vida a todo instante colocam aquele que aplica as normas perante novas questões; tampouco é válida, para sempre, porque a interpretação de qualquer norma, sendo referida de modo necessário à totalidade do ordenamento a que pertence, estará sujeita, reflexamente, às mudanças de rumo que se verifiquem nesse ordenamento ou, mais amplamente, no prisma histórico-social de aplicação do direito.

O próprio Código Civil de 2002, atento a essa inexorável realidade, valeu-se de estrutura morfológica propiciadora da necessária flexibilidade, a fim de torná-lo viável e eficaz, mesmo diante das mutações sociais. As denominadas cláusulas gerais, tão enaltecidas por Miguel Reale, são detentoras desse predicado e tornam possível ao Poder Judiciário, em sua função conformadora, manejá-las a fim de dar pronta resposta às correntes exigências da sociedade.

Estamos vivenciando período singular de ruptura ética. O bem-estar pessoal, por meio da acumulação de riquezas, constitui justificativa suficiente para a realização das mais obscuras condutas, das mais aviltantes ofensas ao próximo e das mais cruéis injustiças. A palavra empenhada não passa de gesto fugaz sem qualquer comprometimento; a vida humana e todos os seus predicados não são mais do que instrumentos para o enriquecimento alheio.

O resultado é a preponderância do raciocínio econômico sobre o humanitário. É a obtenção de vantagens financeiras em detrimento do mínimo de solidariedade

---
226. COELHO, Inocêncio Mártires. O novo CC e o seu completamento pela jurisprudência. *Aspectos controvertidos do novo Código Civil*. Escritos em homenagem ao Ministro José Carlos Moreira Alves. São Paulo: Ed. RT, 2003, p. 326. Nas palavras de Larenz (LARENZ, Karl, *Metodologia da ciência do direito*. 3. ed. Trad. José Lamego. Lisboa: Fundação Calouste Gulbenkian, 1997, p. 263): "O passado não é simplesmente algo que já passou, e assim um evento pretérito. O "mundo histórico" que o homem cria à sua volta e no qual vive a sua própria vida é tão contínuo como variável; mantém-se através do decurso dos tempos, da sucessão de gerações e apresenta-se continuamente como algo de novo. Também o Direito apresenta "a estrutura temporal da historicidade"; mantém-se durante mais ou menos tempo e encontra-se num processo contínuo de adaptação às variações do tempo histórico, quer dizer, do tempo que tem a marca do homem. Quem quiser compreender o Direito do presente no seu estádio actual tem também que ter em vista o seu devir histórico, bem como a sua abertura face ao futuro."

e respeito à vida humana. É o jogo perverso de ruptura da confiança, da caridade e da convivência social mínima que nos torna humanos.

Em resumo, é a inversão total de valores, a qual, pode e deve ser coibida pelo ordenamento jurídico, com o propósito de restabelecer os prumos da legalidade e da ética, bastando, para tal, ponderar de modo adequado os princípios e valores constitucionais vigentes, ou, em outras palavras, manejar os instrumentos que o ordenamento jurídico já contém.

Cabe, aqui, portanto, os ensinamentos de Zagrebeslky[227] para quem o que é verdadeiramente fundamental nunca é posto, mas pressuposto, logo, as soluções jurídicas não estão na lei, mas em outros sítios mais profundos. Desse modo, é lícito afirmar que a coexistência de princípios e valores significa tê-los não como entes absolutos, mas compatíveis com os demais com os quais deve conviver, tendo-se me mente que "una plenitud de vida colectiva (...) exige actitudes moderadas (una *aurea medietas*), pero positivas y constructivas, y que puede mantenerse con la consciencia de quine sabe que este ideal corresponde a una visión de la vida y a un *ethos* en modo alguno despreciables".[228]

Ainda forte na doutrina de Zagrebelsky[229] é importante trazer à colação o seguinte excerto doutrinário, o qual bem resume os argumentos com os quais arremataremos os pontos deste subtópico:

> Creo, por tanto, que la condición espiritual del tiempo en que vivimos podría describirse como la aspiración no a uno, sino a los muchos principios o valores que conforman la convivencia colectiva: la libertad de la sociedade, pero también las reformas sociales; la igualdad ante la ley, y por tanto la generalidad de trato jurídico, pero también la igualdad respecto a las situaciones, y por tanto la especialidad de las reglas jurídicas; el reconocimiento de los derechos de los individuos, pero también de los derechos de la sociedad; la valoriación de las capacidades materiales y espirituales de los individuos, pero también la protección de los bienes colectivos frente a la fuerza destructora de aquéllos; el rigor en la aplicación de la ley, pero también la piedad ante sus consecuencias más rígidas; la responsabilidad individual en la determinación de la propia existencia, pero también la intervención colectiva para el apoyo a los más débiles etc.[230]

---

227. ZAGREBESLSKY, *El Derecho Ductil. Ley, derechos, justicia*. 7. ed. Trad. Marina Gascón. Madrid: Editorial Trotta, 2007, p. 9.
228. ZAGREBESLSKY, *El Derecho Ductil*, ... cit. p. 15. Tradução livre: (...) uma plenitude de vida coletiva (...) exige atitudes moderadas (uma aurea medietas), mas positivas e construtivas, e que pode se manter com a consciência de quem sabe que este ideal corresponde a uma visão da vida e a um ethos de modo algum depreciável.
229. ZAGREBESLSKY, *El Derecho Ductil* ... cit. p. 16.
230. Tradução livre: Creio, portanto, que a condição espiritual do tempo em que vivemos poderia ser descrita com a aspiração não a um, mas a muito princípios e valores que conformam a convivência coletiva: a liberdade da sociedade, mas também as reformas sociais; a igualdade perante a lei e portanto a generalidade do trato jurídico, mas também a igualdade em relação às situações e portanto a especialidade das regras jurídicas; o reconhecimento dos direitos dos indivíduos mas também dos direitos da sociedade; a valoração das capacidades materiais e espirituais do indivíduo, mas também a proteção dos bens coletivos frente a força destruidora daqueles; o rigor na aplicação da lei mas também a piedade ante suas consequências mais rígidas; a responsabilidade individual na determinação da própria existência, mas também a intervenção coletiva para o apoio dos mais débeis etc.

Essa ductilidade dos direitos constitui, portanto, a via necessária à aplicação das indenizações punitivas no ordenamento jurídico brasileiro, a despeito da existência de previsão legislativa expressa. Admitir a condenação daquele que ofende propositalmente ou com culpa grave a dignidade da pessoa humana em suas mais variadas expressões pode e deve sofrer as consequências de seus atos, de modo mais incisivo, seja para punir a conduta praticada, seja para dissuadir a coletividade de incorrer naquele mesmo erro.

E, ao admitir-se a indenização punitiva apenas nos casos cuja conduta é eivada de maior gravidade, está-se atribuindo o necessário senso de equilíbrio e justiça, assim como a convivência pacífica de tantos valores e princípios do ordenamento, sem descurar das condições de vida e do *ethos* de modo algum desprezíveis, como bem pondera Zagrebelsky.

3.9.6.2   Lei de imprensa: consagração da indenização punitiva

A utilização de critérios não relacionados à extensão dos danos extrapatrimoniais já foi palco de previsão legislativa no ordenamento jurídico brasileiro. A Lei de Imprensa (Lei 5.250, de 09/02/1967) previa, no artigo 53, II, o arbitramento da reparação com base na "intensidade do dolo ou grau de culpa do responsável, sua situação econômica e sua condenação anterior em ação criminal ou cível fundada em abuso no exercício da liberdade de manifestação do pensamento e informação".

A opção legislativa denota o evidente caráter dúplice dessa modalidade de reparação, visando à compensação da vítima e a punição do agente, como ponderam Maria Ester e Frederico Augusto Monteiro de Barros.[231]

Conforme ensinamentos dos aludidos autores, a reparação possui função dissuasória e educacional, impondo, ao ofensor, sanção com o objetivo de desestimulá-lo à prática do ilícito. A condenação desenvolve, portanto, processo de conscientização e de inibição da prática do ilícito, exortando o ofensor a reconsiderar sua conduta e evitar a prática de novos prejuízos.

Os resultados são exatamente aqueles almejados pela indenização punitiva, quais sejam, inibir a prática do ilícito, apenar o ofensor, e produzir imediatos reflexos positivos ao convívio social.

3.9.6.3   Aplicação imediata da indenização punitiva e os projetos de lei consolidadores

Bem compreendida a questão anterior, é importante tecer breves comentários sobre o papel da jurisprudência para consolidar e tornar operante a indenização punitiva a despeito da inexistência de legislação infraconstitucional autorizativa.

---

[231]. MONTEIRO DE BARROS, Maria Ester; MONTEIRO DE BARROS, Frederico Augusto. In: Luiz GOMES JUNIOR, Manoel (Coord.). *Comentários à Lei de Imprensa*. São Paulo: Ed. RT, 2007, p. 492-496.

Temos visto movimentos importantes de nosso Tribunais no sentido de aceitar a aplicação de valores mais expressivos nas hipóteses de danos extrapatrimoniais, embora nem todas façam menção à indenização punitiva. Outras, empregam a expressão *punitive damages*[232], a qual não nos parece a mais adequada. Não se trata, evidentemente, de posicionamento unânime – se é que é possível falar em unanimidade no campo do Direito[233] – mas de corrente que encontra fundamentos sólidos e coerentes suficientes para ser digna de respeito.

A jurisprudência exerce posição de destaque na consolidação de direitos e deveres. Como explica Larenz[234], é preciso compreender o Direito como ciência pertencente ao domínio das realizações humanas, em relação estreita com a existência social do ser humano. Nessa cadência é lícito asseverar ser o Direito "condição de todas as formas mais desenvolvidas de sociabilidade, na medida em que possibilita a prevenção de conflitos ou o seu arbitramento pacífico".

É de bom alvitre alertar não ser nosso propósito dar um cheque em branco ao julgador[235], mas tornar possível interpretação normativa mais condizente com os anseios sociais, sem desviar-se dos prumos de legalidade. Por esse mesmo motivo, não se cogita da aplicação da indenização punitiva nos casos de danos patrimoniais, pois nesta hipótese entendemos haver violação do comando inserto no artigo 944, do Código Civil.

Retomamos, aqui, o raciocínio no sentido de que, se a indenização mede-se pela extensão do dano, é preciso que ele seja mensurável para viabilizar a perfeita sintonia da reparação com o princípio do *restitutio in integrum*. No caso dos danos patrimoniais, essa relação dano-prejuízo é evidente. Admitir qualquer acréscimo à verba indenizatória, ainda que a título de punição, deve ser objeto de prévia autorização legislativa.

O mesmo, todavia, não ocorre com os danos extrapatrimoniais. E nessa esteira de pensamento, tratando, como estamos, de elemento fluido como o é a ofensa à dignidade da pessoa humana, suscetível a todo o grau de variação e, por sua própria natureza, impossibilitada de se submeter a qualquer critério de medida, o valor da reparação é, como já vimos, meramente compensatório. Os danos extrapatrimoniais

---

232. Cite-se, por todos, julgado do TJSP: "Bem demonstrados os fatos nos autos, que devem levar à reparação pelo dano moral suportado pela autora, tem-se que o valor fixado em R$ 12.000,00, corrigido monetariamente, está adequado para dar conta da dupla finalidade da reparação moral, quais sejam, a compensação da vítima e a inibição ao ofensor à prática de atos semelhantes, à maneira dos 'punitive damages' norte-americano, fonte maior do art. 5º, V e X da Constituição Federal (...)" (TJSP, AC99106025371-1, rel. Des. Claudio Levada, j. 05.07.2010).
233. É a falta de unanimidade, aliás, que torna no Direito belo e apto a regular as relações sociais, criando, inovando e exortando a busca de soluções adequadas aos mais variados e intrincados problemas da sociedade.
234. LARENZ, Karl, *Metodologia da Ciência do Direito*, 3. ed. Trad. José Lamego. Lisboa: Fundação Calouste Gulbenkian, 1997, p. 261.
235. Como diz Daniel de Andrade Levy, ao citar Suzane Carval (*Responsabilidade Civil. De um direito dos danos a um direito das condutas lesivas*. São Paulo: Atlas, 2012, p. 75).

não se subsumem, portanto, a nosso ver, ao artigo 944, do Código Civil, pelo simples fato de não haver critérios objetivos, repita-se, de mensuração do dano. Apropriado, pois, nesse contexto, utilizar-se, como critérios norteadores da reparação, "a reprovação da conduta, isto é, a gravidade ou intensidade da culpa do agente, a repercussão social do dano, as condições socioeconômicas da vítima e do ofensor".[236]

Deriva, ainda, dos fatos anteriores, a viabilidade de se inserir, tal como reconhecem doutrina e jurisprudência, o caráter punitivo da reparação, a fim de desestimular condutas que conduzam à violação dos bens mais caros à pessoa humana e todas as suas expressões.

Nessa mesma esteira de pensamento, harmonizou-se o Enunciado 379, aprovado na IV Jornada de Direito Civil, versado nos seguintes termos: "O art. 944, caput, do Código Civil não afasta a possibilidade de se reconhecer a função punitiva ou pedagógica da responsabilidade civil."

Ao discorrer sobre o tema Salomão Resedá[237] advoga a favor da imediata aplicação da indenização punitiva, trazendo à baila, para abonar sua tese, decisão proferida pelo Ministro César Peluso, do Supremo Tribunal Federal, no qual, ao relatar o Recurso Extraordinário 447.584/RJ[238], consignou o caráter irrestrito da tutela à integridade da pessoa humana (a que ele chama integridade moral):

> Na fisionomia normativa da proteção do direito à integridade moral, o qual serve o preceito de reparabilidade pecuniária da ofensa, a vigente Constituição da República não contém de modo expresso, como o exigiria a natureza da matéria, nem de modo implícito, como se concede para argumentar, nenhuma *disposição restritiva* que, limitando o valor da indenização e o grau consequente da responsabilidade civil do ofensor, caracterizasse redução do alcance teórica da tutela. A norma garantidora, que nasce da conjugação dos textos constitucionais (art. 5º, V e X), é, antes, nesse aspecto, de cunho irrestrito. (grifos no original)

Como relata Resedá, a ausência de limitação abre campo para a indenização punitiva no âmbito dos direitos extrapatrimoniais, lembrando que a inexistência de norma pode e deve ser suprida pelo julgador, com o intuito de conferir resposta plausível aos novos anseios e necessidades sociais.

Assim, os movimentos legislativos que procuram deixar às claras a aplicação da indenização punitiva no âmbito dos direitos extrapatrimoniais apenas espancaram as dúvidas que eventualmente ainda subsistem, num processo evolutivo similar ao ocorrido com a própria reparação do "dano moral", cuja viabilidade era objeto de inúmeras controvérsias, até que o advento da Constituição de 1988 dirimisse qualquer dúvida.

---
236. BODIN DE MORAES, *Danos à pessoa....* p. 162.
237. RESEDÁ, Salomão. *A aplicabilidade do punitive damage nas ações de indenização por dano moral no ordenamento jurídico brasileiro.* Dissertação apresentada ao Programa de Pós-Graduação em Direito, Faculdade de Direito, Universidade Federal da Bahia, como requisito parcial para obtenção do grau de Mestre em Direito. Orientador: Prof. Rodolfo Mário da Veiga de Pamplona Filho, Salvador, 2008, p. 303.
238. REXT 447584/RJ, Rel. Min. Cesar Peluso, p. 28.11.2006.

Não são poucas as iniciativas legislativas imbuídas dessa tarefa pacificadora, as quais bem demonstram o anseio social de obstar a prática de atos lesivos graves e aviltantes à pessoa humana.

O Projeto de Lei 2.496 de 2007, de autoria do Deputado Vital do Rêgo Filho, prevê a inclusão de parágrafo único ao artigo 6º, do Código de Defesa do Consumidor, o qual propunha que a "fixação do valor devido a título de efetiva reparação dos danos morais atenderá, cumulativamente, à função punitiva e à função compensatória da indenização".

Logo no ano de 2002, o Deputado Ricardo Fiúza, por meio do PL 6.960/2002[239], propunha a inclusão de um segundo parágrafo ao artigo 944, do Código Civil, para contemplar, expressamente, o aspecto punitivo da reparação do dano moral (para nós, dano extrapatrimonial). O texto legislativo proposto prescrevia: "A reparação do dano moral deve constituir-se em compensação ao lesado e adequado desestímulo ao lesante".

Nas justificativas ao aludido projeto, o parlamentar pondera ser inadequado o uso do critério da extensão do dano para fins de arbitramento da reparação por danos não patrimoniais. Deriva, dessa constatação lógica, a proposição de adotar como fundamento para a fixação do dano extrapatrimonial a compensação ao lesado e o desestímulo ao lesante, considerando-se, para tanto, as pessoas envolvidas, o grau de culpa do lesante, eventual participação do lesado do evento danoso, a situação econômica das partes e a proporcionalidade ao proveito obtido com o ilícito.[240]

O Projeto de Lei 699/2011 repropôs, na integralidade, o projeto do Deputado Ricardo Fiúza, e foi apensado aos PL 3880/2012, PL 568/2015, PL 1145/2015, PL 3872/2015 e PL 1598/2015.

O Projeto de Lei 3880/2012 inova, propondo redação ao artigo 944 do Código Civil, e seu parágrafo único, cujo objetivo é deixar clara a indispensabilidade da indenização punitiva em nosso ordenamento jurídico. A prescrição normativa proposta está versada nos seguintes termos:

---
239. O PL 6.960/2002, apresentado aos 12.06.2002, foi arquivado em 17.03.2008.
240. Oportuna a transcrição do seguinte excerto elucidativo constante do projeto de lei em cotejo:
"Por conseguinte, não basta estipular que a reparação mede-se pela extensão do dano. Os dois critérios que devem ser utilizados para a fixação do dano moral são a compensação ao lesado e o desestímulo ao lesante. Inserem-se neste contexto fatores subjetivos e objetivos, relacionados às pessoas envolvidas, como a análise do grau da culpa do lesante, de eventual participação do lesado no evento danoso, da situação econômica das partes e da proporcionalidade ao proveito obtido com o ilícito (v. Carlos Alberto Bittar, Reparação Civil por danos morais, cit., p. 221). Em suma, a reparação do dano moral deve ter em vista possibilitar ao lesado uma satisfação compensatória e, de outro lado, exercer função de desestímulo a novas práticas lesivas, de modo a "inibir comportamentos antissociais do lesante, ou de qualquer outro membro da sociedade", traduzindo-se em "montante que represente advertência ao lesante e à sociedade de que não se aceita o comportamento assumido, ou o evento lesivo" (cf. BITTAR, Carlos Alberto. *Reparação civil por danos morais*, cit., p. 247 e 233; v., também, CAHALI, Yussef Said. *Dano moral*, cit., p. 33-42; e SANTOS, Antonio Jeová. *Dano moral indenizável*. 3. ed. São Paulo, 2001, p. 174 a 184; v. acórdãos in JTJ 199/59; RT 742/320)."

Art. 944. A indenização mede-se pela extensão do dano *em todos os seus aspectos, seja ele moral, material, estético ou social*.

Parágrafo único. Se houver excessiva desproporção entre a gravidade da culpa e o dano, poderá o juiz reduzir, equitativamente, a indenização *ou aumenta-la com o intuito de atingir a função punitiva e pedagógica da indenização*. (grifos nossos)

O Projeto de Lei 568/2015 objetivou limitar a aplicação da indenização punitiva aos casos envolvendo atos ilícitos relacionados a serviços essenciais e propõe a adoção de critérios objetivos de mensuração da verba punitiva e da compensatória.[241] O texto legislativo contém a seguinte prescrição:

Art. 944-A. A indenização proveniente de ato ilícito diretamente relacionado a serviço essencial, poderá, com a finalidade de alcançar o caráter pedagógico-punitivo, superar em até 100 (cem) vezes o valor do dano patrimonial causado à vítima.

§ 1º Para os efeitos das disposições deste artigo, são considerados serviços essenciais aqueles relacionados na Lei 7.783, de 28 de junho de 1989.

§ 2º Nos casos relacionados à indenização por danos morais, o valor arbitrado deve corresponder ao mínimo de 10 (dez) e máximo de 100 (cem) salários mínimos.

Convém mencionar, ainda, o Projeto de Lei 3872/2015, cuja iniciativa tem o propósito de instituir três parâmetros a serem considerados na fixação dos danos extrapatrimoniais: o caráter compensatório para a vítima, o punitivo para o causador do dano e o exemplar para a sociedade.[242] A proposição visa alterar o artigo 944, do Código Civil, nos termos abaixo enunciados:

Art. 944. A indenização mede-se pela extensão do dano.

---

241. O Projeto mencionado foi apensado ao de n. 3880/2012 e ostenta a seguinte justificativa:
"O presente Projeto de Lei busca coibir as recorrentes violações de direitos que sofrem os cidadãos brasileiros ao se utilizarem de serviços essenciais, como os serviços de assistência médica e hospitalar, transporte coletivo, bancários, dentre outros listados no artigo 10 da Lei 7.783, de 1989.
Percebe-se que o patamar indenizatório atualmente estabelecido de forma jurisprudencial não tem coibido as más práticas e em pouco tem compensado adequadamente o ato ilícito suportado pelas vítimas.
A consequência de tal situação é que os prestadores de serviços essenciais permanecem com as más práticas que violam direitos dos seus usuários, fato que sobrecarrega o Poder Judiciário com um grande volume de demandas judiciais proporcionada por um círculo vicioso que prejudica a toda sociedade.
São prejudicados os jurisdicionados com o crescente volume de demandas judiciais, fato que acarreta em morosidade na apreciação dos processos; é também prejudicado o Poder Judiciário que termina por comprometer a sua estrutura com demandas originadas por práticas que embora reprováveis são recorrentes; são também prejudicados os usuários dos serviços que após vitimados com a violação de direitos não possuem a menor expectativa de que a eventual condenação judicial coibirá novas práticas danosas.
É importante que se diga que a própria sociedade exige dos representantes estatais uma postura de repreensão aos ofensores das normas vigentes. Criou-se no Brasil uma má cultura da violação voluntária de prerrogativas e direitos, assumindo-se o risco de causar danos e eventualmente arcar com pequeninas indenizações que são insignificantes em relação ao lucro obtido com a violação de direitos em grande escala.
Portanto, a sociedade clama ao Parlamento uma postura austera e combativa no que diz respeito às constantes violações de direitos que sofrem os usuários de serviços essenciais, correspondendo o presente Projeto de Lei a uma justa resposta ao clamor social."
242. O Projeto mencionado foi apensado ao de n. 3880/2012.

§1º Se houver excessiva desproporção entre a gravidade da culpa e o dano, poderá o juiz reduzir, equitativamente, a indenização.

§2º Nas ações de reparação por dano moral, poderá o juiz, de ofício, sopesando o grau de culpa ou dolo do infrator, bem como seu potencial econômico, fixar, além da justa indenização para a vítima, uma prestação pecuniária a ser destinada às entidades de benemerência da comarca ou a fundo de interesses difusos.

§3º Na fixação do valor indenizatório, o juiz levará em consideração:

I – a angústia e o sofrimento da vítima, com a finalidade de compensar o constrangimento advindo da injusta agressão.

II – a potencialidade econômica do ofensor para não lhe impor uma condenação tão elevada que signifique sua ruína, nem tão pequena, que avilte a dor da vítima.

III – a reiteração da conduta ilícita do ofensor.

IV – a necessidade de demonstrar à sociedade a reprovabilidade daquela conduta lesiva e que o Estado não admite e nem permite que referidos atos sejam praticados impunemente.

No Senado Federal tramitou o projeto de lei PLS 413/07, do Senador Renato Casagrande, cujo objetivo também é acrescentar um segundo parágrafo ao artigo 944, do Código Civil. O projeto foi emendado pela Senadora Lúcia Vânia para acrescentar, às funções punitiva, compensatória e preventiva da responsabilidade civil, a função educativa. O texto foi redigido nos seguintes moldes: "A indenização por danos morais entenderá as funções compensatória, educativa e punitiva".[243]

---

243. A principal reclamação levada aos juizados é relativa à relação de consumo. Enquadram-se neste tipo de matéria 37,2% dos processos analisados. Em alguns estados essa proporção atinge níveis bastante superiores. Em três capitais, por exemplo, tais índices atingem mais de cinquenta por cento. No Rio de Janeiro há 79 % de lides oriundas de relações de consumo, em São Paulo 50,8% e em Belo Horizonte 55,3%. As empresas concessionárias de serviços públicos e as instituições financeiras aparecem como as principais reclamadas em todas as pesquisas sobre os Juizados Especiais.

As empresas reclamadas são, em grande medida, as conhecidas litigantes habituais. São empresas que, sustenta a doutrina jurídica, se utilizam da possibilidade de descumprir a legislação e posteriormente fazer acordos em juízo para o pagamento de valores indenizatórios aos consumidores como estratégia de mercado (ANDRADE, André Gustavo Corrêa de. Indenização punitiva. *Revista da ABPI*, n. 85, p. 55-69, nov/dez 2006. MELO, Diogo Leandro Machado de. Ainda sobre a função punitiva da reparação por danos morais: e a destinação de parte da indenização para entidades de fins sociais – art. 883, parágrafo único do Código Civil. *Revista de direito privado*, n. 26, p. 105-145, abr/jun. 2006. GONÇALVES, Vitor Fernandes. *A punição na responsabilidade civil*: a indenização do dano moral e da lesão a interesses difusos. Brasília: Brasília Jurídica, 2005).

As empresas atuam, assim, na perspectiva do cumprimento das determinações legais se esta medida lhes for economicamente conveniente. A lei é tratada por tais empresas como mais um componente de custo e de risco em suas estratégias de marketing. Assim, se for lucrativo, segundo a lógica do custo x benefício, descumprir a legislação de defesa do consumidor, ou a legislação trabalhista, por exemplo, essas empresas não titubearão em assim agir. Faz-se necessário, portanto, prover os julgadores de um instrumento conceitual positivado que permita, com segurança, determinar o quantum indenizatório que realmente dissuada aqueles que lesam, por meio de reiterados descumprimentos de determinação legal, habitualmente os indivíduos e a coletividade.

O fenômeno dos litigantes habituais é exemplarmente descrito na doutrina jurídica em obra clássica de Cappelletti & Garth sobre o tema. Os autores indicam que na concepção revolucionária do acesso à justiça, a atenção do processualista se amplia para uma visão tridimensional do direito. Sob essa nova perspectiva, o direito não é encarado apenas do ponto de vista dos seus produtores e do seu produto (as normas gerais e especiais), mas é encarado principalmente, pelo ângulo dos consumidores do direito e da justiça, enfim,

Há, outrossim, o Projeto de Lei 334 de 2008, do Senador Valter Pereira, o qual procura disciplinar os danos morais, determinando como critérios de compensação o bem jurídico afetado, a posição socioeconômica da vítima, a repercussão social e pessoal do dano, a possibilidade de superação psicológica do dano, quando a vítima for pessoa física, a possibilidade de recomposição da imagem econômica ou comercial da vítima pessoa jurídica, a extensão da ofensa e a duração dos seus efeitos, e o potencial inibitório do valor da condenação.[244]

As iniciativas legislativas mencionadas são profícuas para demonstrar o anseio da sociedade em adotar os critérios punitivos e de exemplaridade social à reparação de certos danos e, ainda, para evidenciar serem os danos extrapatrimoniais o veículo para tornar a indenização punitiva operacional.

A despeito da profusão de iniciativas legislativas nesse sentido, e muito embora sejamos favoráveis a todas elas para espancar qualquer dúvida sobre a aplicabilidade desse valioso instrumento punitivo-dissuasório, nos casos de dolo ou culpa grave e lucro ilícito, entendemos ser plenamente viável o uso da indenização punitiva, mesmo diante de ausência legislativa autorizadora.

O posicionamento de Donnini a respeito do tema é esclarecedor. Consoante as lições do mencionado jurista, não há necessidade de previsão legislativa específica para o acolhimento do que ele denomina de valor de desestímulo.[245] Isso porque nosso ordenamento jurídico, nos planos constitucional e infraconstitucional, contém critérios de justiça, tais como a dignidade da pessoa humana, a justiça social, a solidariedade, a vedação ao abuso do direito a função social dos institutos de Direito Privado e outros, que "não apenas permitem, mas impõem a aplicação dessa inibição à atividade lesiva".

Nessa esteira de pensamento – da qual comungamos – a não aplicação da indenização punitiva, como valor punitivo e de desestímulo, viola o princípio da boa-fé objetiva (artigos 422, do Código Civil e 4º, III, do Código de Defesa do Consumidor), pois significa admitir a reiterada prática de eventos lesivos em detrimento de toda a sociedade, tornando a vida sem proteção e, consequentemente, sem segurança, o

---

     sob o ponto de vista dos serviços processuais. (CAPELLETTI, Mauro & GARTH, Bryant. *Acesso à justiça*. Porto Alegre: Safe, 2002)

     Há, no ordenamento pátrio, normas cíveis de caráter punitivo, o que elide qualquer dúvida quando ao cabimento desta tipologia regulatória. São exemplos os artigos 608, 773, 939 a 941, 953, 954, 1336, parágrafos primeiro e segundo do Código Civil e artigos 42, parágrafo único e 84, § 4º do Código de Defesa do Consumidor.

     Por estes motivos, apresento a presente proposta legislativa esperando contar com o apoio dos nobres pares para a sua aprovação.

244. O projeto foi arquivado.
245. DONNINI, *Responsabilidade civil na pós-modernidade* ... cit. p. 95. O autor denomina o valor aplicado à guisa de indenização punitiva como valor de desestímulo. A ideia central é a mesma admitida em nosso trabalho, qual seja, a condenação do lesante ao pagamento de quantia excepcional a título de punição e desestímulo.

que é, atualmente, o cerne da responsabilidade civil.[246] Como bem ponderado pelo mencionado jurista, "sem cuidado, sem atenção às pessoas, não há prevenção de danos".[247]

Não aplicar a indenização punitiva, constitui, igualmente, ofensa direta ao artigo 5º, da Lei de Introdução às Normas de Direito Brasileiro, o qual impõe ao julgador cumprir os fins sociais impostos em lei e atender às exigências do bem comum. Nenhuma dessas exigências é atendida sem o desestímulo à prática contumaz de ocasionar danos.[248]

Por fim, os artigos 1º, III (dignidade da pessoa humana), 3º, I (sociedade livre, justa e solidária), 6º (direitos sociais) e 170, *caput* (justiça social), todos da Constituição Federal de 1988, constituem autorização suficiente para a aplicação da indenização punitiva, porquanto "a vida digna não se coaduna com a ofensa física ou moral, tampouco um comportamento que venha de encontro à ideia e solidariedade e não atenda às prescrições impostas pelos direitos sociais, o direito à segurança, inclusive".[249] Haverá, da mesma forma, descumprimento do texto constitucional, no campo da ordem econômica, se não existir justiça social, a qual pressupõe o desestímulo e punição da lesão reiterada à sociedade ou a atos de menosprezo ao direito alheio ou aos ofendidos.[250]

3.10 FINALIDADES DA INDENIZAÇÃO PUNITIVA

A partir do relato anterior, foi possível verificar que a responsabilidade civil, ao assumir a sua função punitiva, difere da natureza compensatória com o fito de exercer dois papéis bem definidos: punir o agente do ilícito e persuadi-lo, assim como a terceiros, de incorrerem em atos da mesma natureza. Trata-se do verso e reverso da mesma moeda, já que a punição tende a prevenir e a prevenção se dá mediante a punição. Nos tópicos seguintes serão tratadas com mais vagar as finalidades almejadas e alcançadas com o emprego da indenização punitiva.

3.10.1 Eliminação do lucro ilícito

Um dos papéis exercidos pela função punitiva da responsabilidade civil é a eliminação do lucro ilícito. Tivemos oportunidade de verificar, nos itens precedentes, que a atuação do princípio do *restitutio in integrum* no campo da responsabilidade civil implica reconhecer como devido ao lesado, a título de reparação compensatória, apenas a exata medida de seu prejuízo: nem mais, nem menos.

---

246. DONNINI, *Responsabilidade civil na pós-modernidade* ... cit. p. 95.
247. DONNINI, op. cit. p. 95.
248. DONNINI, op. cit. p. 95.
249. DONNINI, op. cit. p. 95.
250. DONNINI, op. cit. p. 95.

Vimos, ainda, ser de difícil ou quase impossível mensuração econômica a violação dos direitos da personalidade, dado que por sua intangibilidade e por estarem ligados à dignidade da pessoa humana, não se subsumem a critérios econômicos.

Nesse contexto, a reparação dos danos, sejam patrimoniais ou extrapatrimoniais, estão vocacionados a restituir o lesado à situação anterior ao evento danoso, no primeiro caso, e compensar a vítima, no segundo.

Ao discorrer sobre o assunto, Pizarro[251] esclarece a nítida distinção entre as finalidades (ou funções, como prefere chamar) da reparação nos danos patrimonial e extrapatrimonial (que denomina de moral), ao asseverar que:

> Cabe insistir en que la entrega de una suma de dinero (indemnización) no cumple la misma función en los casos de reparación del daño patrimonial y moral. Tratándose del primero, asume una función de equivalencia, que permite con mayor o menor exactitud, según los casos, restablecer el equilibrio patrimonial alterado por el hecho dañoso. El daño, en tal supuesto, se determina y liquida sobre parámetros objetivos, cumpliendo el dinero una función de equivalencia o corrección. En cambio, en materia de daño moral, la situación es diferente pues el dinero cumple un papel distinto, de corte netamente satisfactivo para la víctima. No se trata de alcanzar una equivalencia más o menos exacta, propia de las cuestiones de índole patrimonial, sino de brindar una satisfacción o compensación al damnificado; imperfecta, por cierto, pues no 'borra' el perjuicio ni lo hace desaparecer del mundo de los hechos reales, pero satisfacción al fin.

Logo, nesse contexto, nenhuma dessas duas finalidades, se excluída a função punitiva da responsabilidade civil, será capaz de eliminar o lucro ilícito obtido pelo lesante quando o resultado econômico da violação for superior ao dano. Nas palavras de D'amico[252]:

> In particolare, secondo la concezione corrente, l'obbligazione risarcitoria dovrà precisamente essere commisurata al pregiudizio accertato come giuridicamente rilevante (e causalmente conesso al comportamento dell'agente), senza che sia possibile porre a carico dell'autore del com-

---
251. PIZARRO, Daño moral ... cit. p. 398.
    Tradução livre: Cabe insistir que a entrega de uma soma em dinheiro (indenização) não cumpre a mesma função nos casos de reparação do dano patrimonial e moral. Tratando-se do primeiro, assume uma função de equivalência, que permite com maior ou menor exatidão, segundo os casos, restabelecer o equilíbrio patrimonial alterado pelo fato danoso. O dano, em tal caso, se determina e liquida sobre parâmetros objetivos, cumprindo o dinheiro uma função de equivalência ou correção. Em contrapartida, em matéria de dano moral, a situação é diferente pois o dinheiro cumpre um papel distinto, de matiz claramente satisfativo para a vítima. Não se trata de alcançar uma equivalência mais ou menos exata, própria das questões de índole patrimonial, mas de brindar uma satisfação ou compensação al lesado; imperfeita, por certo, pois não apaga o prejuízo nem o faz desaparecer do mundo dos fatos reais, mas satisfação ao fim.
252. D'AMICO, Giovanni. L'arricchimento ottenuto mediante fatto ingiusto. In: SIRENA, Pietro; SIENA, Atti (a cura di). *La Funzione Deterrente della Responsabilità Civile alla Luce delle Riforme Straniere e dei Principles of European Tort Law* 19-21 de settembre 2007: Giuffrè Editore, p. 367 (grifos no original).
    Tradução livre: Em particular, segundo a concepção corrente, a obrigação ressarcitória deverá precisamente adequada ao prejuízo verificado como juridicamente relevante (e causalmente conexo ao comportamento do agente), sem que seja possível pro a cargo do autor do comportamento ilícito um ressarcimento que vá além (da importância) do prejuízo sofrido pelo lesado, sendo a função da responsabilidade civil a de compensar a vítima da lesão (excluída a ideia de que o ilícito possa, para este sujeito, ser objeto de enriquecimento), não a de punir (além da medida necessária à compensação) ou autor da lesão.

portamento illecito un 'risarcimento' che vada *oltre (l'entità del) pregiudizio subito* dal soggetto leso, funzione della responsabilità civile essendo quella di *compensare* la vittima della lesione (esclusa l'idea che l'illecito possa, per questo soggetto, essere occasione di un *arricchimento*), non quella di *punire* (oltre la misura implicata dalla necessità di quella compensazione) l'autore della lesione medesima.

Exemplo eloquente desse evento no campo contratual é o inadimplemento eficiente, pelo qual o descumprimento do contrato pode afigurar-se mais vantajoso, em termos econômicos, do que o fiel cumprimento do programa contratual. Sobre essa teoria, trataremos doravante, em momento próprio. Basta, por enquanto, compreender que, nesses casos, a análise da vantajosidade ou desvantajosidade do cumprimento do contrato é feita com base na diferença entre os lucros auferidos pelo lesante com o ato ilícito e o valor que deverá desembolsar em caso de condenação à reparação dos danos.

No campo delitual (extracontratual), o mesmo raciocínio é aplicável, havendo até quem sugerisse, para esses casos, a desinência de *ilícito eficiente*.[253] Em qualquer dessas hipóteses, contratual ou não, o lesante pode obter vantagens que superam o valor do dano.

Basta imaginarmos o plano de saúde que, inopinadamente, deixa de custear tratamento médico pelo qual passa um de seus beneficiários por considerar que os custos ou o procedimento extrapolaram o que foi contratualmente pactuado. Em virtude da interrupção dos cuidados médicos dos quais necessitava, o beneficiário vem a falecer. Em eventual ação judicial promovida pelos familiares do defunto, na qual se discute a reparação por danos extrapatrimoniais em virtude do falecimento, constata-se que o tratamento era devido por força do contrato firmado pelas partes, o que justifica a exigibilidade dos danos extrapatrimoniais.

Se adotados os parâmetros vigentes de cálculo de indenizações desse jaez em nossos Tribunais – arbitrados pelo Superior Tribunal de Justiça entre 300 (trezentos) e 400 (quatrocentos) salários mínimos[254] – é inegável que, em muitos casos, o plano de saúde lucrará com o ilícito, a despeito do considerável valor indenizatório. Trata-se de questão matemático-financeira que bem pode ser utilizada pelo lesante para considerar, por meio de estatísticas, se o inadimplemento contratual será ou não mais lucrativo do que pagar por eventual reparação de danos, considerando-se, inclusive, nesse cômputo, os lesados que não se socorrerão da justiça e a parcela de sentenças a eles desfavoráveis.[255]

---

253. D'AMICO, Giovanni. L'arricchimento ottenuto mediante fatto ingiusto. In: SIRENA, Pietro; SIENA, Atti (a cura di). *La Funzione Deterrente della Responsabilità Civile alla Luce delle Riforme Straniere e dei Principles of European Tort Law*, 19-21 de settembre 2007: Giuffrè, p. 377.
254. COUTO, Igor Costa; SALGADO, Isaura. Pesquisa Jurisprudencial: Os critérios quantitativos do dano moral segundo a jurisprudência do STJ. Orientação: Maria Celina Bodin de Moraes. Civilistica.com. Rio de Janeiro, a. 2, n. 1, jan.-mar./2013. Disponível em: http://civilistica.com/criterios-stj/. Acesso em: 21 nov. 2015.
255. É importante ponderar, no que toca às eventuais sentenças de improcedência em ações promovidas pelo lesado, que o insucesso da ação pode não estar relacionado à ausência de direito, mas às condições nas

Torna-se evidente, pois, que a "clássica noção de reparação civil, pela qual a reparação é medida pela extensão do dano sofrido, propiciaria ao ofensor lucrar com sua atividade ilícita em franca violação ao princípio de que a ninguém é dado beneficiar-se da própria torpeza".[256]

Nossa opinião harmoniza-se, pois, no sentido de considerar que as reparações por danos extrapatrimoniais, por envolverem valores tão caros ao ordenamento, também contemplem aspecto punitivo, em caso de conduta altamente reprovável, pois somente assim a reparação terá o necessário efeito dissuasório, capaz de tornar ineficiente o inadimplemento ou extremamente arriscada a aposta no sucesso de condutas vis que prestigiem o dano à pessoa para a obtenção de lucro ilícito.

3.10.2 Preservação da liberdade contratual

A expressão "liberdade contratual" abarca, ao menos, dois sentidos primordiais: o sentido positivo e o sentido negativo.[257] Na primeira acepção (positiva), a liberdade de contratar envolve a escolha de parceiros contratuais, a estipulação e modelagem do conteúdo contratual, a decisão quanto ao início da vinculação, a decisão de submeter a relação contratual a determinado tipo de disciplina e invocar em seu apoio os meios socialmente predispostos. Na segunda acepção (negativa), está envolvida a liberdade de não contratar, ou seja, o direito de se recusar a contrair qualquer tipo de obrigação, de rejeitar eventuais parceiros contratuais, assim como recusar quaisquer cláusulas e soluções coordenadoras ou disciplinadoras.[258]

Ambos os sentidos têm significativa relevância no contexto da liberdade individual, pois tão importante quanto poder travar relações contratuais é também optar por não o fazer. E qualquer das opções devem ser tuteladas e protegidas como expressão máxima, repita-se, da liberdade individual e da própria dignidade da pessoa humana.

Realizado o contrato, essa proteção desenvolve-se mediante a consagração e o respeito da vontade das partes, do conteúdo do contrato, da observância da boa-fé objetiva e dos deveres laterais correlatos. Aperfeiçoa-se, igualmente, com a garantia de mecanismos eficientes ao alcance da finalidade primordial das relações negociais: o adimplemento.

---

quais se desenvolveu o processo e toda a sorte de imponderabilidades que uma demanda implica. Logo, embora o lesado possa ter razão no seu pleito, isso não significará, necessariamente, êxito em eventual demanda. E isso também poderá (e certamente será) levando em consideração nas estatísticas daqueles que, maliciosamente, procurarem valer-se do descumprimento eficiente.

256. ANDRADE, André Gustavo de. *Dano moral e indenização punitiva. Os punitive damages* na experiência da *common law* e na perspectiva do direito brasileiro. 2. ed. atual e ampl. Rio de Janeiro: Lumen Juris, 2009, p. 248.
257. ARAÚJO, Fernando. *Teoria econômica do contrato*. Coimbra: Almedina, 2007, p. 499.
258. Os exemplos relativos ao conteúdo da liberdade contratual positiva e negativa foram extraídos da obra de Fernando Araújo (*Teoria econômica do contrato*, op. cit. p 499-500).

De outra banda, quando está em voga a liberdade contratual negativa, a tutela do ordenamento jurídico deve se direcionar à preservação da vontade do agente de não querer travar ou assumir relações obrigacionais de qualquer natureza. Significa preservar o direito de não vinculação, assim como de não fazer circular, em sua esfera subjetiva, bens ou direitos, seja por não querer contraí-los, seja por não querer desfazer-se dos que lhe pertencem. Qualquer iniciativa que vise a romper com essa situação, por conseguinte, constitui apropriação ilícita do bem jurídico que o seu titular preferiu deixar fora de circulação.

Ocorre, todavia, que por intermédio de expediente conhecido como "curto-circuito do contrato" ou *contractual bypass*, o agente pode, voluntariamente, preferir apropriar-se de bem pertencente a terceiro e sujeitar-se às regras gerais da responsabilidade aquiliana, ao invés de contratar com o titular do bem ou mesmo respeitar o direito dele de não fazê-lo.[259]

A invasão da esfera jurídica alheia decorrente daquela conduta ilícita "exclui do titular do bem usurpado a possibilidade de decidir se pretende ou não aliená-lo e lhe retira a condição de determinar quando, como e para quem o seu bem seria cedido".[260]

A ideia do curto-circuito do contrato está intimamente relacionada à função meramente reparatória da responsabilidade civil. Aqui, mais uma vez, há a fria e vil percepção do agente lesante de que poderá obter, por meio ilícito, o bem jurídico almejado e os lucros correspondentes, sem a necessidade de obedecer a ordem jurídica e, pagando, pela conduta lesiva cometida, tão somente a importância relativa ao negócio jurídico.[261]

---

259. LOURENÇO, Paula Meira. *A função punitiva da responsabilidade civil*. Coimbra: Coimbra Ed., 2006, p. 179.
260. ANDRADE, André Gustavo Corrêa de. *Dano moral e indenização punitiva. Os punitive damages na experiência do common law e na perspectiva do direito brasileiro*. 2. ed. atual. e ampl. Rio de Janeiro: Lumen Juris, 2009, p. 252.
261. Sobre o assunto, elucida-nos Gallo (*Pene Private* ... cit. p. 42) nos seguintes termos: "In questa prospettiva il problema non era più quelo di punire, funzione questa ormai completamente delegata agli organo dello Stato, ma esclusivamente quello di consentire la reintegrazione della condizione patrimoniale della vittima nella situazione precedente la comissione dell'illecito. Alla lunga questa evoluzione, nonchè l'affermarsi della funzione meramente risarcitoria della responsabilità civile, doveva altresì condurre ad un notevole avvicinamento tra contratto e responsabilità civile; se infatti scopo della responsabilità civile è quello di consentire nella misura più elevata possibile la reintegrazione della situazione patrimoniale antecedente la comissione dell'illecito, sarà possibile giungere a questo risultato rifondendo semplicemente il valore sottratto o distrutto. Analogamente in materia contrattuale in base ai dettami della giustizia commutativa si richiedeva la devoluzione di un corrispettivo il più possibile equivalente al valore dei beni alienati o dei servizi effettuati; il pretendere di più o di meno sarebbe stato contrario a giustizia in quanto produttivo di trasferimenti ingiustificati di ricchezza. Ma se cosí stanno le cose non è difficile rendersi conto della tendenzialle convergenza e sovrapposizione dei principi che presiedono agli scambi contrattuali e di quelli che operano in materia di responsabilità civile; chi desidera mangiare una mela può infatti acquistarla da un rivenditore pagando il prezzo convenuto in base al contratto, o semplicemente coglierla direttamente dal ramo salvo a dover devolvere al porprietario una somma pari al valore di mercato della mela a titolo di risarcimento del danno."
Tradução livre: Nesta perspectiva o problema não era mais aquele de punir, função esta já completamente delegada aos órgãos do Estado, mas exclusivamente aquela de consentir a reintegração da condição patrimonial da vítima na situação precedente à ocorrência do ilícito. Ao longo dessa evolução, além da afirmação da função meramente ressarcitória da responsabilidade civil, devia outrossim conduzir a uma

Perceba-se que a conduta inadmissível, do ponto de vista ético e jurídico, não passa incólume aos olhos da justiça, pois o eventual ajuizamento de ação pelo prejudicado certamente será profícua, atribuindo-lhe a respectiva indenização. O problema reside no fato de tal condenação ser insuficiente, pois não desestimula o ofensor a incorrer no ilícito, dado que a indenização reparatória se mostra vantajosa do ponto de vista econômico. Para bem ilustrar essa situação de extrema iniquidade, vamos recorrer a dois exemplos emblemáticos, colhidos na doutrina consultada.

O primeiro deles, de origem norte-americana, é representado pelo *leading case* Midler v. Ford Motor Co.[262], o qual opôs a cantora e atriz Bettie Midler à Companhia Ford.[263] A Ford pretendia encetar contrato com a atriz Bettie Midler para que ela participasse de campanha publicitária televisiva de um de seus veículos. O acordo não chegou a ser firmado, por divergências relativas à quantia a ser paga à atriz, frustrando as expectativas daquela montadora de veículos. Diante da citada recusa, a Ford procurou cantora que atuava na banda de Bettie Midler para que imitasse a sua voz. A tarefa foi desempenhada com tamanha perfeição que a maioria do público ficou convencida da participação da famosa cantora na campanha publicitária.

Andrade relata caso similar julgado no Tribunal do Rio de Janeiro.[264] Conta o autor que a Confederação Brasileira de Futebol ajuizou ação indenizatória em face da empresa Brahma Chopp, em virtude do uso indevido e sem consentimento da imagem da seleção brasileira de futebol em maciça campanha publicitária televisiva. A ação continha pleito de condenação da cervejaria no pagamento de indenização por danos materiais (sob a forma de lucros cessantes) e danos morais.[265] Embora a demanda tenha sido julgada procedente em primeira instância, o Tribunal Fluminense reformou-a para excluir a verba fixada a título moral, "sob o argumento de que o uso indevido da imagem da equipe não configurava dano dessa natureza".[266]

Ambos os casos são ilustrativos da figura do curto-circuito contratual e da gravidade de suas consequências para o titular do direito, para a sociedade e para

---

notável aproximação entre contrato e responsabilidade civil; se de fato o escopo da responsabilidade civil é consentir na medida mais elevada possível a reintegração da situação patrimonial antecedente ao cometimento do ilícito, será possível chegar a esse resultado recompondo simplesmente o valor subtraído ou destruído. Analogamente em matéria contratual com base nos ditames da justiça comutativa se requeria a devolução de uma compensação o mais equivalente possível ao valor do bem alienado ou dos serviços efetuados; o pretender de mais ou de menos seria contrário à justiça em quanto produtivo de transferência injustificada de riqueza. Mas se assim estão as coisas não é difícil ter em conta da tendência de convergência e sobreposição dos princípios que presidem a troca contratual e daqueles que operam a responsabilidade civil; quem deseja comer um melão pode de fato adquiri-lo de um revendedor pagando o preço convencionado no contrato, ou simplesmente colhê-lo diretamente do ramo, ressalvado o dever de devolver ao proprietário uma soma equivalente ao valor de mercado do melão a título de ressarcimento do dano.

262. Midler v. Ford Motor Co., 849 F.2d 460 (9th Cir. 1988), United States Court of Appeals for the Ninth Circuit.
263. LOURENÇO, *A função punitiva da responsabilidade civil* cit. 179.
264. ANDRADE, *Dano moral e indenização punitiva* .... cit., p. 254-255.
265. Processo 22.777/95, 40ª Vara Cível do Rio de Janeiro, j. 24.2.1997. Tribunal do Rio de Janeiro, Apelação Cível 2.940/97).
266. ANDRADE, *Dano moral e indenização punitiva* ... cit., p. 254.

terceiros específicos que detenham alguma relação com o lesado (como ocorreria caso a Confederação Brasileira de Futebol tivesse cedido, por contrato e com exclusividade, para terceiro, o uso da imagem da seleção canarinho).

Ademais, o próprio contrato, como instituto, fica desprestigiado, na exata medida em que se mostra ineficaz como instrumento de tutela da vontade das partes, de circulação de riqueza e de valorização e promoção da dignidade da pessoa humana.

A decadência institucional do contrato decorre da crença de que a simples restituição (ou pretensa restituição) do lesado ao *status quo ante* é suficiente para estimular o uso e preservar a higidez do instituto. Oportunas, nesse sentido, as considerações de Lourenço[267] ao asseverar:

> O *curto-circuito* do contrato denuncia que a função ressarcitória da responsabilidade civil é insuficiente para persuadir o agente a obter o consenso negocial. Se a responsabilidade civil tiver um escopo meramente ressarcitório, a quantia que o infractor tem de pagar a título de indemnização *ex post* é equivalente (ou até inferior) ao que presumivelmente seria necessário desembolsar *ex ante* para obter o consentimento do lesado na celebração de um negócio, pelo que seguir uma via ou outra é completamente indiferente (ou até é pior pagar o 'preço do consentimento')".

Para Gallo[268], o escopo exclusivamente reparatório da responsabilidade civil resulta perigosa aproximação desse instituto com o contrato, vez que qualquer pessoa que deseje um bem poderá adquiri-lo ou apropriar-se dele diretamente, mediante o pagamento do equivalente de mercado em dinheiro, a título de ressarcimento do dano. Por tal motivo, é necessária a concessão da indenização punitiva, com o fito de reforçar a tutela do titular do crédito e de marcar com matizes mais vibrantes a divergência entre responsabilidade civil e contrato. Como bem enfatiza o autor italiano:

> Se infatti in caso di esproprio involuntario vengono concessi i danni punitivi ne risulterà di fatto privilegiata la via contrattuale. La possibilità che vengano comminate penali in caso di commissione di illeciti dolosi, e cioè di appropriazione del diritto al di fuori di uno scambio volontario, viene di fatto a riaprire uno *iato* tra responsabilità civile e contratto, rendendo in ogni caso più appetibile seguire la via del scambio volontário.
>
> Ecco quindi come le pene private valgano di fatto a scoraggiare la via dell'esproprio involuntario, rendendo di gran lunga preferibile dell'accordo volontario.[269]

Logo, é de fundamental importância a função retributiva da indenização punitiva para fazer face às situações nas quais o agente não encontra desestímulo para cessar

---

267. LOURENÇO, *A função punitiva da responsabilidade civil*, cit. 180.
268. GALLO, *Pene Private*... cit. p. 67-68.
269. GALLO, *Pene private*... cit. p. 68.
    Tradução livre: Se de fato, em caso de expropriação involuntária são concedidos os danos punitivos, disso resultará, de fato, privilegiada a via contratual. A possibilidade de serem cominadas penas em caso de ocorrência de ilícito danoso, isto é de apropriação do direito fora de uma troca voluntária, vem de fato reparar um hiato entre a responsabilidade civil e o contrato, rendendo em todo caso mais apetecedor seguir a via da troca voluntária. Veja então como as penas privadas valem de fato a desencorajar a via da expropriação involuntária tornando preferível o acordo voluntário.

a violação de direitos de terceiros, bem como para reforçar a importância do acordo voluntário na circulação de riquezas e no desenvolvimento da personalidade humana.

3.10.3 Manutenção do equilíbrio das relações de consumo

A indenização punitiva pode exercer importante papel de restabelecimento do equilíbrio das relações de consumo. Não é incomum, nesse campo, a existência de condutas ilícitas de fornecedores, com o objetivo de incrementar os lucros.

Uma das formas mais comuns de elevar as margens de lucros é o não investimento em mecanismos de prevenção e controle de qualidade sobre os serviços prestados ou sobre os produtos colocados no mercado, de modo a ostentarem qualidade inferior ou não atenderem aos padrões mínimos de segurança. Pela racionalidade do mercado, é preferível pagar as eventuais indenizações a fazer o investimento necessário para o aperfeiçoamento dos serviços e dos produtos.[270]

O cálculo encetado pelos fornecedores leva em conta: a) o contingente de vítimas que por razões variadas não ingressam em juízo para obterem a tutela do direito lesado; b) o longo prazo para o encerramento das demandas, o que pode ser vantajoso por dois motivos: b.1) a parte prejudicada, cansada e já tendo despendido considerável soma de dinheiro na condução do processo, pode aceitar a composição amigável em condições pouco vantajosas apenas para se ver livre do processo; e b.2) ainda que o processo transcorra até final decisão favorável ao lesado, o manejo do lucro obtido no mercado financeiro pode render altas somas, até que o fornecedor tenha de desembolsar a quantia ressarcitória; c) por motivos vários, apesar do direito do lesado, a ação pode ser julgada apenas parcialmente procedente ou improcedente, o que resulta em ganhos ao fornecedor; d) o contingente de produtos que, a despeito de sua pouca qualidade ou segurança, não ensejam danos; e) a função meramente reparatória da responsabilidade civil, e f) os valores relativamente módicos arbitrados por nossos Tribunais em termos de danos extrapatrimoniais.

Sobejam, pois, elementos favoráveis à racionalidade estritamente econômica dos fornecedores para relegarem a segundo plano a melhoria de seus produtos e serviços, ainda que os defeitos ou vícios possam ensejar ofensa à dignidade da pessoa humana.

Andrade[271] relata que pesquisa realizada pelo Tribunal de Justiça do Rio de Janeiro, sob a coordenação do Desembargador Jessé Torres, intitulado de "Perfil das maiores demandas judiciais do TJRJ" revelou que mais de um terço das ações julgadas no período entre janeiro de 2002 e abril de 2004 pelo referido Tribunal diziam respeito à reparação de danos. Desse um terço, 32,3% (trinta e dois vírgula três por cento) das ações diziam respeito a 32 (trinta e duas) empresas, das quais, algumas, tinham altos índices de condenação. Uma delas, perdeu 96% (noventa e seis por

---

270. ANDRADE, *Dano moral e indenização punitiva* ... cit., p. 256.
271. ANDRADE, *Dano moral e indenização punitiva* ... cit., p. 257.

cento) das 260 (duzentas e sessenta) ações em que figurava como Ré; outra, perdeu todas as 344 (trezentos e quarenta e quatro) ações ajuizadas contra ela. Constatou-se, outrossim, que, em segunda instância, 68% (sessenta e oito por cento) dos casos foram julgados em favor dos autores lesados, obrigando os fornecedores ao desembolso médio, por ação, de R$ 10.207,55 (dez mil, duzentos e sete reais e cinquenta e cinco centavos), a título de reparação de danos. Esses valores, frequentemente, não são pagos antes de 923 (novecentos e vinte e três) dias, ou seja, cerca de dois anos e meio. As 16 (dezesseis) empresas mais demandadas, ao que tudo indica, preferiram aguardar o julgamento definitivo dos processos a realizar os investimentos necessários à prevenção dos danos para os quais foram condenadas a pagar.

Nos Estados Unidos da América, o *leading case* ilustrativo do descaso do fornecedor, ao descumprir com a obrigação de eliminar os defeitos conhecidos do produto ficou conhecido como *Pinto Case* ou *exploding Pinto* (Grimshaw v. Ford Motor Co.)[272], no qual a empresa americana preferiu arriscar-se a pagar indenizações por danos aos condutores do veículo do que incorrer nos custos necessários à correção de determinada falha de projeto.

Com efeito, devido ao material utilizado para a confecção e a localização do tanque de combustível, o carro da família Grimshaw, após pequena colisão traseira, incendiou-se, ocasionando a morte do proprietário e ferindo gravemente os passageiros. A Ford tinha conhecimento do risco e da inadequação do material utilizado para o fabrico dos tanques de combustíveis, mas preferiu não solucionar o problema devido aos custos envolvidos – de apenas 15 (quinze) dólares por veículo – em claro desprezo pela vida humana.[273]

Como relata Lourenço[274], a partir do caso Pinto, os consumidores norte-americanos passaram a confiar a tutela do direito à vida e à integridade física aos *punitive damages*, haja vista a insuficiência da compensação pecuniária e das disposições legais de dissuadir os agentes econômicos de agirem sob a racionalidade estritamente econômica. Somente o recurso à indenização punitiva foi capaz de assegurar a adoção de comportamentos mais consentâneos com os ditames legais e em compasso com a valorização da vida e da integridade física da pessoa.

A indenização punitiva rompe, portanto, com a perversa equação de mercado, a inibir a conduta lesiva perpetrada sob bases estritamente econômicas. Como observa Pizarro[275], a utilização das indenizações punitivas:

---

272. Civ. No. 20095. Court of Appeals of California, Fourth Appellate District, Division Two. May 29, 1981
273. A Ford não contava, entretanto, com a vultosa condenação em *punitive damages* arbitrada pela corte americana, no valor de US$ 125.000.000,00, posteriormente reduzido para US$ 3.5 milhões.
274. LOURENÇO, *A Função Punitiva da Responsabilidade Civil*, cit. 178.
275. PIZARRO, *Daño moral* ... cit. p. 533.
    Tradução livre: (...) permitirão proteger em termos mais equitativos a livre competência e, ademais, restabelecer o equilíbrio de forças ante a situação de inferioridade de um dos contratantes – v.g. os produtores e comerciantes às vezes não cumprem com uma obrigação e agravam o consumidor, sem preocupar-se com as consequências, seja que os danos são em cada caso pequenos ou porque por esta e outras razões

(...) permitirián proteger en términos equitativos la libre competencia y, además, restablecer el equilibrio de fuerzas ante la situación de inferioridad de uno de los contratantes – v. gr., los produtores y comerciantes a veces no cumplen con una obligación y agravian al consumidor, sin preocuparse por las consecuencias, ya porque los daños son en cada caso pequeños o porque por esta u otras razones, dificilmente se los lleve a la justicia –. Los daños punitivos permitirián evitar estas conductas e incitarián a los consumidores e perseguilos judicialmente, vigilando las prácticas comerciales.

Temos, portanto, como certa a influência positiva exercida pela indenização punitiva na qualidade de reguladora do equilíbrio das relações de consumo e de mecanismo eficiente de dissuasão de comportamentos agressores da saúde, da integridade física e da vida do público consumerista.

3.10.4 Defesa dos contratantes que se encontram em posição de inferioridade

Sem sombra de dúvidas, o consumidor está inserido na categoria de contratantes em posição de inferioridade frente ao fornecedor. A tutela promovida pela aplicação da indenização punitiva às relações de consumo, todavia, já foi objeto do item anterior, motivo pelo qual iremos abordar outra categoria de contratantes, considerada pela doutrina em constante risco de lesão a direitos da personalidade: os trabalhadores.

Este tópico não pretende esgotar o tema dos assédios a que estão sujeitos essa categoria de contratantes, mas apenas demonstrar como a indenização punitiva pode servir de mecanismo inibidor de tais práticas.

Os trabalhadores com vínculo empregatício ou funcional costumam estar mais sujeitos a situações constrangedoras em virtude de sua posição de subordinação, típica da relação de emprego. Assim, não é incomum o chefe ou superior hierárquico valer-se de sua posição de comando para constranger o empregado, das mais variadas formas.

A lesão aos direitos da personalidade pode ocorrer, por exemplo, por meio de assédio sexual, assédio moral, submissão do empregado a situações de constrangimento, humilhação ou estresse. A criatividade humana, aliás, é fértil para encontrar meios de constranger outrem, seja ou não empregado.[276] Na doutrina estrangeira, a conduta vexatória, reiterada e duradoura, individual ou coletiva, dirigida ao trabalhador pelo seu superior hierárquico ou por seus colegas é denominada de *mobbing*.[277]

---

dificilmente são levados à justiça. Os danos punitivos permitirão evitar estas condutas e incitarão os consumidores a persegui-las judicialmente, vigiando as práticas comerciais.
276. É o caso do bullying, por exemplo, constituído pelos mais variados tipos de opressão ocorridos no ambiente escolar e dentro de organizações militares, podendo ocorrer, também, no ambiente de trabalho.
277. LIBERATI, Alessio. *Rapporto di Lavoro e Danno non Patrimoniale*, seconda edizione. Milano: Giuffrè Editore, 2009, p. 243.

O resultado ocasiona, inevitavelmente, danos ao direito de personalidade, muitas vezes acarretando à vítima quadros depressivos e autodepreciativos, além de constituir inequívoca agressão à sua dignidade e à sua integridade pessoal.

Nesses casos, portanto, a indenização punitiva figuraria como importante instrumento dissuasor de comportamentos ofensivos à dignidade da pessoa humana, por meio de expedientes vexatórios no ambiente de trabalho perpetrados pelo superior hierárquico ou pelos demais colegas.

Capítulo IV
DISCIPLINA CONTRATUAL

4.1 CONTRATO NA DISCIPLINA LIBERAL

A exata compreensão das transformações evolutivas do contrato exige a análise do movimento histórico percorrido do Estado Liberal para o Estado Social. Nesse processo, o qual, evidentemente, ocorreu de maneira gradativa, abandonou-se a concepção clássica jurídica que gravitava em torno da ideia do reconhecimento da liberdade individual do ponto de vista puramente formal e jurídico para a ideia do solidarismo jurídico.[1]

Sucessor do modelo de Estado absolutista, o Estado Liberal identificava-se com o ideal da liberdade humana, em contraposição ao Leviatã estatal outrora existente. Constitui-se, pois, como flagrante oposição ao Estado absolutista, consagrada pela ideologia doutrinária do *laissez faire, lassez passer, le monde va de lui-même*.[2]

A elaboração de teorias fundantes da livre-iniciativa e da liberdade concorrencial foi acompanhada da noção da divisão dos poderes, a fim de, por meio das limitações típicas impostas pelo jogo de freios e contrapesos, evitar o poder despótico.

Tem-se, pois, nessa época, a hipervalorização da liberdade do sujeito em detrimento da visão social de Estado. As pessoas são livres e donas de sua própria razão; logo o Estado deve interferir o mínimo possível, deixando-as exercer na plenitude todas suas faculdades, resumidas que estão na ideia de liberdade.

O modelo liberal de contrato, como não poderia deixar de ser, foi construído a partir da ideia de liberdade absoluta, limitada apenas pelo pacto social construído no intuito de viabilizar a coexistência em sociedade.

Por conseguinte, o contrato nada mais era do que fruto do exercício da liberdade. As partes, mediante o consenso de suas manifestações de vontade, obrigavam-se a dar, fazer ou não fazer, de acordo com o que foi livremente pactuado, não sendo lícito a nenhuma delas, a não ser por acordo, desistir do negócio, assim como não

---

[1]. Sobre a história evolutiva do contrato merecem consulta as obras de: Renan Lotufo (In: LOTUFO, Renan; NANNI, Giovanni Ettore (Coord.). *Teoria geral dos contratos*. São Paulo: Atlas, 2011, p. 1-22) e de Judith Martins-Costa (Contratos. Conceito e evolução. *Teoria geral dos contratos*. São Paulo: Atlas, 2011, p. 23-66.
[2]. TIMM, Luciano Benetti. *Direito contratual brasileiro*. 2. ed. São Paulo: Atlas, 2015, p. 26.

era possível ao juiz interferir no que foi pactuado.[3] A consequência, como explica Zanetti[4] foi de que:

> Nesta linha de pensamento, as partes contratantes podiam se utilizar da autonomia da vontade estabelecendo normas para si mesmas (autorregulamento), ou seja, as normas negociais – o que inclui as contratuais – só se referiam às partes contratantes e, como tal, eram uma unidade à parte do todo orgânico do sistema jurídico: um pequeno universo fechado e pleno que não abria espaço para normas diferentes daquelas criadas pelo negócio, nem mesmo interpretações sistemáticas e analógicas.

A esse respeito, convém trazer à baila o ensinamento de Timm[5], segundo o qual, pela concepção do modelo liberal, "o legislador deixa uma esfera normativa de comportamentos sociais para os próprios indivíduos negociarem, barganharem, cada qual sendo responsável pelo que é melhor para si". A justiça é, pois, fruto do exercício da liberdade sob o pressuposto de que cada um sabe o que é melhor para si e, ao mesmo tempo, na firme convicção do reconhecimento da esfera privada como vinculativa e na garantia de seu cumprimento pelo Estado.

Segundo Sousa Ribeiro[6], na concepção clássica (modelo liberal), o contrato gravitava em torno da concepção do reconhecimento da liberdade individual vista de modo puramente formal e jurídico. O contrato encontrava-se isolado do mundo fenomênico, fechado em si mesmo como uma categoria jurídica autossuficiente, cujos únicos elementos a serem considerados eram o exercício da liberdade individual – entendida estritamente sob o ponto de vista formal – e a subsunção lógica à letra da lei.[7]

---

3. A esse respeito leciona Andrea Cristina Zanetti (*Princípio do equilíbrio contratual*. São Paulo: Saraiva, 2012, coleção Prof. Agostinho Alvim, p. 32): "É precisamente neste período que encontramos os princípios contratuais ditos *liberais*, com destaque para a autonomia da vontade; o consensualismo; a obrigatoriedade da convenção (*pacta sunt servanda*) e a relatividade dos efeitos contratuais, que serão abordadas nas páginas mais à frente."
4. *Princípio* ... cit. p. 54.
5. *Direito contratual* ... cit. p. 35.
6. SOUSA RIBEIRO, Joaquim de. *Direito dos contratos*. Estudos. Coimbra: Coimbra, 2007, p. 38.
7. Ao discorrer sobre o assunto são valiosos os ensinamentos de Ronaldo Porto Macedo Jr. (*Contratos relacionais e defesa do consumidor*. 2. ed. rev. atual. e ampl. São Paulo: Ed. RT, 2007, p. 41-42). Para o autor: "O direito contratual clássico que se iniciou no século XVIII e teve seu apogeu no século XIX apresentou dois caracteres distintivos básicos que marcaram todo o pensamento contratual que o sucedeu. Em primeiro lugar, como uma decorrência das exigências de racionalização e sistematização, o direito contratual passou a ser concebido como um conjunto de poucas regras e princípios, simples, abstratos e universais. Tal racionalização tornou-se possível graças a um processo seletivo de escolha de princípios e abstração, que os tornava independentes de seus contextos institucionais, morais e econômicos específicos que formavam a sua tradição histórico-jurídica mais remota. Neste sentido, pode-se afirmar que o que ocorreu com a história do direito contratual clássico é apenas um capítulo do processo mais amplo e geral de racionalização do direito de origem romanística, feito em boa medida, em especial nos países da Europa continental, a partir do século XVIII através do processo intelectual conhecido como recepção. No âmbito do direito do *Common Law* tal fenômeno é usualmente descrito como a formação do direito contratual clássico. Um segundo aspecto importante do direito contratual clássico constitui-se no fato de que ele concebe o contrato como fórmula canônica, geral e abstrata de diversas relações sociais. Assim relações que anteriormente eram vistas em termos de status, confiança e dependência econômica (que poderiam ser chamados de elementos

Ao abordar o assunto, Roppo[8] explica que a amplitude da liberdade defendida pelo modelo clássico significava admitir que a conclusão do contrato devia ser uma operação "absolutamente livre para os contraentes interessados". Na lição do doutrinador italiano, é possível afirmar a existência de uma soberania individual de juízo e de escolha conferida às partes para decidir sobre a estipulação ou não estipulação de um contrato, sobre concluí-lo com esta ou aquela parte, assim como para decidir, com plena autonomia, seu conteúdo.

Com a integração do contrato à figura do negócio jurídico, qualquer tendência em considerar a sociabilidade do fenômeno contratual foi, definitivamente, expurgada. Visto como espécie do negócio jurídico, a dualidade de declarações contrapostas típicas da natureza do contrato serviu apenas para identificá-lo e classificá-lo dentro daquele gênero.

A visão estática do contrato, por meio da qual a análise estruturante não levava em conta a sua dinamicidade formativa, muito contribuiu para seu isolamento como categoria autocentrada. Acreditar ser possível, a partir do momento singular da declaração de vontade do proponente, extrair toda a complexidade, as nuances, as questões intrinsecamente relacionadas ao ato negocial, foi derradeiro para consolidar o viés equivocado pelo qual, por muito tempo, pautou-se a doutrina contratual. Como bem mencionado por Sousa Ribeiro[9]:

> (...) não permitindo captar a inapagável dimensão relacional do contrato, logo no seu processo formativo, e a bilateralidade da autodeterminação que por ele se exerce, a redução da figura a uma espécie dentro da categoria genérica do negócio jurídico não é alheia, também, à pacificação de todas as formas de expressão da liberdade negocial, sem atender à especificidade distintiva da liberdade contratual.

---

contratuais não promissórios) passaram a ser interpretados do ponto de vista de uma nova concepção de contrato. É o que decorreu em larga medida com o direito de família, com o direito de propriedade (compra e venda), com o regime jurídico do fornecimento de bens e serviços ao governo com a responsabilidade contratual. (...)

Cabe destacar ainda algumas outras características do direito contratual clássico. Os séculos XVII e XIX foram marcados pela hegemonia do pensamento liberal tipo *laissez-faire* e pelas teorias do direito natural moderno. Para os juízes e legisladores do século XVIII o direito natural significava basicamente o direito inalienável à propriedade privada e o direito de realizar os contratos privados por si mesmos. O paternalismo, contudo, permanecia como ideologia influente, o que autorizava os juízes a mitigarem os efeitos sociais perversos de contratos firmados com base nos princípios liberais clássicos. É apenas no século XIX que a ideologia do tipo *laissez-faire* realmente se enraíza na sociedade, reduzindo a influência dos princípios paternalistas em vigor no século anterior. A partir de então se fortalece de maneira jamais vista a crença de que o Estado deveria interferir o mínimo possível na vida das pessoas e de que o direito não deveria se preocupar com a justiça dos resultados das transações. A justiça passa a ser entendida essencialmente como o respeito ao acordo firmado e o interesse público passa a ser identificado à defesa da ordem liberal e aos princípios de mínima intervenção estatal."

8. ROPPO, Enzo. *O contrato*. Trad. Ana Coimbra e M. Januário C. Gomes. Coimbra: Almedina, 1988, p. 32. Sobre o tema, consultar, ainda, Marco Fábio Morsello (Contratos existenciais e de lucro. Análise sob a ótica dos princípios contratuais contemporâneos. In: LOTUFO, Renan; NANNI, Giovanni Ettore; MARTINS, Fernando Rodrigues (Coord.). *Temas relevantes de direito civil contemporâneo*. São Paulo: Atlas, 2012, p. 294-296.

9. SOUSA RIBEIRO, Joaquim de. *Direito dos contratos*. Estudos. Coimbra: Coimbra Ed., 2007, p. 38.

Com efeito, ao funcionalizar o contrato, a doutrina coloca em relevo apenas a "relação vertical entre o sujeito e o ordenamento, a articulação entre a vontade negocial do emitente da declaração e a vontade da lei que a reconhece, limita e complementa".[10] Nesse compasso, desconsidera o fato de que a autodeterminação da vontade, como exercício de liberdade do sujeito, somente torna-se vinculativa na exata medida em que se relaciona com a liberdade do outro contratante.[11]

Todo o pensamento de plena e formal liberdade do sujeito estava, como dissemos, lastreado no modelo econômico do livre mercado. Era a necessidade e a crença de que as partes deveriam livremente pactuar para gerar circulação de riqueza que tanto incentivou esse modelo clássico do contrato. Atiyah[12], ao analisar a questão, assevera que há vários motivos para crer que tal modelo cresceu sob a influência dos economistas clássicos e dos filósofos radicais.

A racionalidade formal do direito privado, contudo, logo mostrou ser incapaz de responder adequadamente às exigências sociais de normação, advindas, em especial, com a universalização das relações de troca, com a ampliação da participação das camadas sociais no mercado, com a complexidade dos bens e serviços e com outros fatores inerentes à transformação social dos últimos tempos.

A própria autonomia privada, quando deixada à própria sorte, sem qualquer ingerência legal de controle ou valoração ética, passou a demonstrar ser incapaz de mediar adequadamente determinados conflitos de interesses entre os agentes do tráfego jurídico-econômico. A liberdade contratual, por si só, não está apta a cumprir o papel de instrumento da livre realização da pessoa nem de ordenadora das expectativas dos atores sociais em jogo. Nos dizeres de Sousa Ribeiro[13]:

> (...) perante estes dados reais, os processos de livre autorregulação não asseguram minimamente a consideração e tutela de todos os interesses relevantes, que o ordenamento deve levar em conta. Com isso fica ostensivamente a claro que a liberdade contratual, como instrumento de 'validade universal, mas utilidade particular', não desempenha equilibradamente, em amplas áreas da contratação, a função ordenadora que lhe cabe.

A disciplina contratual não teve, portanto, alternativa, a não ser ampliar o espectro de atuação para abranger, também, a regulação das práticas de mercado. Com este propósito, acaba por assumir função protetiva de algumas categorias de contraentes que, por suas condições típicas no contexto social e por outros motivos variados, não conseguem, sozinhas, tutelar seus próprios interesses frente à outra parte contratual. Tal qual assevera Martins[14]:

---

10. SOUSA RIBEIRO, *Direito dos contratos* ... cit. p. 38.
11. Essa relação entre as liberdades dos contratantes é designada por Sousa Ribeiro (*Direito dos contratos*... cit. p. 39) como *liberdade partilhada*.
12. ATIYAH, P. S. *Essays on Contract*. Oxford: Clarendon Press, 2001 (reprinted), p. 16.
13. *Direito dos contratos* ... cit. p. 41.
14. MARTINS, Fernando Rodrigues. *Princípio da justiça contratual*. São Paulo: Saraiva, 2009, Coleção Prof. Agostinho Alvim, p. 11.

a nova ordem contratual, traduzida na reafirmação do contrato de adesão, nas cláusulas gerais de contratação, nos contratos relacionais, nas redes contratuais, no compromisso arbitral e no surgimento dos contratos eletrônicos, ganha por parte da doutrina civilista uma investigação científica mais pormenorizada, considerando tipos mais afinados com a economia pós-moderna, portanto carentes de maios controle de conteúdo para adequação ao justo.

Percebe-se que o contrato é redimensionado a fim de se tornar técnica de transformação social e não apenas consenso, capacitando, assim, a economia e a sociedade por meio de contatos reiterados que o habilitam na prática diária do giro comunicacional com seus consequentes efeitos jurídicos: os direitos, as obrigações e a responsabilidade.[15] Passa-se, então, a vislumbrar uma nova concepção de contrato, inspirada pelo arquétipo de Estado Social, da qual resulta o modelo solidarista.[16]

4.2 MODELO SOLIDARISTA DE CONTRATO

O modelo de contrato caracterizado pelo dogma da vontade (modelo liberal), pecou por adotar postura alheia à realidade circundante, enclausurado na vontade das partes sem atentar para a condicionantes fáticas e sociais. Desconsiderou, portanto, os efeitos no poder de barganha, provenientes das diferenças das partes, assim como não atentou para a nova realidade capitalista, cujas características exigiam "um novo paradigma da concepção de contrato, que percebesse a sua inserção na sociedade ('institucionalização do contrato')".[17]

A ruptura com o arquétipo vigente, todavia, somente era possível mediante a substituição do individualismo metodológico pela visão holística, na qual o fenômeno jurídico é inserido na realidade social (holismo metodológico).[18] O enfrentamento científico da questão foi feito de modo mais contundente por Durkheim, depois acompanhado pelos séquitos da escola jurídica denominada de Direito Social.

A mencionada escola, fundada por Duguit, Gurvitch, Salleilles e Demogue, preconizava que o Direito deveria exercer o papel de garantidor da mudança (progresso) e da estabilidade (ordem) social, bem como da prevalência dos interesses sociais sobre os individuais. Para tanto, as leis deveriam ser cogentes e protetoras dos interesses coletivos, a fim de combater a anomia decorrente da ausência de solidariedade. A intenção era estimular o bom funcionamento do sistema social, considerando que direito e sociedade interagem e interpenetram-se, numa relação indissolúvel.

---

15. MARTINS, *Princípio da justiça contratual*, cit. p. 20.
16. GILMORE, Grant. *The Death of Contract*. Ohio: Ohio State University Press, 1974. Em abono à assertiva que fizemos, pondera o autor (p. 96): "The decline and fall of the general theory of contract, and, in most quarters, os laissez-faire economics may be taken as remote reflections of the transition from nineteenth century individualism to the welfare state and beyond."
17. TIMM, *Direito ...* cit. p. 87.
18. TIMM, *Direito ...* cit. p. 88.

A manutenção saudável desse relacionamento entre Direito e sociedade somente poderia ser alcançado com a abertura do sistema jurídico a elementos externos e por meio da incorporação de elementos extra ou supralegais. O mecanismo viabilizador desse diálogo foi o sistema de *cláusulas gerais* "que abrem o sistema para ordens normativas de outros subsistemas sociais (usos, costumes, boa-fé, abuso de direito etc.)".[19]

Desse novo modelo de sociedade (solidarista), decorre nova concepção do contrato, agora não mais vislumbrado como instituto alheio à realidade fática, mas como espécie de relação social ou de fato social, pautado pela normatividade da solidariedade.

A derivação lógica das novas lentes com as quais se passou a enxergar o contrato foi a impossibilidade de se tomar os indivíduos como formalmente iguais. As condições efetivas dos contratantes passam, agora, a ser consideradas no poder de barganha e na própria dimensão das obrigações assumidas.

A relação instaurada pelo contrato também passou a ser vista de modo diverso de outrora, pois não se tem mais os contratantes como simples protagonistas de um evento à parte e divorciado da realidade social. Consolidou-se o entendimento de que a relação contratual é vínculo de dependência dos contratantes a exigir cooperação e confiança. A análise da função social dos institutos jurídicos, por exemplo, foi inaugurada nesse contexto, com a limitação de certos direitos individuais a pretexto de tomá-los de acordo com seus fins sociais.

Para se ter ideia da profundidade das modificações introduzidas pelo solidarismo jurídico no seio dos contratos, nem mesmo a liberdade, consubstanciada pela autonomia da vontade, passou incólume. Não que ela tenha sido deixada de lado ou mesmo desconsiderada como importante elemento de formação do contrato, mas pelo fato de não mais traduzir os anseios e os princípios vigentes da nova sociedade *welfarista*.

A mudança deu-se em seu conteúdo, tanto que de autonomia da vontade passou a ser designada de autonomia privada, "exatamente porque o conceito distancia do caráter individualista que [o primeiro] possui".[20]

Na autonomia privada, tem-se a liberdade limitada de forma efetiva pelo ordenamento jurídico, em prestígio a preceitos mais caros à sociedade, tais como a igualdade, a liberdade material, a solidariedade e a justiça social, todos condizentes com princípios constitucionais e direitos fundamentais da pessoa.

O Estado assume, pois, papel mais ativo para fazer prevalecer os novos anseios sociais. E essa tarefa é protagonizada, em especial, pelo Legislativo e pelo Judiciário, imiscuindo-se nas relações entre os particulares, na exata medida do necessário à

---

19. TIMM, *Direito* ... cit. p. 91.
20. ZANETTI, *Princípio* ... cit. p. 56.

preservação dos princípios basilares que lhe norteiam. De maneira bastante elucidativa, Zanetti[21] resume com muita propriedade o novo papel do Estado solidarista ao afirmar:

> A prevalência da pessoa, o respeito à dignidade e solidariedade impulsionam a ingerência do Estado nas relações privadas, o que ocorre, predominantemente, a partir da legislação e da intervenção jurisdicional.

Assim, é possível afirmar, sem receio de errar, que o novo paradigma contratual leva em conta a funcionalização do direito privado e, logicamente, dos contratos, os quais passam a ser considerados "como um meio ligado a um fim socialmente reconhecido", fim este traduzido nos "laços de cooperação e solidariedade".[22]

4.3 CONTRATO COMO INSTRUMENTO DE CIRCULAÇÃO DE RIQUEZAS

A par de outras funções que o contrato possa desempenhar – e sobre ela falaremos no momento oportuno – é inegável sua aptidão para viabilizar a circulação de riquezas, até porque sua criação teve, a priori, exatamente essa finalidade.

A esse respeito, inclusive, Roppo, logo no início de sua obra *O Contrato*, traz dois conceitos distintos: o contrato como operação econômica e o contrato como conceito jurídico. De acordo com o autor italiano, vislumbrado sob a perspectiva de conceito jurídico, o contrato constitui "uma construção da ciência jurídica elaborada (além do mais) com o fim de dotar a linguagem jurídica de um termo capaz de resumir, designando-os de forma sintética, uma série de princípios e regras de direito, uma disciplina jurídica complexa".[23] Ao se pronunciar sobre o tema, Judith Martins Costa[24] afirma:

> A palavra *contrato* designa uma instituição imaginária da sociedade, um esquema representativo e um instrumento jurídico-construtivo criado e recriado, incessantemente, na relação entre os homens e a realidade. Como *conceito jurídico geral* é uma abstração, uma construção da ciência jurídica destinada a englobar e a categorizar os distintos tipos contratuais, legais ou sociais. Como *forma* jurídica e veículo de *funções* que lhe são próprias, ata-se aos específicos e diversos processos de produção, experiência e poder estruturantes das sociedades. Isto significa afirmar que, seja qual for a perspectiva adotada – histórica, teórica, pragmática ou comparatista –, não há em seu conceito imutável e naturalisticamente apreensível, como se 'o contrato' (enquanto conceito jurídico) pudesse ser descoberto e descrito por estar gravado de uma vez por todas na natureza das coisas. (Grifos no original)

Como os conceitos jurídicos em geral referem-se ao mundo exterior a eles, não é possível conhecer adequadamente a definição de contrato sem considerar a

---

21. ZANETTI, *Princípio* ... cit. p. 57.
22. TIMM, *Direito* ... cit. p. 122.
23. ROPPO, Enzo. *O contrato*. Trad. Ana Coimbra e M. Januário C. Gomes. Coimbra: Almedina, 1988, p. 7.
24. *Contratos*. Conceito e evolução ... cit. p. 24.

realidade econômico social subjacente. Para Roppo[25], é importante ter em mente que "as situações, as relações, os interesses que constituem a substância real de qualquer contrato podem ser resumidas na ideia de operação econômica".

Com efeito, embora a polivocidade e multifuncionalidade do termo dificultem sua conceituação, dentre os denominadores comuns constitutivos, é possível extrair exatamente a função de distribuir "riquezas segundo arranjos de interesses modelados com relativa liberdade pelos seus agentes".[26]

Essa conclusão é extraível não apenas da consulta à doutrina mais abalizada, mas também, da própria estrutura do Código Civil, ao dispor sobre os negócios jurídicos de maneira a admiti-lo inserido em qualquer das áreas que compõem o Direito Privado e, em alguns casos, o Direito Público, enquanto, ao contrato, reserva menor espaço, atinente ao Direito das Obrigações. Resulta, dessa opção legislativa, a inexorável conclusão de que o contrato é precipuamente instituto dos Direitos de Crédito, ou seja, direitos patrimoniais por excelência.[27]

A análise encetada por Martins-Costa[28] confirma a patrimonialidade dos interesses em voga no campo contratual. A autora alerta, por exemplo, para o fato de os princípios contratuais atinarem, primariamente, à regulação de interesses patrimoniais, citando, para ilustrar a sua conclusão, o princípio da liberdade de contratar (ligada à liberdade de iniciativa econômica), o da função social (que é função exercida na ordem econômico-social), o da determinação da pauta de comportamento contratual (art. 422, "direcionada aos vetores da boa-fé e probidade, tradicionais princípios do Direito Obrigacional"), o próprio reconhecimento da plurivocidade do termo contrato e a previsão de normas específicas aos formados por adesão, diante da frequente assimetria de poderes contratuais entre os sujeitos (artigos 423 e 424), e a garantia de ampla liberdade na criação de modelos contratuais (contratos inominados), "aceitando-se a tipificação social e a inovação tipológica (art. 425)". Martins-Costa[29] salienta, outrossim, a unificação entre as

---

25. *O contrato* ... cit. p. 8.
26. MARTINS-COSTA, *Contratos. Conceito e evolução* ... cit. p. 37. Para a autora (O método de concreção e a interpretação dos contratos: primeiras notas de uma leitura, In: NANNI, Giovanni Ettore (Coord.). *Temas relevantes do direito civil contemporâneo*. São Paulo: Atlas, 2008, p. 479) não há a ideia da existência de um conceito de contrato. Para ela, o termo indica "um instrumento proteiforme cuja unificação conceitual opera pela interligação de três pontos ou perspectivas, a saber: (i) *funcionalmente*, pelo que a experiência indica ser, na atual estrutura econômica, a distribuição de riquezas segundo arranjos de interesses modelados com relativa liberdade de conformação pelos particulares, com base na autonomia privada, ou por particulares e o Estado; (ii) *estruturalmente,* pela presença de dois ou mais contraentes ligados por uma *expectativa de confiança*, legitimamente amparada em dados fáticos e jurídicos decorrentes de um ato comunicativo, no sentido de que tal arranjo de interesses deve ser cumprido segundo a sua função e finalidade concreta; e (iii) pela *eficácia* geradora da vinculabilidade das partes à mantença do que pactuaram e tal qual pactuaram, se a pactuação foi conforme com o ordenamento e se essa conformidade permanecer durante o tempo da vigência do contrato".
27. MARTINS-COSTA, *Contratos. Conceito e evolução* ... cit. p. 49.
28. *Contratos. Conceito e evolução* ... cit. p. 49.
29. *Contratos. Conceito e evolução* ... cit. p. 50.

obrigações civis e mercantis como outra evidência do cunho relativo aos interesses patrimoniais, ao concluir:

> O âmbito precípuo dos contratos é, portanto, o campo das relações patrimoniais, sendo sua função própria formalizar operações econômicas de circulação de riquezas, isto é, operações de circulação entre um patrimônio e outro – tanto assim é que o contrato é considerado, de per si, justa causa para a circulação de riquezas entre patrimônios, configurando a estrutura jurídica *par excellence* para justificar atribuições patrimoniais.

No mesmo sentido, leciona Orlando Gomes[30], para quem "todo contrato tem uma função econômica, que é, afinal, segundo recente corrente doutrinária, a sua causa". Nanni[31], igualmente, não discrepa desse entendimento quando afirma, com base em alentado estudo, que o contrato é uma das causas justificadoras e autorizadoras do enriquecimento alheio e, portanto, óbice à configuração do enriquecimento sem causa.

A indagação que fica, entretanto, é quanto ao real significado e alcance da expressão "operação de circulação de riqueza". É preciso deixar claro que o conceito de operação econômica é puramente objetivo, ou seja, não guarda qualquer relação com a motivação das partes no momento de contratar. Ademais, não se confunde com o intercâmbio de prestações, pois circular não pressupõe troca, mas o trânsito de um lugar para outro. Do mesmo modo, a operação econômica não pressupõe o intuito de lucro[32], nem o interesse econômico das partes, já que o interesse pode ser de qualquer outra ordem, como explica Roppo[33]:

> (...) qualificar uma iniciativa como "operação económica" implica, no contexto em que nos movemos, um juízo a exprimir-se em termos rigorosamente *objectivos* e não subjectivos. A qualificação duma operação como "operação económica", assim, não pode ser excluída pela circunstância de quem a leva a cabo ser movido, subjectivamente, por impulsos e finalidades de ordem ideal, pelo simples facto de esta não poder identificar-se com o apuramento da vontade ou esperança subjectiva de "fazer um bom negócio", com a relevância de uma intenção subjectiva de natureza especulativa.
>
> (...)
>
> Quais são então essas características objectivas? Muito simplesmente, pode dizer-se que existe operação económica – e portanto possível matéria de contrato – onde existe *circulação da riqueza*, actual ou potencial *transferência de riqueza* de um sujeito para outro (naturalmente, falando de riqueza não nos referimos só ao dinheiro e aos outros bens materiais, mas consideramos todas as "utilidades" susceptíveis de avaliação aconómica, ainda que não sejam "coisas" em sentido próprio: nestes termos, até a promessa de fazer ou de não fazer qualquer coisa em benefício de alguém, representa, para o promissário, uma riqueza verdadeira e própria (...)[34]

---

30. GOMES, Orlando. *Contratos*. 16. ed. Atualizador Humberto Theodoro Junior. Rio de Janeiro: Forense, 1995, p. 19.
31. NANNI, Giovanni Ettore. *Enriquecimento sem causa*. São Paulo: Saraiva, 2004, Coleção Professor Agostinho Alvim, p. 262.
32. Basta observar a existência de contratos gratuitos.
33. ROPPO, *O contrato* ... cit. p. 12.
34. ROPPO, *O contrato* ... cit. p. 13.

Portanto, com apoio, mais uma vez, em Martins-Costa[35], a função primordial do contrato é viabilizar, por ato voluntário lícito, a circulação de riquezas de um patrimônio a outro, sendo lícito, pois, admitir que essa mesma circulação de riqueza está no núcleo do conceito do contrato.

4.4 CONTRATO COMO INSTRUMENTO DE DESENVOLVIMENTO E PROTEÇÃO DA DIGNIDADE DA PESSOA HUMANA

Embora haja consenso quanto à existência da função econômica do contrato, como apta a viabilizar a circulação de riquezas, este importante instrumento jurídico também exerce papel de desenvolvimento da personalidade e de proteção dos direitos fundamentais, em suma, da dignidade da pessoa humana.[36]

Mesmo a circulação de riquezas proporcionada pelo contrato já é, em si, mecanismo de promoção da dignidade da pessoa humana. Basta observar que, numa sociedade capitalista como a nossa, a aquisição de bens e serviços têm o condão de viabilizar ao sujeito o convívio com oportunidades tendentes a agregar valor à própria pessoa.

A aquisição de produtos de higiene e limpeza, por exemplo, proporciona condições sanitárias essenciais à qualidade de vida saudável. A contratação do serviço educacional aprimora os conhecimentos do contratado e viabiliza a melhoria de sua qualidade de vida no âmbito social e no mercado de trabalho. A contratação de uma cirurgia estética reparadora pode propiciar ao paciente a correção de uma cicatriz que lhe causava constrangimento e humilhação. O contrato com uma editora para a publicação de um livro, confere ao autor não apenas a possibilidade de expor sua obra – como projeção de sua personalidade – como o sustento econômico necessário à vida digna.

Enfim, poderíamos, aqui, discorrer longamente sobre as inúmeras, quiçá infinitas, hipóteses em que o contrato serve de estímulo, valorização e mecanismo de desenvolvimento da pessoa, pois como leciona Perlingieri "a propriedade e a renda são agora encaradas como instrumento para a realização da dignidade da pessoa humana".[37]

O contrato, enquanto emanação da autonomia da vontade privada, constitui expressão do direito personalíssimo à liberdade[38], e deve ter como parâmetros

---

35. *Contratos. Conceito e evolução* ... cit. p. 52.
36. DUQUE, Marcelo Schenk. Direitos fundamentais e direito privado: a busca de um critério para o controle do conteúdo dos contratos. In: MARQUES, Claudia Lima (Coord.). *A nova crise do contrato* – Estudos sobre a nova teoria contratual. São Paulo: Ed. RT, 2007, p. 92.
37. PERLINGIERI, Pietro. Normas constitucionais nas relações privadas. *Revista da Faculdade de Direito*. p. 63-77, p. 66. Rio de Janeiro: UERJ/Renovar, 1998-1999.
38. Giuseppe Benedetti (*Persona e contratto*, Obligazioni e Contratti, 8-9, anno VIII, agosto-settembre 2012, UTET Giuridica, p. 567), afirma: "La libertà non si esaurisce in un'idea astratta, è un concetto colorato da precisi contenuti: non è solo libertà di pensiero e di parola, nel diritto civile è anche libertà di disporre dei propri interessi, spirituali e materiali".

"quanto à sua celebração e conteúdo, a dignidade da pessoa humana e os bens mais fundamentais da personalidade".[39]

Nessa esteira de pensamento, surge o denominado "paradigma da essencialidade" como elemento dogmático das relações contratuais.[40] Afinado ao Direito Civil Constitucional, o direito contratual passa a ser instrumento a serviço da pessoa e de sua dignidade. Consoante lição de Perlingieri[41], o contrato afigura-se idôneo a "realizar utilidades econômicas mediante sacrifícios não diretamente patrimoniais, mas compatíveis com o pleno desenvolvimento da pessoa".

Evidentemente, está-se aqui a falar das avenças nas quais ao menos uma das partes é pessoa natural, pois, naquelas em que figuram apenas pessoas jurídicas não há interesses existenciais em pauta. O importante é atentar para o fato de haver, ou não, situação existencial em jogo, a qual se fará presente, destaque-se, mesmo que relação contratual seja de natureza patrimonial.

4.5 CONTRATO E A TEORIA DA CONFIANÇA

A confiança mútua é pressuposto sem o qual não se negocia, já que constitui o mínimo necessário à vinculação recíproca das partes na busca da satisfação de seus interesses.[42] Trata-se de expressão com múltiplos significados, mas apenas dois deles são suficientes para entender o motivo de se punir o cumprimento propositalmente faltoso da obrigação.

Segundo o dicionário Houaiss, confiança pode ser entendida como "crença na probidade moral, na sinceridade, lealdade, competência, discrição etc. de outrem; crédito fé "ter profunda c. num amigo" "a terna c. dos casais bem ajustados" "ter c. no médico" ou como "crença de que algo não falhará, de que é bem-feito ou forte o suficiente para cumprir sua função "tem c. nos freios para correr assim?" "tenho c. nesse projeto".[43]

Para Menezes Cordeiro[44], "a confiança exprime a situação em que uma pessoa adere, em termos de actividade ou de crença, a certas representações, passadas, presentes ou futuras, que tenha por efectivas".

Tradução livre: A liberdade não se exaure em uma ideia abstrata, é um conceito colorido de precisos conteúdos: não é somente liberdade de pensamento e de expressão, no direito civil é também liberdade de dispor dos próprios interesses espirituais e materiais.

39. RABINDRANATH, O direito geral ... cit. p. 448.
40. NEGREIROS, Teresa. Teoria dos contratos. Novos paradigmas. 2. ed. Rio de Janeiro: Renovar, 2006, p. 459.
41. PERLINGIERI, Pietro. O direito civil na legalidade constitucional. Edição brasileira organizada por Maria Cristina De Cicco. Rio de Janeiro: Renovar, 2008, p. 386.
42. ROBERTO SENISE LISBOA (Confiança contratual. São Paulo: Atlas, 2012, p. 36), afirma: "A proteção da confiança facilita a circulação de bens e agiliza as funções econômica e social do negócio jurídico, servindo de estímulo, muitas vezes, para que se dê o adimplemento antecipado, e o acordo chega a bom termo antes mesmo do que havia sido inicialmente previsto".
43. Dicionário Houaiss da Língua Portuguesa. Rio de Janeiro: Objetiva, 2009.
44. MENEZES CORDEIRO, António Manuel da Rocha e. Da boa fé no direito civil. 4. reimp. Coimbra: Almedina, 2011, p. 1234.

Sob o ponto de vista jurídico, a confiança tem sido tratada com bastante entusiasmo, malgrado a vaguidade de sua definição, o que, não sem motivos, tem dificultado a correta colocação dogmática do instituto no campo do Direito.

Como leciona Senise Lisboa[45], a confiança "tornou-se expressão política dos regimes atuais". Por ela, a pessoa fia-se na conduta ético-jurídica do outro, sujeitando-se a um mínimo de risco – inerente a qualquer negócio – por crer na conduta alheia e na capacidade do ordenamento jurídico de fazer valer o cumprimento dos interesses envolvidos.

Há evidente pluralidade de comportamentos retratáveis como atitudes de confiança dos sujeitos. A crença firme ou moderada em determinada realidade, assim como a assunção de determinado comportamento na crença de que o risco a ele inerente não se concretizará, são apenas alguns exemplos das diversas facetas e gradações inerentes à confiança.[46]

Nas atuais relações intersubjetivas a confiança está de tal modo enraizada que a desconfiança, além de colocar sob suspeita a conduta dos sujeitos, passou a ser valorada pelo Direito, ao qual incumbe garantir níveis de interação social adequados nos casos em que a coordenação das atividades pela confiança mostra-se impraticável ou ineficiente. Afinal, é inegável a reprovabilidade ética de defraudar, injustificada ou propositalmente, a confiança suscitada.

Oportuna, em abono ao raciocínio anterior, a assertiva de FRADA[47] ao considerar "missão indeclinável" de qualquer ordem jurídica "garantir a confiança dos sujeitos, porque ela constitui um pressuposto fundamental de qualquer coexistência ou cooperação pacífica, isto é, da paz jurídica". E a confiança somente se consolida por meio da garantia efetiva da segurança, de modo a que a pessoa conclua que o ordenamento jurídico lhe dá respaldo suficiente não apenas para contratar, mas para seguir à risca o programa contratual, como bem observa SENISE LISBOA[48]:

> (...) a segurança para negociar ou mesmo dar prosseguimento ao negócio não é sentida apenas por quem confia, mas também é oferecida pela outra parte (a recíproca é verdadeira) e – sob uma perspectiva de intervenção e dirigismo –, também pelo poder público (o problema da superveniência de normas e da proteção do ato jurídico perfeito).

A missão mencionada é exercida, em grande medida, porém não apenas, por meio da atribuição de um direito ao ressarcimento de danos. Há casos nos quais a ordem jurídica realiza ou preserva a posição do confiante, como ocorre, por exemplo, ao atribuir efeitos jurídicos equivalentes ao que se confiou, confirmando as expectativas da parte defraudada.

---

45. SENISE LISBOA, Roberto. *Confiança contratual*. São Paulo: Atlas, 2012, p. 7.
46. FRADA, Manuel António de Castro Portugal Carneiro da. *Teoria da confiança e responsabilidade civil*. Reimpressão da edição de fevereiro de 2004. Coimbra: Almedina, 2007, p. 17-18.
47. FRADA, *Teoria da confiança* ... cit. p. 19.
48. SENISE LISBOA. *Confiança contratual* ... cit. p. 19-20.

Quando decide atribuir direito à indenização, a ordem jurídica ressarce o sujeito dos danos ocasionados pela frustração das legítimas expectativas criadas. Exemplo clássico é aquele relativo aos prejuízos advindos das despesas e investimentos incorridos por uma parte na negociação ou formação de contrato cuja convicção de celebração foi defraudada.

Têm-se, pois, duas formas de tutela da confiança: as denominadas "proteção positiva" e a "proteção negativa". No primeiro caso a tutela volta-se à garantia do resultado das expectativas do sujeito, enquanto no segundo, confere-se ao confiante o direito à respectiva indenização em face daquele que defraudou sua confiança.[49]

É importante observar, todavia, a diferença entre as proteções negativa e positiva da confiança e os interesses contratuais positivos e negativos, dado não haver estreita coincidência entre tais institutos. No interesse contratual positivo, a indenização tem por escopo situar o sujeito na posição que teria se a obrigação contratual tivesse sido cumprida, enquanto no interesse contratual negativo a reparação se volta ao dano que o sujeito não teria sofrido, se não tivesse contratado. É de se notar que a proteção positiva da confiança pode ser alcançada por outros meios alternativos à indenização, como, por exemplo, a cominação de um dever de conduta de atender às expectativas do confiante "em espécie". Logo, não pode ser reduzida apenas à indenização.

A responsabilidade negativa pela confiança, por sua vez, molda-se pelo interesse contratual negativo, e se cinge a reparar o prejuízo que o confiante não teria, caso não tivesse adotado determinada conduta.[50]

Mas afinal, o que justifica a proteção da confiança? A resposta a esta pergunta lastreia-se na análise do imperativo ético jurídico, expressão cunhada por Canaris para justificar a tutela da confiança como essencial à "justa composição dos interesses e posições dos sujeitos".[51]

De acordo com essa vertente de pensamento a "(...) ordem jurídica não pode deixar de conferir relevância às expectativas mesmo para além daqueloutras situações a que corresponde um regime, preciso e objetivo, susceptível de acautelar e promover o tráfico jurídico."[52]

Tal tutela tem sentido desde que esteja devidamente conformada aos domínios dogmáticos adequados, dentre eles, o do negócio jurídico e da responsabilidade

---

49. A esse respeito pronuncia-se Menzes Cordeiro (*Da boa-fé* ... cit. p. 1249): "As consequências advenientes da protecção da confiança podem, em teoria, consistir ou na preservação da posição nela alicerçada, ou num dever de indemnizar o qual, por seu turno, ainda poderia atender ao interesse positivo, ou tão só, ao negativo. Em regra, o Direito português exprime a tutela da confiança através da manutenção das vantagens que assistiram ao confiante, caso a sua posição fosse real."
50. Sobre interesse contratual positivo e interesse contratual negativo, vale a consulta à PINTO, Paulo Mota. *Interesse contratual negativo e interesse contratual positivo*. Coimbra, 2008.
51. FRADA, *Teoria da confiança* ... cit. p. 62.
52. FRADA, *Teoria da confiança* ... cit. p. 62.

civil, cujo interesse se volta o presente trabalho. Tanto o negócio jurídico quanto a proteção positiva da confiança modificam as posições substantivas iniciais dos sujeitos e justificam a pretensão de cumprimento de deveres, assim como a de caráter indenizatório.

A despeito da independência da teoria da confiança relativamente à teoria do negócio jurídico é consenso a existência de ligações entre elas, na medida em que o exercício da autonomia privada por alguém implica riscos para outros. Assim, a tutela da confiança permite colmatar lacunas de proteção deixadas em aberto pela teoria do negócio jurídico.

No campo da responsabilidade civil, a teoria da confiança também encontra sua própria autonomia. Basta observar a doutrina germânica, segundo a qual a proteção indenizatória visa cobrir duas grandes áreas. A primeira delas, denominada *responsabilidade por declarações*, relativa aos casos em que alguém deve responder pelos danos causados por uma declaração viciada ou inexata, bem como por omissão, tal qual ocorre com a *culpa in contrahendo* ou a responsabilidade por informações incorretas.

A segunda área abrange a tutela de posições jurídicas contra "ataques ou ingerências lesivas (*Eingriffsschutz*) na pessoa ou no patrimônio alheio, conduzindo à reparação dos danos daí resultantes".[53] Nesse caso, a proteção da confiança com a consequente responsabilização que dela advém radicaria no fato de o lesado expor seus bens à intromissão alheia, ao confiá-los a terceiro no âmbito do tráfico negocial. Afinal, o ato danoso e a lesão são, não raras vezes, produzidos porque alguém confiou que terceiro iria conduzir-se tal como lhe era exigido e, não o fazendo, gerou prejuízos.

Volvendo mais especificamente para os casos relacionados ao descumprimento contratual, é importante destacar o posicionamento doutrinário que bem justifica a existência do dano de confiança, a despeito da responsabilidade por infração de deveres do contrato.

O descumprimento do contrato enseja a responsabilização do devedor faltoso, seja obrigando-o ao cumprimento forçado da execução, seja impondo-lhe o dever de cumprir com o sucedâneo indenizatório. Neste último caso, pode-se abranger os benefícios que o credor teria auferido do cumprimento da prestação ou os custos resultantes da sua falta.

Para além dessas hipóteses, reconhece-se o ressarcimento do dano de confiança. Tais danos compreendem as despesas e disposições efetuadas pelo credor em função do contrato, as quais, entretanto, tornaram-se inúteis em virtude do inadimplemento. Logo, aquele que rompe censuravelmente o contrato, deve arcar com o dano do desperdício do investimento feito por quem tinha o direito de vê-lo integralmente cumprido e que sofreu prejuízos que não teria suportado não fosse a confiança depositada na realização do programa contratual.

---

53. FRADA, *Teoria da confiança* ... cit. p. 76.

Por conseguinte, o dano de confiança consubstancia responsabilidade pela frustração de expectativas. Trata-se de *fattispecie* própria que não se confunde com aquela derivada do simples inadimplemento contratual. Enquanto o dano de confiança concretiza a preocupação da ordem jurídica com a defesa estática da posição inicial da parte que somente se moveu em virtude da confiança no comportamento alheio, a reparação pelo descumprimento contratual visa tutelar a dinâmica modificativa instaurada por aquele negócio jurídico.

Não obstante, o contrato representa importante *fattispecie* de confiança, na medida em que "para além de acto de autonomia privada criador de normas de comportamento que se impõem às partes, ele configura indiscutivelmente um *elemento de confiança e estabilização de expectativas*".[54] Por derivação logica, a violação do contrato constitui a denegação do que por ele se atribuía ao credor, assim como clara frustração das expectativas depositadas por quem almejava obter os benefícios passíveis de serem hauridos pelo cumprimento daquele compromisso negocial.

A indenização autônoma pelo dano de confiança justifica-se pelo fato de o contrato não alocar, via de regra, os riscos relacionados ao investimento perpetrado pelo credor com o objetivo de aproveitar ou utilizar a prestação. Tais riscos são, em princípio, do credor, pois ao devedor incumbe apenas cumprir o programa contratual tal como pactuado.

De uma maneira geral, é preciso ter em mente que a confiança, como valor jurídico fundamental ou instrumental, implica a necessidade de concretização da proteção da dignidade da pessoa humana também no negócio jurídico.[55] Ademais, a proteção da confiança constitui elemento de defesa dos interesses individuais e coletivos, pois alcança quem contratou e também todos aqueles passíveis de sofrer os efeitos da contratação.

Nesse diapasão, fica clara a importância da confiança nos casos de condutas danosas reiteradas ou pela obtenção de lucro ilícito mediante o descumprimento contratual. Como tais eventos espraiam seus efeitos para toda a coletividade, a segurança quanto à contratação e quanto à exata observância do cumprimento do programa contratual se esvai, causando efeitos nefastos.

A maior interação do contrato com terceiros está relacionada à nova ordem ética vigente no direito negocial do século XXI, cuja abrangência permite que as condutas gerem efeitos não apenas entre as partes contratantes e no contexto contratual em que estão inseridas, mas também, em face de terceiros.

Acertada, portanto, a proposição de Senise Lisboa[56], no sentido de reconhecer, na eticidade, a nova palavra de ordem, "indicativa do valor das condutas das partes

---

54. FRADA, *Teoria da confiança* ... cit. p. 666 (grifos no original).
55. SENISE LISBOA, *Confiança contratual* ... cit. p. 26.
56. SENISE LISBOA, *Confiança contratual* ... cit. p. 104.

que é esperado e que se refere à efetiva concretização da moralidade da vida, considerando-se a modalidade de acordo celebrado".

Pelo negócio jurídico da eticidade[57], a palavra de ordem passa a ser colaboração. Cada uma das partes tem ciência e consciência do papel por elas ocupado no negócio jurídico e da importância social do contrato como meio de satisfação recíproca de interesses, que não comporta ou admite a satisfação de um em detrimento do outro. Nesse contexto ético, a pessoa é colocada como centro da relação jurídica e, por este motivo, o contrato tem como valor primordial a proteção de sua dignidade.[58]

Portanto, a confiança frustrada merece e deve ser objeto de proteção, e a reiterada prática de abuso ou desprezo a essa confiança, pelos efeitos que ocasiona, justificam a aplicação da indenização punitiva como instrumento de correção do mercado, bem como de dissuasão e punição do lesante contumaz.

4.6 CONTRATO COMO PROMESSA

Para combater a ideia apregoada pela corrente defensora do descumprimento eficiente, Charles Fried escreveu a obra *Contract as Promisse,* pela qual aborda tema caro, porém desconsiderado pela *law and economics*, sobre a moralidade interna do contrato.

Segundo a teoria de Fried, a promessa é a base moral do contrato. É o princípio pelo qual as partes impõem a si mesmas obrigações antes inexistentes. A moralidade requer o respeito à pessoa e à propriedade alheia, deixando-as livres para conduzir suas vidas, assim como devemos ser livres para conduzir as nossas. Esta é a ideia liberal de moralidade, na qual se tem a distinção entre o bom (pertencente ao domínio da aspiração) e o certo (o qual se refere à estipulação dos limites e termos com os quais os anseios devem ser almejados e obtidos).

A moralidade parte da premissa de que as pessoas têm objetivos, cuja persecução poderá envolver outras pessoas, as quais servirão ou como instrumentos para a satisfação daqueles objetivos, ou como personagens constitutivos ou intrínsecos a seu alcance.

A moralidade está dirigida a essa relação humana, condenando a busca da autossatisfação à custa da frustração, humilhação ou destruição alheia. Logo, a lei deve constituir arcabouço de institutos que subscreva, facilite e tutele as demandas e aspirações de moralidade nas relações com terceiros.[59]

---

57. A expressão é de Roberto Senise Lisboa (*Confiança contratual* ... cit. p. 104).
58. A esse respeito pronuncia-se Luiz Edson Fachin (*O aggiornamento do direito civil brasileiro e a confiança negocial*. Repensando Fundamentos do direito civil brasileiro contemporâneo. Rio de Janeiro: Renovar, 1998): "Um claro cenário se produz em torno da confiança: o repensar das relações jurídicas nucleadas em torno da pessoa e sua valorização como centro das preocupações do ordenamento civil."
59. FRIED, Charles. The Convergence of Contract and Promise. In: BARNETT, Randy E. (Ed.). *Perspectives on Contract Law*. 4. ed. New York: Aspen Publishers, 2009, p. 212-217.

Nesse diapasão, é preciso ter em conta que, ao contrário das coisas, as pessoas não estão naturalmente disponíveis para servir a nossos propósitos. Quando o fazem, subjaz a este ato a liberdade e a confiança, sendo esta o pressuposto básico para o trabalho conjunto e cooperativo antes inexistente, e aquela, a condição básica para a própria existência digna da humanidade.

A promessa é o mecanismo de exteriorização da confiança, é o dispositivo pelo qual o sujeito deposita em mãos alheias um novo poder de cunho moral, para realizar ou alcançar seus desejos. A promessa transforma a escolha moralmente neutra em moralmente exigível.

Promessa e declaração são diferentes. Na declaração eu posso mudar de ideia posteriormente, enquanto na promessa isso não é possível, sob pena de se caracterizar como ruptura do que foi prometido.

A simples obtenção de benefício ou cometimento de prejuízo a alguém, por si só, não significa nada. É preciso que esses atos estejam eivados de injustiça para que surja o dever de indenizar. É a quebra da promessa que torna o benefício ou o dano injusto.

A forma mais comum de reduzir a força da promessa, relegando-a a outra categoria moral de menor amplitude, é associar o dano sofrido à promessa. Esta técnica tende a colocar em jogo a própria obrigatoriedade moral da promessa ao considerar que sua existência depende do grau de confiança da outra parte. Assim, ainda que o declarante tenha apenas feito uma declaração, poder-se-ia considerá-la uma promessa desde que a outra parte a considerasse como tal. O direito do declarante de mudar de ideia, portanto, estaria vinculado ao grau de confiança depositado pela outra parte; no entanto, o que torna a promessa vinculativa não é apenas a confiança alheia e sim, o convite feito pelo declarante para que a outra parte confie nele. A promessa invoca a confiança nas ações futuras e não simplesmente na sinceridade presente.

Há, ainda, um elemento adicional para além do benefício, da confiança e da intenção comunicada. Este elemento adicional compromete o promitente. A instituição da promessa é uma forma de alguém auto-obrigar-se perante terceiro de modo que este possa esperar uma performance futura. Isto, porém, não explica por que o sujeito está moralmente obrigado a cumprir a promessa, mesmo que se mostre custosa ou inconveniente.

Considerações de interesse próprio ou de utilidade não sustentam a base moral da obrigação de cumprir a promessa. A obrigação de manter a promessa é sustentada não em argumentos de utilidade, mas em respeito à autonomia individual e na confiança. Ademais, o sujeito é moralmente obrigado a manter sua promessa porque consciente e propositalmente invocou convenção cuja função é dar alicerces morais para que terceiros confiem e esperem o cumprimento futuro da performance prometida.

A obrigação de manter a promessa é similar, mas mais impositiva, do que a obrigação de dizer a verdade. Essa observância da promessa e da verdade têm profundos efeitos sociais. Em resumo: existem convenções que definem as práticas de promessa e suas consequências. Estas convenções propiciam a criação de expectativas em terceiros. Em virtude dos princípios básicos Kantianos de respeito e de confiança, é errado invocar esta convenção para fazer uma promessa e, depois, quebrá-la. A força moral por trás do contrato como promessa é a autonomia e as partes estão vinculadas ao contrato porque assim escolheram fazer.[60]

4.7 PRINCÍPIO DA BOA-FÉ

O princípio da boa-fé[61] constitui outro elemento de fundamental importância para justificar a necessidade de se preservar o contrato e de tutelá-lo dentro de parâmetros rígidos de lealdade e cooperação, a fim de evitar a defraudação da confiança alheia e do próprio instituto no âmbito social.[62]

A bem da verdade, não há como desvincular qualquer fato jurídico, ainda que eminentemente privado, de efeitos sociais importantes. Essa constatação é óbvia e decorre da lógica do sistema jurídico que, em última instância, tutela a convivência harmônica e possível da sociedade.

Nesse compasso, a boa-fé objetiva (positivada ou em forma de princípio), exerce a relevante tarefa de restaurar e reafirmar a ética no mundo jurídico, criando

---

60. A teoria de Fried foi posteriormente revisitada por Randy E. Barnett, o qual defendeu que a vinculação contratual e sua executoriedade advém não da força moral da promessa, mas do consentimento. O estudo de Barnett, no entanto, não invalida a vigorosa teoria de Fried, no que diz respeito ao coeficiente moral envolvido na promessa adjacente aos consentimentos e que embasam este trabalho para defender a importância de cumprimento do contrato. Para saber mais a respeito da teoria do Contract as Consent, vide: BARNETT, Randy E. A Consent Theory of Contract. In: BARNETT, Randy E. (Ed.). Perspectives on Contract Law. 4. ed. New York: Aspen Publishers, 2009, p. 275-287 e BARNETT, Randy E. Contract is Not Promise; Contract is Consent, http://scholarship.law.georgetown.edu/cgi/viewcontent.cgi?article=1614&context=facpub, acessado em 28/09/2015.
61. Sobre o tema conferir Claudio Luiz Bueno de Godoy (*Função social do contrato*. 4. ed. São Paulo: Saraiva, 2012, coleção Prof. Agostinho Alvim, p. 86-111). Destaca-se o seguinte excerto (p. 87): "Diferente da boa-fé subjetiva, que é um estado psicológico, um estado anímico de ignorância da antijuridicidade ou do potencial ofensivo de determinada situação jurídica, a boa-fé objetiva é uma regra de conduta, uma regra de comportamento leal que se espera dos indivíduos, portanto que com aquela não se confunde. Nesse sentido Fernando Noronha distingue o que denomina de boa-fé crença (subjetiva) e boa-fé lealdade (objetiva) ou, ainda, sob a perspectiva da contraparte, a boa-fé confiança, aqui, e no campo contratual, em que tem maior aplicação, compreendida como 'a expectativa de que a parte, com quem se contratou, agiu e agirá com correção e lealdade'".
62. Como explica Judith Martins-Costa (A boa-fé objetiva e o adimplemento das obrigações. *Revista Brasileira de Direito Comparado*, n. 25, ano 2004, p. 231-232): "Em termos muito gerais, a boa-fé apresenta-se como a mais imediata tradução da confiança no domínio das relações intersubjetivas: a sua etimologia reside na *fides (cum fides)*, uma *fides* adjetivada como *bona* isto é, como justa correta ou virtuosa. Esse é, talvez, o nível mínimo da boa-fé, e, nesse aspecto, o seu campo de atuação abarca todo o Ordenamento. Nessa primeira perspectiva, a boa-fé manifesta-se como um princípio geral de Direito que visa a tutelar a confiança, considerada como cimento da convivência social, como base para qualquer convivência humana."

efeitos precisos de Direito por meio de conceitos indeterminados, cláusulas gerais, tipos e padrões jurídicos.[63]

Para bem compreender a operatividade da boa-fé trataremos, ainda que brevemente, da obrigação como processo, visto que somente por meio da noção totalizante de obrigação é possível compreender os inúmeros deveres, estados, situações e poderes decorrentes do vínculo obrigacional.

Como bem expressa Larenz[64], embora o vínculo obrigacional seja bipolar, não pode ser vislumbrado sob perspectiva atomística (seccionando as partes que o compõem) e estática (como resultado da mera soma das partes), pois isso seria torná-lo irreal. Deve-se, pois, contemplar a relação obrigacional como vínculo concreto entre duas pessoas determinadas, existente no tempo e permeada de direitos, obrigações e situações jurídicas criadas e extintas no decurso de sua existência e de acordo com suas vicissitudes. De acordo com o autor:

> La relación de obligación, como relación jurídica concreta entre personas determinadas, existente en el tiempo, es, ciertamente, un conjunto de derechos, obligaciones y 'situaciones jurídicas', pero no es la suma de aquéllos. Es, más bien, un todo, un conjunto ('Gefüge'). Subsiste como tal, aunque algunos de los deberes que contiene se hayan extinguido por el cumplimiento, o algunos de los derechos de formación hayan desaparecido por haberse ejercitado o hayan prescrito por no haber sido ejercitados en el tiempo previsto. Puede, sin perder su identidad con tal 'relación de obligación', ser modificada en su contenido por pacto entre las partes (§ 305) o a virtud de la reglamentación legal (p. ej., nascimiento de un deber de indemnización). Incluso, la persona de los interesados puede variar o alterarse, a consecuencia de sucesión, 'negocio inter vivos' o también por disposición legal (p. ej., § 419). Lo que subsiste en tal alteración es cabalmente la esencia o trama, la conéxion conforme a sentido de los distintos elementos del todo que subsiste aun cuando cambien algunos de estos elementos. Aquello en lo que descansa esta conexión conforme a sentido, y lo que en último término da al conjunto una directriz unitaria, es el fin al que tiende. Toda relación de obligación persigue, a ser posible, la más completa y adecuada satisfacción del acreedor o de los acreedores a consecuencia de un determinado interés en la prestación.[65]

---

63. MENEZES CORDEIRO, Antonio Manuel da Rocha e. *Da Boa-fé no direito civil*. 4. reimp. Coimbra: Almedina, 2011, p. 1176.
64. LARENZ, Karl. *Derecho de Obligaciones*. Madrid: Editorial Revista de Derecho Privado, 1958, t. I, versión española y notas de Jaime Santos Briz, p. 38-39.
65. Tradução livre: A relação de obrigação, como relação jurídica concreta entre pessoas determinadas, existente no tempo, é certamente um conjunto de direitos, obrigações e situações jurídicas, mas não é a soma deles. É, melhor, um todo, um conjunto ('Gefuge'). Subsiste como tal, ainda que algum dos deveres que contém tenham sido extintos pelo cumprimento, ou alguns dos direitos de formação tenham desaparecido por terem sido exercidos ou estejam prescritos por não terem sido exercidos no tempo previsto. Pode, sem perder a sua identidade com tal relação de obrigação, ser modificada em seu conteúdo por pacto entre as partes (§ 305) ou em virtude de regulamentação legal (p. ex. nascimento de um dever de indenização). Inclusive, a pessoa dos interessados pode variar ou alterar-se, como consequência de sucessão, negócio inter vivos ou também por disposição legal (p. ex. § 419). O que subsiste em tal alteração é cabalmente a essência ou trama, a conexão conforme o sentido dos distintos elementos do todo que subsiste ainda quando alterem alguns desses elementos. Aquilo no que descansa esta conexão conforme o sentido, e que em último termo dá ao conjunto uma diretriz unitária, é o fim a que tende. Toda relação de obrigação persegue, a ser possível, a mais completa satisfação do credor e dos credores em consequência de um determinado interesse na prestação.

Os ensinamentos de Larenz implicam reconhecer que a relação obrigacional constitui vínculo dinâmico, suscetível às vicissitudes a ela inerentes, gerando direitos e deveres outros, além dos voluntariamente almejados pelas partes, ou, ainda, poderes formativos geradores, modificativos, extintivos e os correlatos estados de sujeição. Do mesmo modo, pode subsumir-se a ônus jurídicos e deveres laterais, anexos ou secundários ao dever principal, gerando outros direitos subjetivos.[66]

Essa característica da relação jurídica obrigacional como processo viabiliza a operatividade da boa-fé objetiva, a qual se traduz em três distintas funções: cânone hermenêutico-integrativo, norma de criação de deveres jurídicos e norma de limitação ao exercício de direitos subjetivos.

É de clareza meridiana a impossibilidade de o contrato abarcar e regular toda e qualquer situação passível de ocorrer no curso de sua execução. Há eventos e situações, de natureza fenomênica e jurídica nem sempre previstos ou previsíveis pelas partes, a exigir, portanto, o preenchimento das lacunas, a fim de tornar operativo o programa contratual.

A boa-fé, como cânone hermenêutico-integrativo, serve de *kanon* hábil ao preenchimento dessas lacunas, seja mediante a interpretação da vontade das partes, da integração de lacunas ou para determinar o comportamento devido.[67] Tal interpretação, a ser encetada pelo juiz, deve levar em conta as "circunstâncias concretas do desenvolvimento e da execução contratual visualizadas como um todo".[68]

O exato manejo da boa-fé objetiva, contudo, somente se mostrará viável se o intérprete for consciente de que os elementos de regulação e os conteúdos normativos constituídos pelos contratos são extraídos não apenas da perquirição da declaração das partes, mas, e principalmente, da interpretação do programa objetivo criado com o contrato. Segundo Martins-Costa[69], significa dizer:

> (...) que as situações não pensadas nem manifestadas pelas partes no momento da conclusão, não estando reguladas integralmente pelas declarações consideradas em particular, só podem ser inferidas do módulo contratual considerado 'como regulação vigente quando do sentido total da regulação'.

O sentido, por sua vez, é aclarado mediante a consideração de todas as circunstâncias que conferem ao contrato seu caráter especial, tais como o complexo de normas contratuais e os módulos valorativos do sistema, expressos nos princípios da autovinculação, autorresponsabilidade, função social e boa-fé.

Sob o comando do princípio da boa-fé, a interpretação do juiz deve dirigir-se de modo a não permitir que o contrato, "como regulação objetiva, dotada de um

---

66. MARTINS-COSTA, Judith. *A boa-fé no direito privado*. 1. ed. 2. tir. São Paulo: Ed. RT, 2000, p. 393-394.
67. MARTINS-COSTA. *A boa-fé no direito privado* ... cit. p. 428-429.
68. MARTINS-COSTA. *A boa-fé no direito privado* ... cit. p. 430.
69. MARTINS-COSTA. *A boa-fé no direito privado* ... cit. p. 431.

específico sentido, atinja finalidade oposta ou contrária aquele que razoavelmente, à vista de seu escopo econômico-social, seria lícito esperar".[70]

Sob o matiz da obrigação como processo, é lícito afirmar, outrossim, que o adimplemento ganha destacada importância, pois constitui o fim precípuo a ser buscado pelas partes em toda e qualquer relação jurídica obrigacional, mediante atos de cooperação. Na síntese desenvolvida por Venturi[71], a respeito do tema, é possível colher o seguinte excerto elucidativo:

> É possível, portanto, aludir-se à concepção da obrigação como uma totalidade concreta a partir de duas verificações fundamentais: *a primeira,* relacionada à compreensão de que o todo (a relação jurídica obrigacional) é mais do que a simples soma das partes, motivo pelo qual haveria uma ordem de cooperação entre os sujeitos para atingir uma unidade complexa; *a segunda,* relacionada à compreensão de que os fatos considerados de forma isolada não saem do campo das abstrações, sendo necessário considerá-los no campo da concretude (como sinônimo de circunstâncias individuais), o que só é possível quando observados num contexto geral ou total (grifos no original).

Deriva da assertiva anterior que a prestação não deve ser considerada de modo isolado, mas como totalidade compreendida por inúmeros deveres de conduta destinados não apenas ao simples adimplemento da obrigação, mas à satisfação plena do interesse do credor.

Como "processo", a relação jurídica obrigacional é composta por inúmeros deveres, os quais "se coligam em atenção a uma identidade de fim e constituem o conteúdo de uma relação de carácter unitário e funcional", voltados ao adimplemento.[72] Tais são os deveres de prestação (principais e secundários) e os deveres laterais.

Constituem deveres principais de prestação aqueles que configuram o núcleo dominante da relação obrigacional, a fim de se alcançar sua finalidade. Como exemplo, cite-se o dever do vendedor de entregar a coisa vendida e do comprador de pagar o preço; ou o dever do locador de ceder o gozo temporário da coisa locada e o locatário de pagar o respectivo aluguel.[73]

Os deveres secundários ou acidentais de prestação podem ser subdivididos, segundo Almeida Costa, em deveres secundários meramente acessórios da prestação principal e deveres secundários com prestação autônoma. Os primeiros, destinam-se a preparar ou assegurar o cumprimento da prestação principal, tal como ocorre com o dever de conservar a coisa, embalá-la ou transportá-la. Os segundos, constituem o dever de indenizar, podendo figurar como dever sucedâneo do principal (decorrente

---

70. MARTINS-COSTA. *A boa-fé no direito privado* ... cit. p. 432.
71. VENTURI, Thaís Gouveia Pascoaloto. *Responsabilidade civil preventiva.* A proteção contra a violação dos direitos e a tutela inibitória material. São Paulo: Malheiros, 2014, p. 225.
72. ALMEIDA COSTA, Mario Júlio de. *Direito das obrigações.* 11. ed. rev. e atual. Coimbra: Almedina, 2008, p. 74.
73. Os exemplos são extraídos de Almeida Costa. *Direito das obrigações* ... cit. p. 76.

da impossibilidade de seu cumprimento) ou coexistente com o dever principal (acrescendo-se a ele, como ocorre na indenização por mora ou cumprimento defeituoso).[74]

Por fim, os deveres laterais são aqueles decorrentes de cláusula contratual, de disposição normativa ou do princípio da boa-fé, e destinam-se ao "exato processamento da relação obrigacional" ou, em outras palavras, "à exacta satisfação dos interesses globais envolvidos na relação obrigacional complexa".[75]

São exemplos de deveres laterais, segundo Martins-Costa: a) os deveres de cuidado, previdência e segurança; b) os deveres de aviso e esclarecimento; c) os deveres de informação[76]; d) os deveres de prestar contas; e) os deveres de colaboração e cooperação; f) os deveres de proteção e de cuidado com a pessoa e com o patrimônio da contraparte e g) os deveres de omissão e de segredo.

Por serem deveres destinados a ambos os partícipes da relação contratual, exigem das partes comportamentos variáveis com as circunstâncias concretas da situação, dada a relação de confiança que o contrato fundamenta e "identificam-se com os deveres de adoptar o comportamento que se pode esperar entre contratantes honrados e leais".[77]

No domínio do direito das obrigações, a boa-fé indica modelo de comportamento, padrão valorativo de condutas humanas concretas, cuja finalidade é impor ações pautadas por valores sociais significativos, tais como solidariedade, lealdade, probidade, cooperação e consideração aos legítimos interesses alheios.[78]

Por fim, a boa-fé também atua como limite ao exercício dos direitos subjetivos, ao inadmitir "condutas que contrariem o mandamento de agir com lealdade e correção, pois só assim se estará a atingir a função social que lhe é cometida".[79]

Seja qual for, portanto, a função exercida pela boa-fé objetiva, percebe-se que seu propósito é preservar o programa contratual de modo a mantê-lo idôneo como instituto jurídico de circulação de riquezas e de promoção da dignidade da pessoa humana, sem se descurar de sua função social.

Castronovo, ao tratar dos princípios de direito europeu dos contratos, bem sintetiza o mérito desse princípio, em especial para o tema versado neste trabalho, no qual defendemos que o uso malicioso do contrato, destinado a defraudar a confiança alheia ou obter vantagens indevidas mediante o descumprimento de seu programa, deve ser severamente repreendido.

---

74. Conceito e exemplos extraídos de Almeida Costa. *Direito das obrigações* ... cit. p. 77.
75. ALMEIDA COSTA. *Direito das obrigações* ... cit. p. 77.
76. Para uma análise mais detalhada sobre o dever de informação, oportuna a consulta a Christoph Fabian (*O dever de informar no direito civil*. São Paulo: Ed. RT, 2000).
77. MOTA PINTO, Carlos Alberto da. *Cessão da posição contratual*. Reimpressão. Coimbra: Almedina, 2003, p. 399-340.
78. MARTINS-COSTA, *A boa fé objetiva e o inadimplemento das obrigações* ... cit. p. 233.
79. MARTINS-COSTA. *A boa-fé no direito privado* ... cit. p. 457.

Segundo o aludido autor italiano, ao comentar o artigo 1:201 do PECL (*Principles of European Contract Law*), regente da boa-fé e *correteza*, a aplicação particular dessa regra envolve o dever de uma das partes não desenvolver (iniciar ou prosseguir) tratativas contratuais na ausência de vontade efetiva e verdadeira de alcançar um acordo contratual com a outra parte.[80] Embora esse dever esteja relacionado à responsabilidade pré-contratual, nos termos do artigo 2:301 da mesma PECL, acreditamos que ele também é aplicável no curso do contrato, repita-se, sempre quando for possível inferir que as tratativas e a relação obrigacional não tenham sido encetadas com seriedade e efetivo interesse em obedecer ao programa contratual, mas sim, de obter vantagem indevida por meio de seu proposital (e aqui aludo ao dolo e culpa grave) descumprimento.[81]

Com efeito, a boa-fé objetiva não é norma enrijecida, imutável, que se apresente sempre igual. Ao revés, é construída paulatinamente conforme as situações da vida com as quais se depara; logo não há óbice para, mediante a conjugação da tutela da confiança e da concretude da boa-fé objetiva, considerá-la também aplicável – e fundamento lógico – para a repressão de casos de inadimplemento proposital da obrigação.[82]

Como bem preceitua Martins-Costa[83], a culpa do devedor deve ser compreendida sob o prisma da boa-fé objetiva, pois é fundamental avaliar, no curso do programa contratual, não apenas o adimplemento, mas se ele, além de cumprir a obrigação assumida, pautou-se de modo cooperativo e solidário.

Deflui, como consectário lógico da assertiva anterior, que as situações de mora ou de inadimplemento absoluto devem ser consideradas levando-se em conta a *fattispecie* negocial e os critérios de boa-fé "como cânone de interpretação congruente das disposições negociais e como norma impositiva de deveres de cooperação e consideração que incumbem a ambas as partes da relação".[84]

Afinal, somente a colaboração possibilita o adimplemento eficaz da obrigação, mediante a atuação conjunta das partes em vista do interesse legítimo do *alter*. A boa-fé age, pois, no sentido de garantir a estrita observância dessa pauta de conduta

---

80. CASTRONOVO, Carlo. In: CASTRONOVO, Carlo (a cura di). *Principi di Diritto Europeo dei Contratti*, parte I e II, edizione italiana. Milano: Giuffrè, 2001. p. 115.
81. Articolo 1:201. *Buona Fede e Correttezza*. (1) Le parti devono agire nel rispetto della buona fede e della correteza. (2) Le parti non possono escludere o limitare questo obbligo.
    Articolo 2:301. *Trattative contrarie alla buona fede*. (1) Le parti sono libere di entrare in trattative e non rispondono del mancato raggiungimento dell'accordo. (2) Tuttavia, la parte che ha condotto o ha interrotto le trattative in maniera contraria alla buona fede e alla correttezza è responsabile delle perdite cagionate all'altra parte. (3) In particolare, è contrario alla buona fede e alla correttezza iniziare le trattative o continuarle in assenza di una effettiva volontà di raggiungere un accordo con l'altra parte.
82. MARTINS-COSTA, *A boa-fé objetiva e o inadimplemento das obrigações* ... cit. p. 241.
83. MARTINS-COSTA, *A boa-fé objetiva e o inadimplemento das obrigações* ... cit. p. 250 e ss.
84. MARTINS-COSTA, *A boa fé objetiva e o inadimplemento das obrigações* ... cit. p. 251.

impondo às partes, no contexto da relação obrigacional complexa, os deveres instrumentais ou de proteção.

Embora não seja possível exaurir todos os exemplos de deveres de proteção, é possível enunciar, com apoio em Martins-Costa[85], os deveres de lealdade, de cuidado, previdência e segurança, de aviso e esclarecimento, de informação, de consideração com os interesses legítimos do parceiro contratual, de proteção ou tutela com a pessoa e o patrimônio da contraparte, de abstenção de condutas que possam pôr em risco o programa contratual, de omissão e de segredo.

De clareza meridiana, portanto, a gravidade da conduta direcionada ao proposital inadimplemento da obrigação (ou com culpa grave) no contexto da boa-fé objetiva. Verifica-se que, independentemente do prisma pelo qual se vislumbre a conduta maliciosa encetada pelo devedor, há clara preocupação do ordenamento em reprová-la, seja para a tutela da outra parte, seja para a proteção do instituto contratual e da própria sociedade.

Nas judiciosas lições de Nanni[86], forte nos ensinamentos de João Calvão Silva, a boa-fé e os princípios constitucionais significam reconhecer que o "contrato ganha nova dimensão ética e social, em estreita conexão com a 'eticização' e 'socialização' do direito privado em geral, implicando o seu progressivo dimensionamento social, a sua adequação aos valores morais, políticos e sociais reinantes na comunidade, a sua impregnação de justiça e solidariedade ao lado da individualidade e autonomia".

Decorre, como corolário lógico da reflexão acima aduzida, que a boa-fé objetiva constitui mais um fundamento para defender a aplicação da indenização punitiva à parte contratual que descumpra, com dolo ou culpa grave, o programa contratual, ensejando danos de natureza extrapatrimonial à contraparte.

4.8 FUNÇÃO SOCIAL DO CONTRATO

A função social do contrato constitui princípio do novo Direito dos contratos, o qual exorta à abordagem da liberdade contratual em seus reflexos sobre a sociedade e não apenas entre as partes contratantes.[87] Tem origem na passagem do individualismo ao personalismo e solidarismo das relações jurídicas, incluindo as contratuais.[88]

---

85. MARTINS-COSTA, *A boa fé objetiva e o inadimplemento das obrigações* ... cit. p. 259.
86. NANNI, Giovanni Ettore. O dever de cooperação nas relações obrigacionais à luz do princípio constitucional da solidariedade. In: LOTUFO, Renan; NANNI, Giovanni Ettore (Coord.). *Temas relevantes do direito civil contemporâneo*. Reflexões sobre os cinco anos do Código Civil. Estudos em Homenagem ao Professor. São Paulo: Atlas, 2008, p. 306.
87. THEODORO JUNIOR, Humberto. *O contrato e sua função social*. 3. ed. Rio de Janeiro: Forense, 2008, p. 31.
88. NALIN, Paulo. Princípios do direito contratual: função social, boa-fé objetiva, equilíbrio, justiça contratual, igualdade. In: LOTUFO, Renan; NANNI, Giovanni Ettore (Coord.). *Teoria geral dos contratos*. São Paulo: Atlas, 2011, p. 131.

Pelo aludido princípio, compreendem-se e aceitam-se os efeitos sociais do contrato, entendidos como a capacidade de a relação intersubjetiva espraiar suas consequências no âmbito social, ainda que não desejados pelas partes. Essa visão afina-se ao conceito de Estado voltado a programas solidaristas e de valorização da pessoa humana, o qual condiciona a proteção de situações jurídicas tradicionalmente tidas como sendo de cunho patrimonial – dentre elas as contratuais – ao cumprimento de deveres não patrimoniais.[89]

Integrado à positivação infraconstitucional com o advento do Código Civil de 2002, o qual, no artigo 421, dispõe que a liberdade de contratar "será exercida em razão e nos limites da função social do contrato", o princípio mencionado encontra campo no plano constitucional, por meio dos princípios da dignidade da pessoa humana e do solidarismo, previstos nos artigos 1º, III e IV, e 3º, I, da Constituição Federal.

O resultado dessa visão afeita ao novo contrato foi, em especial, a revisitação do princípio da relatividade dos efeitos contratuais, preponderante à época do voluntarismo jurídico. Assim, pela função social do contrato buscam-se, nos valores sociais instituídos pelo ordenamento jurídico, "novos horizontes de aplicação dos tradicionais princípios norteadores do direito dos contratos".[90] Justiça, igualdade e solidariedade, além de outros valores essenciais à tutela da dignidade da pessoa humana, compõem a axiologia contratual juntamente com a liberdade individual.

Subverte-se, pois, o fundamento da força obrigatória dos contratos. O que antes era fundado na vontade individual, e, portanto, restrito ao universo de interesses dos particulares, agora o é na própria lei, cujo papel é submeter mencionada vontade à satisfação das finalidades sociais. Nas palavras de Negreiros:

> O poder jurígeno reconhecido à vontade individual não, é, pois, originário e autônomo, mas derivado e funcionalizado a finalidades heterônomas. Sendo a própria lei o fundamento da força obrigatória do contrato, tal força obrigatória encontra a sua razão de ser nos fins visados pelo Direito em geral: justiça social, segurança, bem comum, dignidade da pessoa humana ... A função social do contrato é, neste passo, resultado do novo fundamento da sua força obrigatória que se deslocou da vontade para a lei. A força vinculante do contrato, porque fundada na lei, passa a estar funcionalizada à realização das finalidades traçadas pela ordem jurídica, e não mais pode ser interpretada como apenas um instrumento de satisfação dos interesses dos contratantes individualmente considerados.

Afigura-se lógico, pois, que o contrato não pode mais ser considerado um ente alheio à sociedade em cujo seio está inserido. Da mesma forma, não há como deixar de compreender sua capacidade de interferir na esfera subjetiva de terceiros, ensejando, até mesmo, em alguns casos, a imputação de direitos ou responsabilidades em relação a um dos contratantes, a quem não faça parte do programa contratual.

---

89. GODOY, Claudio Luiz Bueno de. *Função social do contrato*. 4. ed. São Paulo: Saraiva, 2012, p. 131.
90. NEGREIROS, Teresa. *Teoria do contrato*. Novos Paradigmas. 2. ed. Rio de Janeiro: Renovar, 2006, p. 226.

A doutrina, porém, costuma direcionar a análise dos efeitos contratuais a terceiros, sob duas ordens de problemas: "i) a posição de terceiro vítima de um dano consecutivo ao inadimplemento de uma obrigação (obrigação esta originária de um contrato do qual este terceiro não participa); e, inversamente, (ii) a posição da parte credora em relação ao terceiro que contribui para o inadimplemento da obrigação assumida pelo cocontratante devedor".[91]

Procuramos enxergar a função social do contrato, contudo, de modo mais amplo. Com efeito, se a funcionalização social do contrato redunda em reconhecer sua inserção no seio da sociedade e seu papel de consagração de valores maiores erigidos pelo ordenamento – incluindo o da dignidade da pessoa humana – nada obsta vislumbrar, o contrato, sob essa mesma ótica, como sendo um instrumento cuja efetividade deva ser preservada em benefício da própria sociedade e do ordenamento aos quais pertence.

Não é demasiado lembrar que apenas as relações entre os sujeitos são disciplinadas pelo Direito, e o contrato configura uma das relações tidas como jurídicas.[92] Os sujeitos, para autorregular seus interesses e obter a competente circulação de riquezas e promoção da dignidade da pessoa humana, podem utilizar-se do contrato, assumindo os consequentes e naturais riscos, ou apenas permanecerem inertes, mantendo o *status quo*. Somente faz sentido a instauração de relação intersubjetiva dessa natureza quando as partes nutrem verdadeira crença na efetividade da tutela concedida pelo ordenamento.

O ato de contratar não se resume, como é possível dessumir da exposição anterior, à simples troca de bens. É ato mais profundo e envolvente, de assunção de riscos e potenciais danos. Muitas vezes, implica a exposição da própria intimidade, quando estão envolvidos, por exemplo, temas relativos à saúde, à estética ou mesmo ao âmbito familiar; outras exige, para seu funcionamento, a submissão de uma das partes ao jugo da outra, com a exposição da vida e do próprio corpo, como ocorre nos contratos médicos cirúrgicos.

Contratar pode, ademais, significar despojar-se de todo seu patrimônio ou da economia de uma vida, para realização de sonhos criados e nutridos no curso da própria existência, como ocorre na aquisição da casa própria.

São diversos, enfim, os exemplos ilustrativos da seriedade e gravidade envolvidas na relação contratual. Nossos olhos perderam a capacidade de vislumbrar todos os riscos e implicações envolvidas no ato de contratar, em virtude da reiterada prática

---

91. NEGREIROS, *Teoria do contrato* ... cit. p. 232.
92. Erik Frederico Gramstrup, chega a mencionar, com muita propriedade, que não existe "nada no Direito que não seja relacional". E arremata: "Todos os institutos jurídicos disciplinam relações entre sujeitos. É elementar no universo jurídico a categoria relação jurídica" (Contratos relacionais. In: LOTUFO, Renan; NANNI, Giovanni Ettore (Coord.). *Teoria geral dos contratos*. São Paulo: Atlas, 2011, p. 323.

contratual a que nos submetemos diuturnamente. Tal qual o médico habituado a ver chagas, imperfeições e mutilações do corpo humano, nós também nos habituamos a contratar sem levar em conta, muitas vezes, os elementos não patrimoniais envolvidos e os riscos inerentes a essa atividade.

Parece-nos que o princípio da função social do contrato, quando considera os fins objetivados pelo Direito – e não mais, apenas, a vontade das partes – para impor sua respectiva força obrigatória, considera, de modo mais profundo, essas variantes aqui mencionadas envolvidas no ato de contratar.

Sob a análise econômica do Direito, Timm[93] presta relevante contribuição para aprofundamento da função social do contrato nos moldes aqui encetados. Como elucida o autor, os contratos exercem importante papel nas relações econômicas e expõem as partes a riscos que somente a coação estatal pode mitigar. Sem essa atuação coativa, os contratantes podem ceder aos incentivos de descumprir a promessa feita, "especialmente quando as partes não se conhecerem e não houver qualquer sanção reputacional em jogo".[94]

Cabe, pois, às partes, escolher uma dentre duas condutas possíveis na relação contratual: a) cooperar ou b) agir de forma oportunista. A análise feita pelo autor com base na linguagem da teoria dos jogos demonstra haver aumento máximo do bem-estar dos contratantes no caso de mútua cooperação. Entretanto, se uma parte coopera há incentivos para que a outra, individualmente, adote estratégias oportunistas defraudando a primeira, a despeito do comprometimento em colaborar. Quando ambos agem assim, não há incentivos para alterar o comportamento oportunista, pois isso significaria assumir ainda mais perdas por um dos envolvidos.

Nesses casos, o Direito contratual pode e deve intervir, no sentido de "alterar o equilíbrio para a situação em que ambos cooperem", o que é feito mediante a imposição de sanções ao contratante faltoso.[95] Como obtempera Timm[96] "na ausência de um contrato judicialmente executável, as partes podem permanecer relutantes em confiar umas nas outras, de forma que transações valiosas nunca saiam do papel", ou, aquelas que se formarem, sejam palco de constantes descumprimentos, ensejando reação em cadeia prejudicial à coletividade.

---

93. TIMM, Luciano Benetti. *Direito contratual brasileiro*. Críticas e alternativas ao solidarismo jurídico. 2. ed. São Paulo: Atlas, 2015, p. 192 e ss. É importante esclarecer que não desconsideramos a teoria econômica como importante perspectiva análise jurídica. Muito ao revés, consideramos haver muito de positivo na contribuição desse ramo do estudo para melhor compreender e aplicar os institutos jurídicos de modo condizente com a realidade e o mercado. Apenas não concordamos, integralmente, com todas as suas posições, divergências essas, aliás, que também temos em relação às demais perspectivas analíticas do Direito.
94. TIMM, *O direito contratual* ... cit. p. 193.
95. TIMM, *O direito contratual* ... cit. p. 194.
96. TIMM, *O direito contratual* ... cit. p. 194.

Somente o incentivo à cooperação, portanto, pode gerar saldo positivo a ser dividido entre as partes, o que é possível assegurando à parte receosa "o cumprimento do contrato que espontaneamente não aconteceria pela falta de consequências ao inadimplente".[97]

Podemos acrescentar à falta de consequência, aquela que não sirva de desestímulo ao descumprimento, ou seja, a consequência que, sob a racionalidade econômica, torne mais desvantajoso o cumprimento do que o descumprimento do contrato, tal como vimos ao abordar o conceito de inadimplemento eficiente.

O Direito deve, nessa toada, garantir meios eficazes de tutela do programa contratual, a fim de permitir seu desenvolvimento nos moldes pactuados, não obstante sabermos ser possível, em alguns casos, sua revisão para a preservação de interesses maiores do ordenamento. Ademais, deve corrigir as falhas de mercado para permitir às partes alcançar a utilidade máxima proporcionada por tal ferramental, acrescendo riqueza à sociedade. É importante compreender que o contrato deve externar a seus partícipes e à sociedade a condição ímpar e inelutável de preservar os interesses das partes envolvidas, de modo a transmitir a necessária segurança quanto a seus efeitos e viabilizar a melhor eficácia do mercado. Pertinente, a esse respeito, a ponderação de Timm sobre o papel da função social do contrato nesse contexto, conforme excerto abaixo colacionado:

> a principal função social do direito contratual é possibilitar a ocorrência dos contratos, o fluxo de trocas no mercado, a alocação de riscos pelos agentes econômicos e seu comprometimento em ações futuras até que seja alcançada a situação mais eficiente, isto é, quando ambas as partes recebem os benefícios econômicos da barganha e distribuem o saldo positivo resultante da transação.[98]

Em síntese – apregoa o autor – o direito contratual exercerá seu papel social sempre que conferir segurança e previsibilidade às operações econômicas e sociais, protegendo as expectativas de todos os envolvidos. Nesse contexto, é fácil perceber a função punitiva na disciplina contratual como meio de preservação da função social do contrato, diante do descumprimento por dolo ou culpa grave, ensejando afronta à dignidade da pessoa humana.

Entendemos que a resposta firme do ordenamento a essa conduta tão aviltante terá repercussão sobre terceiros que, por exemplo, queiram interferir na relação contratual alheia em prejuízo de uma das partes. Sob enfoque mais amplo, a resposta punitiva também ensejará a crença disseminada de que o instrumento contratual é levado a sério – como aliás tem que ser – pelo ordenamento, de modo a fortalecer os laços de confiança e expectativas entre as partes e, consequentemente, motivar o tráfico jurídico.

---

97. TIMM, *O direito contratual* ... cit. p. 200.
98. TIMM, *O direito contratual* ... cit. p. 203.

4.9 RISCO DO DESCUMPRIMENTO

É do senso comum o fato de todo contrato envolver riscos. A exposição a risco, aliás, é condição de vida, pois nenhum aspecto da existência é capaz de nos isentar disso. A busca do ser humano (individual ou coletivamente), portanto, dirige-se a mitigá-los ou, ao menos, encontrar meios de superá-los ou suplantá-los. O ordenamento jurídico, ao dispor sobre direitos, garantias e responsabilidades procura, por meio do regramento da conduta, diminuir a incidência ou indenizar os danos decorrentes dos riscos inerentes à convivência intersubjetiva.

No negócio jurídico, em especial o contrato, não é diferente. Faz parte do próprio programa contratual a alocação de riscos, os quais são, de regra, voluntariamente aceitos, sob determinadas condições e circunstâncias que permearam a criação daquela realidade negocial.

A ideia de alocação de riscos voluntariamente aceitos parece-nos muito bem exemplificada nos contratos de construção. Contratos de empreitada por preço global, tal qual o prescrito no Código Civil (artigos 610 a 626), envolve maior assunção de riscos por parte do empreiteiro, como se observa, por exemplo, da responsabilidade pela utilização dos materiais que recebeu (art. 617 do CC), ou mesmo pela execução de serviços resultantes de modificações no projeto não determinadas pelo dono da obra (art. 619).

O conhecimento prévio dos riscos e de quem os suportará terá influência direta sobre o custo da operação representada pelo contrato. Assim, o empreiteiro inclui em sua proposta, diluído nos preços unitários, um valor destinado a suportar os riscos ordinários de sua atividade. Como leciona Marcondes:

> (...) nesse valor está prevista, inclusive, uma verba para a correção de seus próprios erros (itens mal executados, materiais com defeito etc.) e para remunerar eventual atraso que ele próprio venha a causar como decorrência de uma gestão equivocada ou de eventos que, pelo contrato, não lhe dão direito de pleitear nenhum acréscimo.[99]

No denominado Contrato por Administração, o preço é formado pela conjugação do custo efetivo da obra e da remuneração ao contratado pela gestão e pelas responsabilidades assumidas na qualidade de construtor. Sem adentrar nos detalhes típicos desse contrato, deve-se considerar que, na formação do preço do contratado, não haverá a inclusão de nenhum valor provisional para refazer ou substituir itens defeituosos.

Logo, embora se diga que, ao fim e ao cabo, é o contratante quem paga pelo risco em qualquer uma das duas modalidades aqui mencionadas, o valor do contrato será

---

99. MARCONDES, Fernando. Contratos de construção por administração com preço máximo garantido. In: MARCONDES, Fernando (Org.). *Temas de direito da construção*. São Paulo: Pini, 2015, p. 19.

diferente: regra geral maior para os casos de empreitada por preço global e menor para os contratos por Administração.[100]

No contrato de empreitada por preço global, o contratante pagará pelos potenciais riscos, mediante o acréscimo de valor que é embutido pelo empreiteiro no seu preço. Este acréscimo será revertido em favor do empreiteiro quer o dano ocorra ou não.[101] No contrato por Administração, o contratante pagará somente os danos que eventualmente ocorrerem, resultando em maior economia.

O exemplo é trazido à baila apenas para demonstrar que riscos e potencialidade de danos fazem parte do trato negocial e são assumidos voluntariamente desde que algumas premissas estejam presentes, quais sejam: a) as partes conheçam, o máximo possível, os riscos envolvidos; b) as condições que envolvem a assunção daqueles riscos, c) o pagamento pela assunção dos riscos, e, principalmente, e) a confiança de que as partes estão comprometidas em chegar ao adimplemento da melhor maneira possível.

Há, também, no mundo negocial, o risco do inadimplemento, ou seja, o risco inerente a qualquer contrato de uma das partes não cumprir o avençado. A impossibilidade do cumprimento pode decorrer de fato não imputável ao sujeito passivo daquela obrigação, com sua extinção pura e simples, ou por fato que lhe seja imputável, autorizando o credor adotar as medidas cabíveis para obter o cumprimento forçado ou o sucedâneo indenizatório.

Não cabe, aqui, discorrermos sobre todas as modalidades de inadimplemento, já que nos faria fugir do objetivo deste trabalho. O importante é deixar claro que quem contrata o faz ciente do risco do inadimplemento, seja ele absoluto ou relativo, sem que tal risco seja, necessariamente, impeditivo à formação do contrato.

A ponderação existe, também nessa seara, apenas quanto ao maior ou menor grau de risco de inadimplemento, com efeitos diretos sobre o custo do contrato. Por vezes é o grau de risco de adimplemento que repercute no preço, como ocorre nos contratos de seguro, cujo fator de risco do sinistro (e, portanto, de a seguradora pagar a indenização, adimplindo sua parte no contrato aleatório) tem relação direta com o custo do prêmio a ser pago pelo contratante.

Mas seja qual for o risco envolvido, os contratantes somente se vinculam quando creem que o descumprimento não é o fim perseguido por nenhuma das partes. A premissa é de que ambos os partícipes da relação jurídica contratual pretendem satisfazer seus interesses, mediante o cumprimento recíproco de suas obrigações no intuito de alcançar o melhor adimplemento. Do contrário, não contratariam.

---

100. Vide MARCONDES, *Contratos de construção* ... cit. p. 11-30.
101. Estamos chamando de dano todo e qualquer prejuízo decorrente das responsabilidades assumidas pelo empreiteiro.

Firmados nessa opinião, não estamos apregoando, nesse trabalho, a punição do devedor isento de culpa ou mesmo daquele que, embora faltoso, o tenha agido dentro das condições de normalidade reconhecidas pelo ordenamento.

Nossa proposição destina-se àqueles que contratam com o intuito de, precocemente ou no curso da execução contratual, descumpri-lo, sem qualquer respeito às expectativas do *alter*, ou mesmo àqueles cuja negligência, imperícia ou imprudência sejam de tal gravidade, a ponto de revelar nítido descaso com o programa contratual.

Não é demasiado repetir que nossa preocupação é a de evitar o uso do contrato como expediente malicioso destinado a prejudicar o outro contratante e causar-lhe danos de ordem extrapatrimonial, redundando no desprestígio da dignidade da pessoa humana e do próprio instrumento contratual.

4.10 DESCUMPRIMENTO CONTRATUAL SEGUNDO A VISÃO DA TEORIA ECONÔMICA

De acordo com a teoria econômica do contrato, os arranjos contratuais estabelecem-se a fim de que os indivíduos dele participantes possam coordenar livremente suas condutas, traduzindo não apenas a coesão social e a divisão coletiva das atividades, mas também o intercâmbio para a produção e circulação de riquezas.

A análise encetada por essa corrente doutrinária centra esforços e pesquisas nos efeitos geradores de riqueza motivadoras de condutas que, embora não encontrem respaldo na visão jurídica, ocorrem de acordo com lógica estratégica de eficiências e ineficiências proporcionadoras de maior vantajosidade econômica para uma das partes.

Em resumo, o estudo dirige-se à observação das condutas exploratórias das fraquezas da tutela jurídica, cuja força coercitiva de cumprimento das obrigações podem afigurar-se muito mais como balizamento formalistas, facilmente contornáveis, do que efetivamente impeditivos para investidas estratégicas de ganhos.[102]

Na realidade de viés econômico, o quadro jurídico e sancionatório torna-se elemento de ponderação das vantagens do cumprimento das obrigações contratuais, a ser confrontado com outros cuja finalidade é extrair com maior ou menor eficiência proveitos econômicos da outra parte, muitas vezes não obtidos com o cumprimento das obrigações livremente pactuadas, conforme bem sintetiza Araújo[103]:

> (...) digamos que a análise e conómica privilegia como função básica dos contratos a de permitirem comunicar, entre sujeitos, metas de conduta, pressupondo-se que esses sujeitos começam por acordar entre eles a combinação de direitos substantivos em que se traduz o benefício mútuo que pode resultar da transacção (as balizas com que podem aferir as suas 'disposições' negociais

---
102. ARAÚJO, Fernando. *Teoria econômica do contrato*. Coimbra: Almedina, 2007.
103. Op. cit. p. 17.

e as dimensões dos seus ganhos e perdas), para só depois disso se debruçarem sobre o problema adjectivo ou instrumental, o da formulação dos deveres de conduta que possam espelhar a transacção desejada (um determinado nível de diligência no desempenho das obrigações assumidas) – tudo isto num ambiente de imperfeições e custos, que impedem que as metas da coordenação se alcancem instantânea ou gratuitamente (isto é, sem contrato).

Nesse contexto, o contrato é visto como facilitador da circulação de riquezas e do autogoverno das partes quantos aos seus poderes, conhecimentos e interesses. É o instrumento capaz de gerir não apenas o consenso de quem almeja acessar bens e serviços dos quais não são titulares, mas viabilizar até mesmo a permanência desses bens nas mãos de seus titulares sem a interferência alheia, mediante a recusa de contratar.

O propósito da análise econômica dos contratos não é, todavia, o de criar revolução teórica e sim de complementar a visão jurídica, ciente da sua importância para tornar possível o funcionamento do contrato. Para esta teoria, o inaceitável é crer que o contrato possa ser analisado apenas sob o ponto de vista jurídico, como se fosse algo destacado de outros fatores (incluindo o econômico) sabidamente componentes de sua existência e de sua própria regulação.

Uma das mais importantes contribuições da análise econômica à Teoria do Contrato é a de trazer a lume o fato do contrato não constituir ente sagrado e imaculado, ao qual tudo deva acomodar-se. Ao revés, o contrato, por ser instrumento facilitador de interesses, deve estar em constante evolução para obter resultados mais justos e eficientes.

A ideia básica de contrato pressupõe-no como o espelhamento de uma transação, a troca propiciada entre duas partes que, a despeito de ostentarem interesses contrapostos, têm objetivos complementares. Essas características aproximam-no do paradigma abstrato do jogo, o qual pode envolver trocas vantajosas ou desvantajosas para as partes, a depender das circunstâncias e das estratégias utilizadas.

Torna-se fundamental, pois, para tornar esse jogo operativo, a mediação de regras jurídicas com o fito de corrigir distorções e iniquidades. Somente a segurança de regras jurídicas firmes podem ensejar a iniciativa de contratação, a princípio, antinatural, visto pressupor o rompimento da situação inercial de não fazê-lo.[104]

Em outras palavras, na falta de motivos para a parte confiar na contraparte e na tutela hétero disciplinadora do quadro normativo, as perspectivas sobre a possibilidade de ganhos ou de perdas pela instauração da relação contratual são incertas. Somente a não contratação enseja resultados certos: ausência de ganhos e de perdas.

---

104. Afinal, o negócio nada mais é do que "negar o ócio". Nas palavras de Renan Lotufo (*Código Civil comentado*. São Paulo: Saraiva, 2003, v. 1, Parte Geral – arts. 1º a 232, p. 268): "Etimologicamente, negócio jurídico não significa um único ato, mas um conjunto de atividades: *nec + otium*, que se pode traduzir por não ócio."

Logo, na ausência de informações, de incentivos à reciprocidade e de tutela normativa efetiva, os contratos tendem a não nascer.[105]

Resulta, da reflexão anterior, a constatação da importância de se perscrutar diversos regramentos, outrora marginalizados, na tutela dos interesses envolvidos na relação contratual, porquanto sem esses mecanismos os contratos tendem a escassear em especial pelo abuso ou "captura" de todas as suas vantajosidades por apenas uma das partes.

Surge, então, o interesse da economia pela boa-fé contratual. A análise econômica deixou de lado a indiferença que detinha a respeito do assunto para melhor avaliá-lo, em especial quanto ao papel promissor de barreira à desonestidade que a boa-fé ostenta.

Faz-se, então, sob o viés da análise econômica, a distinção do princípio da boa-fé de acordo com o plano de atuação: do cumprimento do contrato e da tutela jurídica. No plano do cumprimento, o recurso à boa-fé centra-se nos benefícios esperados pelo credor em troca de seu investimento no contrato (interesse contratual positivo; interesse de cumprimento). No plano da tutela jurídica, a boa-fé abarca todas as vicissitudes contratuais, para dissuadir o incumprimento e tutelar o credor caso ele ocorra.

Em qualquer das circunstâncias expostas, o dever de boa-fé compreende a ideia de cooperação, que nas palavras de Araújo[106] "nunca deixará de constituir um dever implícito no contrato, do qual resultará sempre, por inacabado que seja, um embrião de disciplina, a impor deveres de lealdade e justiça à conduta das partes".

A eficácia da boa-fé está atrelada à imposição de deveres positivos e negativos, seja no sentido de agir em benefício da conduta leal, honesta e voltada ao melhor cumprimento do contrato, seja na omissão de condutas lesivas prejudiciais aos resultados esperados pelas partes na relação contratual.

Na fase pré-contratual, por sua vez, dois deveres básicos relacionados à boa-fé podem ser extraídos: o dever negativo de não negociar com terceiros ou de não sabotagem; e o dever positivo de conduta conforme as expectativas da outra parte.

Como este trabalho está focado para a fase contratual, é a ela que iremos nos ater, não obstante a riqueza e importância ostentada pela boa-fé na fase antecedente à conclusão do contrato.

Uma das formas vislumbradas pela teoria econômica do contrato como fragilizadora do equilíbrio das partes, das expectativas, dos compromissos e dos programas de conduta é o denominado *holdup,* compreendido, elementarmente, como sendo a tomada da contraparte contratual como refém. Esse sequestro da outra parte pode ocorrer de duas formas distintas:

---
105. ARAÚJO, op. cit. p. 50.
106. *Teoria econômica do contrato,* cit. p. 580.

a) em virtude da defasagem temporal das prestações: ocorre quando uma das partes cumpre parcela de suas prestações contando com a subsequente reciprocidade do parceiro contratual e descobre, posteriormente, que este não tem a intenção de cumpri-la ou somente o fará mediante a exigência de compensação adicional, e

b) em virtude de investimentos de confiança: ocorre quando uma das partes vê-se obrigada a fazer investimentos (que valem mais naquela relação contatual específica do que fora dela) e, posteriormente, descobre que a contraparte não cumprirá com as suas prestações ou ameaça não cumprir nem mesmo o suficiente para cobrir tais investimentos, exigindo compensação adicional para cumprir integralmente sua parcela no contrato.

Esses eventos oportunistas podem decorrer em duas estruturas contratuais: do contrato inacabado, entendido o contrato formatado de modo a que as pendências sejam resolvidas primordialmente por normas heterônomas, e do contrato demasiado longo, sobre-especificado, cujo excesso resulta em rigidez frequentemente propiciadora de contradições que viabilizam o oportunismo.

O oportunismo é lesivo à eficiência das trocas contratuais e a mais pura tradução de má-fé e de desprezo "pela autonomia privada e pela intenção jurígena das partes num contrato"[107]. Seus efeitos têm amplitude e envergadura social, pois não se limitam a prejudicar apenas as partes contratantes, mas toda a sociedade e o mercado, visto ocasionar retração na atividade de contratar.

Ademais, a proliferação do oportunismo coloca em risco o inacabamento deliberado do contrato, impedindo as partes de regular suas relações contratuais de modo mais flexível ao alcance de seus propósitos, bem como inviabilizar o equilíbrio entre as vantagens do inacabamento do contrato e os riscos do *holdup* derivados desse mesmo fato[108]. Araújo destaca três vias principais de manifestação do fenômeno do *holdup* no seio das obrigações contratuais:

---

107. ARAÚJO, *Teoria económica*... cit. p. 644.
108. Sobre o inacabamento contratual ou contrato incompleto, oportuno trazer as ponderações de ARAÚJO (*Teoria económica*... cit. p. 147 e ss.): "Se tivéssemos que escolher as contribuições mais originais e férteis da Análise Económica para a Teoria do Contrato, num lugar cimeiro colocaríamos decerto a intuição da chamada '*Incomplete-Contract Theory*' sobre as vantagens do 'contrato incompleto' e a ponderação dos seus inúmeros corolários, entre eles a colocação do instrumento contratual numa posição intermédia entre, por um lado, o recurso ao mercado e ao seu mecanismo de puros incentivos, e por outro lado o recurso a soluções integradas, com os seus mecanismos de comando e de dissipação do risco – associando a opção contratual e, dentro dela, a opção de o acabamento do clausulado contratual, a uma espécie de opção implícita entre 'incentivo' e 'seguro' (p. 147).
[...] o inacabamento contratual é a resposta pragmática a um contexto económico e jurídico eivado de incertezas e imperfeições – é fruto da constatação de que talvez não valha a pena alongar as negociações quando as resultantes estipulações não erradicariam ou cobririam eficiente os riscos subsistentes, ou quando elas se tornassem insusceptíveis de desencadear reacções tutelares adequadas. Em termos de eficiência, dir-se-á que o inacabamento se encara como uma deliberação assente numa ponderação de custos, os custos do contrato completo, de um acordo em que tivessem sido levados em conta, no clausulado final, todas

a) pela observância e exploração do fato da tutela jurídica do interesse do credor ser aquém do valor do cumprimento da prestação, a motivar o devedor a explorar essa diferença mediante a ameaça de não cumprimento de sua prestação a não ser que obtenha alguma vantagem adicional;

b) a percepção do devedor de que a dependência do credor em relação àquela relação específica aumentou, a ponto de afastá-lo do mercado como alternativa de satisfação dos seus interesses, o que exorta o devedor a explorar essa situação de "monopólio";

c) a alteração de circunstâncias motiva o devedor, embora bem-intencionado e sem motivações estratégicas, a reequacionar os termos de suas prestações contratuais, diante da impossibilidade de cumprimento ou da excessiva onerosidade em seu desfavor.

A tutela jurídica repressiva deve, evidentemente, voltar-se contra as duas primeiras hipóteses, e não contra a última, posto estar ausente qualquer intuito oportunista a ser dissuadido.

4.11 DESCUMPRIMENTO EFICIENTE

Segundo a teoria econômica do contrato, a consequência universal do vínculo contratual é apenas a condenação da parte ao pagamento de danos que o descumprimento causar à contraparte. Logo, os sujeitos estão livres para optar, de acordo com os seus próprios desejos e critérios de conveniência, por inadimplir a obrigação assumida no momento da formação do contrato.

Essa vertente de pensamento é designada de teoria do descumprimento eficiente (*efficient breach*) e é produto da confluência de duas ideias: a) de que o contrato é mero instrumento de afetação de recursos econômicos, e b) de que é socialmente aceito o ganho de uns, desde que não haja perdas dos demais.[109]

Nesse compasso, se o devedor inadimplente auferir benefícios com o descumprimento contratual e o credor for perfeitamente indenizado, não sofrendo, portanto, prejuízos, o descumprimento é eficiente e legítimo dentro da lógica econômica do contrato.[110]

Ao discorrer sobre o assunto, Araújo[111] alerta não haver, na ideia do descumprimento eficiente, qualquer intenção de chocar a sensibilidade moral e jurídica. O objetivo é apenas o de explorar o fato de que o arranjo contratual "não passa de um meio para um fim, não constituindo um fim em si mesmo", e, portanto, passível de

---

as variáveis que podem ter impacto nas condições da relação entre as partes pela duração do acordo" (p. 151).
109. ARAÚJO, Fernando. *Teoria Econômica do Contrato*. Coimbra: Almedina, 2007, p. 735.
110. Tal lógica admite que se o devedor obtiver ganhos que excedam as perdas do credor ele deve ser incentivado ao descumprimento do contrato, a fim de que os recursos econômicos envolvidos sejam melhor explorados.
111. *Teoria Econômica do Contrato*, op. cit. p. 737.

ser inadimplido, se o resultado econômico dessa operação seja positiva para todos os envolvidos.

O equívoco desse pensamento está em admitir a composição de danos como perfeito substituto do direito vindicado no programa contratual. Engana-se, a doutrina do descumprimento eficiente, ao considerar o sucedâneo indenizatório como ferramenta colocada à disposição do devedor para optar entre o cumprimento ou o descumprimento do contrato, quando, em realidade, tal remédio se destina a compeli-lo ao cumprimento.

Incorre em erro a aludida teoria, ao considerar adequado tal comportamento, cujos efeitos sociais e contratuais são manifestamente indesejáveis, em especial ao incentivar a quebra da palavra empenhada e do regramento jurídico sob o pretexto de eficiência econômica.

Ao criticar tal teoria Friedmann[112] traz à tona a gravidade do problema ao transportá-la para o campo extracontratual, associando o descumprimento eficiente ao que designou de "roubo eficiente" (*efficient theft*). Para melhor ilustrar as críticas de Friedmann tomem-se como exemplos os casos abaixo transcritos[113]:

1. Imagine que A obrigou-se a vender a B uma máquina por R$ 10.000,00. Porém, ao invés de cumprir com o avençado, A vende a referida máquina a C, por R$ 18.000,00.

2. Suponha que B adquire uma máquina por R$ 10.000,00, a qual A toma e vende a C por R$ 18.000,00.

Considere, ainda, que B valora a máquina em R$ 12.000,00 em ambos os casos. Se a quebra do contrato é admitida no primeiro caso, então é de se admitir, igualmente, o "roubo eficiente" no segundo caso. Senão vejamos.

De acordo com a teoria do descumprimento eficiente, no primeiro exemplo, A estaria autorizado a descumprir o acordo com B e a vender a máquina a C, desde que o descumprimento, mesmo acrescido dos custos relativos às verbas indenizatórias, fosse economicamente mais vantajoso em relação ao cumprimento do contrato. Logo, bastaria que A indenizasse B em R$ 2.000,00 (expectativa de ganho com a aquisição da máquina) para justificar a quebra do contrato e o ganho de R$ 6.000,00 com a venda para C.

No segundo caso, como B já havia pago R$ 10.000,00 a A para aquisição da máquina, bastaria que A lhe pagasse R$ 12.000,00 para estar justificado o "roubo eficiente". É possível, portanto, sob a égide da teoria econômica justificar qualquer conduta ilícita se, ao final, a parte lesada seja devidamente compensada.

---

112. FRIEDMANN, Daniel. The Efficient Breach Fallacy. In: BARNETT, Randy E. (Ed.). *Perspectives on Contract Law*. 4. ed. New York: Aspen Publishers, 2009, p. 52-58.
113. Os exemplos foram inspirados nos casos fictícios narrados por Friedmann.

Imaginemos outra situação. A é dono de uma loja virtual de equipamentos eletrônicos, passíveis de serem adquiridos pelo público consumidor mediante os meios ordinários de compra pela internet, incluindo o pagamento antecipado por boleto ou por cartão de crédito. Confirmada a operação de pagamento, o produto é enviado ao adquirente, pelo correio, em 3 (três) dias úteis. Admitida a teoria do descumprimento eficiente, A poderia deixar de entregar o produto, caso resultasse em ganhos de eficiência.

Transportando a teoria para nossa realidade, bastaria, então, que A se apropriasse do dinheiro de seus consumidores e fizesse rentável aplicação financeira para obter ganhos com o descumprimento contratual, ainda que, mais tarde, viesse a indenizar os adquirentes prejudicados.

Pode-se ir ainda mais longe. Imagine que A, ao invés de espontaneamente indenizar os seus consumidores, simplesmente aguardasse o desfecho de demandas judiciais ajuizadas contra ele, apostando na natural demora do Judiciário para obter maiores retornos financeiros.

Benacchio[114], firme no entendimento de Perillo, ressalta, outrossim, como inconsistências do inadimplemento eficiente o fato de: "(i) as simplificações teóricas tomadas são diversas das existentes no mundo real, (ii) as perdas e danos normalmente falham em compensar a vítima, (iii) os danos morais, a perda de tempo e os sacrifícios para a formação dos contratos inadimplidos não são considerados".

O autor pondera, ainda, que a admissão dessa teoria incentiva a prática nociva de mercado de descumprimento doloso do contrato, quando o mesmo resultado positivo do eventual descumprimento poderia ser obtido mediante consenso (distrato).

Logo, em nosso sentir, seja qual for o viés pelo qual se observa a teoria do inadimplemento eficiente, os danos sociais e individuais gerados pela quebra dolosa do contrato não justifica o suposto ganho do descumprimento.

Com efeito, embora o contrato não seja uma obrigação perene, como ponderam os defensores da teoria econômica, ele está eivado de expectativas, finalidades econômicas, satisfação de interesses e serve, no mais das vezes, ao desenvolvimento da personalidade humana.

O rompimento do acordo, baseado na racionalidade econômica voltada apenas à preservação dos interesses do devedor em detrimento dos do credor, parece-nos inadequado no ambiente contratual. Em especial, diante dos danos de ordem extrapatrimonial que, como bem ponderou Benacchio gravitam em torno do inadimplemento eficiente.

---

114. BENACCHIO, Marcelo. Inadimplemento das obrigações. In: LOTUFO, Renan; NANNI, Giovanni Ettore (Coord.). *Obrigações*. São Paulo: Atlas, 2011, p. 557.

Admitir essa figura, tal como apregoada pela teoria econômica, é sobrepor os interesses econômicos aos direitos da personalidade envolvidos no programa contratual, subvertendo a ordem de valores impostos pela nossa Constituição Federal.

4.12 DESCUMPRIMENTO CONTRATUAL E SUAS CONSEQUÊNCIAS

O cumprimento espontâneo das obrigações é pressuposto essencial para o bom desenvolvimento das relações negociais e do tráfego jurídico. A obrigação nasce para ser executada, motivo pelo qual a falta é considerada anormal ou patológica. Com efeito, não é possível crer que as pessoas se vinculem juridicamente esperando ter que se socorrer, frequentemente, do Poder Judiciário para, no mais das vezes, obter o sucedâneo indenizatório ao invés da prestação almejada.

Quando não há cumprimento da obrigação contratual ou ele ocorre de maneira imperfeita, no que diz respeito ao tempo, lugar e modo, está-se diante do inadimplemento absoluto ou da mora, respectivamente.

Consoante a prescrição do art. 394, do Código Civil, a mora (inadimplemento relativo) se configura quando o devedor não efetuar o pagamento e o credor não o quiser receber no tempo, lugar e forma convencionados ou estabelecidos por lei.

Ao tratar do tema, Scavone Junior[115] explica que a mora se caracteriza "pela imperfeição no cumprimento da obrigação, ou seja, a obrigação acaba por ser cumprida ainda que o cumprimento se dê de forma defeituosa, seja pelo retardamento, seja pela imperfeição que atinge o lugar e a forma que foram objeto de convenção". E arremata: "a mora do credor ou mora *accipiendi* configura-se na medida em que este se recusa, injustificadamente, a receber aquilo que o devedor oferece no tempo, lugar e forma convencionados".

Na mora, a despeito do cumprimento imperfeito da obrigação, subsiste a utilidade para o credor, por isso ele ainda se interessa pelo recebimento da prestação, acrescido dos consectários legais previstos no art. 395, do Código Civil, quais sejam: indenização dos prejuízos por perdas e danos, juros, correção monetária e honorários de advogado (se a pretensão for satisfeita com o concurso da ajuda profissional).

A mora pode, entretanto, tornar-se inadimplemento absoluto quando, embora possível, a prestação não seja mais útil ou não interessar mais ao credor. Também configurará inadimplemento absoluto a prestação supervenientemente impossível, isto é, após a constituição da obrigação, como no caso do perecimento da coisa

---

115. SCAVONE JUNIOR, Luiz Antonio. *Do descumprimento das obrigações*. Consequências à luz do princípio da restituição integral: interpretação sistemática e teleológica. São Paulo: Juarez de Oliveira, 2007, p. 18.

certa, infungível e insubstituível.[116] Em ambos os casos a obrigação converte-se em perdas e danos.

Foi dito anteriormente que a mora configura-se quando o cumprimento da obrigação é imperfeito, seja pelo retardamento, seja pela imperfeição quanto ao lugar e à forma do pagamento. Convém explicitar melhor cada uma dessas hipóteses.

Consoante o artigo 327, do Código Civil, o pagamento deve ser feito, via de regra, no domicílio do devedor (dívida querable ou quesível), quando não estipulado de forma diversa, ou seja, quando não determinado o pagamento no domicílio do credor (dívida portable ou portável). O local do pagamento pode ser, ainda, em local diverso do domicílio de qualquer das partes, como ocorre, por exemplo, nos contratos de empreitada, nos quais o cumprimento da prestação ocorre no local da obra, ou mesmo em qualquer outro lugar que for da conveniência das partes.[117]

O local do pagamento, portanto, é de suma importância para o correto adimplemento da prestação. Caso não haja estrita observância do lugar do pagamento, o devedor incorrerá em mora e ocasionará prejuízos ao credor, impondo-lhe os ônus para corrigir o cumprimento defeituoso e até mesmo da disponibilidade tardia do objeto da prestação. A mora ocorrerá, também, quando a forma de cumprimento da prestação não obedecer ao convencionado.

Por fim, configura mora o cumprimento tardio da obrigação. Normalmente as partes convencionam um prazo para o pagamento. Se houver termo ou dia de vencimento na obrigação positiva e líquida, sua inobservância constitui o devedor em mora (mora *ex re*). Não havendo termo, a mora se constitui mediante interpelação judicial ou extrajudicial (mora *ex persona*). Se não houver qualquer estipulação de data de vencimento para o cumprimento da obrigação, o credor pode exigi-lo imediatamente, mediante prévia notificação ou interpelação judicial.[118]

O importante a observar, para fins e efeitos do presente trabalho, é que o inadimplemento absoluto ou relativo, fará nascer o dever de indenizar e, a depender das obrigações envolvidas e das estipulações contratuais, ensejará a aplicação de juros moratórios, cláusula penal e arras, os quais não são suficientes para fazer cessar o descumprimento doloso da obrigação.

---

116. A impossibilidade deve ser superveniente à constituição da obrigação, pois se a impossibilidade for originária é hipótese de invalidade do negócio jurídico, nos termos do art. 104, II, do Código Civil (LOTUFO, Renan. *Código civil comentado*, v. 2, op. cit. p. 428-429). Nas palavras do autor: "Note-se, no entanto, inicialmente, que o Código não trata aqui da 'impossibilidade originária', que diz respeito à própria formação da relação jurídica e conduz à ineficácia do negócio jurídico, o que faz na Parte Geral (art. 104, II: 'A validade do negócio jurídico requer: objeto lícito, *possível,* determinado ou determinável'). A questão da inexecução das obrigações e da impossibilidade das prestações, aqui, restringe-se à *impossibilidade superveniente*" (grifos no original).
117. SCAVONE JUNIOR, *Do descumprimento das obrigações*, cit. p. 24.
118. SCAVONE JUNIOR, *Do descumprimento das obrigações*, cit. p. 30.

4.12.1 Juros de mora

Ao rendimento de um determinado capital representado por bens fungíveis, em especial o dinheiro, é denominado de juros. Denotam os frutos civis de um determinado capital, pela sua utilização por outrem que não o seu titular.[119]

Juros não se confundem com correção monetária, pois enquanto os primeiros consubstanciam verdadeiro lucro, excedente remuneratório pelo uso de capital alheio, o segundo representa simples manutenção do poder de compra da moeda.

Ostentam natureza jurídica de bem acessório, na qualidade de simples pertença, porquanto configuram rendimento representado em percentual aplicado sobre o valor do capital, durante certo lapso de tempo.

Diz-se que os juros estão na categoria de simples pertenças pois não estão "ligados de forma absoluta ao principal".[120] Com efeito, a lei frequentemente afasta o princípio *acessorium sequitur principal* no que tange aos juros, tal como ocorre quando há a proibição de capitalização dos juros em periodicidade inferior a um ano (art. 591 do CC e art. 4º do Decreto 22.626/1933). Como explica Scavone[121], "se o acessório, nessa hipótese, seguisse o principal, os juros seriam, obrigatoriamente, somados ao capital para contagem de novos juros".

É importante consignar que embora os juros sejam comumente empregados sobre o dinheiro, podem ser aplicados sobre quaisquer coisas fungíveis. Neste último caso, os juros também serão constituídos por coisa fungível, da mesma natureza do capital.

Como bem pondera Ferreira da Rocha[122], não existem classificações verdadeiras ou falsas, apenas úteis e inúteis. E classificar, segundo o referido autor, "tem por finalidade reunir entes diversos por um denominador comum e, desta forma, estabelecer um conjunto de regras passíveis de serem aplicadas a todos aqueles que contenham esse denominador comum".

Pela sua utilidade, a classificação é recurso constante da dogmática jurídica e com os juros seu comportamento não é diferente. A doutrina reconhece a classificação quanto à origem, quanto ao fundamento e quanto à capitalização dos juros[123].

Quanto à origem, os juros podem ser legais ou convencionais, entendendo-se como tais aqueles que resultam da lei ou da convenção das partes, respectivamente. Os juros podem ser classificados, ainda, quanto ao fundamento e serão, então, designados de moratórios ou compensatórios.

---

119. SCAVONE JUNIOR, *Do descumprimento das obrigações*, cit. p. 89.
120. SCAVONE JUNIOR, *Do descumprimento das obrigações*, cit. p. 90.
121. SCAVONE JUNIOR, *Do descumprimento das obrigações*, cit. p. 90.
122. FERREIRA DA ROCHA, Silvio Luís. In: CAMBLER, Everaldo (Coord.). *Curso avançado de direito civil*. São Paulo: Ed. RT, 2002, v. 3 – Contratos, p. 60.
123. SCAVONE JUNIOR, *Do descumprimento das obrigações*, cit. p. 91.

Os moratórios incidem sobre o capital em caso de mora ou inadimplemento absoluto, com o fim de constituir indenização específica em virtude do cumprimento faltoso da obrigação, sendo devido independentemente da comprovação de prejuízo do credor.[124] Segundo Renan Lotufo[125], ao comentar o art. 407, do Código Civil, a mora é uma hipótese excepcionante à exigência do dano, porque uma vez ocorrida, seja qual for o tipo de obrigação a ser cumprida, a lei presume, de maneira absoluta, que causa prejuízo ao credor". Os compensatórios remuneram a utilização do capital de outra pessoa.[126]

Por fim, quanto à capitalização, os juros podem ser simples ou compostos. Simples são os juros que "não se acumulam com o principal para contagem de novos juros".[127] Os juros compostos, por sua vez, são aqueles que acrescem ao capital e a aplicação dos juros subsequentes serão computados sobre o valor do principal acrescido dos juros que sobre ele incidiram anteriormente. Tal prática é chamada de anatocismo.

4.12.2 Cláusula penal

Orlando Gomes[128] define a cláusula penal como "o pacto acessório pelo qual as partes de um contrato fixam, de antemão, o valor das perdas e danos que por acaso se verifiquem em consequência da inexecução culposa de obrigação".

Caio Mário da Silva Pereira[129] afirma que a "cláusula penal ou pena convencional – *estipulatio penae* dos romanos – é uma cláusula acessória, em que se impõe sanção econômica, em dinheiro ou outro bem pecuniariamente estimável, contra a parte infringente de uma obrigação".

Para Wald[130] a cláusula penal é "um pacto acessório, regulamentado pela lei civil (artigos 408 a 416), pelo qual as partes, por convenção expressa, submetem o

---

124. GOMES, Orlando. *Obrigações*. 10. ed. Atualizador Humberto Theodoro Junior. Rio de Janeiro: Forense, 1995, p. 173.
125. LOTUFO, Renan. *Código Civil comentado*. Obrigações, Parte-Geral (arts. 233 a 420). São Paulo: Saraiva, 2003, v. 2, p. 466.
126. BDINE JR., Hamid Charaf. In: PELUSO, Antonio Cesar (Coord.). *Código Civil comentado*. 3. ed. rev. e atual. São Paulo: Manole, 2009, p. 424. Autores Claudio Luis Bueno de Godoy, Francisco Eduardo Loureiro, Hamid Charaf Bdine Jr., José Roberto Neves Amorim, Marcelo Fortes Barbosa Filho, Mauro Antonini, Milton Paulo de Carvalho Filho, Nelson Rosenvald e Nestor Duarte.
    GOMES, Orlando. *Obrigações*. 10. ed. Atualizador Humberto Theodoro Junior. Rio de Janeiro: Forense, 1995, p. 172.
127. SCAVONE JUNIOR, *Do descumprimento das obrigações*, cit. p. 129.
128. GOMES, Orlando. *Obrigações*. 10. ed. Atualizador Humberto Theodoro Junior. Rio de Janeiro: Forense, 1995, p. 159.
129. SILVA PEREIRA, Caio Mario da. *Instituições de direito civil*. 4. ed. Rio de Janeiro: Forense, 1995, v. II, p. 100.
130. WALD, Arnoldo. *Direito civil*. Direito das obrigações e teoria geral dos contratos. 18. ed. reformulada. São Paulo: Saraiva, 2009, v. 2, p. 172.

devedor que descumprir a obrigação a uma pena ou multa no caso de mora (*cláusula penal moratória*) ou de inadimplemento (*cláusula penal compensatória*)".

Os conceitos anteriormente declinados permitem vislumbrar que a cláusula penal possui natureza jurídica acessória, destinada a predeterminar ou prefixar a indenização por perdas e danos decorrentes do cumprimento defeituoso ou do total descumprimento da obrigação principal.

Logo, na hipótese de inadimplemento culposo, o credor pode, a seu critério, utilizar-se da cláusula penal como sucedâneo predeterminado das perdas e danos, eximindo-se da comprovação dos efetivos prejuízos a que estaria obrigado caso o contrato não contivesse o mencionado pacto acessório.

Ocorre que o valor previamente definido pela cláusula penal pode não corresponder efetivamente aos prejuízos sofridos pelo credor. As perdas e danos podem ser maior ou menor do que o montante convencionado. Caso a indenização prevista seja menor ou igual aos danos efetivamente sofridos pelo credor, tem-se a cláusula penal vocacionada à predeterminação do montante indenizatório.

Caso, entretanto, o valor da indenização mostre-se superior ao prejuízo efetivo, a cláusula penal exerce dupla função: prefixação indenizatória e reforço da obrigação (intimidação), desmotivando o devedor a descumprir a prestação pactuada.

Por esse motivo, há quem defenda que a função primordial da cláusula penal é de reforço obrigacional, sendo a prefixação das perdas e danos função meramente subsidiária.[131] Parece-nos, juntamente com a consagrada maioria da doutrina, que a cláusula penal exerce, ao mesmo tempo, função de desestímulo e de prévia indenização das perdas e danos, devida independentemente de sua demonstração pelo credor.

A cláusula penal pode ser compensatória ou moratória. Será compensatória quando prevista para o caso de inadimplemento absoluto do devedor. Logo, verificado o inadimplemento, o credor poderá, a seu critério, pleitear a cláusula penal compensatória ou provar o prejuízo maior e requerer as perdas e danos correspondentes ou exigir o cumprimento da prestação. São alternativas excludentes, de modo que escolhida uma, as demais estão automaticamente descartadas pelo credor. Importante alertar, contudo, a exceção prevista no parágrafo único do art. 416, do Código Civil, estipulando que no caso de previsão expressa, o credor poderá exigir indenização suplementar caso o prejuízo exceda ao previsto na cláusula penal.

---

131. Defendendo a função intimidativa ou de reforço da obrigação, vide, por todos SCAVONE JUNIOR, *Do descumprimento das obrigações*, cit. p. 181-186. VENOSA, Silvio de Salvo. *Direito civil*. Teoria Geral das Obrigações e Teoria Geral dos Contratos. São Paulo: Atlas, 2005, v. 2, p. 367. BDINE JR., Hamid Charaf. In: PELUSO, Antonio Cesar (Coord.). *Código Civil comentado*. 3. ed. rev. e atual. São Paulo: Manole, 2009, p. 446. Autores Claudio Luis Bueno de Godoy, Francisco Eduardo Loureiro, Hamid Charaf Bdine Jr., José Roberto Neves amorim, Marcelo Fortes Barbosa Filho, Mauro Antonini, Milton Paulo de Carvalho Filho, Nelson Rosenvald e Nestor Duarte. Em sentido contrário, vide: GOMES, Orlando. *Obrigações*. 10. ed. Atualizador Humberto Theodoro Junior. Rio de Janeiro: Forense, 1995, p. 159.

Será moratória a cláusula penal aplicável no caso de mora, ou seja, quando o pagamento for feito em outro lugar, de outra forma ou em tempo diverso do convencionado. Em regra, as cláusulas penais compensatória e moratória não podem cumular; entretanto, no caso de obrigações complexas pela multiplicidade de objetos a cumulação é possível.[132]

4.12.3 Arras

Com gênese na época do Direito romano em que a vontade não era suficiente para formar o contrato, as arras representam "aquilo que é entregue em dinheiro ou em bens móveis, fungíveis ou infungíveis, por uma parte à outra, para garantia de um negócio jurídico".[133]

Tem, hoje, por finalidade, constituir prova da contratação, além de servir como instituto para atribuir o direito de arrependimento. Dividem-se, pois, em arras confirmatórias e arras penitenciais.

As arras confirmatórias são convenção acessória real, cujo efeito é comprovar a conclusão do contrato principal com a consequente vinculação das partes. Em caso de descumprimento do contrato por parte de quem pagou as arras, os valores serão perdidos em favor do que as recebeu; se o descumprimento foi de quem recebeu, deverá devolvê-la dobro em favor de quem as pagou.

Segundo o art. 419, do Código Civil, a parte inocente poderá pedir indenização suplementar se provar prejuízo maior, valendo as arras como taxa mínima, ou exigir a execução do contrato, acrescido de perdas e danos, valendo as arras como o mínimo da indenização.

É de bom alvitre salientar que a retenção das arras poderá ocorrer independentemente da existência de danos, cumprindo, pois, função inibitória. Caso queira, o credor inocente poderá cobrar a diferença das arras e do efetivo prejuízo, caso tenha condições de comprovar a existência do dano e o *quantum* suplementar, aflorando, neste caso, a função de predeterminação das perdas e danos.

Quando o descumprimento do contrato ocorreu por parte de quem recebeu as arras, a parte inocente poderá requerer a devolução do que pagou mais o equivalente, e se isenta de provar a existência de prejuízo, ou requerer a devolução das arras em dobro, a qual servirá como o mínimo indenizatório, e cobrar a diferença mediante a comprovação do prejuízo e do valor suplementar.

Quando as partes convencionarem expressamente o direito de arrependimento, as arras serão qualificadas como penitenciais. Segundo Caio Mario da Silva Pereira[134], nessa hipótese, as arras conferem às partes o direito ao arrependimento, servindo a

---
132. SCAVONE JUNIOR, *Do descumprimento das obrigações,* cit. p. 191.
133. SCAVONE JUNIOR, *Do descumprimento das obrigações,* cit. p. 209.
134. SILVA PEREIRA, Caio Mario da. *Instituições de direito civil.* 4. ed. Rio de Janeiro: Forense, 1995, v. II, p. 60.

perda do sinal como indenização. Diz o autor que "esta faculdade de retratação, que não pode durar indefinidamente, vai até a execução cabal da obrigação. Em geral, a faculdade de retracto é recíproca, porque da natureza, se bem que não da essência das arras".

O art. 420, do Código Civil deixa claro que as arras penitencias podem ser estipuladas em favor de qualquer das partes e estipula-as como sendo o montante devido às partes pelo arrependimento, não havendo direito à indenização suplementar.

4.13 DESCUMPRIMENTO DO CONTRATO E INDENIZAÇÃO PUNITIVA

Os tópicos anteriores foram importantes para demonstrar os descumprimentos contratuais, os motivos indutores e suas consequências. A despeito de todo o ferramental colocado à disposição das partes para dissuadir o inadimplemento, percebe-se haver mecanismos suficientemente eficazes para transformar a quebra do pactuado em fonte de lucro.

Tal fato deve-se, primordialmente, em virtude da alocação de custos e cálculos matemático-financeiros que propiciam conhecer a exata dimensão das perdas e ganhos relacionadas à observância ou não do contrato. Acresça-se ao fato anterior, a constatação de que os prejuízos acabam resolvendo-se no campo da responsabilidade civil, alicerçada, como vimos, no caráter reparatório do dano.

Por fim, e não menos importante, é essencial considerar a inexistência de ferramentais, no campo contratual, hábeis a recompor os danos não patrimoniais oriundos da violação dos interesses subjacentes à avença, redundando no direcionamento de todas as expectativas de composição de tais danos ao campo da responsabilidade civil reparadora.

Fica claro, portanto, não haver qualquer elemento dissuasor de comportamentos antijurídicos destinados a proteger a parte contra o devedor contumaz, aproveitador das fragilidades do sistema.

A indenização punitiva, constitui, pois, remédio adequado para punir e desestimular a prática de condutas extremamente graves no campo contratual, mediante aplicação de penalidades severas e de valor, *a priori*, inestimável pelo contratante mal-intencionado.

Como, porém, temos defendido o cabimento dessa penalidade apenas nas situações lesivas relacionadas aos danos extrapatrimoniais, é imprescindível verificarmos se o descumprimento do contrato pode ensejar esse tipo de dano.

Capítulo V
DANO EXTRAPATRIMONIAL NA DISCIPLINA CONTRATUAL

Já tivemos oportunidade de verificar, em capítulo precedente, que a responsabilidade civil constitui obrigação de reparar o dano oriundo da violação de norma jurídica preexistente. Quanto à sua origem, pode ser contratual ou extracontratual, a depender da existência, ou não, de relação jurídica anterior, cujo efeito é ligar as partes ao que foi por elas estabelecido, na expectativa de efetivo cumprimento: a esta relação designa-se contrato.

A responsabilidade contratual pressupõe, pois, a existência de contrato válido, seu descumprimento, o dano e o nexo causal.[1] A responsabilidade extracontratual, por sua vez, deriva da violação do dever genérico de não lesar. Não há sentido, entretanto, em buscar diferenças ontológicas nas duas responsabilidades, a não ser pontos diferenciais no tocante à matéria de prova e à extensão dos efeitos.[2]

Na questão probatória é assente na doutrina e jurisprudência o ônus do credor estar limitado apenas à comprovação do inadimplemento contratual, ficando, a cargo do devedor, demonstrar, em sua defesa, a ocorrência de alguma excludente da responsabilidade. Na responsabilidade extracontratual, quando não submetida ao regime da responsabilidade objetiva, cabe à vítima demonstrar a culpa do lesante para fazer jus à indenização.

No que pertine à extensão dos efeitos, a doutrina debate-se sobre a possibilidade de caracterizar-se dano extrapatrimonial decorrente da violação do contrato. Na responsabilidade extracontratual, o tema não comporta digressões, dado que os artigos 186 e 927, do Código Civil, dirimem qualquer dúvida acerca da responsabilidade por danos patrimoniais e extrapatrimoniais oriundas da violação do dever legal. Não se afigura tão evidente, se a responsabilidade contratual também pode ensejar a reparação do dano extrapatrimonial, mormente em virtude do disposto no artigo 389 e seguintes, do Código Civil.

---

1. BRAZ, Alex Trevisan. *Dano moral por inadimplemento contratual e suas consequências*. Dissertação e Mestrado apresentada ao Departamento de Direito Civil da Faculdade de Direito da Universidade de São Paulo como exigência parcial para obtenção do título de Mestre, sob orientação da Professora Associada Patrícia Faga Iglecias Lemos, São Paulo, 2014, p. 54.
2. SILVA PEREIRA, Caio Mario. *Responsabilidade civil*. rev. e atual. de acordo com a Constituição de 1988. 9. ed. Rio de Janeiro: Forense, 2001, p. 247. No mesmo sentido: Luiz Antonio Scavone Junior (*Do descumprimento das obrigações*. Consequências à luz do princípio da restituição integral: interpretação sistemática e teleológica. São Paulo: Juarez de Oliveira, 2007, p. 11).

Sobre este tema, iremos nos debruçar nos tópicos seguintes, para defender a viabilidade da reparação por danos extrapatrimoniais com origem em relação contratual, a despeito das vacilações doutrinárias e jurisprudenciais a respeito.

5.1 DANOS EXTRAPATRIMONIAIS CONTRATUAIS

A despeito das divergências flagrantes entre doutrina e jurisprudência sobre a existência de dano extrapatrimonial contratual, a maioria dos estudiosos nacionais arrimam-se na crença de não haver motivos justificadores da distinção entre responsabilidade contratual e extracontratual e, de igual sorte, "não se verificar em nossas fontes positivas exclusão do dano moral contratual".[3]

O debate em torno do tema não é novo. Agostinho Alvim[4] já reconhecia a reparação do dano extrapatrimonial, independentemente de sua procedência: contratual ou extracontratual.

Sergio Cavalieri Filho[5], não obstante entenda que o "mero inadimplemento contratual, mora ou prejuízo econômico não configuram, por si sós, dano moral, porque não agridem a dignidade da pessoa humana", acolhe a reparação deste dano quando o descumprimento da avença, por sua natureza ou gravidade, extrapolem o mero aborrecimento e repercutem na esfera da dignidade da pessoa humana.

Carlos Roberto Gonçalves[6] é partidário da reparação do dano extrapatrimonial contratual apenas em situações excepcionais, quando o descumprimento constitua ofensa à personalidade. Sidney Hartung Buarque[7], em obra integralmente dedicada ao tema, reconhece a ocorrência de danos extrapatrimoniais quando o inadimplemento constituir ofensa à dignidade da pessoa humana e consistir significativa angústia e frustração pelo defraudar da confiança depositada.

Wilson Melo da Silva não se furtou a aceitar o dano extrapatrimonial contratual. Segundo o aludido autor, seja qual for a circunstância, provenha ou não de culpa

---

3. NALIN, Paulo. Apontamentos críticos sobre o dano moral contratual: enfoque a partir da jurisprudência dominante do Superior Tribunal de Justiça. *Direito em Movimento*. Curitiba: Juruá, 2007, v. II, p. 273. Embora o autor faça menção à "dano moral contratual" e não "dano extrapatrimonial contratual", a lição não perde sua validade, ensejando, a nosso ver, mais uma questão de nomenclatura do que de conteúdo do direito.
4. ALVIM, Agostinho. *Da inexecução das obrigações e suas consequências*. 2. ed. São Paulo: Saraiva, 1955, p. 258. Segundo o autor: "Ressalvada a nossa opinião, de não ser indenizável o dano moral puro, em face de nosso direito, parece-nos sem razão a distinção pretendida entre dano oriundo de culpa aquiliana e de culpa contratual. A indenizar-se o dano moral, tanto faz que a sua procedência seja violação de contrato ou culpa extracontratual".
5. CAVALIERI FILHO, Sergio. *Programa de responsabilidade civil*. 8. ed. rev. e ampl. São Paulo: Atlas, 2008, p. 84.
6. GONÇALVES, Carlos Roberto. *Responsabilidade civil*. 11. ed. rev. São Paulo: Saraiva, 2009, p. 659-661.
7. BUARQUE, Sidney Hartung. *Da demanda por dano moral na inexecução das obrigações*. Rio de Janeiro: Forense, 2005, p. 95 e ss.

contratual ou extracontratual, os danos extrapatrimoniais devem ser indenizados. Conforme suas precisas ponderações:

> As limitações, com efeito, não têm razão de ser. O dano moral não deixa de sê-lo tal, apenas porque provenha dessa ou daquela fonte. Se se é lesado em qualquer um dêsses bens de natureza extrapatrimonial, pouco importa que a causa de tal dano tenha sido moral ou não, decorrente de culpa contratual ou não-contratual.[8]

Sergio Severo[9] é contundente, ao afirmar serem admissíveis os danos extrapatrimoniais em matéria contratual. Explica ser possível tal modalidade de dano nos casos de descumprimento de obrigação, cumprimento defeituoso ou na quebra de deveres secundários derivados da boa-fé. Nesta última situação, enuncia os deveres de proteção, informação e lealdade como as manifestações da boa-fé mais propensas a ensejar danos extrapatrimoniais, entendimento compartilhado por Clayton Reis[10], que assim o sintetiza:

> Por decorrência dessas situações, atualmente, qualquer modalidade de dano decorrente de ato culposo de seu agente, nas relações contratuais ou extracontratuais, deverá ser objeto de ressarcimento, em face das normas vigentes na teoria geral da responsabilidade civil. Para tanto, basta apenas que se tratem de danos certos e determinados, posto que a legislação brasileira, como de resto as demais vigentes no direito comparado, não admite a indenização de danos hipotéticos, ou que não sejam suscetíveis de avaliação pelos métodos consagrados na maioria dos países.

Paulo Roberto Ribeiro Nalin[11], em obra exclusivamente dedicada ao tema, também defende a ressarcibilidade dos danos extrapatrimoniais, com base em sólidos argumentos, os quais, entretanto, iremos tratar doravante, quando encerrarmos a exposição dos doutrinadores nacionais e estrangeiros favoráveis à reparação do dano extrapatrimonial contratual.

Carlos Alberto Bittar afirma ser necessário satisfazer os danos extrapatrimoniais e patrimoniais, tanto na hipótese de extracontratualidade, como de contratualidade.[12]

Convém, ainda, citar a doutrina de André Gustavo Corrêa de Andrade[13], na defesa da reparabilidade dos danos extrapatrimoniais contratuais, nos seguintes e elucidativos termos:

---

8. SILVA, Wilson Melo da. *O dano moral e sua reparação*. Rio de Janeiro: Forense, 1955, p. 402.
9. SEVERO, Sergio. *Os danos extrapatrimoniais*. São Paulo: Saraiva, 1996, p. 53-59.
10. REIS, Clayton. *Dano moral*. 5. ed. Rio de Janeiro: Forense, 2009, p. 316.
11. NALIN, Paulo Roberto Ribeiro. *Responsabilidade civil*. Descumprimento do contrato e dano extrapatrimonial. Curitiba: Juruá, 1996.
12. BITTAR, Carlos Alberto. *Reparação civil por danos morais*. 4. ed. rev., aum. e modificada por Carlos C. B. Bittar. São Paulo: Saraiva, 2015, 176.
13. *Dano Moral em caso de descumprimento de obrigação contratual*. Artigo publicado em: www.tjrj.jus.br. Acesso em: 14 dez. 2015.

Fundamental nesta matéria é a distinção entre patrimonialidade da prestação e a extrapatrimonialidade do interesse do credor ou dos bens afetados. Embora a prestação tenha conteúdo patrimonial, o interesse do credor na prestação pode, conforme as circunstâncias, apresentar um caráter extrapatrimonial, porque ligado à sua saúde ou de pessoas de sua família, ao seu lazer, à sua comodidade, ao seu bem-estar, à sua educação, aos seus projetos intelectuais.

Ninguém há de negar a natureza não patrimonial do interesse subjacente a diversos tipos de relação contratual: do paciente que vai ser submetido a uma cirurgia estética; do consumidor que adquire em uma agência de viagens um pacote turístico; do passageiro de transporte coletivo; do contratante de um serviço de bufê para uma festa; do comprador de um imóvel, para o qual pretende mudar-se logo depois do casamento. Estabelecida a distinção entre patrimonialidade da prestação e a extrapatrimonialidade da utilidade desta ou do interesse do credor, fica mais fácil admitir a existência e a ressarcibilidade do dano moral derivado do inadimplemento de obrigação contratual.

Pode-se, assim, falar em dano moral contratual (decorrente de responsabilidade civil contratual), em contraposição a dano moral extracontratual (resultante de responsabilidade civil extracontratual, delitual ou aquiliana).

Entre os doutrinadores estrangeiros, podemos citar, representando os juristas lusitanos, António Menezes Cordeiro[14], Rui Soares Pereira[15] e Mario Julio Almeida Costa[16], admitindo a reparação dos danos extrapatrimoniais contratuais. Brebbia[17] e Pizarro[18], da Argentina, e Pascual Martínez Espin[19], da Espanha, somam-se aos doutrinadores estrangeiros defensores da reparabilidade do dano extrapatrimonial, independentemente da sua fonte (contratual ou extracontratual).

Na doutrina italiana Bianca[20], Cricenti[21], Giuseppe Francesco Aiello[22], Domenico Chindemi[23], Salvatore Mazzamuto[24], Simona Caterbi[25], Alessandra Spangaro[26],

---

14. *Tratado de direito civil português*. Coimbra: Almedina, 2010, v. II, Direito das Obrigações, t. III, Gestão de negócios, enriquecimento sem causa, responsabilidade civil. p. 417.
15. PEREIRA, Rui Soares. *A responsabilidade por danos não patrimoniais do incumprimento das obrigações no direito civil português*. Coimbra: Coimbra, 2009, p. 332.
16. *Direito das obrigações*. 11. ed. rev. e atual. Coimbra: Almedina, 2008, p. 603.
17. BREBBIA, Roberto H. *El Daño moral*. 2. ed. corregida y aumentada. Córdoba: Ediciones Juridicas Orbir, 1967, p. 101.
18. PIZARRO, Ramón Daniel. *Daño moral. Prevención. Reparación. Punición*. 2. ed. Buenos Aires. Hamurabi, 2004, p. 165 e ss.
19. *El Daño Moral contractual en la ley de propiedad intelectual*. Madrid: editorial Tecnos, 1996, p. 50-51.
20. BIANCA, Massimo. *Diritto Civile*. Milano: Giuffrè, 1994, v. 5 – La responsabilità, ristampa. p. 170.
21. CRICENTI, Guiseppe. *Il danno non patrimoniale*. Casa Editrice Dott. Antonio Milani: Cedam, 1999, p. 77.
22. *Fonti di disciplina del danno non patrimoniale contrattuale, serietà dell'offesa e importanza dell'inadempimento*. DEJURE, Resp. Civ. e prev. 2013, 2, 571, Giuffrè Editore, Utente Facoltà Giurisprudenza Univ. Di Camerino.
23. *Il danno bagatellare contrattuale*. DEJURE, Resp. Civ. e Prev. 2008, 12, 2540, Giuffrè Editore, Utente Facoltà Giurisprudenza Univ. Di Camerino.
24. *Il danno non patrimoniale contrattuale*. DEJURE, Europa e dir. priv. 2012, 02, 437, Giuffrè Editore, Utente Facoltà Giurisprudenza Univ. Di Camerino.
25. *Il danno esistenziale da vacanza rovinata*, DEJURE, Resp. civ. e prev. 2008, 6, 1401, Giuffrè Editore, Utente Facoltà Giurisprudenza Univ. Di Camerino.
26. *Il danno non patrimoniale da contratto: l'ipotesi del danno da vacanza rovinata*. DEJURE, Resp. civ. e prev. 2007, 03, 719, Giuffrè Editore, Utente Facoltà Giurisprudenza Univ. Di Camerino.

Maddalena Rabiti[27], Fabiola Fontana[28], Nicoletta Ortu[29], Giovanna Visintini[30] e Attilio Gorassini[31], figuram como defensores da reparação dos danos extrapatrimoniais contratuais.

Pizarro[32] enuncia haver duas grandes vertentes legislativas atinentes à matéria: a primeira, omissa quanto à possibilidade de reparação do dano extrapatrimonial contratual, mas cuja doutrina é francamente favorável à tese; a segunda, composta por corpos normativos com disposições expressas, regulando o ressarcimento do dano não patrimonial originário do descumprimento do contrato. No primeiro grupo, encontram-se os Códigos Civis de França, Espanha, Código das Obrigações Suíço e Chile. No segundo, podemos citar o Código do Líbano (art. 263, in fine), Peru de 1984 (art. 1322), o novo Código de Quebec (art. 1607), o Código Alemão, com as modificações introduzidas pela lei de 1º e agosto de 2002 e o Código Argentino (art. 522 e 1078).

Pascual Martinez Espín[33], ao tratar dos danos extrapatrimoniais em matéria de propriedade intelectual no direito espanhol, acentua ser plenamente viável que sobreditos danos tenham origem no descumprimento do contrato.

A profusão de doutrinadores nacionais e estrangeiros, acolhendo os danos extrapatrimoniais contratuais, revela a importância do tema e sua repercussão no mundo jurídico, não sendo mais possível fechar os olhos a essa realidade. Nossos Tribunais, igualmente, começam a perfilhar esse caminho, embora de maneira ainda hesitante, conforme demonstram os excertos jurisprudenciais abaixo declinados.

> Agravo regimental. Seguro de vida. Rescisão unilateral do contrato.
>
> Recusa imotivada de renovação. Danos morais. Ocorrência. Prescrição.
>
> Preclusão. Ocorrência.
>
> 1.– "A rescisão imotivada do contrato, em especial quando efetivada por meio de conduta desleal e abusiva – violadora dos princípios da boa-fé objetiva, da função social do contrato e da responsabilidade pós-contratual – confere à parte prejudicada o direito à indenização por danos materiais e morais". (REsp 1255315/SP, Rel. Min. Nancy Andrighi).

---

27. *Il danno non patrimoniale da inadepimento contrattuale.* DEJURE, Resp. civ. e prev. 2004, 02, 340, Giuffrè Editore, Utente Facoltà Giurisprudenza Univ. Di Camerino.
28. *Risarcibilità del danno non patrimoniale conseguente ad inadempimento contrattuale.* DEJURE, Resp. civ. e prev. 2010, 3, 631, Giuffrè Editore, Utente Facoltà Giurisprudenza Univ. Di Camerino.
29. *Il risarcimento del danno da vacanza rovinata. Gli orientamenti della dottrina e della giurisprudenza.* DEJURE, Resp. civ. e prev. 2009, 12, 2531, Giuffrè Editore, Utente Facoltà Giurisprudenza Univ. Di Camerino.
30. *Il Código Civile. Commentario. Inadempimento e mora del debitore. Artt. 1218-1222,* seconda edizione. Milano: Giuffrè Editore, 2006, p. 45.
31. Inadempimento e tipologia dei danni. In: PRATO, Enrico del (a cura di). *Violazioni del Contratto –* Danni e Rimedi,. Milano: Giuffrè, 2003, p. 25.
32. PIZARRO, *Daño moral...* cit. p. 176-177.
33. ESPÍN, Pascual Martínez. *El daño moral contractual en la ley de propiedad intelectual.* Madrid: Editorial Tecnos, 1996, p. 50.

2.- A alegação da ocorrência da prescrição ânua como tese de defesa nos contra-arrazoados do Recurso Especial mostra-se preclusa, pois caso tivesse interesse em reformar o acórdão recorrido quanto ao tema, deveria, após o Recurso Especial interposto, ter apresentado recurso adesivo.

3.- Agravo Regimental improvido.

(AgRg nos EDcl no REsp 1320969/SP, Rel. Ministro Sidnei Beneti, Terceira Turma, julgado em 20.09.2012, DJe 08.10.2012)

Civil e processo civil. Contratos. Distribuição. Celebração verbal.

Possibilidade. Limites. Rescisão imotivada. Boa-fé objetiva, função social do contrato e responsabilidade pós-contratual. Violação.

Indenização. Cabimento. Danos morais e honorários advocatícios.

Revisão. Possibilidade, desde que fixados em valor irrisório ou exorbitante. Sucumbência. Distribuição. Critérios.

1. De acordo com os arts. 124 do CCom e 129 do CC/16 (cuja essência foi mantida pelo art. 107 do CC/02), não havendo exigência legal quanto à forma, o contrato pode ser verbal ou escrito.

2. Até o advento do CC/02, o contrato de distribuição era atípico, ou seja, sem regulamentação específica em lei, de sorte que sua formalização seguia a regra geral, caracterizando-se, em princípio, como um negócio não solene, podendo a sua existência ser provada por qualquer meio previsto em lei.

3. A complexidade da relação de distribuição torna, via de regra, impraticável a sua contratação verbal. Todavia, sendo possível, a partir das provas carreadas aos autos, extrair todos os elementos necessários à análise da relação comercial estabelecida entre as partes, nada impede que se reconheça a existência do contrato verbal de distribuição.

4. A rescisão imotivada do contrato, em especial quando efetivada por meio de conduta desleal e abusiva – violadora dos princípios da boa-fé objetiva, da função social do contrato e da responsabilidade pós-contratual – confere à parte prejudicada o direito à indenização por danos materiais e morais.

5. Os valores fixados a título de danos morais e de honorários advocatícios somente comportam revisão em sede de recurso especial nas hipóteses em que se mostrarem exagerados ou irrisórios. Precedentes.

6. A distribuição dos ônus sucumbências deve ser pautada pelo exame do número de pedidos formulados e da proporcionalidade do decaimento das partes em relação a esses pleitos. Precedentes.

7. Recurso especial não provido.

(REsp 1255315/SP, Rel. Ministra Nancy Andrighi, Terceira Turma, julgado em 13.09.2011, DJe 27.09.2011)

Recurso especial. Processo civil. Direito civil. Incorporação imobiliária. Inexecução contratual. Dano moral. Ocorrência. Ausência de responsabilidade solidária na indenização por danos morais do proprietário do terreno. Súmula 07 do STJ. Dissídio jurisprudencial não demonstrado. Art. 557, § 2º do CPC. Súmula 284 do STJ. Violação do art. 535 do CPC Não configurada.

1. O art. 535 do CPC resta incólume quando o Tribunal de origem manifesta-se suficientemente sobre a questão controvertida, apenas adotando fundamento diverso daquele perquirido pela parte.

2. A inexecução de contrato de promessa de compra e venda de unidade habitacional, em virtude da ausência de construção do empreendimento imobiliário pela incorporadora, transcorridos 09 (nove) anos da data aprazada para a entrega, causa séria e fundada angústia no espírito do adquirente, não se tratando, portanto, de mero dissabor advindo de corriqueiro inadimplemento de cláusula contratual, ensejando, assim, o ressarcimento do dano moral.

Precedentes.

3. A Lei de Incorporações (Lei 4.591/64) equipara o proprietário do terreno ao incorporador, desde que aquele pratique alguma atividade condizente com a relação jurídica incorporativa, atribuindo-lhe, nessa hipótese, responsabilidade solidária pelo empreendimento imobiliário. Na hipótese vertente, todavia, a jurisdição ordinária consignou, mediante ampla cognição fático-probatória, que a ora recorrida limitou-se à mera alienação do terreno para a incorporadora, que tomou para si a responsabilidade exclusiva pela construção do referido empreendimento.

4. Destarte, a questão relativa à existência de solidariedade entre a proprietária e a incorporadora mostra-se insindicável na estreita via do recurso especial, ante o teor da Súmula 07 do STJ.

5. O dissídio jurisprudencial não restou demonstrado nos moldes exigidos pelo RISTJ.

6. A ausência de argumentação hábil à compreensão da insurgência quanto à violação do art. 557, § 2°, do CPC, atrai a incidência da Súmula 284 do STF.

7. Recurso especial parcialmente conhecido e, nesta parte, parcialmente provido.

(REsp 830.572/RJ, Rel. Ministro Luis Felipe Salomão, Quarta Turma, julgado em 17.05.2011, DJe 26.05.2011)

Recurso especial. Responsabilidade civil. Roubo. Cofre alugado em instituição financeira. Indenização exigida por quem ajustou o contrato. Bem de terceiro. Legitimidade ativa. Caso fortuito ou força maior. Inaplicabilidade de tais excludentes. Inversão do ônus da prova. Inocorrência. Dano material tido como comprovado pelas instâncias ordinárias. Reparação por danos morais. Razoabilidade.

Recurso improvido.

1. O contrato de locação de cofre foi celebrado entre o autor da ação e a instituição financeira ré. Assim, como a indenização buscada tem origem em falha na prestação do serviço contratado, essa responsabilidade somente pode ser exigida por quem o ajustou.

2. A despeito da maior ou menor engenhosidade dos delinquentes, descabe a alegação de força maior (ou de caso fortuito), pois a segurança é elemento essencial do contrato de locação de cofres junto a instituições financeiras, estando a responsabilidade fincada na falha do serviço oferecido. Precedentes.

3. Pelo que se tem do acórdão recorrido não houve inversão do ônus da prova, mas sim a consideração de que o autor comprovou os fatos alegados na inicial, inclusive o dano material, não tendo o réu logrado desconstituir essas provas.

4. No que respeita ao quantum fixado a título de dano moral, a jurisprudência desta Corte é firme no sentido de que o valor estabelecido pelas instâncias ordinárias pode ser revisto tão somente nas hipóteses em que a condenação se revele irrisória ou exorbitante, distanciando-se dos padrões de razoabilidade, o que não ocorre no caso em apreço.

5. Recurso especial desprovido.

(REsp 994.040/PE, Rel. Ministro Raul Araújo, Quarta Turma, julgado em 07.04.2011, DJe 18.04.2011)

Civil. Recurso Especial. Ação de indenização por danos materiais e morais. Embargos de declaração. Omissão, contradição ou obscuridade.

Não indicação. Súmula 284/STF. Inadimplemento de contrato de compra e venda de casa pré-fabricada. Ausência de mero inadimplemento contratual. Violação ao princípio da dignidade da pessoa humana.

Danos morais. Ocorrência.

– A recorrente celebrou com a recorrida contrato de compra e venda de um "kit de casa de madeira", pagando-lhe à vista o valor acordado, sendo que, após alguns meses, pouco antes da data prevista para a entrega da casa, a recorrente foi informada, por terceiros, que a recorrida inadimpliu o contrato.

– Conquanto a jurisprudência do STJ seja no sentido de que o mero inadimplemento contratual não ocasiona danos morais, tal entendimento, todavia, deve ser excepcionado nas hipóteses em que da própria descrição das circunstâncias que perfazem o ilícito material é possível extrair consequências bastante sérias de cunho psicológico, que são resultado direto do inadimplemento culposo.

– No presente processo, o pedido de compensação por danos morais declinado pela recorrente não tem como causa o simples inadimplemento contratual, mas também do fato de a recorrida ter fechado suas instalações no local da contratação (Estado do Rio de Janeiro) sem lhe dar quaisquer explicações a respeito de seu novo endereço e/ou da não construção do imóvel.

– Essa particularidade é relevante, pois, após a recorrente ter frustrado o seu direito de moradia, pelo inadimplemento do contrato de compra e venda de casa pré-moldada, o descaso da recorrida agravou a situação de angústia da recorrente.

– A conduta da recorrida violou, portanto, o princípio da dignidade da pessoa humana, pois o direito de moradia, entre outros direitos sociais, visa à promoção de cada um dos componentes do Estado, com o insigne propósito instrumental de torná-los aptos de realizar os atributos de sua personalidade e afirmar a sua dignidade como pessoa humana.

– Diante dessas circunstâncias que evolveram o inadimplemento contratual, é de se reconhecer, excepcionalmente, a ocorrência de danos morais.

Recurso especial conhecido e parcialmente provido.

(REsp 1025665/RJ, Rel. Ministra Nancy Andrighi, Terceira Turma, julgado em 23.03.2010, DJe 09.04.2010)

Recurso especial – Ação de indenização por dano moral – Negativa de prestação jurisdicional – Não ocorrência – Indevida inversão dos ônus probatórios – Não verificação – Aplicação das regras de experiência sobre os elementos fáticos-probatórios – Possibilidade – *Overbooking* – Companhia que permite o embarque do passageiro e o acomoda na cabine dos pilotos – Dano moral – Verificação – *Quantum* – Redução – Necessidade – Juros de mora – Aplicação do princípio do *tempus regit actum* – Recurso especial parcialmente provido.

I – A conclusão do acórdão é resultante da aplicação das regras de experiência sobre os elementos fáticos-probatórios reunidos nos autos. Procedimento, aliás, absolutamente correto e respaldado pelo artigo 131 do Código de Processo Civil;

II – O autor logrou êxito em comprovar o fato constitutivo de seu direito;

III – É possível aferir todo o constrangimento suportado pelo ora recorrido, que se iniciou perante os funcionários da companhia, para conseguir embarcar na aeronave, prosseguiu, na constatação de que seu assento por outra pessoa estava ocupado, e culminou com sua indevida acomodação na cabine dos pilotos, frustrando, inequivocamente, todas as expectativas naturais que o contrato de transporte pode gerar ao passageiro;

IV – A despeito da reprovável conduta da empresa aérea (venda de bilhetes em número superior à capacidade de assentos na aeronave), culminando com a indevida acomodação do passageiro na cabine de pilotos (procedimento, aliás, contrário às normas mais singelas de segurança), durante as duas horas de seu voo, conforme dá conta a sentença, tais fatos não ensejaram maiores consequências, a corroborar o elevado arbitramento pelo Tribunal de origem;

V – Aos juros moratórios, por referirem-se ao ressarcimento decorrente do inadimplemento da obrigação, a qual se protrai no tempo, deve-se aplicar o princípio *tempus regit actum*;

VI – Recurso Especial parcialmente provido.

(REsp 750.128/RS, Rel. Ministro Massami Uyeda, Terceira Turma, julgado em 05.05.2009, DJe 15.05.2009)

Direito civil e consumidor. Plano de saúde. Incidência do CDC.

Prótese necessária à cirurgia de angioplastia. Ilegalidade da exclusão de "stents" da cobertura securitária. Dano moral configurado. Majoração dos danos morais.

– Conquanto geralmente nos contratos o mero inadimplemento não seja causa para ocorrência de danos morais, a jurisprudência desta Corte vem reconhecendo o direito ao ressarcimento dos danos morais advindos da injusta recusa de cobertura de seguro saúde, pois tal fato agrava a situação de aflição psicológica e de angústia no espírito do segurado, uma vez que, ao pedir a autorização da seguradora, já se encontra em condição de dor, de abalo psicológico e com a saúde debilitada.

– A quantia de R$ 5.000,00, considerando os contornos específicos do litígio, em que se discute a ilegalidade da recusa de cobrir o valor de "stents" utilizados em angioplastia, não compensam de forma adequada os danos morais. Condenação majorada.

Recurso especial não conhecido e recurso especial adesivo conhecido e provido.

(REsp 986.947/RN, Rel. Ministra Nancy Andrighi, Terceira Turma, julgado em 11.03.2008, DJe 26.03.2008)

Verifica-se, portanto, inexistir motivos para negar os danos extrapatrimoniais contratuais em nosso ordenamento jurídico, bastando, apenas, a necessária depuração para sua ampla aplicabilidade. Os pressupostos para a sua ocorrência serão tratados no tópico seguinte, oportunidade na qual iremos aproveitar o ensejo para tecer nossas respectivas considerações.

5.2 FUNDAMENTO PARA O DANO EXTRAPATRIMONIAL CONTRATUAL: EXTRAPATRIMONIALIDADE DO INTERESSE NA EXECUÇÃO DO CONTRATO

O fundamento para admitir o dano extrapatrimonial contratual reside na diferença entre a patrimonialidade da prestação e a extrapatrimonialidade do interesse do credor ou dos bens afetados.

É evidente o caráter patrimonial da prestação, requisito indispensável à existência de relação jurídica obrigacional. Os interesses envolvidos nessa relação, todavia, podem não ser de caráter patrimonial, razão pela qual o contrato também constitui instrumento de satisfação pessoal, valoração e desenvolvimento da dignidade da pessoa humana.

Quem contrata pacote turístico para viagem de lua de mel não visa satisfazer interesses patrimoniais. Da mesma forma, são extrapatrimoniais os interesses envolvendo a contratação de médico e de hospital-maternidade para o nascimento de um filho, de quem firma contrato com serviço de bufê para a festa de quinze anos da filha, de quem contrata fotógrafo para evento de formatura escolar, de quem firma contrato de compra e venda de bem imóvel para residir com sua família. São inúmeros os exemplos ilustrativos da clara distinção entre a patrimonialidade da prestação e a extrapatrimonialidade do interesse do credor ou dos bens afetados, os quais podem estar ligados "à sua saúde ou de pessoas de sua família, ao seu lazer, à sua comodidade, ao seu bem-estar, à sua educação, aos seus projetos intelectuais".[34]

No mesmo sentido, converge a doutrina de Ramón Daniel Pizarro[35], para quem o descumprimento do contrato pode gerar danos extrapatrimoniais, derivados da lesão ao interesse não patrimonial cuja satisfação o credor procurava obter com a relação creditória.

Logo, violado interesse não patrimonial do credor por força do descumprimento do contrato, a reparação dos danos deve se dar de modo integral, sem qualquer distinção entre a reparação derivada de ilícito extracontratual ou contratual.

5.3 PRESSUPOSTOS DO DANO EXTRAPATRIMONIAL CONTRATUAL

5.3.1 Existência do contrato

Ao tratarmos de dano extrapatrimonial derivado de contrato, o primeiro pressuposto lógico é a existência de relação jurídica obrigacional válida. A nulidade do ato implica reconhecer a natureza extrapatrimonial da lesão a direito ou do interesse, porquanto decorrente da regra geral do *neminem laedere* e não do vínculo obrigacional, na realidade, inexistente. O contrato deve, também, ser eficaz. Somente o contrato apto a gerar os seus efeitos pode ensejar danos contratuais seja de natureza patrimonial ou não.

Do mesmo modo, caso o dano extrapatrimonial surja em virtude da declaração de nulidade do contrato, a responsabilidade também terá natureza não contratual, ficando claro, portanto, somente ser possível falar em danos não patrimoniais contratuais frente à existência de contrato válido e eficaz.

5.3.2 Descumprimento do contrato

O contrato é firmado para satisfazer os interesses das partes, o que ocorre mediante seu adimplemento nos moldes e condições convencionadas. Contrato cumprido, portanto, não enseja o dever de indenizar, pelo simples fato de não existir dano.

O descumprimento do contrato, por outro lado, configura pressuposto da reparação do dano extrapatrimonial com origem em obrigação preexistente entre as partes. É a falta de cumprimento, o cumprimento em atraso ou as demais violações

---

34. ANDRADE, André Gustavo Correa. *Dano moral em caso de descumprimento de obrigação contratual*, cit. p. 2.
35. PIZARRO, Ramón Daniel, *Daño moral...* cit. p. 167.

do contrato não captadas pelo inadimplemento e pela mora que podem gerar lesão a direitos não patrimoniais.[36]

Incluímos, também, nessas hipóteses, o descumprimento de obrigações derivadas da boa-fé e dos princípios aplicados aos contratos, por entendermos que todas essas hipóteses podem embasar pedidos de indenização por danos extrapatrimoniais.[37]

Ao discorrer sobre a função social do contrato, por exemplo, Luis Edson Fachin[38] é categórico ao afirmar que o seu "desaproveitamento" constitui "violação de dever jurídico específico, independentemente de afetar as respectivas prestações típicas ou principais, e à luz do sentido do art. 421 do CC/2002, este descumprimento da função social pode corresponder a uma forma de inadimplemento ou inexecução do contrato, caracterizando-se aí responsabilidade independentemente de culpa". Esse entendimento ancora-se na premissa de que o contrato não está mais restrito às partes contratantes, pois espraia seus efeitos ao largo do campo das relações sociais e, por esse motivo, seu sentido teleológico extrapola em muito a relação entre os contratantes.

Paulo Nalin[39], ao tratar do princípio da boa-fé objetiva, pondera que a consagrada complexidade contratual carreou a violação do contrato a hipóteses não mais adstritas ao inadimplemento e à mora. Pode, inclusive, haver cumprimento da prestação principal e, ainda assim, estar configurado o descumprimento do contrato por inobservância dos deveres de conduta estabelecidos pela boa-fé. O enunciado 24 do Centro de Estudos Judiciários é categórico nesse sentido ao prescrever:

> Art. 422: Em virtude do princípio da boa-fé, positivado no art. 422 do novo Código Civil, a violação dos deveres anexos constitui espécie de inadimplemento, independentemente de culpa.

Nessa ordem de ideias, a violação do princípio da função social do contrato, tanto quanto a dos princípios da probidade e da confiança derivados da boa-fé, constituem espécie de inadimplemento e podem, por esse motivo, resultar em danos não patrimoniais a um dos contratantes.[40]

5.3.2.1 Dano extrapatrimonial por inadimplemento ou mora

A doutrina costuma empregar com frequência o inadimplemento e a mora como as figuras essenciais de descumprimento do contrato. Já mencionamos, no

---

36. A expressão "demais violações do contrato não captadas pelo inadimplemento e pela mora" refere-se ao texto de Paulo Nalin (*Apontamentos críticos sobre o dano moral contratual*: enfoque a partir da jurisprudência predominante do superior tribunal de justiça ... cit.), no qual o autor, com base no conceito de obrigação como processo, de Clóvis do Couto e Silva, defende uma acepção mais lata de descumprimento contratual capazes de gerar danos não patrimoniais.
37. BRAZ, Alex Trevisan. *Dano moral por inadimplemento contratual* ... cit. p. 67.
38. FACHIN, Luis Edson. Contratos e responsabilidade civil: duas funcionalizações e seus traços. *Revista dos Tribunais*, ano 100, v. 903, janeiro 2011, p. 33.
39. NALIN, *Apontamentos críticos* .... cit. p. 281.
40. FACHIN, *Contratos* ... cit. p. 35.

tópico anterior, não ser essa a melhor forma de visualizar a complexidade de direitos, obrigações, ônus e deveres decorrentes da relação obrigacional como processo.

Neste tópico, nos desincumbiremos de demonstrar se é possível cogitar de dano extrapatrimonial nas hipóteses de não cumprimento (inadimplemento), ou cumprimento contratual fora do prazo avençado (mora).

O inadimplemento absoluto é a impossibilidade superveniente material de cumprimento da prestação, ou por falta de interesse do credor em recebê-la fora do prazo. A prestação não pode ser cumprida ou, a despeito de sua possibilidade, em virtude do atraso, não satisfaz mais o interesse do credor. Também caracteriza o inadimplemento a inexecução da obrigação de fazer personalíssima, diante da recusa do devedor em executá-la.

Descumprida a obrigação, impõe-se o dever de indenizar as perdas e danos, nos termos do artigo 389, do Código Civil, obrigação que deverá contemplar também os interesses extrapatrimoniais do credor, se for o caso.

Assim, na hipótese da contratação de fotógrafo para perenizar a cerimônia e festa de casamento, a ausência do fotógrafo à data do evento torna sua purga impossível, ensejando a reparação dos danos patrimoniais e extrapatrimoniais ocasionados pelo descumprimento da avença.

A mora está relacionada ao tempo do cumprimento da prestação. Embora o artigo 394, do Código Civil, mencione o tempo, lugar e forma, o fator preponderante, repita-se, é o tempo. Se o cumprimento da prestação não se der no tempo convencionado, mas subsistir o interesse do credor em recebê-la, é possível purgar a mora, efetivando-se o pagamento atrasado.

Se este mesmo atraso, todavia, tornar a prestação inútil ao credor, não haverá mora, mas inadimplemento absoluto, autorizando-o a enjeitá-la e exigir as perdas e danos. Tome-se como exemplo a entrega extemporânea de encomenda de salgadinhos para evento festivo. Embora materialmente a prestação possa ser cumprida, não atende mais ao interesse do credor que os desejava para a data aprazada, quando receberia seus convivas para os comes e bebes, e não para o seu deleite próprio (hipótese, talvez, justificadora da permanência do interesse do credor no cumprimento da prestação serôdia).

Quando o inadimplemento é absoluto, afigura-se lógico e razoável concluir pela viabilidade da reparação do dano extrapatrimonial contratual tanto quanto a lei admite a reparação dos danos patrimoniais, oriundos do mesmo fato.

Remanescem, porém, dúvidas quanto à reparabilidade dos danos extrapatrimoniais, porquanto, se o cumprimento tardio satisfaz, ainda, o interesse do credor, como aceitar a existência de lesão de ordem não patrimonial? Mais uma vez a distinção entre interesses patrimoniais e não patrimoniais constitui socorro necessário para compreender o assunto.

Com a purgação da mora, teoricamente, os interesses patrimoniais do credor são satisfeitos, embora tardiamente, e o resultado é a extinção do vínculo obrigacional. Pode haver, todavia, lesões de caráter extrapatrimonial que, a despeito da satisfação dos interesses de natureza patrimonial, permanecem por conta do atraso no adimplemento.

Basta imaginarmos a seguinte situação: o sujeito "A" precisa submeter-se a uma cirurgia de emergência, a fim de extrair tumor maligno de seu estômago. A operação deve ser feita de imediato, pois dado o avanço da doença, o tempo é primordial para o sucesso ou o insucesso da intervenção cirúrgica. De posse de toda a documentação necessária e exigida contratualmente, o sujeito "A" faz o pedido de autorização da cirurgia ao plano de saúde, cujo prazo, para resposta, nos termos pactuados, é de vinte e quatro horas a contar da solicitação em caráter de urgência. O sujeito "A" já começa a se preparar para a internação no hospital, aguardando, apenas, a liberação pelo plano de saúde. Passadas as vinte e quatro horas, contratualmente estipuladas, o sujeito "A" não recebe qualquer notícia sobre seu pedido. Aflito, entra em contato com a empresa de saúde e recebe a informação de que o pleito se encontra sob análise. Passam-se setenta e duas horas até que o plano de saúde libera a internação e o procedimento cirúrgico, realizado com sucesso. Indagado do motivo pela demora, o plano alegou não ter pessoal suficiente para analisar todas as moções no prazo ao qual se obrigou por força do contrato, demandando mais tempo para proceder às análises dos pedidos, mesmo os feitos em caráter de emergência.

É inegável a aflição sofrida pelo sujeito "A", durante as quarenta e oito horas adicionais até a resposta do plano de saúde. E é igualmente inquestionável que, embora tardia, a cirurgia ainda interessava ao credor. O interesse patrimonial, de obter a liberação da internação e cirurgia com o consequente custeio de todas as despesas, foi, portanto, atendida, mas ainda assim é flagrante a lesão ao interesse não patrimonial, a ensejar a devida reparação.

Logo, é possível afirmar que, ao menos em tese, é possível a ocorrência de danos extrapatrimoniais, embora o cumprimento tardio da obrigação seja realizado pelo devedor dada a permanência de sua utilidade ao credor.

5.3.2.2 O problema do simples inadimplemento

A pesquisa à doutrina nacional e estrangeira, bem como à jurisprudência de nossos Tribunais revela certa resistência em admitir-se o dano extrapatrimonial contratual decorrente do "simples inadimplemento", salvo quando tal consubstanciar ofensa à dignidade da pessoa humana ou extrapolar a razoabilidade.[41] Acórdão

---

41. Nesse sentido, confiram-se, por todos: Sergio Cavalieri Filho (*Programa de responsabilidade* ... cit. p. 84) e Sidney Hartung Buarque (*Da demanda por dano moral* ... cit. p. 3-4).

paradigmático a esse respeito encontra-se consubstanciado na ementa do Recurso Especial 202.564-0/RJ, lavrado nos seguintes termos:

> Civil e processual civil. Direito de autor. Descumprimento contratual. Dano moral. Inocorrência em regra. Situação excepcional não caracterizada. Prescrição. Termo inicial. Cautelar de antecipação de prova. Efeito interruptivo. Medida preparatória de ação indenizatória. CPC, arts. 219 e 846. Recurso parcialmente provido.
>
> I – O inadimplemento do contrato, por si só, pode acarretar danos materiais e indenização por perdas e danos, mas, em regra, não dá margem ao dano moral, que pressupõe ofensa anormal à personalidade.
>
> Embora a inobservância das cláusulas contratuais por uma das partes possa trazer desconforto ao outro contratante – e normalmente o traz – trata-se, em princípio, do desconforto a que todos podem estar sujeitos, pela própria vida em sociedade. Com efeito, a dificuldade financeira, ou a quebra da expectativa de receber valores contratados, não tomam a dimensão de constranger a honra ou a intimidade, ressalvadas situações excepcionais.
>
> II – Na sistemática do Código de Processo Civil de 1973, a cautelar de antecipação de prova interrompe a prescrição quando se tratar de medida preparatória de outra ação, tornando inaplicável, nesses casos, o verbete sumular 154/STF, editado sob a égide do CPC/1939.
>
> (REsp 202.564/RJ, Rel. Ministro Sálvio De Figueiredo Teixeira, Quarta Turma, julgado em 02.08.2001, DJ 01.10.2001, p. 220)

No mesmo sentido convergem os seguintes julgados, trazidos à baila para efeitos elucidativos acerca do entendimento jurisprudencial do Superior Tribunal de Justiça, corroborando a impossibilidade de danos extrapatrimoniais derivados do simples inadimplemento:

> Recursos especiais. Transporte aéreo. Extravio de mercadorias. Prazo prescricional. Indenização tarifada. Precedentes da corte. Dano moral. Descumprimento contratual. Abalo à imagem da empresa.
>
> Ausência de presunção. Sucumbência recíproca. Divisão da verba honorária. Observância do decaimento.
>
> 1.– A jurisprudência desta Corte já decidiu que "o prazo prescricional para os danos decorrentes do inadimplemento de contrato de transporte aéreo de mercadoria é aquele fixado pelo Código Civil" (616.069/MA, Rel. Min. João Otávio De Noronha, DJe 14.04.2008).
>
> 2.– Decidiu, ainda, que, "nos casos de extravio de mercadoria ocorrido durante o transporte aéreo, a reparação deve ser integral, não se aplicando a indenização tarifada prevista em legislação especial" (REsp 494.046/SP, Rel. Min. Sálvio de Figueiredo Teixeira, DJ 23.6.2003).
>
> 3.– O mero descumprimento contratual, em princípio, não enseja responsabilização ao pagamento de indenização por danos morais, visto não passar de incômodo da vida em sociedade. Para se presumir o dano moral, o ato praticado deve ser objetivamente capaz de acarretar abalo à imagem da empresa.
>
> 4.– A divisão da verba honorária fixada deve ser proporcional ao decaimento dos litigantes aferido pelo Tribunal de origem (CPC, art. 21).
>
> Recurso Especial da empresa aérea improvido e Recurso especial da instituição financeira parcialmente provido.
>
> (REsp 744.741/PR, Rel. Ministro Sidnei Beneti, Terceira Turma, julgado em 01.12.2011, DJe 12.12.2011)

Processual civil. Agravo regimental no agravo de instrumento.

Ausência de prequestionamento. Súmula n. 211/STJ. Matéria de ordem pública. Via especial. Impossibilidade de conhecimento de ofício e sem prequestionamento. Juntada de documentos em sede de agravo regimental. Impossibilidade. Preclusão. Descumprimento contratual.

Dano moral. Inadmissibilidade. Agravo improvido.

I. Súmula n. 211/STJ: "Inadmissível recurso especial quanto à questão que, a despeito da oposição de embargos declaratórios, não foi apreciada pelo Tribunal a quo".

II. "O recurso especial é de fundamentação vinculada, não sendo possível, na via especial, o conhecimento de questões de ofício e sem prequestionamento, ainda que se trate de matéria de ordem pública." (AgR-AG n. 405.746/SP, Relatora Ministra Nancy Andrighi, 3ª Turma, unânime, DJU de 25.02.2002).

III. "O inadimplemento de contrato, por si só, não acarreta dano moral, que pressupõe ofensa anormal à personalidade. É certo que a inobservância de cláusulas contratuais pode gerar frustração na parte inocente, mas não se apresenta como suficiente para produzir dano na esfera íntima do indivíduo, até porque o descumprimento de obrigações contratuais não é de todo imprevisível" (REsp 876.527/RJ, Rel. Min. João Otávio de Noronha, DJ 28.04.2008).

IV. Agravo improvido.

(AgRg no AgRg no Ag 1033070/RS, Rel. Ministro Aldir Passarinho Junior, Quarta Turma, julgado em 16.09.2010, DJe 30.09.2010)

Recurso especial. Plano de saúde. Cláusula limitativa do tempo de internação em uti. Abusividade manifesta. Súmula 302/STJ.

Comunicação de que o prazo de internação escoou. Não-interrupção do tratamento médico. Dano moral inexistente. Mero dissabor. Prejuízo patrimonial não demonstrado. Recurso especial conhecido em parte e, na extensão, provido.

1. A Segunda Seção desta Corte firmou entendimento segundo o qual são abusivas as cláusulas de contrato de plano de saúde limitativas do tempo de internação, "notadamente em face da impossibilidade de previsão do tempo da cura, da irrazoabilidade da suspensão do tratamento indispensável, da vedação de restringir-se em contrato direitos fundamentais e da regra de sobredireito, contida no art. 5º da Lei de Introdução ao Código Civil, segundo a qual, na aplicação da lei, o juiz deve atender aos fins sociais a que ela se dirige às exigências do bem comum". Súmula 302/STJ.

2. No caso, porém, a recusa da empresa de saúde não foi materializada por nenhum ato concreto. Limitou-se a prestação de informações de que o plano de saúde não cobria internações em UTI superiores a 10 (dez) dias, sem interrupção do tratamento médico da segurada, não sendo capaz de infligir ao autor sofrimento ou dor moral relevantes além daqueles experimentados pela própria situação de enfermidade pela qual passava sua esposa.

3. Por outro lado, o autor não experimentou qualquer prejuízo pecuniário concreto, mas apenas uma "cobrança amigável" do hospital.

Ademais, as instâncias ordinárias não se manifestaram acerca da existência de qualquer dano material, não podendo esta Corte investigar a sua existência sob pena de afronta ao Verbete Sumular 7.

4. Especial parcialmente conhecido e, na extensão, provido, apenas para reconhecer a nulidade da cláusula contratual limitativa do tempo de internação.

(REsp 361.415/RS, Rel. Ministro Luis Felipe Salomão, Quarta Turma, julgado em 02.06.2009, DJe 15.06.2009)

Estamos de acordo com o entendimento esposado pelo Superior Tribunal de justiça, ao limitar os casos de reparação por danos extrapatrimoniais contratuais, apenas aos casos em que o descumprimento possa ensejar ofensa aos direitos da personalidade ou consubstanciem depreciação ao direito alheio. Ao assim fazê-lo, o Tribunal mantém coerência com a já consolidada jurisprudência relativa aos danos extrapatrimoniais aquilianos ou extracontratuais.

A reparação dessa modalidade de dano, seja de natureza contratual ou não, não se presta "a atender caprichos de ordem meramente subjetiva e sem verdadeira repercussão na esfera da personalidade da vítima".[42] Nas lições de Domenico Chindemi[43], o mero desconforto, desapontamento, incômodo, ansiedade ou qualquer outro tipo de insatisfação natural da vida cotidiana não pode ensejar a tutela ressarcitória por danos extrapatrimoniais.

Como bem expõe Rogério Donnini[44], "na vida em sociedade, os aborrecimentos suportados pelas pessoas, na maior parte das vezes, são próprios do mundo contemporâneo, tais como filas, congestionamentos, demoras no cumprimento de obrigações, atrasos etc."

E arremata o autor: "O capitalismo, com suas mazelas e benefícios à coletividade, tais como um consumismo irracional, desenfreado e ao mesmo tempo, uma melhor qualidade de vida, no aspecto material, para muitos, proporciona uma série de contratempos, que nos habituamos a enfrentar e se encontram em uma esfera de normalidade".[45]

É preciso haver, portanto, grau mínimo de tolerância, pois, do contrário, seria impossível a vida em sociedade, permeada por desgostos, ansiedades, incômodos e tantos outros sentimentos negativos com os quais devemos conviver. A doutrina italiana denomina esse mínimo suportável de princípio da tolerância, segundo o qual somente é passível de tutela aquelas condutas cujo resultado ofensivo seja superior ao mínimo de tolerância exigível das pessoas que vivem em sociedade. Nos casos de danos cujo grau ofensivo esteja dentro dos parâmetros da tolerância, tem-se, na doutrina italiana, as denominadas "lesões bagatelares" (lesioni bagatellari), repita-se, não passível de tutela pelo ordenamento jurídico.

O limite de tolerância, alerta o autor, deve ser flexível e variar de acordo com a evolução da sociedade. Caberá ao magistrado avaliar, casuisticamente e segundo a relevância da lesão no âmbito subjetivo do sujeito, se o grau da ofensa aos interesses extrapatrimoniais do descumprimento de determinado contrato é ou não relevante para o titular do direito receber a devida tutela jurídica.

---

42. NALIN, *Apontamentos críticos sobre o dano ...* cit. p. 277.
43. *Il danno bagatellare contrattuale*. DEJURE, Resp. Civ. e Prev. 2008, 12, 2540, Giuffrè Editore, Utente Facoltà Giurisprudenza Univ. Di Camerino.
44. DONNINI, Rogério. *Responsabilidade Civil na pós-modernidade*. Felicidade, proteção, enriquecimento com causa e tempo perdido. Porto Alegre: Sergio Antonio Fabris Editor, 2015, p. 142.
45. DONNINI, *Responsabilidade Civil na pós-modernidade*, cit. p. 142.

Além da gravidade da ofensa, o autor enuncia, também, como elemento de valoração do grau de lesividade aos interesses extrapatrimoniais das partes, a reincidência de condutas violadoras do contrato. Assim, embora uma ou poucas reincidências de uma mesma parte em determinado contrato ou num conjunto de relações contratuais possa não atribuir relevância significativa ao ato, a ponto de configurar interesse juridicamente tutelável do ponto de vista extrapatrimonial, a contínua prática do evento pode torná-lo idôneo a superar o limite de tolerância social.

Acreditamos que esse grau mínimo de tolerância deve ser considerado na avaliação da existência do dano extrapatrimonial contratual. E, quando se está diante de simples inadimplemento, sem qualquer excesso ou desarrazoabilidade, ou quando não haja prova da ocorrência de lesão séria ao íntimo do credor, não há como se reparar o dano extrapatrimonial porque dano não houve para efeitos de tutela jurídica.

Discordamos, entretanto, de que a ofensa aos direitos da personalidade deva ser séria ou "anormal". Em nosso sentir, havendo lesão ao direito da personalidade, seja qual for o grau ou intensidade, deve ser indenizada, pois a pessoa humana, naquilo que diz respeito à sua dignidade e seus atributos pessoais, não pode ficar a mercê da casuística ou interpretações de nossos Tribunais.

A ponderação acerca da gravidade do dano extrapatrimonial somente tem cabimento quando estiverem sob enfoque as demais vertentes dos danos extrapatrimoniais, que não aquela relacionada especificamente à violação dos direitos da personalidade ou à dignidade da pessoa humana.

5.3.2.3   Dano extrapatrimonial pela perda do tempo livre

O tempo é, talvez, um dos bens mais caros à humanidade. A ele está relacionado diretamente a existência. Ao que se sabe, nada é perene, pois tudo é consumido ou transformado pelo tempo. O próprio tempo é vítima dele mesmo, pois o tempo que passou não volta mais e o que está por vir ainda não existe até que venha a ser presente.

Para o ser humano, a valorização do tempo é antiga, pois além de relacionado à sua própria existência, guarda íntima relação com sua sobrevivência e produção de riquezas. Apesar da sua inerente importância, o tempo somente passou a ser reconhecido de modo mais evidente a partir da segunda fase da Revolução Industrial, "ocasião em que a produção necessitava de um tempo normatizado, exercendo verdadeiro controle sobre os trabalhadores na confecção de mercadorias".[46]

Como explica Rogério Donnini[47], "trabalho, tempo e dinheiro somaram-se à noção de espaço, com o fito de diminuir distâncias, resultando em mais produção (...)". De outra banda, o tempo também encontra máxima expressão nos momentos de lazer, com a família, sociais, de higiene pessoal, de cuidado com a saúde e de en-

---
46. DONNINI, *Responsabilidade civil na pós-modernidade,* cit. p. 113.
47. DONNINI, *Responsabilidade civil na pós-modernidade,* cit. p. 113.

riquecimento intelectual. O tempo, em suma, é precioso para o ser humano poder desenvolver todas as potencialidades e, por este mesmo motivo, está intimamente associado aos Direitos da Personalidade.

Por derivação lógica, a lesão consistente na privação imotivada, ou por mero desprezo ao tempo de outrem, constitui flagrante violação aos direitos da personalidade. Mais uma vez são oportunas as considerações de Rogério Donnini[48] a respeito do tema, motivo pelo qual pedimos vênia para transcrever o seguinte excerto doutrinário de sua lavra:

> Assim, a lesão pela privação imotivada do tempo de outrem configura a violação de um tempo que não volta mais, que não pode ser compensado, em que não há *restitutio in integrum,* mas momentos de vida que se esvaem, que poderiam ser prazerosos, com o aproveitamento de um tempo livre. Esse dano provoca, em verdade, menos momentos de felicidade, seja esta entendida como ócio, mais trabalho, prática esportiva, convívio familiar, com amigos ou momentos de solidão.
>
> Violar, sem qualquer justificativa, esse direito, seja pela intenção de fazê-lo, pelo desprezo ao tempo de outrem ou pelo lucro desmedido, causa verdadeira transgressão a um direito de personalidade, passível ainda de violação ao direito ao lazer, com interferência na integridade psicofísica da vítima.

No mesmo sentido, leciona André Gustavo Correa Andrade[49], ao referir ser irrecuperável mesmo a menor fração de tempo perdido de nossas vidas. Esse tempo, ao ser indevida e ilicitamente apropriado por terceiros, é irreversivelmente perdido e configura a injusta retirada de nosso convívio com a família, de nosso momento de lazer, descanso, trabalho ou qualquer outra atividade que nos aprouver.

E não é incomum vislumbrar hipóteses de desprezo ao tempo alheio. Certas empresas prestadoras de serviços, são useiras e vezeiras de expedientes procrastinatórios para dificultar a vida do cidadão que deseja fazer qualquer reivindicação, reclamação ou mesmo o cancelamento do contrato firmado. É notória a facilidade de se contratar qualquer serviço à disposição do consumidor. Serviços de telefonia, TV a cabo, internet são os exemplos mais emblemáticos dessa situação. A contratação é rápida e simples, geralmente realizada por meio de uma simples ligação telefônica, cuja primeira opção do menu eletrônico é, precisamente, a que conduz o consumidor a fechar o contrato.

Nos sítios eletrônicos, não é diferente. O *layout* é configurado de tal forma que o consumidor é intuitivamente levado às opções de consumo, aos links com os pacotes e às formas de contratação, tudo passível de ser realizados por meio de um simples *click*.

---

48. DONNINI, *Responsabilidade civil na pós-modernidade,* cit. p. 157-158.
49. ANDRADE, André Gustavo Correa. *Dano moral em caso de descumprimento de obrigação contratual,* cit. p. 102-103.

Basta, porém, ser preciso impugnar o valor de uma fatura, exigir reparos, solicitar a substituição ou o conserto do equipamento com defeito ou, pior, extinguir o contrato, que o consumidor é conduzido a uma tortuosa peregrinação. Se tal demanda é realizada por telefone, as opções eletrônicas são sempre as últimas disponibilizadas, obrigando o consumidor a ouvir uma longa lista de outras opções que não lhe interessam. Normalmente, aliás, é preciso confirmar mais de uma vez seu intento, até ser passado a um atendente, o qual lhe exige o dispêndio de mais um longo tempo até atender à solicitação. As mesmas dificuldades são encontradas nos sítios virtuais, adaptadas ao meio cibernético no qual se apresenta.

O resultado é, em resumo, a retirada do sujeito de sua rotina, obrigando-o a despender o seu tempo na busca "desagradável e muitas vezes infrutífera, de soluções para problemas que deveriam ser sanados sem maior dificuldade".[50]

Sendo, pois, o tempo, bem imaterial precioso e, sua ofensa injusta constituir lesão aos direitos da personalidade do sujeito, resta clara a possibilidade de fixação de danos extrapatrimoniais a esses casos, com especial relevo para aqueles nos quais se está diante de uma relação jurídica preexistente.

Como teremos oportunidade de verificar em capítulo próprio, como a simples reparação por danos não patrimoniais é insuficiente a dissuadir os comportamentos abusivos, é de fundamental importância a aplicação da indenização punitiva para punir os agentes perpetuadores de lesões aos direitos da personalidade, os quais agem com dolo e desprezo pelo direito alheio no intuito de incrementar seus lucros.

5.3.2.4 Dano extrapatrimonial pelo descumprimento do princípio da boa-fé objetiva

Já tivemos oportunidade de mencionar em tópico anterior que a inobservância dos princípios contratuais, neles incluindo o da boa-fé, constitui descumprimento do contrato. E, configurado o descumprimento, pode resultar danos não patrimoniais, cuja reparação é direito inarredável da vítima.

A violação da boa-fé objetiva, no âmbito contratual, pode operar-se pelo descumprimento dos deveres laterais ou acessórios de conduta, os quais impõem deveres de cooperação e proteção dos interesses recíprocos das partes contratantes.[51] Essas hipóteses denominam-se *violação positiva do contrato*, e caracterizam-se pelo cumprimento da prestação, mas eivada de imperfeição geradora de ofensa aos interesses do credor.[52]

---

50. ANDRADE, André Gustavo Correa. *Dano moral em caso de descumprimento de obrigação contratual*, cit. p. 100.
51. MARTINS-COSTA, *A boa-fé*... cit. p. 438-439.
52. Sobre o tema, conferir, por todos, Jorge Cesa Ferreira Da Silva (*A boa-fé e a violação positiva do contrato*. Rio de Janeiro: Renovar, 2002.

Marcos Ehrhardt Jr.[53] prefere designar a violação positiva do contrato de cumprimento imperfeito do contrato, a fim de "ressaltar que em tal categoria devem ser estudadas as consequências da violação de deveres laterais da relação obrigacional, que não implicam necessariamente 'violação positiva do contrato' (v.g. cumprimento no lugar indevido e da forma incorreta), uma vez que podem estar relacionadas a comportamentos negativos como a inobservância do dever de informar ou de cooperar com o outro figurante da relação obrigacional".

Paulo Nalin[54] cita como exemplos a entrega de animais doentes ao fazendeiro; a encomenda de confecção de vestido exclusivo, o qual se descobre, na festividade, ser semelhante ao de outra conviva; a elaboração equivocada, pelo contador, das contas de determinada empresa, motivando a tomada de decisões desastrosas pela respectiva diretoria.

Tem-se, pois, que o cumprimento do contrato somente ocorrerá se forem observados não apenas os deveres de prestação, mas também todos aqueles relacionados ao princípio da boa-fé e cuja importância está em propiciar o melhor e mais ético adimplemento.

De tal sorte, se a violação aos deveres laterais ou acessórios ensejarem lesão a interesses extrapatrimoniais, também é de se admitir como inarredável a respectiva reparação, a qual poderá ser dotada do efeito dissuasório da indenização punitiva.

---

53. EHRHARDT JR. Marcos. *Responsabilidade civil pelo inadimplemento da boa-fé*. Belo Horizonte: Fórum, 2014, p. 146.
54. NALIN, *Descumprimento do contrato e dano extrapatrimonial* ... cit. p. 158-159.

Capítulo VI
DANO EXTRAPATRIMONIAL CONTRATUAL E INDENIZAÇÃO PUNITIVA

Fundamentum auten est iustitiae fides, id est dictorum conventorumque constantia et veritas.
(O fundamento da justiça é a boa-fé, isto é, o cumprimento sincero dos compromissos e dos acordos) – Cícero, *De Officis*, Proemio.[1]

As funções primordiais do contrato são as de atuar como instrumento de circulação de riquezas, tanto quanto o de agir como mecanismo de satisfação de interesses e de desenvolvimento de atributos da personalidade humana.

Construído sobre os alicerces do pensamento Romano, o contrato remonta à ideia de instrumento de sujeição das partes a um sistema de regras cogentes criadas por meio do exercício da autonomia privada. Essas regras visam regular o comportamento das partes, a fim de atender aos interesses subjacentes ao programa contratual.

Com o predicado de trazer segurança e conforto aos seus partícipes, o contrato delineia e consolida os direitos e obrigações queridos e aceitos mutuamente, além de garantir a respectiva tutela do ordenamento jurídico às eventuais infrações ao que foi consensualmente pactuado.

Diversos fatores, dentre os quais citamos, exemplificativamente, o grande e rápido desenvolvimento das relações comerciais, as contratações em massa e a necessidade de assegurar as céleres relações comerciais, erigiram o instrumento contratual a um dos institutos mais importantes do direito contemporâneo[2].

---

1. Excerto extraído da obra *Quebra de Contrato – O Pesadelo dos Brasileiros*, de Murillo Mendes e Leonardo Attuch, 2. ed. Belo Horizonte: Folium, 2008, p. 21. O original encontra-se no livro *Ciceronis Opera*, tomus duodecimus, anno MDCCXCVII, Matriti Ex Regia Tipographia. Operas dirigente P. I. Pereira, capítulo *De officiis*, p. 11.
2. Como obtempera Enzo Roppo (*O contrato*. Trad. Ana Coimbra e M. Januário C. Gomes. Coimbra: Livraria Almedina, 1988): "Contrato é um conceito jurídico: uma construção da ciência jurídica elaborada (além do mais) com o fim de dotar a linguagem jurídica de um termo capaz de resumir, designando-os de forma sintética, uma série de princípios e regras de direito, uma disciplina jurídica complexa. Mas como acontece com todos os conceitos jurídicos, também o conceito de contrato não pode ser entendido a fundo, na sua essência íntima, se nos limitarmos a considerá-lo numa dimensão exclusivamente jurídica – como se tal constituísse uma realidade autônoma, dotada de autônoma existência nos textos legais e nos livros de direito. Bem pelo contrário, os conceitos jurídicos – e entre estes, em primeiro lugar, o de contrato – reflectem sempre uma realidade exterior a si próprios, uma realidade de interesses, de relações, de situações econômico-sociais, relativamente aos quais cumprem, de diversas maneiras, uma função instrumental."

Por outro lado, essas mesmas transformações sociais, aliadas à internacionalização da economia e às inovações tecnológicas, impulsionaram mudanças sem as quais o contrato perderia sua capacidade de regular e gerir as relações intersubjetivas a que é vocacionado. Tais mudanças foram de tamanha envergadura e atingiram sobremaneira a dialética negocial – como se verifica do influxo de padronizações e contratações de massa – que houve até quem apregoasse, de modo açodado, a sua morte.[3]-[4]

O contrato, porém, não morreu e não vislumbramos o fim próximo. Ao revés, o sentimento é de perpetuação, pois o tempo apenas apura e depura este importante instrumento, tornando-o mais vivo e atuante a cada fase de seu processo evolutivo.

Firmes nesse entendimento, acreditamos que a tarefa do Direito seja adaptar os contratos, de modo mais célere e mais eficaz, às necessidades atuais. A sociedade da informação, dos constantes avanços tecnológicos e do mundo globalizado caracteriza-se por relações mais voláteis e mais complexas, exigindo do ordenamento jurídico a capacidade de amoldar-se às novas situações de maneira mais célere e eficaz. Advém desses fatores a necessidade de refletir sobre novos paradigmas contratuais.[5]

Dentre os inúmeros desafios impostos pela sociedade atual, o que atua mais incisivamente sobre o contrato e o papel que representa é, a nosso ver, a crise da confiança. Mais do que um princípio de proteção aliado ao da boa-fé, a confiança é a base do próprio contrato. Sem ele, as pessoas não se relacionam, não creem nos inúmeros compromissos representados pelo instrumento contratual e não acreditam

---

3. A esse respeito, Claudia Lima Marques (A chamada nova crise do contrato e o modelo de direito privado brasileiro: crise de confiança ou de crescimento do contrato. *A nova crise do contrato*. Estudos sobre a nova teoria contratual. São Paulo: Ed. RT, 2007) menciona a denominada crise de confiança, advinda ao aumento de litígios e da desconfiança entre os agentes econômicos. Segundo a autora, a primeira grande crise do contrato nasceu com a Revolução Industrial, a massificação da produção e da distribuição indireta, que geraram o declínio do voluntarismo. A segunda crise ocorreu na pós-modernidade, com o crescente movimento de integração econômica e a diminuição do intervencionismo estatal na proteção dos contratantes. A terceira e última crise, ocorrida após os atentados de 11 de setembro de 2001, é a crise de confiança. Embora seja inegável as modificações substanciais enunciadas pela autora, não se pode afirmar que o contrato perdeu sua força ou importância como meio de autorregulamentação da vontade e de circulação de riquezas. Ao revés, o que se percebe é um rejuvenescimento do contrato para melhor atender às necessidades e anseios da sociedade contemporânea.
4. Mais pessimista é a posição de Grant Gilmore (*The Death of Contract*. Columbus, Ohio: Ohio State University Press, 1974), ao preceituar a morte do contrato. Sobre o tema, Eros Roberto Grau e Paula Forgioni (*O estado, a empresa e o contrato*. São Paulo: Malheiros, 2005, p. 17-18) comentam: "O discurso a respeito da crise do contrato e da necessidade de um novo paradigma é desenrolado a partir da análise da teoria clássica do contrato. No entanto, em todas as suas versões – especialmente naquela produzida pelos norte-americanos, que falam da morte do contrato – esse discurso é, na verdade, um discurso a favor da vida do contrato, na medida em que propõe a superação da teoria clássica. A 'queda da liberdade contratual', ao ensaiar a construção de uma nova teoria, evidencia precisamente o poder de sobrevivência do contrato, que continua embasando o sistema econômico à medida que este se transforma. À 'morte do contrato' corresponde apenas o fim da teoria clássica que, na dicção de Guido Alpa, cede ante a necessidade da análise conduzida não segundo o método formal, mas mediante o exame dos interesses substanciais – que traz a objetivação e despersonalização do contrato."
5. MARQUES, op. cit.

na palavra empenhada, colocando em xeque a própria existência do contrato. O resultado dessa crise é a instauração de um clima de insegurança, de oportunismos e do mau uso do instrumento contratual. Segundo Zygmund Bauman, esta insegurança é:

> (...) desencadeada pela suspeita em relação aos outros seres humanos e suas intenções, e pela recusa em confiar na constância e na confiabilidade do companheirismo humano, e deriva, em última instância, de nossa inabilidade para tornar esse companheirismo duradouro e seguro, e portanto confiável.[6]

Agregue-se a essa desconfiança mútua, aquela que recai sobre o próprio Direito como instrumento eficaz de preservação dos interesses das partes contratuais e como força coercitiva hábil a fazer cumprir o que foi pactuado ou, na sua impossibilidade, tornar efetivo o sucedâneo pecuniário como forma de reparação do dano.

Por esse motivo, as relações sociais tornam-se mais intrincadas, e a responsabilidade pelos atos de cada um dos partícipes do mundo globalizado torna-se cada vez maior. As consequências dos atos ou omissões não ficam mais confinadas a um curto espectro de atuação, normalmente circunscrita ao agente e aos demais sujeitos a ele relacionados. Espraiam seus efeitos a todos os cidadãos do planeta.

A disseminação do conhecimento de eventos e de como a ordem jurídica reage a eles cria expectativas e molda culturas, logo, o Direito ganha ainda mais compromisso com a ordem ética, demonstrando estar preparado para regular a sociedade de modo eficaz, a despeito da sua constante mutação.

No campo da responsabilidade civil, a resposta a essas novas exigências tem sido gradativa, porém constante. O desapego à ideia de se buscar um culpado para, ao revés, determinar quem deve indenizar o dano ocasionado à vítima, sagrou a concepção da responsabilidade civil objetiva.

Muito mais do que uma simples mudança de enfoque, tal responsabilidade trouxe significativas melhorias para a pacificação social, com a ampliação do espectro de vítimas indenizáveis. Essa tendência, agora consagrada, originou-se da necessária reparação dos danos potencializados pelas estruturas econômicas, pela complexidade das relações de trabalho e pelo desenvolvimento tecnológico.

Nessa toada evolutiva, a responsabilidade civil acabou, também, assumindo vestes anteriormente inimagináveis. A ausência de vislumbre desses novos papéis não significa, entretanto, a impossibilidade de se aceitá-los como derivativo lógico da evolução e da necessidade social.

Não custa lembrar que mesmo a responsabilidade objetiva não era cogitada pelos estudiosos do Direito, no início do desenvolvimento de chamada responsabilidade subjetiva. Mesmo assim, o Direito evoluiu e aceitou a consolidação de uma

---

6. BAUMAN, Zygmunt. *Tempos Líquidos*. Trad. Carlos Alberto Medeiros. Rio de Janeiro: Jorge Zahar, 2007, p. 63.

imputação independentemente de culpa, tal qual ocorre na consagrada responsabilidade objetiva.

É curioso notar que os mesmos eventos impulsionadores da responsabilidade objetiva exorta, agora, o princípio da precaução e a indenização punitiva. Basta observar o papel exercido pelo desenvolvimento tecnológico, pela complexidade das relações sociais e pela potencialidade danosa das atividades humanas no campo da indústria e do desenvolvimento em geral.

O problema está, entretanto, no fato de que tais eventos ganharam dimensões ainda maiores, muitas vezes transfronteiriças e de difícil ou impossível reparação. Esta realidade é inserida no contexto denominado por Ulrich Beck[7] de sociedade de risco, cuja ameaça reside na sistemática produção e distribuição de riscos a exigir, em contrapartida, a reorganização do poder e da responsabilidade.

Os riscos, atribuídos pelo autor à modernização científica e tecnológica, revestem-se de características peculiares e antes não imaginadas: têm alcance universal, são incalculáveis e os seus efeitos nocivos são imprevisíveis. Todos querem as benesses da modernidade, mas não estão dispostos a absorver a incerteza de danos decorrentes das facilidades e utilidades que esta mesma modernidade proporciona.

A tranquilidade social se alcança, portanto, mediante políticas de gerenciamento e atenuação de riscos, com o envolvimento de todas as áreas do conhecimento, inclusive e especialmente o Direito. Por tal motivo, torna-se cada vez mais importante o exercício do papel preventivo da responsabilidade civil, por meio de um instrumento dissuasório de efeito altamente pedagógico.

No campo contratual, não é diferente. As consequências do cumprimento ou descumprimento do contrato, embora possa parecer limitar-se às partes contratantes, acaba por afetar toda a sociedade, a qual vê a obediência ou desobediência ao programa contratual e a respectiva reação da ordem jurídica como indício, norte, do que é possível ou não fazer, ainda que eventualmente não permitido. É o que chamo de conscientização jurídica.

O ser humano age de acordo com a reflexão sobre um apanhado de experiências que moldam sua conduta. Se estiver convencido de que determinada conduta é reprovada moral ou juridicamente e, portanto, sofrerá algum tipo de sanção, seu impulso de inordinação é refreado.

No entanto, a partir do momento em que observa a inexistência de um aparato repressivo eficaz, moral ou juridicamente, sente-se mais confortável a ponderar como admissível o comportamento contrário ao Direito ou aos costumes, desde que lhe resulte vantagem maior do que a eventual e remota repressão.

---

7. *Sociedade de risco*. Rumo a uma outra modernidade. Trad. Sebastião Nascimento. São Paulo: Ed 34, 2010. p. 33.

A questão torna-se, então, mais econômica do que ética. O que vale mais? Observar as regras cuja aplicação é questionável e falha, ou mesmo cujas consequências são brandas, ou assumir o risco e potencializar lucros?

É mais interessante, pois, descumprir o contrato e auferir ganhos maiores dos que resultariam do cumprimento, assumindo as eventuais consequências de um processo moroso e de uma punição que, ao fim e ao cabo, mostrar-se-á menos onerosa do que o adimplemento, ou seguir à risca o programa contratual?

Aceitar esse cálculo, esse raciocínio, traz sérias consequências. Abalam-se as estruturas e alicerces que dão segurança jurídica e que permitem o convívio social dentro de balizas mínimas de previsibilidade.

A manutenção do programa contratual, o respeito ao pacto, a observância das regras autonomamente aceitas tem implicações maiores do que aquelas que atingem os partícipes da relação negocial. Têm efeitos sociais, na medida em que o reiterado descumprimento do contrato, sem a devida reprovação do direito, acaba por esfacelar o instituto e torná-lo inócuo.

Se o contrato, afinal, é instrumento que pode ser descumprido ao bel-prazer de um dos contratantes sem que isso, efetivamente, seja reprimido ou desvantajoso do ponto de vista econômico, qual a finalidade deste instrumento? Que expectativas ele pode criar para as partes, em especial o credor?

Fica claro, portanto, que o papel do direito se torna maior do que simplesmente garantir o cumprimento contratual pelos meios ortodoxos de aplicação de indenização, pelas perdas e danos e lucros cessantes.

Esse fenômeno de convergência entre o Direito e as novas realidades sociais já pode ser sentido de maneira intensa no campo da responsabilidade civil. E é exatamente a interface entre a nova era da responsabilidade civil e a dos contratos que pretendemos abordar nesse tópico, de modo a demonstrar e comprovar o cabimento e a necessidade de se aplicar a indenização punitiva no campo contratual, em caso de descumprimento eivado de dolo, culpa grave, lucro ilícito e ofensa aos direitos imateriais da pessoa.

Nestes casos, a resposta do ordenamento jurídico deve ser mais intensa e severa, de modo a demonstrar que princípios maiores do que o simples interesse imediato dos contratantes são tutelados quando do cumprimento contratual. O dano extrapatrimonial, aqui revestido dos efeitos punitivos que a ele são peculiares, pode e deve exercer importante papel na correção dos desvios propositais do programa contratual.

Tivemos oportunidade de verificar nos tópicos anteriores ser plenamente admissível a reparação de danos extrapatrimoniais oriundos de relação jurídica preexistente entre as partes. Constatamos ser possível a lesão a interesses extrapatrimoniais pelo não cumprimento da prestação obrigacional.

O trabalho, portanto, apresenta-se maduro o suficiente para ingressarmos no ponto fulcral do estudo, defendendo a aplicação da indenização punitiva nos casos cujo descumprimento doloso ou com culpa grave resulte em danos extrapatrimoniais.

6.1 HIPÓTESES DE CABIMENTO

Não custa consignar, antes de mais nada, que a indenização punitiva proposta para os casos de danos extrapatrimoniais derivados do contrato consubstancia medida extrema e, portanto, aplicável apenas a casos específicos nos quais seja possível inferir a presença de ofensa aos direitos imateriais, decorrente de descumprimento doloso ou com culpa grave ou de obtenção de lucro ilícito.

Não constitui, portanto, instrumento para ser usado em toda e qualquer situação, de modo açodado ou sob forte emoção do julgador. Não configura, igualmente, mecanismo para satisfazer revanchismos ou para agraciar a vítima com indenizações mais vultosas, apenas para satisfazer seus anseios pessoais.

Trata-se de remédio proposto com fins maiores e não egoísticos. A indenização punitiva no âmbito contratual tem por finalidade servir de mecanismo dissuasório de condutas lesivas, punindo quem age no extremo oposto à conduta proba e socialmente aceita. Visa tutelar o convívio social harmônico e ético, a fim de proteger os valores mais caros à sociedade, dentre os quais a dignidade da pessoa humana (art. 1º, inciso III, da Constituição Federal de 1988) e os princípios gerais da atividade econômica (art. 170, da Constituição Federal de 1988).

Nem a economia, nem o ser humano caminham de forma adequada sem padrões éticos mínimos e mecanismos de controle que preservem a sua própria essência. É preciso redelinear as balizas éticas limitadoras das condutas abusivas e de coisificação da pessoa.

Michael J. Sandel[8], em alentado estudo sobre a lógica de mercado, traz preocupante análise sobre os limites morais e o império do comportamento perverso, no qual tudo tem um preço. Segundo relato do filósofo americano, os anos anteriores à crise financeira de 2008 configurou-se pela exacerbada crença na capacidade do mercado de tudo reger e controlar, com maior eficiência. Foi a época denominada de triunfalismo de mercado, iniciada por Ronald Reagan e Margareth Thatcher.

Hoje, a era do triunfalismo chegou ao fim. A crise financeira jogou luzes sobre a desvinculação do mercado com a moral. Pôs em evidência, ainda, a necessária reflexão sobre o tipo de sociedade que pretendemos ser: queremos ter uma economia de mercado ou ser uma sociedade de mercado? A diferença entre um e outro, segundo Michael J. Sandel, é: "uma economia de mercado é uma ferramenta valiosa e eficaz

---

8. SANDEL, Michel J. *O que o dinheiro não compra. Os limites morais do mercado.* 6. ed. Trad. Clóvis Marques, Rio de Janeiro: Civilização Brasileira, 2014.

– de organização de atividade produtiva. Uma sociedade de mercado é um modo de vida em que valores de mercado permeiam cada aspecto da vida humana. É um lugar em que as relações sociais são formatadas à imagem do mercado".[9]

É fácil perceber, no contexto atual de nossa sociedade, o império da lógica de mercado, da denominada "sociedade de mercado", que dentre as inúmeras representações extraíveis do cotidiano, a que nos interessa é a coisificação da pessoa nas relações contratuais.

É o jogo encetado nos contratos do tudo ou nada, da mercantilização pura e simples e da captação de resultados a qualquer custo. Se for mais eficiente inadimplir o contrato, então a escolha é pelo descumprimento do avençado. Se aviltar a dignidade da pessoa humana for mais interessante como meio de obtenção de maiores ganhos na relação contratual, então que se avilte. Enfim, é a lógica perversa de coisificação de tudo e de todos, de tornar a pessoa humana objeto de uso para a obtenção de lucro.

Tal proceder esfacela o instituto contratual, e põe em xeque o verdadeiro valor da justiça. A lógica do mercado está tão permeada na sociedade, que já se tornou expediente corriqueiro também daqueles que, a princípio, estariam fora do contexto mercadológico. Logo, até numa relação locatícia envolvendo pessoas naturais é possível ver condutas ladinas, destinadas a ludibriar a outra parte, em favor da obtenção dos maiores ganhos possíveis.

A indenização punitiva, no âmbito da relação contratual, portanto, é instrumento eficaz de defesa contra a tendência de coisificação da pessoa. É antídoto voltado à retomada e preservação da moral, da valorização da pessoa no sentido kantiano e do restabelecimento do contrato, como instituto voltado à satisfação dos mais variados interesses e de circulação de mercadorias.

Não se pode fechar os olhos ao flagrante movimento de desprezo pelo contrato como instrumento de vinculação espontânea das partes – e ao qual estão obrigadas – sob pena de tomarmos caminho sem volta. O labor de retomada da moral, a nosso ver, deve ser feito *cum granus salis,* ou seja, com cautela e parcimônia, a fim de que o antídoto não se transforme em veneno. Por essa razão, defendemos a aplicação da indenização punitiva apenas quando o descumprimento do contrato gerar danos extrapatrimoniais à pessoa natural nas hipóteses restritas já enunciadas anteriormente.

6.1.1 Dolo ou culpa grave

A definição de dolo e de culpa grave foi objeto de estudo anteriormente, motivo pelo qual é desnecessária qualquer digressão ou retomada do assunto nesse momento. Trataremos, neste tópico, da relação entre o descumprimento doloso ou gravemente culposo do contrato e a ofensa à dignidade da pessoa humana, como elementos autorizadores da indenização punitiva.

---
9. SANDEL, op. cit. p. 16.

No campo contratual, a responsabilidade ostenta algumas características diferentes da responsabilidade aquiliana, embora, como vimos, não possuam diferenças ontológicas, mas apenas pontuais. Uma dessas diferenças centra-se na presunção de culpa do devedor, de modo a bastar ao credor comprovar o descumprimento contratual e o seu liame com os danos sofridos para obter a indenização.

A violação de direitos extrapatrimoniais oriundas da relação preexistente entre as partes subsume-se à mesma lógica, mas não a existência de dolo ou culpa grave. O lesado deverá comprovar que a falta do lesante se deu não como simples inadimplemento, típico da relação negocial, mas com o intuito deliberado de o fazer ou com tamanho desprezo e displicência que justifique o emprego da indenização punitiva.

O reconhecimento das relações obrigacionais complexas como realidades existentes no campo contratual também autoriza admitir que os descumprimentos dos deveres impostos pela boa-fé justificam a aplicação da indenização punitiva.

Para melhor compreender a linha de raciocínio aqui esposada, vamos imaginar a situação na qual o locatário, embora sabendo de antemão a impossibilidade de arcar com os custos locatícios, ingressa na relação negocial com o deliberado intuito de inadimplir o contrato e gozar do uso do bem até o pronunciamento judicial de despejo. Para conseguir o seu desiderato o locatário paga o primeiro mês e, a partir do segundo, deixa de honrar com o seu compromisso, porém permanece no imóvel por meses ou anos, até o fim do impasse com a execução da sentença de despejo.

Parece-nos que neste caso os aborrecimentos, a perda de tempo, as frustrações do locador não podem ser tidas como irrelevantes, a ponto de negar a devida reparação pelos danos extrapatrimoniais sofridos. E a relevância advém da conduta do lesante, que está eivada de dolo ou culpa grave. É possível afirmar, pois, que embora todos os percalços e agruras sofridas pelo lesado pudessem ocorrer no caso de mero inadimplemento[10], elas se concretizaram pela intenção deliberada do locatário em ocasioná-la.

Ao volvermos os olhos para o lesante, portanto, não podemos deixar de considerar a gravidade de sua conduta e, caso devidamente comprovados os elementos agravantes, admitir a indenização punitiva como reprimenda ao comportamento socialmente indesejável.

Nas aquisições de pacotes de dados de internet é comum o adquirente fazer sua escolha com base na velocidade do tráfego das informações (10MB, 30MB, 100MB etc.). O custo do serviço varia conforme o pacote adquirido e o consumidor contrata na crença de adquirir a velocidade definida no contrato. Embora seja um total

---

10. Estamos denominando de "mero inadimplemento" o descumprimento contratual em condições normais, passíveis de ocorrer e de natureza cotidiana, com os quais temos que nos conformar por serem inerentes aos riscos do contrato.

descalabro, é permitida a variação, a menor, da velocidade contratada, em torno de 20% (vinte por cento).

Suponhamos que a empresa prestadora dos serviços não disponibilize mais do que 70% (setenta por cento) da velocidade contratada. E não o faz, deliberadamente, na crença de que o consumidor terá dificuldades para identificar a fraude.

A empresa não contava, porém, que um dos consumidores viria a descobrir o embuste porque a velocidade da transferência de dados que lhe era fornecida não era compatível com a suas necessidades, gerando inúmeras dificuldades e perda de tempo no lazer e trabalho. Não bastasse o descumprimento da obrigação aludida, a empresa adotou todos os procedimentos procrastinatórios possíveis para exaurir as forças do consumidor em ver o seu direito de obter a prestação integralmente cumprida.

Não nos parece justo nem consentâneo com o Direito admitir a simples reparação dos danos patrimoniais e não patrimoniais. A conduta altamente reprovável da empresa deve ser exemplarmente punida caso o lesado demonstre a existência de culpa grave ou dolo, o que poderia ser feito mediante a juntada aos autos de outras ações propostas com o mesmo objeto, pois a prática reiterada da conduta ilícita constitui prova cabal do comportamento proposital ou com severo desprezo aos direitos alheios.

O dolo ou a culpa grave deverão ser demonstradas, mesmo quando, por hipótese, o caso comportar responsabilidade objetiva. Uma coisa não exclui a outra. O fato de a lei admitir a responsabilidade sem necessidade de comprovação do elemento subjetivo não significa que esse mesmo elemento não tenha importância para fins e efeitos da aplicação da indenização punitiva.

A parte inadimplente poderá, portanto, independentemente da comprovação de culpa, ser condenado à reparação dos danos, mas somente poderá ser condenado à indenização punitiva se o dolo ou culpa grave forem comprovados.

6.1.2 Obtenção de lucro com o ilícito

A obtenção de lucro com o lícito também autoriza a condenação do inadimplente no pagamento de verba a título de indenização punitiva, a fim de evitar que usufrua dos benefícios auferidos com sua atividade ilícita.

Tivemos oportunidade de verificar, nos tópicos anteriores, as estratégias engendradas por sujeitos mal-intencionados, no sentido de se prevalecer do inadimplemento do contrato como forma de auferir maiores vantagens do que lhe resultaria o seu cumprimento.

O inadimplemento eficiente é a consagração dessa prática nociva e deve ser reprimida por meio da indenização punitiva. Tal inadimplemento é dotado de dupla gravidade, pois é feito dolosamente e com o intuito de obtenção de lucro com o ilícito, o que deve ser ponderado pelo juiz no momento da fixação do valor punitivo.

Poderá haver, todavia, o descumprimento obrigacional sem dolo ou culpa grave, mas cujo efeito seja agraciar o inadimplente com vantagens financeiras que premiam a conduta ilícita, em clara ofensa ao Direito. Caberá ao lesado demonstrar a ocorrência de tal iniquidade para obter a condenação do lesante ao pagamento da indenização punitiva.

6.2 BREVES APONTAMENTOS SOBRE A INDENIZAÇÃO PUNITIVA EM ALGUMAS MODALIDADES CONTRATUAIS

6.2.1 Dano extrapatrimonial e indenização punitiva no contrato de transporte

Contratos de transporte também constituem fonte rica de pedidos de indenização por danos extrapatrimoniais. No âmbito do transporte aéreo, as ocorrências mais frequentes referem-se a atrasos de voo, *overbooking* e atraso, perda, destruição ou avaria de bagagens.

Como explica Fabio Morsello[11], o transporte aéreo é caracterizado pela segurança e celeridade, em especial se comparado aos demais meios de transporte. A celeridade é um dos fatores de maior atratividade dos usuários, seja qual for a finalidade pela qual o transporte é utilizado (lazer, educacional, empresarial ou emergencial).

Dada a importância atribuída à celeridade propiciada pelos meios de transporte aéreo, o contrato passou a integrar não apenas a responsabilidade pela segurança e proteção dos usuários, mas, também, "as condições de horário efetivamente, informadas, salvo eximentes ínsitas à responsabilidade objetiva, ou seja, força maior extrínseca, culpa da vítima ou fato de terceiro".[12]

O tempo constitui, portanto, fator decisivo e fundamental no transporte aéreo, tanto que o aperfeiçoamento tecnológico das aeronaves, a redução de escalas e a pontualidade nas operações de pousos e decolagens são motes perseguidos por todas as companhias aéreas para o sucesso e competitividade dos serviços que oferecem.

Logo, os horários divulgados são vinculantes e a sua inobservância – salvo nas hipóteses de força maior extrínseca, fato da vítima ou de terceiro – constitui hipótese de inadimplemento contatual. Fabio Morsello[13] cita, outrossim, como hipóteses de inadimplemento contratual geradoras do dever de reparar danos, a antecipação de voos sem ampla divulgação e o desvio injustificado de rota.

O *overbooking* é caracterizado pela "aceitação pelo transportador de reservas para determinado voo em quantidade superior à capacidade da aeronave destinada

---

11. MORSELLO, Marco Fábio. *Responsabilidade civil no transporte aéreo*. São Paulo: Atlas, 2007, p. 171.
12. MORSELLO, *Responsabilidade civil no transporte aéreo* ... cit. p. 172.
13. MORSELLO, *Responsabilidade civil no transporte aéreo* ... cit. p. 176-177.

para tanto".[14] Como resultado, embora o passageiro com reserva se apresente pontualmente no guichê de *check-in*, não consegue embarcar.

A origem dessa prática decorre da análise de inúmeras variáveis utilizadas para determinar a probabilidade de apresentação, ou não, do passageiro no balcão de embarque. Apura-se, pois, com base na rota, na época do voo, v.g., para aferir qual o percentual de passageiros que provavelmente deixarão de embarcar e, com base nessa informação, viabiliza-se a reserva de número maior de assentos do que os existentes, compensando os prejuízos advindos dos passageiros faltosos.[15]

Ocorre, todavia, que as variáveis são tantas que são frequentes os casos de passageiros munidos da reserva de embarque não conseguirem embarcar. Em não havendo o implemento do embarque há inadimplemento do transportador, a ensejar a devida reparação de danos.

Ainda amparados nas lições de Fabio Morsello[16], embora a Convenção de Varsóvia e suas posteriores modificações convirja no sentido de fixar patamar-limite indenizável (danos materiais) no caso de dano-evento morte ou lesão corporal no curso da execução do contrato de transporte aéreo, a reparação de danos extrapatrimoniais provocados pelos motivos acima alinhavados, bem como por atraso nos voos ou perda, avaria, destruição ou atraso de bagagens é plenamente cabível e deverá ser arbitrada com fundamento na Constituição Federal e no Código de Defesa do Consumidor. Nesse sentido, vale conferir os seguintes e elucidativos excertos jurisprudenciais colacionados do Superior Tribunal de Justiça:

> Civil e processual civil. Agravo regimental no agravo em recurso especial. Transporte aéreo. Falha na prestação do serviço. Atraso no voo e extravio de bagagem. Reparação por danos morais. Código de defesa do consumidor. Aplicação. Decisão mantida.
>
> 1. Sendo a relação entre as partes regida pelo Código de Defesa do Consumidor, a jurisprudência deste STJ entende que "a responsabilidade civil das companhias aéreas em decorrência da má prestação de serviços, após a entrada em vigor da Lei 8.078/90, não é mais regulada pela Convenção de Varsóvia e suas posteriores modificações (Convenção de Haia e Convenção de Montreal), ou pelo Código Brasileiro de Aeronáutica, subordinando-se, portanto, ao Código Consumerista" (AgRg no AREsp n. 582.541/RS, Relator Ministro Raul Araújo, Quarta Turma, julgado em 23.10.2014, DJe 24.11.2014).
>
> 2. Incidência da Súmula n. 83/STJ.
>
> 3. Agravo regimental a que se nega provimento.
>
> (AgRg no AREsp 661.046/RJ, Rel. Ministro Antonio Carlos Ferreira, Quarta Turma, julgado em 17.09.2015, DJe 24.09.2015)
>
> Agravo regimental no agravo em recurso especial. Civil e consumidor.
>
> Transporte aéreo de pessoas. Falha do serviço. Atraso em voo.

---
14. MORSELLO, *Responsabilidade civil no transporte aéreo* ... cit. p. 181.
15. MORSELLO, op. cit. p. 182.
16. MORSELLO, op. cit. p. 193.

Reparação por danos morais. Responsabilidade objetiva reconhecida a partir dos elementos fáticos dos autos. Quantum. Razoabilidade.

Agravo regimental não provido.

1. O entendimento pacificado no Superior Tribunal de Justiça é de que o valor estabelecido pelas instâncias ordinárias a título de indenização por danos morais pode ser revisto nas hipóteses em que a condenação se revelar irrisória ou exorbitante, distanciando-se dos padrões de razoabilidade, o que se evidencia no presente caso.

2. No caso, a indenização fixada, a título de danos morais, no valor de R$ 10.000,00, atende os princípios da proporcionalidade e da razoabilidade, evitando o indesejado enriquecimento sem causa do autor da ação indenizatória, sem, contudo, ignorar o caráter preventivo e pedagógico inerente ao instituto da responsabilidade civil, notadamente diante das peculiaridades do caso, tais como o fato de que a empresa, sem nenhuma justificativa, obrigou "os passageiros a permanecerem dentro da aeronave após o pouso por cerca de quatro horas, principalmente no caso dos autores, que levavam um bebê de 9 nove meses".

3. Agravo regimental não provido.

(AgRg no AREsp 742.860/RJ, Rel. Ministro Raul Araújo, Quarta Turma, julgado em 01.09.2015, DJe 24.09.2015)

Agravo regimental no agravo em recurso especial.

Extravio de bagagem. Inexistência de elementos que caracterizem excludente de responsabilidade. Reversão do julgado.

Impossibilidade. Incidência da súmula 7/STJ. Dano moral. Valor arbitrado. Razoabilidade. Recurso não provido.

1. Nos termos da jurisprudência firmada nesta Corte, a responsabilidade civil das companhias aéreas em decorrência da má prestação de serviços, inclusive nos casos de extravio de bagagens, cancelamento e de atrasos em voos internacionais, após a entrada em vigor da Lei 8.078/90, não é mais regulada pela Convenção de Montreal, subordinando-se, portanto, ao Código Consumerista.

2. O Tribunal local, ao apreciar as provas produzidas nos autos, foi categórico em reconhecer os requisitos ensejadores da obrigação de indenizar o dano moral e o dano material ocorrido em decorrência de extravio de bagagem. Nessas circunstâncias, afigura-se inviável rever o substrato fático-probatório diante do óbice da Súmula 7/STJ.

3. O Superior Tribunal de Justiça firmou orientação de que é admissível o exame do valor fixado a título de danos morais em hipóteses excepcionais, quando for verificada a exorbitância ou a índole irrisória da importância arbitrada, em flagrante ofensa aos princípios da razoabilidade e da proporcionalidade, o que não ficou caracterizado no caso em tela, em que o valor de R$ 12.000,00 afigura-se razoável ao dano causado.

4. Agravo regimental não provido.

(AgRg no AREsp 531.529/MG, Rel. Ministro Raul Araújo, Quarta Turma, julgado em 19.05.2015, DJe 18.06.2015)

Agravo regimental no recurso especial. Civil e consumidor.

Responsabilidade civil. Transporte aéreo. Atraso e cancelamento do voo 675, com destino a Roma. Adiamento de viagem. Sucção de urubu pela turbina de avião. Caso fortuito não configurado. Danos morais devidos. Pedidos da inicial julgados procedentes.

1. A previsibilidade da ocorrência usual da sucção de pássaros pela turbina de aeronave no Brasil desautoriza o reconhecimento da excludente de responsabilidade do caso fortuito, conforme

decidiu a Terceira Turma desta Corte Superior por ocasião do julgamento do REsp 401.397/SP, Rel. Min. Nancy Andrighi, DJ 09/09/2002, referente ao mesmo acidente de consumo.

2. Agravo regimental desprovido.

(AgRg no REsp 1317768/SP, Rel. Ministro Paulo De Tarso Sanseverino, Terceira Turma, julgado em 28.04.2015, DJe 07.05.2015)

Consumidor. Agravo regimental no agravo em recurso especial.

Contrato de transporte aéreo. Cancelamento de voo. Dano moral.

Configurado. Revisão do valor da condenação. Impossibilidade.

Quantum razoável. Incidência da Súmula 83/STJ.

1. Mostra-se razoável a fixação em R$ 10.000,00 (dez mil reais) para cada um dos dois passageiros em reparação do dano moral pelo atraso no voo que impossibilitou que eles cumprissem o itinerário previamente contratado com outra empresa aérea, empresa de trem, hotel e demais serviços em viagem internacional, consideradas as circunstâncias do caso e as condições econômicas das partes.

2. Este Sodalício Superior altera o valor indenizatório por dano moral apenas nos casos em que a quantia arbitrada pelo acórdão recorrido se mostrar irrisório ou exorbitante, situação que não se faz presente.

3. A empresa aérea não apresentou argumento novo capaz de modificar a conclusão alvitrada, que se apoiou em entendimento consolidado no Superior Tribunal de Justiça. Incidência da Súmula 83 do STJ.

4. Agravo regimental não provido.

(AgRg no AREsp 656.877/TO, Rel. Ministro Moura Ribeiro, Terceira Turma, julgado em 24.03.2015, DJe 06.04.2015)

Embargos de declaração no recurso especial. Omissão, contradição e obscuridade não verificadas. Direito do consumidor. Ação indenizatória. Companhia aérea. Contrato de transporte. Obrigação de resultado. Responsabilidade objetiva. Danos morais. Atraso de voo.

Passageiro desamparado. Pernoite no aeroporto. Abalo psíquico.

Configuração. Caos aéreo. Fortuito interno. Indenização devida.

1. A postergação da viagem superior a quatro horas constitui falha no serviço de transporte aéreo contratado e gera o direito à devida assistência material e informacional ao consumidor lesado, independentemente da causa originária do atraso.

2. O dano moral decorrente de atraso de voo prescinde de prova e a responsabilidade de seu causador opera-se *in re ipsa* em virtude do desconforto, da aflição e dos transtornos suportados pelo passageiro.

3. Ausentes quaisquer dos vícios ensejadores dos aclaratórios, afigura-se patente o intuito infringente da presente irresignação, que objetiva não suprimir a omissão, afastar a obscuridade ou eliminar a contradição, mas, sim, reformar o julgado por via inadequada.

4. Embargos de declaração rejeitados.

(EDcl no REsp 1280372/SP, Rel. Ministro Ricardo Villas Bôas Cueva, Terceira Turma, julgado em 19.03.2015, DJe 31.03.2015)

Recurso especial. Direito do consumidor. Ação indenizatória.

Companhia aérea. Contrato de transporte. Obrigação de resultado.

Responsabilidade objetiva. Danos morais. Atraso de voo. Superior a quatro horas. Passageiro desamparado. Pernoite no aeroporto. Abalo psíquico. Configuração. Caos aéreo. Fortuito interno. Indenização devida.

1. Cuida-se de ação por danos morais proposta por consumidor desamparado pela companhia aérea transportadora que, ao atrasar desarrazoadamente o voo, submeteu o passageiro a toda sorte de humilhações e angústias em aeroporto, no qual ficou sem assistência ou informação quanto às razões do atraso durante toda a noite.

2. O contrato de transporte consiste em obrigação de resultado, configurando o atraso manifesta prestação inadequada.

3. A postergação da viagem superior a quatro horas constitui falha no serviço de transporte aéreo contratado e gera o direito à devida assistência material e informacional ao consumidor lesado, independentemente da causa originária do atraso.

4. O dano moral decorrente de atraso de voo prescinde de prova e a responsabilidade de seu causador opera-se *in re ipsa* em virtude do desconforto, da aflição e dos transtornos suportados pelo passageiro.

5. Em virtude das especificidades fáticas da demanda, afigura-se razoável a fixação da verba indenizatória por danos morais no valor de R$ 10.000,00 (dez mil reais).

6. Recurso especial provido.

(REsp 1280372/SP, Rel. Ministro Ricardo Villas Bôas Cueva, Terceira Turma, julgado em 07.10.2014, DJe 10.10.2014)

Responsabilidade civil. *Overbooking*. Atraso de voo. Indenização.

Dano moral. Dano presumido. Valor reparatório. Critérios para fixação. Controle pelo STJ. Pedido certo.

I – É cabível o pagamento de indenização por danos morais à passageiros que, por causa de *overbooking*, só conseguem embarcar várias horas depois, tendo inclusive que concluir a viagem à sua cidade de destino por meio de transporte rodoviário, situação que lhes causou indiscutível constrangimento e aflição, decorrendo o prejuízo, em casos que tais, da prova do atraso em si e da experiência comum.

II – Inexistindo critérios determinados e fixos para a quantificação do dano moral, recomendável que o arbitramento seja feito com moderação e atendendo às peculiaridades do caso concreto, o que, na espécie, ocorreu, não se distanciando o quantum arbitrado da razoabilidade.

Recurso não conhecido.

(REsp 567.158/SP, Rel. Ministro Castro Filho, Terceira Turma, julgado em 25.11.2003, DJ 08.03.2004, p. 254)

Nos contratos de transporte terrestre, não é diferente. A pesquisa à jurisprudência do Superior Tribunal de Justiça revela diversas hipóteses em que o inadimplemento do contrato resulta em danos não patrimoniais. Segundo os julgados do Tribunal da Cidadania, é obrigação do transportador zelar pela tranquilidade e bem-estar de seus passageiros durante o transporte, entregando-os incólumes física e psicologicamente a seu destino.

Verificam-se, pois, nos contratos de transporte, em especial no transporte aéreo, condutas reprováveis das companhias, constituindo verdadeiro descaso com o consumidor. Os valores arbitrados a título de reparação por danos extrapatrimoniais não têm surtido efeitos dissuasórios, ao revés, tem se mostrado vantajoso do ponto de vista econômico, tanto que nenhuma empresa aérea, embora condenada ao ressarcimento dos danos, deixou de valer-se da prática do *overbooking*.

Nessa toada, seria saudável à organização do mercado a condenação de empresas aéreas ao pagamento da indenização punitiva, nos casos de dolo ou culpa grave, dos quais decorressem danos de natureza extrapatrimonial. Poder-se-ia argumentar, como nos demais casos analisados nesse trabalho, que a condenação a valores mais significativos implicaria o repasse do custo ao mercado consumidor.

A assertiva não é absurda, mas não pode ser considerada de lógica irrefutável. É preciso ter em conta o controle exercido pelo mercado quanto aos preços. Em época de abundância de serviços, a concorrência exige, cada vez mais, qualidade e preço, o que gera verdadeira batalha entre os agentes do mercado para angariar o público consumidor. O simples repasse dos custos vultosos decorrentes da aplicação da indenização punitiva não parece ser possível sem causar sérios danos à imagem e à capacidade atrativa da empresa condenada.

A equação não é muito difícil de entender. Se os valores condenatórios são baixos, a tal ponto de mostrar-se mais vantajoso pagá-los do que investir e cumprir o contrato adequadamente, é preferível submeter-se ao pagamento das verbas indenizatórias. Se os valores passam a ser significantes a tal ponto de tornar desvantajoso descumprir o contrato, a opção será cumpri-lo.

Logo, a aplicação da indenização punitiva seria instrumento louvável para evitar condutas de puro descaso (culpa grave), ao deixar os passageiros, por exemplo, por longo período, dentro da aeronave parada.

6.2.2 Dano extrapatrimonial e indenização punitiva no contrato de aquisição de moradia

Não há como negar a importância da aquisição da casa própria. O anseio de todos é ser proprietário de local para moradia, sem sujeitar-se aos riscos e custos dos contratos de locação. Trata-se, portanto, de sonho almejado por todos, motivando toda a sorte de sacrifícios para seu alcance.

Não é à toa, portanto, o apelo comercial e as iniciativas dos governos para viabilizar a aquisição da moradia, esteja ela pronta ou apenas ainda na planta. Normalmente, a casa própria envolve expectativas de segurança, se mudança de vida e de emancipação social. Ter uma casa gera conforto, tranquilidade e até mesmo certo status.

Economias de uma vida inteira, venda de outros bens e sacrifícios financeiros e pessoais de toda ordem costumam envolver, invariavelmente, o planejamento e a aquisição da casa própria.

O contrato de compra e venda que formaliza e viabiliza a conquista desse sonho é impregnado de interesses extrapatrimoniais e encontra-se alicerçado no Direito constitucional à moradia e no princípio da dignidade da pessoa humana.

O seu descumprimento, portanto, pode gerar danos não patrimoniais sujeitos à devida reparação. Desde a demora excepcional e injustificada em sua entrega[17] até o cumprimento imperfeito da obrigação podem gerar toda a sorte de danos à pessoa.

No tocante à demora na entrega do imóvel, o entendimento do Superior Tribunal de Justiça tem convergido no sentido de ser motivo hábil a ensejar a reparação por danos extrapatrimoniais. No AgRg no Agravo em Recurso Especial 683.501-RJ, julgado em 19.11.2015, de relatoria do Ministro Marco Aurélio Belizze, ficou consignado no que pertine ao atraso injustificado na entrega da obra que:

> Quanto a ocorrência de ato ilícito e a determinação de pagamento de indenização por danos morais, é firme a jurisprudência desta Corte ao dispor que, uma vez não provada a excludente de nexo de causalidade, é assegurada a indenização por dano moral, ante a responsabilidade civil em compensar o sofrimento e a dor experimentado pela vítima, cabendo destacar que o Juízo de primeiro grau foi claro ao asseverar que "o atraso superou o prazo de dez meses, o que de fato acarreta ofensa aos direitos da personalidade".

No AgRg no Agravo em Recurso Especial 729.486-RJ, julgado em 15.10.2015, de relatoria do Ministro Ricardo Villas Bôas Cueva, a corte manteve a condenação da construtora ao pagamento de verba a título de danos extrapatrimoniais em decorrência da entrega de imóvel com irregularidades de construção que provocaram a ocorrência de vícios no imóvel como infiltrações, trincas e rachaduras.

Basta imaginar a aquisição de imóvel que se encontre com as paredes fora de prumo; com as dimensões dos cômodos diferentes daqueles constantes da planta; com problemas de vazamento; com os acabamentos diferentes do pactuado, com problemas estruturais ou fora das especificações de segurança.

Poder-se-ia dizer que tais exemplos ilustram apenas problemas inerentes à obra, ensejando mero cumprimento imperfeito passível de reparação. O argumento poderia ser sustentável, não estivéssemos falando da aquisição de casa própria.

Dois fatores agravam a natureza do problema: a) invariavelmente o reparo de bens imóveis são mais complexos e envolvem transtornos a seus moradores; b) as expectativas, sonhos e anseios dos adquirentes são frustrados e geram angústia que, a nosso ver, não podem ser considerados, em todos os casos, como mero dissabor ou aborrecimento.

---

17. Rodrigo Cury Bicalho (O atraso de obra nas incorporações imobiliárias. In: MARCONDES, Fernando. (Org.). *Direito da construção*. Estudos sobre as várias áreas do Direito aplicadas ao mercado da Construção. São Paulo: Pini, 2014, p. 114), afirma: "Contudo, haverá danos morais quando tal atraso [da conclusão da obra] extrapolar o razoável, somado às circunstâncias específicas de cada caso".

É sempre bom lembrar, com apoio na doutrina de Rômolo Russo Junior[18], que a moradia "é bússola moral de todos os direitos conexos ao direito de propriedade" e, nesse diapasão, o descumprimento do contrato, pela importância e envergadura do tema, salvo raras exceções, configuram danos extrapatrimoniais a serem devidamente reparados. Os motivos anteriores são, igualmente suficientes para justificar a indenização punitiva, a fim de obstar a prática reiterada e abusiva cometida pelo mercado, em desprestígio dos direitos alheios e do convívio social.

6.2.3 Dano extrapatrimonial e indenização punitiva nos contratos de seguro saúde

Talvez o exemplo mais eloquente de comportamento abusivo, eivado de dolo e culpa grave, no descumprimento do contrato, esteja relacionado aos contratos de seguro saúde. Após pesquisa jurisprudencial, envolvendo duzentos e sete acórdãos do Superior Tribunal de Justiça, Braz[19] revela ter encontrado quarenta e dois julgados relativos a contratos de planos de saúde com pedido de reparação por danos extrapatrimoniais pela recusa de coberturas de algum tratamento, cirurgia ou prótese. Desses quarenta e dois acórdãos, trinta e quatro condenaram o plano de saúde a custear o tratamento, cirurgia ou prótese e ao pagamento da reparação dos danos extrapatrimoniais.

O sobredito autor[20] demonstra a conduta reprovável dos planos de saúde por meio da análise dos acórdãos REsp. 1.106.789, julgado em 15.10.2009, de relatoria da Ministra Nancy Andrighi; REsp. 918.392, julgado em 11.03.2008, relatoria da Ministra Nancy Andrigui; REsp. 601.287, julgado em 07.12.2004, de relatoria do Ministro Carlos Alberto Menezes Direito; REsp. 285.618-SP, julgado em 18.12.2008, relatoria do Ministro Luis Felipe Salomão; REsp. 1.244.781, julgado em 24.05.2011, relatoria da Ministra Maria Isabel Gallotti; REsp. 538.279, julgado em 11.03.2008, de relatoria do Ministro Massami Uyeda; e REsp. 842.767-RJ, julgado em 21.06.2007, de relatoria do Ministro Humberto Gomes de Barros. Em todos esses casos, houve recusa injustificada do plano de saúde em custear o tratamento dos pacientes.

À análise encetada pelo autor, incluímos e debatemos os seguintes acórdãos, para reforçar o posicionamento segundo o qual todas as evidências convergem para a conclusão de ser a recusa de cobertura a prática mais comum entre os planos de

---

18. RUSSO JUNIOR, Rômolo. Da propriedade imobiliária à realidade constitucional e eficácia do direito fundamental à moradia. In: GUERRA, Alexandre e BENACCHIO, Marcelo (Coord.). *Direito imobiliário brasileiro*. Novas fronteiras na legalidade constitucional. São Paulo: Quartier Latin, 2011, p. 163.
19. BRAZ, Alex Trevisan. *Dano moral por inadimplemento contratual e suas consequências*. Dissertação de Mestrado apresentada ao Departamento de Direito Civil da Faculdade de Direito da Universidade de São Paulo como exigência parcial para obtenção do título de Mestre, sob orientação da Professora Associada Patrícia Faga Iglecias Lemos. São Paulo, 2014, p. 116.
20. BRAZ, *Dano moral* ... cit. p. 116-120.

saúde e, ao que tudo indica, é economicamente vantajoso descumprir seus contratos, honrando-os apenas mediante determinação judicial.

O AgRg no Agravo em Recurso Especial 723.345-DF, julgado em 03.12.2015, de relatoria do Ministro Marco Buzzi, relata que o plano de saúde recusou-se, injustificadamente, a custear cirurgia para correção de dermatocalaze e de ptose palpebral, a qual está prevista no rol da Agência Nacional de Saúde – ANS como procedimento de cobertura obrigatória. O Tribunal do Distrito Federal negou a indenização por danos extrapatrimoniais, mas essa decisão foi revertida no Superior Tribunal de Justiça, por meio de condenação do plano de saúde ao pagamento de dez mil reais.

Mesmo sendo o procedimento de cobertura obrigatória, de acordo com a Agência Nacional de Saúde – ANS, o plano de saúde preferiu descumprir o contrato e esperar decisão judicial que a condenasse não apenas ao custeio da cirurgia, mas ao eventual pagamento pelos danos extrapatrimoniais ocasionados ao segurado.

O AgRg no Agravo em Recurso Especial 733.825-SP, de relatoria do Ministro Antonio Carlos Ferreira, relata o caso de recusa do plano de saúde em fornecer o medicamento Paclitaxel concomitante com o medicamento Herceptin para o tratamento de paciente com câncer, a despeito de expressa orientação do médico responsável pelo tratamento da enfermidade.

O plano de saúde foi condenado ao pagamento de verbas reparatórias por dano extrapatrimonial, pela recusa injustificada de fornecimento do medicamento e por imiscuir-se no tratamento do paciente, tarefa essa exclusiva do médico que o acompanha.

O AgRg no Recurso Especial 1.459.838-SP, julgado em 13.10.2015, de relatoria do Ministro Marco Buzzi, relata a recusa do plano de saúde em custear os materiais a serem utilizados em cirurgia de endometriose, por considerá-los desnecessários.

O AgRg no Agravo em Recurso Especial 571.122-PE, julgado em 28.04.2015, de relatoria do Ministro Antonio Carlos Ferreira, relata a recusa do plano de saúde em custear o tratamento de doenças previstas pelo referido plano.

O Recurso Especial 1.349.385-PR, julgado em 16.12.2014, de relatoria do Ministro Ricardo Villas Bôas Cueva, trata de caso no qual o plano de saúde não informou aos seus conveniados o descredenciamento de uma das clínicas que fazia parte do rol de estabelecimentos de tratamento de câncer, ocasionando a interrupção abrupta da quimioterapia pela qual passava a segurada. O Superior Tribunal de Justiça manteve a decisão que condenou o plano de saúde ao pagamento da reparação por danos extrapatrimoniais pelo descumprimento do dever de informação e pela situação traumática e aflitiva causada à autora da demanda.

A análise dos acórdãos revela o evidente descaso dos planos de saúde com a pessoa humana e os respectivos direitos da personalidade. É evidente a estratégia dolosa utilizada, no sentido de descumprir os contratos para minimizar custos e auferir vantagens indevidas, à custa do sofrimento alheio, pois não se tratam de hipóteses nas quais possa dizer haver dúvida razoável quanto à interpretação de cláusulas contratuais.[21]

Chega a ser crueldade descumprir o contrato em casos nos quais há claro dever de custear o tratamento, procedimentos cirúrgicos e próteses, deixando o paciente e boa parte de sua família em situação de extrema vulnerabilidade, desespero, angústia, dor e sofrimento.

E ao que tudo indica, as indenizações por danos extrapatrimoniais gerados do lesivo descumprimento contratual não têm sido suficientes para dissuadir os planos de saúde de valer-se de prática tão reprovável. A mensagem extraída do contínuo e incessante uso da prática perniciosa de descumprimento proposital do contrato é a de ser irrelevante, em termos financeiros, as condenações arbitradas pelos Tribunais, a título de danos não patrimoniais. Entre os ganhos e as perdas, o resultado final, com ou sem condenação de verba indenizatória pelo Poder Judiciário, o resultado ainda é superavitário, justificando o emprego desmedido da lógica de mercado no cumprimento ou descumprimento do contrato.

A indenização punitiva teria o condão de romper esse pernicioso sistema, surpreendendo os planos de saúde com indenizações vultosas e de valores variados, tornando impossível o cálculo das vantagens e benefícios do descumprimento contratual. A racionalidade da indenização punitiva e seu efeito dissuasório-punitivo não é difícil de entender. Sem balizas econômicas para fazer os cálculos e sofrendo condenações em valores realmente significativos, os planos de saúde não poderão mais traçar estratégias baseados no custo de cumprimento e do descumprimento do contrato.

Não haverá parâmetros para aferir se o descumprimento é realmente vantajoso. Ao revés, a constatação do plano de saúde terá de ser, com base nas condenações à indenização punitiva, de que mais vale cumprir o contrato, deixando para o Poder Judiciário apenas as questões em que realmente haja um mínimo de plausibilidade jurídica para a negativa de cobertura do plano de saúde.

---

21. Agravo regimental no recurso especial. Plano de saúde. Negativa de cobertura. Interpretação contratual. Dano moral. Comprovação.
Reexame do conjunto fático-probatório dos autos. Súmula 7/STJ.
1. A necessidade de reexame da matéria fática impede a admissão do recurso especial tanto pela alínea "a" quanto pela alínea "c" do permissivo constitucional, pois torna evidente a ausência de similitude fática entre os arestos confrontados.
2. É possível afastar a presunção de dano moral na hipótese em que a recusa de cobertura pelo plano de saúde decorre de dúvida razoável na interpretação de cláusula contratual.
3. Rever as conclusões do acórdão recorrido acerca da falta de comprovação do dano moral demandaria o reexame de matéria fático-probatória, o que é vedado em sede de recurso especial, nos termos da Súmula 7/STJ.
4. Agravo regimental não provido.
(AgRg no REsp 1352190/SP, Rel. Ministro Ricardo Villas Bôas Cueva, Terceira Turma, julgado em 05.03.2015, DJe 12.03.2015)

CONCLUSÃO

O presente estudo pretendeu abordar o tema do dano extrapatrimonial do contrato e a indenização punitiva. Iniciou-se com o estudo da dignidade da pessoa humana e os direitos a ela correlatos para demonstrar o sentido, alcance e as implicações ao ordenamento jurídico brasileiro.

Verificamos que o conceito de dignidade da pessoa humana, tal como o conhecemos hoje, é fruto da construção filosófica e política de reconhecimento do ser humano como pessoa autônoma e responsável, inserida num contexto social ao qual está intima e indissociavelmente atrelada. É, ainda, produto da convicção de que a pessoa humana constitui ser singular, pertencente ao gênero da humanidade, logo, capaz de interagir, dialogar e amar. Enfim, é resultado do reconhecimento da indispensável tutela contra toda e qualquer ameaça, agressão ou violação de sua humanidade.

Estabelecido aquele panorama, foi possível adentrar no segundo capítulo, o qual abordou o tema dos danos extrapatrimoniais, a fim de demonstrar as diversas vertentes de pensamento a eles relacionados e sua estreita relação com a dignidade da pessoa humana.

Vimos, no tópico citado, que seja qual for a premissa doutrinária adotada (dano evento ou dano consequência), a vítima deve ser indenizada. Logo, tanto nos casos de ofensas aos direitos de personalidade, quanto a lesão a bens ou interesses não patrimoniais ou mesmo a perturbação anímica relevante, a pessoa humana deverá ser tutelada e devidamente compensada pela lesão decorrente da conduta danosa.

O Terceiro capítulo tratou da reparação do dano e a indenização punitiva, abordando os aspectos relativos àquela modalidade de sanção, o papel por ela exercido, sua fundamentação histórica e os movimentos em favor de seu retorno e aplicação, inclusive nos ordenamentos jurídicos de *civil law*.

Nesse contexto, foi possível verificar a admissibilidade do uso da função punitiva, agregada à compensatória, na reparação dos danos extrapatrimoniais, pois são frequentes o recurso, em especial na jurisprudência, a elementos relacionados à figura do ofensor para mensuração do *quantum* reparatório. Acreditamos ser, portanto, este o veículo para a aplicação da indenização punitiva no ordenamento jurídico brasileiro, enquanto inexistir lei específica consagrando a sua aplicação em toda e qualquer forma de reparação de danos.

Deixamos claro, também, que a indenização punitiva somente terá cabimento nos casos de danos ocasionados com culpa grave ou dolo, de evidente desprestígio ao direito alheio (práticas reiteradas) ou na hipótese de obtenção de lucro com o ilícito.

No capítulo quatro foi abordado o tema da disciplina contratual, com o intuito de demonstrar a sua importância como instrumento de circulação de riquezas e de desenvolvimento da dignidade da pessoa humana. Tratamos dos valores éticos relacionados ao contrato e do inadimplemento e suas consequências.

O capítulo quinto conjugou os temas dos capítulos dois e quatro, com o cotejo dos danos extrapatrimoniais oriundas do descumprimento dos contratos. Foi demonstrado haver remansosa doutrina em apoio aos danos extrapatrimoniais derivados de relações contratuais e as hipóteses de cabimento. O capítulo sexto trata do dano extrapatrimonial e a indenização punitiva, com a demonstração de como essa modalidade de indenização pode operar no campo dos contratos quando houver lesão à dignidade da pessoa humana.

Demonstrou-se, na oportunidade, que a indenização punitiva no âmbito contratual, tem por finalidade servir de mecanismo dissuasório de condutas lesivas, punindo aquele que age no extremo oposto à conduta proba e socialmente aceita. Visa, ao fim e ao cabo, não obstante ocorrer por meio da iniciativa individual, tutelar o convívio social harmônico e ético, a fim de proteger os valores mais caros à sociedade, dentre os quais a dignidade da pessoa humana (art. 1º, inciso III, da Constituição Federal de 1988) e os princípios gerais da atividade econômica (art. 170, da Constituição Federal de 1988).

No curso deste trabalho, entretanto, deixamos em aberto as seguintes questões: se os países de *civil law* afastaram-se do caráter punitivo da responsabilidade civil para substituí-lo pela função compensatória ou reparatória, e se os países do *common law* que ainda mantiveram a vertente punitiva são alvo de tantas críticas, qual a razão de volvermos ao assunto? Por qual motivo defender a aplicação da pena privada, evocando instituto considerado primitivo e bárbaro. E, ainda, qual é o sentido de transferir ao lesante o encargo de arcar com valores supostamente maiores do que o dano sofrido pelo lesado, deixando, este último, em posição melhor do se encontraria caso não tivesse ocorrido o ilícito? E o *quantum* a ser arbitrado, como mensurá-lo? A quem dirigi-lo? Seria o caso de impor-lhe limites mínimos ou máximos? Em que hipóteses seria adequado aplicá-lo?

Tivemos oportunidade de mencionar, no curso desta tese, que o processo de afastamento das indenizações punitivas nos ordenamentos jurídicos de *civil law* encontrou o seu apogeu e, hoje, está em franco declínio.

O movimento atual é de convergência para encontrar soluções que permitam, por meio do instituto da responsabilidade civil, adotar, novamente, a indenização punitiva, observando-se as peculiaridades inerentes a cada um dos ordenamentos jurídicos nos quais se pretendem inserir. Embora os países da *civil law* tenham se distanciado ao máximo do caráter punitivo da responsabilidade civil, este, em verdade, jamais desapareceu por completo.

Isso decore do fato de a sociedade exigir novas formas de tutela e da importância de se otimizar mecanismos dissuasórios, tendo em vista a gravidade e amplitude dos novos danos propiciados pela massificação das relações sociais, pela abrangência dos meios de comunicação e pelo poder ostentado pela tecnologia, da qual somos, cada vez mais, dependentes até mesmo para fazer valer nossos direitos da personalidade.

A nova realidade social, portanto, relegou a ideia preconcebida de haver caráter bárbaro e primitivo na indenização punitiva para os porões do passado. Se em algum momento histórico essa modalidade de indenização foi assim considerada, foi porque as exigências eram outras e mostravam-se incompatíveis com os anseios sociais de outrora.

Na atualidade, aquilo que antes era rejeitado afigura-se como o instrumento adequado para as contingências que se fazem premente para o convívio harmônico em sociedade, resguardada a dignidade da pessoa humana.

Pela sua própria natureza, a indenização punitiva implica fazer recair sobre os ombros do lesante o pagamento de quantias expressivas. Suportar gravames é ínsito à ideia de punição, o que varia é apenas o tipo de sanção a ser aplicada, a qual pode ser restritiva de direitos, restritiva da liberdade ou financeira.

O montante a ser definido, a nosso ver, deve levar em conta, a gravidade da conduta (dolo ou lesão grave), a reiteração da conduta lesiva, a obtenção do lucro ilícito ou o desprezo ao direito alheio. Ademais, deve considerar a capacidade econômica do ofensor, pois a pena deve ser de tal monta que redunde em significativo gravame financeiro.

O efeito dissuasório somente será eficaz se não houver limites máximos ou mínimos para o arbitramento da indenização punitiva. A imponderabilidade, a dúvida quanto aos efeitos financeiros que a sanção gerará faz parte da indenização punitiva, a qual pressupõe a inviabilidade de cálculo prévio do ofensor sobre as vantagens ou desvantagens econômicas do cometimento do ilícito.

A pergunta mais sensível, talvez, seja a que pondera os motivos pelos quais o valor indenizatório deve ser direcionado para a vítima. O assunto é controvertido e existe forte resistência por parte dos estudiosos do assunto. Um dos argumentos, sobre os quais já nos debruçamos é a questão do enriquecimento sem causa. Acreditamos já ter superado esse assunto com os argumentos expendidos no tópico a ele destinado.

O principal argumento favorável a essa medida parece-nos ser a de propiciar maior participação dos cidadãos nos assuntos de interesse social. A partir do momento que o sujeito se torna partícipe, fiscal e colaborador do Poder Público, ele age não apenas em favor do restabelecimento do equilíbrio social, da convivência harmônica e da imperatividade da lei, mas torna mais eficaz e mais atuante, a participação do Poder Público.

A realidade está aí para confirmar nossa vertente de pensamento. O emprego da tecnologia, como as redes sociais, os vídeos e fotografias, facilmente acessíveis em qualquer aparelho de telefonia celular, tem se mostrado importante ferramental de denúncias e preservação de direitos. Muitas das iniciativas do Poder Público tiveram origem nas constrangedoras evidências trazidas à baila por fotografias ou vídeos e mesmo pelas manifestações massivas nos meios de comunicação.

Como, porém, todo Direito está subordinado à apreciação do Poder Judiciário – e é ele o guardião supremo da justiça, como sói ocorrer em todo Estado Democrático de Direito – parece-nos justo que a pessoa que laborou no sentido de comprovar a conduta reprovável de terceiro, tenha a verba punitiva revertida em seu favor.

Temos, portanto, a firme convicção de que a indenização punitiva reveste-se de fundamental importância para o restabelecimento dos prumos de legalidade dos quais os agentes de mercado e os sujeitos pouco afeitos a respeitar ao direito alheio, jamais deveriam ter se distanciado.

REFERÊNCIAS

AGUIAR DIAS, José de. *Da Responsabilidade Civil*. 10. ed. rev. e atual. Rio de Janeiro: Forense, 1995. v. 1.

AIELLO, Giuseppe Francesco. *Fonti di disciplina del danno non patrimoniale contrattuale, serietà dell'offesa e importanza dell'inadempimento*. Giuffrè Editore. Utente Facoltà Giurisprudenza Univ. Di Camerino. DEJURE. Resp. Civ. e prev. 2013, 2, 571.

ALMEIDA COSTA, Mario Julio de. *Direito das obrigações*. 11. ed. rev. e actual. Coimbra: Almedina, 2008

ALVES ANDRADE, Ronaldo. *Dano moral e sua valoração*. 2. ed. São Paulo: Atlas, 2011.

ALVES ASSUMPÇÃO, Alexandre Ferreira de. *A pessoa Jurídica e os Direitos de Personalidade*. Rio de Janeiro: Renovar, 1998.

ALVES BARCELOS, Glaucia Correa Retamozo. Sobre a Dignidade da Pessoa. In: MARTINS-COSTA, Judith (Org.) *A Reconstrução do Direito Privado: reflexos dos princípios, diretrizes e direitos fundamentais constitucionais no direito privado*. São Paulo: Ed. RT, 2002.

ALVIM, Agostinho. *Da inexecução das obrigações e suas consequências*. São Paulo: Saraiva, 1953.

ANDRADE CORRÊA, André Gustavo de. *Dano moral e indenização punitiva. Os punitive damages na experiência do common law e na perspectiva do direito brasileiro*. 2. ed. atual. e ampl. Rio de Janeiro: Lumen Juris, 2009.

ANDRADE CORRÊA, André Gustavo de. *Dano Moral em caso de descumprimento de obrigação contratual*. Disponível em: www.tjrj.jus.br. Acesso em: 14 dez. 2015.

ARAÚJO, Fernando. *Teoria econômica do contrato*. Coimbra: Almedina, 2007.

ARRUDA MIRANDA, Darcy. *Comentários à lei de imprensa*. 3. ed. São Paulo: Ed. RT, 1995.

ASCENSÃO OLIVEIRA, José de. *Direito Civil: Teoria Geral. Introdução. As pessoas. Os bens*. 3ª ed. São Paulo: Saraiva, 2010. v. 1.

ASCENSÃO OLIVEIRA. *O Direito: Introdução e Teoria Geral*. 13. ed. refundida. 5. reimp. ed. mar. 2005. Coimbra: Almedina, 2011.

ATIYAH, P. S., *Essays on Contract*. Oxford: Clarendon Press, 2001.

AZEVEDO JUNQUEIRA, Antonio de. Caracterização Jurídica da Dignidade da Pessoa Humana. *Revista dos Tribunais*, ano 91, v. 797. p.11-26. São Paulo: Ed. RT, mar. 2002.

AZZONI, Gianpaolo. *Dignità umana e diritto privato*. Disponível em: blog.centrodietica.it/wp-content/uploads/2013/4/dignita-umana-seconde-bozze. Acesso em: 20 fev. 2014

BANDEIRA DE MELLO, Celso Antônio. *Eficácia das Normas Constitucionais e Direitos Sociais*. 3. tir. São Paulo: Malheiros Editores, 2011.

BARATELLA, Maria Grazia. *Le Pene Private*. Milano: Giuffrè Editore, 2006.

BARCELLOS, Ana Paula de. *A eficácia Jurídica dos Princípios Constitucionais. O princípio da dignidade da pessoa humana*. 3. ed. rev. e atual. São Paulo: Renovar, 2011.

BARNETT, Randy E. *A Consent Theory of Contract*. In: BARNETT, Randy E. (Org.). *Perspectives on Contract Law.* 4. ed. New York: Aspen Publishers, 2009.

BARNETT, Randy E. *Contract is Not Promise; Contract is Consent*. Disponível em: http://scholarship.law.georgetown.edu/cgi/viewcontent.cgi?article=1614&context=fac. Acesso em: 11 out. 2015.

BARRETO, Carlos Roberto. *Lei de Imprensa*. Interpretada pelos Tribunais. 2. ed. São Paulo: Juarez de Oliveira, 2005.

BARZOTO, Luiz Fernando. Pessoa e reconhecimento – uma análise estrutural da dignidade da pessoa humana. In: AGASSIZ, Almeida Filho; MELGARÉ, Plínio (Org.) *Dignidade da Pessoa Humana* – Fundamentos e critérios interpretativos. São Paulo: Malheiros, 2010.

BASSAN ALCAZAS, Marcela. *As funções da indenização por danos morais e a prevenção de danos futuros.* São Paulo: 2009. 136 f. Dissertação (Mestrado em Direito Civil) – Faculdade de Direito da USP.

BAUMAN, Zygmunt. *Modernidade líquida*. Trad. Plínio Dentzien. Rio de Janeiro: Jorge Zahar Editora, 2001.

BAUMAN, Zygmunt. *Tempos líquidos*. Trad. Carlos Alberto Medeiros. Rio de Janeiro: Jorge Zahar Editora, 2007.

BECK, Ulrich. *Sociedade de risco*. Rumo a uma outra modernidade. Trad. Sebastião Nascimento. 34. ed. São Paulo: 2010.

BENACCHIO, Marcelo. A função punitiva da responsabilidade civil no Código Civil. In: LOTUFO, Renan; NANNI ETTORE, Giovanni; MARTINS RODRIGUES, Fernando (Org.) *Temas Relevantes de Direito Civil Contemporâneo*. Reflexões sobre os 10 anos do Código Civil. São Paulo: Atlas, 2012.

BENACCHIO, Marcelo. Inadimplemento das obrigações. In: LOTUFO, Renan; NANNI ETTORE, Giovanni (Org.) *Obrigações*. São Paulo: Atlas, 2011.

BENEDETTI, Giuseppe. *Persona e contratto*. Obligazioni e Contratti. Roma-It: UTET Giuridica, v. 8-9, pp 567-570, anno VIII, ag/set. 2012.

BIANCA, C. Massimo. *Diritto Civile*: La norma giuridica. I soggetti. Milano: Giufrè Editore, 2002. v. 1.

BIANCA, C. Massimo. *Diritto Civile*: La Responsabilità. Ristampa. Milano: Giuffrè Editore, 1999. v. V.

BIANCA, C. Massimo. *Realtà Sociale ed Effettività della Norma*: Scritti Giuridici, Obbligazioni e Contratti – Responsabilità. Milano: Giuffrè Editore, 2002. v. 2, t. II.

BICALHO, Rodrigo Cury. O atraso de obra na incorporação imobiliárias. In: MARCONDES, Fernando (Org.) *Direito da Construção*: Estudos sobre as várias áreas do Direito aplicadas ao mercado da Construção. São Paulo: Pini, 2014.

BITTAR, Carlos Alberto. *Os direitos da personalidade*. 4. ed. ver. e atual. por Eduardo C. B. Bittar. Rio de Janeiro: Forense Universitária, 2000.

BITTAR, Carlos Alberto. *Reparação Civil por Danos Morais,* 4. ed. rev., aum. e modificada por Eduardo C. B. Bittar. São Paulo: Saraiva, 2015.

BOBBIO, Norberto, *Teoria da Norma Jurídica*. Trad. Fernando Pavan Baptista e Ariani Bueno Sudatti. Bauru-SP: Edipro, 2001.

BODIN DE MORAES, Maria Celina, *Na medida da pessoa humana*. Estudos de direito civil-constitucional, Rio de Janeiro: Processo, 2016.

BONILINI, Giovanni. Pena Privata e Danno non Patrimoniale. In: BUSNELLI, Francesco D.; SCALFI, Gianguido (Org.). *Le Pene Private*. Milano: Giuffrè Editore, 1985.

BORGES, Roxana Cardoso Brasileiro. *Disponibilidade dos Direitos de Personalidade e autonomia privada*. São Paulo: Saraiva, 2005.

BRAZ, Alex Trevisan. *Dano Moral por Inadimplemento Contratual e suas Consequências*. São Paulo: 2011. 183 f., Dissertação (Mestrado em Direito Civil) – Faculdade de Direito da USP.

BREBBIA, Roberto H. *El Daño Moral*. Doctrina-Legislacion-Jurisprudencia. Precedida de uma Teoria Jurídica Del Daño. 2. ed. corrigida e aumentada. Córdoba: Ediciones Juridicas Orbir, 1967.

BUARQUE, Sidney Hartung. *Da demanda por dano moral na inexecução das obrigações*. Rio de Janeiro: Forense, 2005.

BUENO DE GODOY, Claudio Luiz. *Função social do contrato*. 4. ed. São Paulo: Saraiva, 2012.

BUERES, Alberto J. *El daño injusto y la licitud e ilicitud de la conducta, in Derecho de Daños*. Buenos Aires: Ediciones La Rocca, 2000. v. 1, Primeira Parte.

BUSNELLI, Francesco Donato. *Deterrenza, Responsabilità Civile, Fatto Illecito, Danni Punitivi*. Europa e dir. priv, 04, 909, DEJURE, Dottrina. Giuffrè Editore, 2009.

CAHALI, Yussef Said. *Dano Moral*. 3. ed. rev., ampl. e atual. conforme o Código Civil de 2002. São Paulo: Ed. RT, 2005.

CAMMILETTI, Francesco. Il danno non patrimoniale da fatto illecito verso na nuova definizione. *Riv. It. medicina legale* 02, 283. Giuffrè Editore, 2007.

CANARIS, Claus-Wilhelm. *Direitos Fundamentais e Direito Privado*. Trad. Ingo Wolfgang Sarlet; Paulo Mota Pinto. 2. reimp. da edição de julho de 2003. Coimbra: Almedina, 2009.

CAPELO DE SOUSA, Rabindranath V. A. *O Direito Geral de Personalidade*. Reimpressão. Coimbra: Coimbra, 2001.

CAPPELARI, Récio. *Os Novos Danos à pessoa*. Na perspectiva da repersonalização do direito. Rio de Janeiro: GZ, 2011.

CARDOSO, Fernando Henrique. *A arte da política*. A história que vivi. 5. ed. Rio de Janeiro: Civilização Brasileira, 2011.

CARVAL, Suzanne. *La Responsabilité Civile dans sa Fonction de Peine Privée*. Paris: Librairie Générale de Droit et de Jurisprudence, 1995.

CASTRONOVO, Carlo. *Principi di Diritto Europeo dei Contratti*. Milano: Giuffrè, parte I e II, 2001.

CATERBI, Simona. *Il danno esistenziale da vacanza rovinata*. Resp. civ. e prev. 2008, 6, 1401, DEJURE. Giuffrè Editore, Utente Facoltà Giurisprudenza Univ. Di Camerino.

CAVALIERI FILHO, Sergio. *Programa de Responsabilidade Civil*. 8. ed. rev. e ampl. São Paulo: Atlas, 2008.

CENDON, Paolo. Responsabilità Civile e Pena Privata. In: BUSNELLI, Francesco D.; SCALFI, Gianguido (Org.). *Le Pene Private*. Milano: Giuffrè Editore, 1985.

CENDON, Paolo. Responsabilità per Dolo e Prevenzione del Danno. In: SIRENA, Pietro (Org.). *La Funzione Deterrente della Responsabilità Civile alla Luce delle Riforme Straniere e dei Principles of European Tort Law*. Milano: Giuffrè Editore, 2007.

CHAVES, Antonio. *Tratado de Direito Civil.* São Paulo: Ed. RT, 1985. v. 3.

CHINDEMI, Domenico. *Il danno bagatellare contrattuale.* DEJURE, Resp. Civ. e Prev. 2008, 12, 2540, Giuffrè Editore, Utente Facoltà Giurisprudenza Univ. Di Camerino.

COELHO, Inocêncio Mártires. O novo CC e o seu completamento pela jurisprudência. In: ALVIM, Arruda; CERQUEIRA CÉSAR, Joaquim Portes; ROSAS, Roberto (Org.). *Aspectos Controvertidos do novo Código Civil.* Escritos em homenagem ao Ministro José Carlos Moreira Alves. São Paulo: Ed. RT, 2003.

COMPARATO, Fábio Konder. *A afirmação histórica dos direitos humanos.* 8. ed. 2. tir. São Paulo: Saraiva, 2013.

CORREIA, Alexandre; SCIASCIA, Gaetano. *Manual de direito romano.* 3. ed. rev. e aum. São Paulo: Saraiva, 1957. v. I.

COSSIO Y CORRAL, Alfonso. *El dolo en el derecho civil.* Madrid: Revista de Derecho Privado, 1955.

COSTA NETTO, José Carlos, *Direito Autoral no Brasil,* 3. ed. São Paulo: SaraivaJur, 2019.

COUTO E SILVA, Clóvis V. do. *O conceito de dano no direito brasileiro e comparado. Revista dos Tribunais,* ano 80, v. 667, p. 7-16. São Paulo, maio 1991.

COUTO, Igor Costa; SALGADO, Isaura. *Pesquisa Jurisprudencial*: Os critérios quantitativos do dano moral segundo a jurisprudência do STJ. Civilistica.com. Rio de Janeiro, a. 2, n. 1, jan.-mar./2013. Disponível em: http://civilistica.com/criterios-stj/. Acesso em: 10 maio 2014.

CRICENTI, Giuseppe. *Il danno non patrimoniale.* CEDAM. Milano: 1999.

CUNHA PEREIRA, Guilherme Döring. *Liberdade e responsabilidade dos meios de comunicação.* São Paulo: Ed. RT, 2002.

D'AMICO, Giovanni. L'arricchimento ottenuto mediante fatto ingiusto. In: SIRENA, Pietro (Org.). *La Funzione Deterrente della Responsabilità Civile alla Luce delle Riforme Straniere e dei Principles of European Tort Law.* Milano: Giuffrè, 2007.

DE CUPIS, Adriano. *Il Danno.* Teoria Generale della Responsabilità Civile. Milano: Giuffrè, 1951.

DE CUPIS, Adriano. Sul tema del danno e del risarcimento. In: BUSNELLI, Francesco D.; SCALFI, Gianguido (Org.). *Le Pene Private.* Milano: Giuffrè Editore, 1985.

DE STEFANO, Franco. *Danno morale.* Disponível em: www.ridare.it/bussola/danno-morale. Acesso em: 10 nov. 2015.

DI MARZIO, Mauro. Le funzioni del risarcimento. In: CENDON, Paolo (Org.). *La Prova e il Quantum nel Risarcimento del Danno Non Patrimoniale.* Roma: UTET Giurídica, 2008. v. VI.

Dicionário Houaiss da Língua Portuguesa, 1. reimp., com alterações. Rio de Janeiro: Objetiva, 2009.

DONEDA, Danilo. Os direitos da personalidade no Código Civil. In: TEPEDINO, Gustavo (Org.). *A parte geral do Novo Código Civil* – Estudos na perspectiva civil-constitucional. 3. ed. Rio de Janeiro: Renovar, 2007.

DONNINI, Rogério. *Responsabilidade Civil na pós-modernidade.* Porto Alegre: Sergio Antonio Fabris, 2015.

DUQUE, Marcelo Schenk. *Direito Privado e Constituição*: drittwirkung dos direitos fundamentais, construção de um modelo de convergência à luz dos contratos de consumo. São Paulo: Ed. RT, 2013.

DUQUE, Marcelo Schenk. Direitos Fundamentais e Direito Privado: a busca de um critério para o controle do conteúdo dos contratos. In: LIMA MARQUES, Cláudia (Org.). *A nova crise do contrato* – Estudos sobre a Nova Teoria Contratual. São Paulo: Ed. RT, 2007.

EHRHARDT JR. Marcos. *Responsabilidade civil pelo inadimplemento da boa-fé*. Belo Horizonte: Editora Fórum, 2014.

ESPÍN, Pascual Martínez. *El daño moral contractual en la ley de propiedad intelectual*. Madrid: Tecnos, 1996.

ESPÍNDOLA SANTOS, Adriano Barreto. *O dano social e as funções punitivas e social da responsabilidade civil*. Coimbra: 2015. 126 f., Dissertação (Mestrado em Direito Civil) – Faculdade de Direito da Universidade de Coimbra.

FACHIN, Luis Edson. Contratos e Responsabilidade Civil: duas funcionalizações e seus traços. *Revista dos Tribunais*, ano 100, v. 903, p. 26-37, São Paulo, jan. 2011.

FACHIN, Luis Edson. *O aggiornamento do direito civil brasileiro e a confiança negocial*. Repensando Fundamentos do Direito Civil Brasileiro Contemporâneo. Rio de Janeiro: Renovar, 1998.

FEMIA, Pasquale. *Interessi e conflitti culturali nell'autonomia privata e nella responsabilità civile*. Pubblicazioni della Scuola di specializzazione dell'Università di Camerino, n. 80. Napoli: Edizioni Scientifiche Italiane, 1996.

FERREIRA DA ROCHA, Silvio Luís. *Curso Avançado de Direito Civil*. Contratos. São Paulo: Ed. RT, 2002. v. 3.

FERREIRA DA SILVA, Jorge Cesa. *A boa-fé e a violação positiva do contrato*. Rio de Janeiro: Editora Renovar, 2002.

FERREIRA DOS SANTOS, Fernando. *Princípio Constitucional da dignidade da pessoa humana*. Uma análise do art. 1º, inciso III, da Constituição Federal de 1988. Fortaleza: Celso Bastos Editor, 1999.

FISCHER, Hans Albert. *A reparação dos danos no direito civil*. Trad. António de Arruda Ferrer Correia. São Paulo: Saraiva & Cia., 1938.

FISCHNER PEREIRA, Regis. *A responsabilidade civil pré-contratual*. Teoria geral da responsabilidade pela ruptura das negociações contratuais. Rio de Janeiro: Renovar, 2001.

FLÓREZ-VALDÉS, Joaquín Arce. *Los principios generales del derecho y su formulación constitucional*. Madrid: Civitas S.A., 1990.

FONTANA, Fabiola. *Risarcibilità del danno non patrimoniale conseguente ad inadempimento contrattuale*. DEJURE, Resp. civ. e prev. 2010, 3, 631, Giuffrè Editore, Utente Facoltà Giurisprudenza Univ. Di Camerino.

FRADA, Manuel António de Castro Portugal Carneiro da. *Teoria da Confiança e Responsabilidade Civil*. Coimbra: Almedina, 2007.

FREITAS FILHO, Roberto; LIMA Thalita Moraes. Indenização Por Dano Extrapatrimonial com Função Punitiva no Direito do Consumidor. *Revista do Direito do Consumidor*, ano 22, v. 87, p. 93-122. São Paulo: maio/jun. 2013.

FRIED, Charles. The Convergence of Contract and Promise. In: BARNETT, Randy E. (org.). *Perspectives on Contract Law*. 4. ed. New York: Aspen Publishers, 2009.

FRIEDMANN, Daniel. The Efficient Breach Fallacy. In: BARNETT, Randy E. *Perspectives on Contract Law*. 4. ed. New York: Aspen, 2009.

GALLO, Paolo. *Pene Private e Responsabilità Civile*. Milano: Giuffrè Editore, 1996.

GILMORE, Grant. *The Death of Contract*. Ohio: Ohio State University Press, 1974.

GOMES, Orlando. *Obrigações*. 10. ed. Atualizador Humberto Theodoro Junior. Rio de Janeiro: Editora Forense, 1995.

GOMES, Orlando. *Obrigações*. 10. ed. Rio de Janeiro: Forense, 1995.

GONÇALVES, Carlos Roberto. *Direito Civil Brasileiro*. Responsabilidade Civil. 5. ed. São Paulo: Saraiva, 2010. v. 4.

GONÇALVES, Carlos Roberto. *Responsabilidade Civil*. 11. ed. rev. São Paulo: Saraiva, 2009.

GORASSINI, Attilio. Inadempimento e tipologia dei danni. In: DEL PRATO, Enrico. *Violazioni del Contratto* – Danni e Rimedi. Milano: Giuffrè, 2003.

GRAMSTRUP, Erik Frederico. Contratos relacionais. In: LOTUFO, Renan; NANNI, Giovanni Ettore (Org.). *Teoria Geral dos Contratos*. São Paulo: Atlas, 2011.

GRAMSTRUP, Erik Frederico. *Responsabilidade Civil na Engenharia Genética*. São Paulo: Federal, 2006.

GRAU, Eros Roberto; FORGIONI, Paula. *O Estado, A Empresa e O Contrato*. São Paulo: Malheiros, 2005.

GRUNSKY, Wolfgang. Il Concetto della Pena Privata nel Diritto del Risarcimento dei Danni nell'Ordinamento Tedesco. In: BUSNELLI, Francesco D.; SCALFI, Gianguido (Org.). *Le Pene Private*. Milano: Giuffrè Editore, 1985.

GUIMARÃES, Patrícia Carla Monteiro. *Os danos punitivos e a função punitiva da responsabilidade civil*. Lisboa: Direito e Justiça, ano 2001. v. XV, t. 1.

HERKENHOFF, Henrique Geaquinto. *Os direitos da personalidade da pessoa jurídica de direito público*. São Paulo: 2010. 231 f., Tese (Doutorado em Direito Civil) – Faculdade de Direito da USP.

HOFMEISTER. Maria Alice Costa. *O dano pessoal na sociedade de risco*. Rio de Janeiro: Renovar, 2002.

IZZO, Umberto. *La Precaucione nella Responsabilità Civile*. Analisi di un concetto sul tema del danno da contagio per via trasfusionale. Milano: CEDAM, 2004.

JABUR, Gilberto Haddad. *Efeitos jurídicos da ameaça ou lesão a direitos personalíssimos por fato de comunicação social*. São Paulo: 2005. Tese (Doutorado em Direito) – Faculdade de Direito da PUC-SP.

JABUR, Gilberto Haddad. *Liberdade de pensamento e direito à vida privada*. Conflitos entre direitos da personalidade. São Paulo: Ed. RT, 2000.

JUKES, Sérgio Luis. A culpa e a punição não podem servir de critério para a fixação da indenização por dano moral. *Revista da ESMESC*, v. 13, n. 19, p. 29-48. 2006.

JUNGES, José Roque. *A concepção Kantiana da Dignidade Humana*. Caxias do Sul: Estudos Jurídicos. Unisinos. v. 40. n. 2, p. 84-87. jul/dez. 2007.

JUNQUEIRA CALIXTO, Marcelo. *A culpa na responsabilidade civil*. Estrutura e Função. Rio de Janeiro: Renovar, 2008.

KANT, Emanuel. *Fundamentação da Metafísica dos Costumes*. Trad. Paulo Quintela. Lisboa: Edições 70 LDA, 2007.

LAFER, Celso. *A Reconstrução dos Direitos Humanos*. Um diálogo com Hannah Arendt. São Paulo: Companhia das Letras, 1988.

LARENZ, Karl, *Derecho de Obligaciones*. Trad. Jaime Santos Briz. Madrid: Editorial Revista de Derecho Privado, 1958. t. I.

LARENZ, Karl, *Metodologia da Ciência do Direito*. 3. ed. Trad. José Lamego. Lisboa: Fundação Calouste Gulbenkian, 1997.

LEÃO, Victor Augusto. *Contratos Privados*. Tutela e efetividade à luz do princípio da dignidade da pessoa humana. Curitiba: Juruá, 2015.

LEVY, Daniel de Andrade. *Responsabilidade Civil. De um direito dos danos a um direito das condutas lesivas*. São Paulo: Atlas, 2012.

LIBERATI, Alessio. *Il danno non patrimoniale da inadempimento*. Milano: CEDAM 2004

.LIBERATI, Alessio. *Rapporto di Lavoro e Danno non Patrimoniale*. 2. ed. Milano: Giuffrè, 2009.

LIMA MARQUES, Claudia. A chamada nova crise do contrato e o modelo de direito privado brasileiro: crise de confiança ou de crescimento do contrato. In: LIMA MARQUES, Claudia (Org.). *A nova crise do contrato*. Estudos Sobre a Nova Teoria Contratual. São Paulo: Ed. RT, 2007.

LIMA, Alvino. *Culpa e Risco*. 2. ed. rev. e atual. São Paulo: Ed. RT, 1999.

LOBO, Paulo Luiz Netto. Danos morais e direito da personalidade. *Revista Trimestral de Direito Civil*. v. 2, n. 6, p. 79-98. Rio de Janeiro/ Padma, abr/jun. 2001.

LOPEZ, Teresa Ancona. *Princípio da precaução e evolução da responsabilidade civil*. São Paulo: Quartier Latin, 2010.

LOSANO, Mario G. *Os grandes sistemas jurídicos*. Trad. Marcela Varejão. São Paulo: Martins Fontes, 2007.

LOTUFO, Renan. *Código Civil comentado*. Parte Geral. Arts. 1º a 232. São Paulo: Saraiva, 2003. v.1.

LOTUFO, Renan. *Curso avançado de direito Civil*. Parte Geral. São Paulo: Ed. RT, 2002. v. 1.

LOTUFO, Renan. In: LOTUFO, Renan; NANNI, Giovanni Ettore. *Teoria geral dos contratos*. São Paulo: Atlas, 2011.

LOURENÇO, Paula Meira. *A função punitiva da responsabilidade civil*. Coimbra: Coimbra Editora, 2006.

LOURENÇO, Paula Meira. Os danos punitivos. *Revista da Faculdade de Direito da Universidade de Lisboa*. v. XLIII. n. 2. p. 1019-1109. Coimbra: Coimbra Editora, 2002.

LOUZADA BERNARDO, Wesley de Oliveira. *Dano moral*: critérios de fixação de valor. Rio de Janeiro: Editora Renovar, 2005.

MACEDO, Ronaldo Porto. *Contratos relacionais e defesa do consumidor*. 2. ed. rev., atual. e ampl. São Paulo: Ed. RT, 2007.

MARCONDES, Fernando. Contratos de construção por administração com preço máximo garantido. In: MARCONDES, Fernando (Org.). *Temas de Direito da Construção*. São Paulo: Pini, 2015.

MARINANGELO, Rafael. A evolução da indenização por dano moral e a aplicação da indenização punitivo. In: LOTUFO, Renan; NANNI, Giovanni Ettore; RODRIGUES MARTINS, Fernando (Org.). *Temas relevantes do direito civil* p. 669-701.

MARTINS-COSTA, Judith e PARGENDLER, Mariana Souza. Usos e abusos da função punitiva (*punitive damages* e o direito brasileiro). *Revista CEJ.* n. 28. Brasília: jan./mar. 2005.

MARTINS-COSTA, Judith. *A Boa-fé no direito privado.* 2. tir. São Paulo: Ed. RT, 2000.

MARTINS-COSTA, Judith. A boa-fé objetiva e o adimplemento das obrigações. *Revista Brasileira de Direito Comparado.* n. 25. p. 229-281. Rio de Janeiro, 2004.

MARTINS-COSTA, Judith. *Comentários ao novo Código Civil:* Do inadimplemento das obrigações. Rio de Janeiro: Forense, 2003.

MARTINS-COSTA, Judith. Contratos. Conceito e evolução. In: LOTUFO, Renan; NANNI, Giovanni Ettore (Org.). *Teoria geral dos contratos.* São Paulo: Atlas, 2011.

MARTINS-COSTA, Judith. O método de concreção e a interpretação dos contratos: primeiras notas de uma leitura. In: NANNI, Giovanni Ettore (Org.). *Temas relevantes do direito civil contemporâneo.* São Paulo: Atlas, 2008.

MARTINS-COSTA, Judith. Os direitos fundamentais e a opção culturalista do novo código civil. In: SARLET, Ingo Wolfgang (Org.). *Constituição, direitos fundamentais e direito privado.* 3. ed. rev. e ampl. Porto Alegre: Livraria do Advogado, 2010.

MARTINS-COSTA, Judith. *Pessoa, personalidade, dignidade* (ensaio de uma qualificação). São Paulo: 2003. 273 f. Tese (Livre Docência em Direito Civil) Faculdade de Direito da USP.

MARTINS, Fernando Rodrigues. *Princípio da Justiça Contratual.* São Paulo: Saraiva, 2009.

MARZIO, Mauro Di. Le Funzioni del risarcimento. In: CENDON, Paolo (Org.). *La Prova e il quantum nel resarcimento del danno non patrimoniale.* Roma: UTET Giuridica, Wolter Kluwer Italia, 2008.

MAZZAMUTO, Salvatore. *Il danno non patrimoniale contrattuale.* DEJURE, Europa e dir. priv. 2012, 02, 437, Giuffrè Editore. Utente Facoltà Giurisprudenza Univ. Di Camerino.

MEIRELES, Rose Melo Vencelau. *Autonomia privada e dignidade humana.* Rio de Janeiro: Renovar, 2009.

MELO DA SILVA, Wilson. *O dano moral e sua reparação.* Rio de Janeiro: Forense, 1955.

MENDES, Murillo; ATTUCH, Leonardo. *Quebra de contrato* – O pesadelo dos brasileiros. 2. ed. Belo Horizonte: Editora Folium, 2008.

MENEZES CORDEIRO, António Manuel da Rocha e. *Da Boa Fé no Direito Civil.* 4. reimpressão. Coimbra: Editora Almedina, 2011.

MENEZES CORDEIRO, António Manuel da Rocha e. *Tratado de Direito Civil Português.* Direito das Obrigações, Gestão de Negócios, Enriquecimento sem causa, Responsabilidade Civil. Coimbra: Almedina, 2010. v. II, t. III.

MICHELON JR., Claudio. *Estudos em Homenagem ao Professor Miguel Reale.* Direito Restituitório. Enriquecimento sem causa, pagamento indevido, gestão de negócios. São PauloEd. RT, 2007. v. 8.

MORAES, Maria Celina Bodin de. *Danos à pessoa humana.* Uma leitura civil constitucional dos danos morais. São Paulo: Renovar, 2003.

MORAES, Maria Celina Bodin de. O conceito de dignidade humana: substrato axiológico e conteúdo normativo. In: SARLET, Ingo Wolfgang (Org.). *Constituição, Direitos Fundamentais e Direito Privado*. 3. ed. Porto Alegre: Livraria do Advogado, 2010.

MORATO, Antonio Carlos. Quadro geral dos direitos da personalidade. *Revista do IASP.* n. 31. p. 49-96. jan./jun. 2013.

MORATO, Antonio Carlos. *Direito de autor em obra coletiva.* São Paulo: Saraiva, 2007.

MOREIRA ALVES, José Carlos. *Direito romano.* 6. ed. rev. e acrescentada. Rio de Janeiro: Forense, 1987. v. I.

MORSELLO, Marco Fabio. Contratos existenciais e de lucro. Análise sob a ótica dos princípios contratuais contemporâneos: LOTUFO, Renan; NANNI ETTORE, Giovanni; MARTINS RODRIGUES, Fernando (Org.) *Temas Relevantes de Direito Civil Contemporâneo.* Reflexões sobre os 10 anos do Código Civil. São Paulo: Editora Atlas, 2012.

MORSELLO, Marco Fabio. *Responsabilidade civil no transporte aéreo.* São Paulo: Atlas, 2007.

MOTA PINTO, Carlos Alberto da. *Cessão da posição contratual.* Coimbra: Almedina, 2003.

MOTA PINTO, Carlos Alberto da. *Teoria Geral do Direito Civil.* 4. ed. Coimbra: Coimbra, 2005.

MOTA PINTO, Paulo. *Interesse contratual negativo e interesse contratual positivo.* Coimbra: Coimbra, 2008. v. 1.

NALIN, Paulo Roberto Rib. Apontamentos críticos sobre o dano moral contratual: enfoque a partir da jurisprudência dominante do Superior Tribunal de Justiça. In: POPP, Carlyle; NASSER VIDAL, Rodrigo Cesar (Org.). *Direito em movimento.* Curitiba: Juruá Editora, 2007. v. II.

NALIN, Paulo Roberto Rib. Princípios do direito contratual: função social, boa-fé objetiva, equilíbrio, justiça contratual, igualdade. In: LOTUFO, Renan; NANNI, Giovanni Ettore (Org.). *Teoria geral dos contratos.* São Paulo: Atlas, 2011.

NALIN, Paulo Roberto Ribeiro. *Responsabilidade civil.* Descumprimento do contrato e dano extrapatrimonial. Curitiba: Juruá Editora, 1996.

NANNI, Giovanni Ettore. As situações jurídicas exclusivas do ser humano: entre a superutilização do princípio da dignidade da pessoa humana e a coisificação do ser humano. In: NANNI, Giovanni Ettore. *Direito civil e arbitragem.* São Paulo: Atlas, 2014.

NANNI, Giovanni Ettore. *Enriquecimento sem causa.* São Paulo: editora Saraiva, 2004.

NANNI, Giovanni Ettore. O dever de cooperação nas relações obrigacionais à luz do princípio constitucional da solidariedade. In: NANNI, Giovanni Ettore (Org.). *Temas relevantes do direito civil contemporâneo.* São Paulo: Atlas, 2008.

NAVARRETTA, Emanuela, *Funzioni del risarcimento e quantificazione dei danni non patrimonial.* Resp. Civ. e Prev. 2008, 03, 500, Giuffrè Editore. Utente Facoltà Giurisprudenza Univ. Di Camerino.

NEGREIROS, Teresa. *Teoria do contrato.* Novos paradigmas. 2. ed. Rio de Janeiro: Renovar, 2006.

NOBRE JÚNIOR, Edison Pereira. O direito brasileiro e o princípio da dignidade da pessoa humana. *Revista de Informação Legislativa.* ano 32. n. 125. p. 185-196. Brasília, jan./mar. 2000.

NOBRE, Freitas. *Comentários à lei de imprensa.* 4. ed. São Paulo: Saraiva, 1989.

NORONHA, Fernando. *Direito das obrigações.* 3. ed. rev. e atual. São Paulo: Saraiva, 2010.

NORONHA, Fernando. Responsabilidade civil: Uma tentativa de ressistematização. *Revista de Direito Civil, Imobiliário, Agrário e Empresarial*. ano 17. n. 64. p. 12-47. abr./jun. 1993.

NOÜY, Lecomte du. *A dignidade humana*. 3. ed. Trad. Cruz Malpique. Cidade do Porto: Educação Nacional, 1955.

ORTU, Nicoletta. *Il risarcimento del danno da vacanza rovinata. Gli orientamenti della dottrina e della giurisprudenza*. DEJURE, Resp. civ. e prev. 2009, 12, 2531, Giuffrè Editore. Utente Facoltà Giurisprudenza Univ. Di Camerino.

PELUSO, Antonio Cesar (Coord.) et al. *Código Civil comentado*. 3. ed. rev. e atual. São Paulo: Manole, 2009.

PEREIRA FARIAS, Edilsom. *Colisão de direitos*. A honra, a intimidade, a vida privada e a imagem *versus* a liberdade de expressão e informação. Porto Alegre: Fabris, 1996.

PEREIRA, Rui Soares. *A responsabilidade por danos não patrimoniais do incumprimento das obrigações no direito civil português*. Coimbra: Coimbra, 2009.

PERLINGIERI, Pietro. *Manuale di Diritto Civile*. 6. ed. Napoli: Edizione Scientifiche Italiane, 2007.

PERLINGIERI, Pietro. Normas Constitucionais nas Relações Privada. *Revista da Faculdade de Direito*. p. 63-77. Rio de Janeiro, UERJ/Renovar. 1998-1999.

PERLINGIERI, Pietro. *Perfis do Direito Civil*. Introdução ao direito civil constitucional. Trad. Maria Cristina De Cicco. Rio de Janeiro: Renovar, 1999.

PERON, Sabrina. *Sul risarcimento del danno non patrimoniale da violazione della privacy*. Resp. civ. e prev. 2013, 1, 225, Giuffrè Editore. Utente Facoltà Giurisprudenza Univ. Di Camerino.

PINORI, Alessandra; CORRADI, Elisabetta. Il Principio della Riparazione Integrale dei Danni. In: VISINTINI, Giovanna. *Il Risarcimento del Danno Contrattuale ed Extracontrattuale*. Milano: Giuffrè Editore, 1999.

PIZARRO, Ramón Daniel. *Daño Moral. Prevención*. Reparación. Punición. El daño Moral en las diversas ramas del Derecho. 2. ed. Buenos Aires: Hamurabi, 2004.

PONTES DE MIRANDA, Francisco Cavalcante, *Tratado de Direito Privado* – Direito das Obrigações. Rio de Janeiro: Borsói. 1959. t. 26.

PONZANELLI, Giulio. I Punitive Damages nell'Esperienza Nordamericana. *Rivista di Diritto Civile*, anno XXIX, Parte Prima. Padova: CEDAM – Casa Editrice Dott. Antonio Milani, 1983.

POP, Carlyle; PARODI, Ana Cecília. A Concepção pós-moderna de dano: releitura a partir do conceito constitucionalizado de patrimônio. In: GUNTHER, Luiz Eduardo; CARNEIRO, Maria Francisca (Org.). *Dano moral e direitos fundamentais*: uma abordagem multidisciplinar. Curitiba: Juruá, 2013.

POSNER, Eric. *Análise econômica do direito contratual*. Sucesso ou fracasso? SALAMANA, Bruno Meyerhof (org.). São Paulo: Saraiva, 2010.

RABITI, Maddalena. *Il danno non patrimoniale da inadepimento contrattuale*. DEJURE. Resp. civ. e prev. 2004, 02, 340. Giuffrè Editore. Utente Facoltà Giurisprudenza Univ. Di Camerino.

RAZZOLINI, Orsola. *Tutela contrattual e danno non patrimoniale nel raporto di lavoro*. Resp. Civ. e prev. 2008, 06, 1430, Dejure, Giuffrè Editore. Utente Facoltà Giurisprudenza Univ. Di Camerino.

REALE, Miguel. O dano moral no direito brasileiro. In: REALE, Miguel. *Temas de direito positivo.* São Paulo: Ed. RT, 1992.

REALE, Miguel. *Lições preliminares de direito.* 7. ed. São Paulo: Saraiva, 1980.

REIS, Clayton. *Avaliação do dano moral.* 3. ed. Rio de Janeiro: Forense, 2000.

RESEDÁ, Salomão. *A aplicabilidade do punitive damage nas ações de indenização por dano moral no ordenamento jurídico brasileiro.* Salvador, 2008. Fls. 324. Dissertação (Mestrado em Direito) – Faculdade de Direito da Universidade Federal da Bahia.

RESTA, Giorgio. *Diritti della personalità: problemi e Prospettive.* DeJure. Dir. Informativa 2007, 06, 1043. Giuffrè Editore. Utente Facoltà Giurisprudenza Univ. Di Camerino.

REZZÓNICO, Juan Carlos. Daño, Técnica y Exclusión de la Responsabilidad. In: REPRESAS, Félix A. Trigo; STIGLITZ, Rubén S. (Org.). *Derecho de Daños.* Buenos Aires: Ediciones La Rocca. 2000. v. 1. Segunda Parte.

ROBREDO, Goretti Vadillo. Reconocimiento y ejecución en Alemania de sentencias extranjeras de danos punitivos. Comentarios a la decision del Tribunal Federal de Justicia Aleman (Budesgerisctshof) de 4 de juño 1992. Bilbao: *Revista de la Universidad de Deusto.* n. 2. v. 45, p. 203-243. 1997.

ROPPO, Enzo. *O Contrato.* Trad. Ana Coimbra e M. Januário C. Gomes. Coimbra: Almedina, 1988.

ROSENVALD, Nelson. *As funções da Responsabilidade Civil.* A reparação e a pena civil. São Paulo: Atlas, 2013.

ROSENVALD, Nelson. *Cláusula penal.* A pena privada nas relações negociais. Rio de Janeiro: Lumen Juris, 2007.

ROSS, Alf. *Direito e justiça.* Trad. Edson Bini. Bauru – SP: EDIPRO, 2003.

ROSSETTI, Marco. *Il danno non patrimoniale.* Cos'è, come si accerta e come si liquida. Milano: Giuffrè Editore, 2010.

RUSTAD, Michael e KOENIG, Thomas. The Historical Continuity of Punitive Damages Awards: Reforming the Tort Reformers. *The American University Law Review.* v. 42:1269 (1993).

SANDEL, Michel J. *O que o dinheiro não compra.* Os limites morais do mercado, 6. ed. Trad. Clóvis Marques, Rio de Janeiro: Civilização Brasileira, 2014.

SANSEVERINO, Paulo de Tarso Vieira, *Princípio da Reparação Integral.* Indenização no Novo Código Civil. São Paulo: Saraiva, 2010.

SANTOS JÚNIOR, E. *Da responsabilidade civil de terceiro por lesão do direito de crédito.* Coleção Teses. Coimbra: Editora Almedina, 2003.

SANTOS, Ozéias J. *Lei 5.250, de 9 de fevereiro de 1967.* Lei de imprensa interpretada pelos tribunais. 4. ed. São Paulo: Lawbook, 2000.

SANVITO, Paulo Celso. *Os Direitos Fundamentais da personalidade como instrumento para atingir a dignidade da pessoa humana nas relações de trabalho.* São Paulo: 2011. Dissertação (Mestrado em Direito e Processo do Trabalho) – Faculdade de Direito da PUC-SP.

SARLET, Ingo Wolfgang. *A eficácia dos direitos fundamentais* – Uma teoria dos direitos fundamentais na perspectiva constitucional. 10. ed. Porto Alegre: Livraria do Advogado, 2010.

SARLET, Ingo Wolfgang. *Dignidade da pessoa humana e direitos fundamentais na Constituição Federal de 1988*. 8. ed. Porto Alegre: Livraria do Advogado, 2010.

SCAVONE JUNIOR, Luiz Antonio. *Do descumprimento das obrigações*. Consequências à luz do princípio da restituição integral: interpretação sistemática e teleológica. São Paulo: Juarez de Oliveira, 2007.

SCHREIBER, Anderson. *Direito da personalidade*. São Paulo: Atlas, 2011.

SEBOK, Anthony J. What did Punitive Damages Do – Why Misunderstanding the History of Punitive Damages Matters Today, *Chicago-Kent Law Review*. v. 78:163 (2003).

SENISE LISBOA, Roberto. *Confiança contratual*. São Paulo: Editora Atlas, 2012.

SERPA, Pedro Ricardo e. *Indenização Punitiva*. São Paulo: 2011. Dissertação (Mestrado em Direito Civil) – Faculdade de Direito do Largo São Francisco, Universidade de São Paulo.

SEVERO, Sergio. *Os danos extrapatrimoniais*. São Paulo: Saraiva, 1996.

SHARKEY, Catherine M. Punitive Damages as Societal Damages. *The Yale Law Journal*, v. 113:347 (2003).

SILVA CASTRO, Mônica Neves Aguiar da. *Honra, imagem, vida privada e intimidade em colisão com outros direitos*. Rio de Janeiro: Renovar, 2002.

SILVA PEREIRA, Caio Mario da. *Instituições de Direito Civil*. 4. ed. Rio de Janeiro: Forense, 1995. v. 1.

SILVA PEREIRA, Caio Mario da. *Responsabilidade civil*. 9. ed. Rio de Janeiro: Forense, 2001.

SILVA, José Afonso. *Curso de direito constitucional positivo*. 18. ed. São Paulo. Malheiros: 2000.

SILVA, Wilson Melo da. *O dano moral e sua reparação*. Rio de Janeiro: Editora Forense, 1955.

SIMÃO DE MELO, Raimundo. Reparação por dano moral: natureza jurídica e prescrição. São Bernardo do Campo: *Revista da Faculdade de Direito de São Bernardo do Campo*, ano 9, n. 11, 2005, p. 353-360.

SOARES, Ricardo Maurício Freire. *O Princípio constitucional da dignidade da pessoa humana*. São Paulo. Saraiva: 2010.

SOARES, Ricardo Maurício Freire. *Repensando um velho tema: a dignidade da pessoa humana*. Disponível em: http://egov.ufsc.br/portal/sites/default/files/anexos/31841-36966-1-PB.pdf. Acesso em: 05 jun. 2014.

SOUSA RIBEIRO, Joaquim de. *Direito dos contratos*. Estudos. Coimbra: Editora Coimbra, 2007.

SOUZA, Eduardo Nunes de. *Dilemas atuais do conceito jurídico de personalidade*: uma crítica às propostas de subjetivação de animais e de mecanismos de inteligência artificial. Civilistica.com. Rio de Janeiro, a. 9, n. 2, 2020. Disponível em: http://civilistica.com/dilemas-atuais-do--conceito-jurídico-de-personalidade/. Acesso em: 21 abr. 2021.

SPANGARO, Alessandra. *Il danno non patrimoniale da contratto: l'ipotesi del danno da vacanza rovinata*. DEJURE, Resp. civ. e prev. 2007, 03, 719, Giuffrè Editore. Utente Facoltà Giurisprudenza Univ. Di Camerino.

SULLIVAN, Timothy J. Punitive Damages in the Law of Contract: The Reality and the Illusion of Legal Change. *Minnesota Law Review*, v. 61:207 (1977).

SZANIAWSKI, Elimar, Considerações sobre o direito à intimidade das pessoas jurídicas. *Revista dos Tribunais*, ano 79, v. 657, p. 25-31. São Paulo, jul. 1990.

SZANIAWSKI, Elimar. *Direitos de Personalidade e sua tutela*. 2. ed. São Paulo: Ed. RT, 2005.

THEODORO JUNIOR, Humberto. *O contrato e sua função social*. 3. ed. Rio de Janeiro: Forense, 2008.

TIMM, Luciano Benetti. *Direito contratual brasileiro*. Críticas e alternativas ao solidarismo jurídico. 2. ed. São Paulo: Atlas, 2015.

TUNC, André. La pena Privata nel diritto francese. In: BUSNELLI, Francesco D.; SCALFI, Gianguido (Org.). *Le Pene Private*. Milano: Giuffrè Editore, 1985.

VAZ, Caroline. *Funções da responsabilidade civil*. Da reparação à punição e dissuasão. Os punitive damages no direito comparado e brasileiro. Porto Alegre: Livraria do Advogado, 2009.

VENOSA, Silvio de Salvo. *Direito civil*. Teoria geral das obrigações e teoria geral dos contratos. São Paulo: Atlas, 2005. v. 2.

VENTURI, Thaís Goveia Pascoaloto. *Responsabilidade civil preventiva*. A proteção contra a violação dos direitos e a tutela inibitória. São Paulo: Malheiros Editores, 2014.

VENTURINI, Carlo. Premessa Romanistica. In: BUSNELLI, Francesco D.; SCALFI, Gianguido (Org.). *Le Pene Private*. Milano: Giuffrè Editore, 1985.

VILLEY, Michel. *A formação do pensamento jurídico moderno*. Trad. Cláudia Berliner. São Paulo: Martins Fontes, 2005.

VISINTINI, Giovanna; PINORI, Alessandra. La Nozione di Danno e le Techniche Risarcitorie. In: VISINTINI, Giovanna. *Il Risarcimento del Danno Contrattuale ed Extracontrattuale*. Milano: Giuffrè Editore, 1999.

VISINTINI, Giovanna. *Il Código Civile*. Commentario. Inadempimento e mora del debitore. Artt. 1218-1222. 2. ed. Milano: Giuffrè Editore, 2006.

VISINTINI, Giovanna. *Tratado de la responsabilidad civil*. Trad. Aída Kemelmajer de Carlucci. Buenos Aires: Editorial Astrea de Alfredo Y Ricardo Depalma, 1999. v. 1.

WALD, Arnoldo. *Direito Civil*. Direito das obrigações e teoria geral dos contratos. 18. ed. São Paulo: Saraiva, 2009. v. 2.

WIEACKER, Franz. *História do direito privado moderno*. 3. ed. Lisboa: Fundação Calouste Gulbenkian, 2004.

YAZELL, Stephen C. *Punitive Damages, Descriptive Statistics, ande the Economy of Civil Litigation*. Notre Dame Law Review, 2025 (2004). Disponível em: http://scolarship.law.nd.edu/ndlr/vol79/iss5/9. Acesso em: 08 maio 2014.

ZAGREBESLSKY, *El Derecho Ductil. Ley, derechos, justicia*. 7. ed. Trad. Marina Gascón. Madrid: Trotta, 2007

ZANETTI, Andrea Cristina. *Princípio do equilíbrio contratual*. São Paulo: Saraiva, 2012.

ZENO-ZENCOVICH, Vicenzo. Pena Privata e Punitive Damages nei Recenti Orientamenti Dottrinari Americani. In: BUSNELLI, Francesco D.; SCALFI, Gianguido (Org.). *Le Pene Private*. Milano: Giuffrè Editore, 1985.

ZIVIZ, Patricia. Il danno morale In: CENDON, Paolo (Org.). *La Prova e il quantum nel resarcimento del danno non patrimoniale*. Roma: UTET Giuridica, Wolter Kluwer Italia, 2008.

ZULIANI, Enio Santarelli; et al. In: GOMES JUNIOR, Luiz Manuel. *Comentários à lei de imprensa*. Lei 5.250/1967 – Artigo por artigo. São Paulo: Ed. RT, 2007.